传记文库

特立,不独行

陶希圣的前半生

贺渊 / 著

新 星 出 版 社　NEW STAR PRESS

陶希圣像(1932年摄于北平学院胡同一号寓所)

代序

汪朝光

贺渊博士是我的前同事,为什么这么说呢?因为去年6月以前,我在近代史研究所工作,与同在近代史所工作的贺渊博士当然是同事。去年6月以后,我调到世界历史研究所工作,虽然与近代史所只是楼上楼下(近代史所在一至六楼,世界史所在七至九楼),仍然是低头不见抬头见,但毕竟各有其所属,只能算是前同事了。不过,我们从事的专业多半都是民国史研究,所以可以说是学术同仁;我从1992年贺博士到近代史所民国史研究室工作时结识她至今,时间不能算短了,其间常有学术往还和讨论,也算是学术友人;我长贺博士几岁,虽毕业于不同学校,但说点自恋的话,还可以算是学术兄长。贺博士近著有《陶希圣的前半生》,嘱我为序,虽然我对陶希圣素无研究,惟因这几层关系,似不能推脱。而且说来巧的是,我正在写多卷本《抗日战争史》的"政治卷",其中论及陶希圣与蒋介石所著《中国之命运》的关系,正可参考贺博士的研究。故此也就不揣冒昧,写下一些自己读贺博士著作的感想,以为代序吧!

20世纪的中国,是风起云涌、波澜壮阔的年代;20世纪上半叶的中国,又是动乱、变革、战争、革命交织的年代。从世纪初的"庚子"乱局,到辛亥革命建立民国,经历了由帝制到共和的丕变;从民国之初的共和民主,到北洋军阀的武力当道;从国共合作的北伐战争,到国共分裂的十年内战;从日本侵略中国、半壁江山沦亡,到全民起而抗战、中国浴火重生,最终由新中国的诞生,完成了20世纪上半叶中国历史的治乱轮回。陶希圣的前半生正是生活在这样的历史年代,而如此丰富、深沉、复杂、多变的历史,孕育着、滋养着、也塑造着陶希圣的人生。

说到陶希圣的人生,贺博士在书中有段话很有意思。她说:"关于人的历史,有时就是这样的不可思议,留下的只能是少数几个人,而很多人却被有意无意地遗忘了,划波无痕……"历史当然也只能如此,大浪淘沙,能在历史上留下印迹的,其实不过是少数人中的少数人。历数中国的二十四史,数千年的历史演进,帝王将相、达官贵人、文人骚客不知凡几,而今天真正能为一般人所知所念的又有几人?即如陶希圣,如果说他在实际的民国史上还不能完全算是"划波无痕"的人物,然而时过境迁,在当下沸腾的生活中,他却确确实实"划波无痕"而泯然于史,很少有专门的传记记述,也不是学界研究的热门人物。而且,如贺博士所言:陶希圣作为"反共健将",其符号般的身份,一直以来成为学术研究的盲点,这样的状况表面看只是对某人某事无兴趣,实质牵涉到历史研究是否具有全面、理性、客观的学风问题。于此正可凸显出贺博士研究的价值,这样一本研究陶希圣生平和思想的论著,正可填补目前研究的某些空白之处。

贺博士的研究,将陶希圣的人生分为两个主要方面去论述,一为生平(政治活动),一为思想(学术论著),这样以主题为分类的研究,自有其长处,便于论述主题的相对集中,也便于读者阅读兴趣的集中。当然,这样的论述方式也可能带来一些问题,例如思想学术和政治活动往往是密切相关的,两者之间的脱节,可能不利于读者对陶希圣的全面认知。然而话又说回来,如果是将思想学术和政治活动两者密切结合的写作方式,也会有论述主题隐而不显的问题。说到底,学术研究的表述实在是个见仁见智的话题,要紧的是,论述能够自成逻辑、自圆其说,阅读具有通畅自如的感觉,而在这两方面，贺博士的著作是做到了。

说到陶希圣的政治活动，对其稍有了解者印象最为深刻的，是其在抗战时期追随汪精卫投敌及其后的反戈一击并毅然脱离汪伪阵营，这当然是一段相当具有戏剧性的历史情节，并且最易为人物传记的写作者和读者所关注。贺著不仅写到了陶希圣的这段历史，而且还写到了这段戏剧性历史的前因后果，写到陶为何追随汪投敌，又为何毅然反戈一击；写到汪精卫斥陶"男盗女娼"，周佛海骂陶"禽兽"，必欲杀之而后快，而陶也对汪伪口诛笔伐毫不留情。结果，汪精卫、周佛海等都因为投敌而被绑在历史的耻辱柱上，而陶希圣的悬崖勒马、迷途知返、回头是岸，总算可以使他的历史与汪精卫、周佛海等有了不一样的评价，虽然其一度的投敌之举仍然是他挥之不去的阴影，是他永久的痛。现实比故事更精彩，真实的历史比创作的小说更瞠目，贺著记述的这段历史便是个例证。

其实，除了上述这段戏剧性的历史，陶希圣的政治活动还有许多可以记述之处，如贺著中所论之陶希圣在"五卅"时期的表现、成为国民党"左派"和改组派的前后，如何从主张强硬抵抗日本、要求实行民权、批判南京政府，转变为倡言对日"低调"、参加"和平"运动、失足投敌，再到回归国民党、成为蒋介石的智囊，为读者勾画出一个活动于特定历史时空中的人的丰富的、多样的、复杂的、变化的面相。

陶希圣的政治活动复杂多变，学术生涯同样丰富多彩，而且毋宁说，陶希圣更能在历史上留下自己印迹的，是他的学术研究。他在中国社会性质问题讨论、中国社会经济史研究等领域，都有当时产生了很大影响、对后来研究也有相当启示的开创性成果。

陶希圣所处的时代，尤其是他的求学时代，正值五四时期思想文化空前活跃之际，各种各样的思潮流派，本土的外来的，先贤的西哲的，都给了陶希圣丰富的思想营养，成为他以后取得学术成就的基础条件。贺著还关注到陶希圣早年所受马克思主义影响在其研究中所起的作用。她认为：陶与马克思主义学者敌对，"终身反共，但他的思想却深受马克思主义的影响。五四运动时的马克思主义风潮,对于陶希圣而言,绝不是一阵风,掠过即逝,而是深深地烙在他的脑海之中"。这不仅再次反映了历史人物的复杂性,而且也反映了马克思主义在那时的中国所具有的理论影响力及其解释历史的普遍适用性。

作为一个已经有不少成绩的学者,如果陶希圣能够坚持其学术研究事业,或许他可以取得更大的成绩。但是,如贺著所言,陶希圣是一个行动中人、一个现实主义者,具有传统文人出相入仕的追求。当他追随汪精卫投敌而又回归国民党阵营之后,在许多人的不解、批判乃至唾骂中,因为蒋介石的不弃和重用,给了陶希圣想要的政治空间。感激加需要,使陶希圣从一个有独立人格的所谓"参政不知政"的学者,转变成蒋介石御用的文人。从此以后,陶希圣的著述多半便失去了探求学术真理的意义及其客观性,而沦为服务于反共政治论战的主观写作,这也是陶希圣的个人悲剧和悲哀吧!

贺渊博士在本书后记中说,她的研究和写作承担了三个层次的任务:一是揭示陶希圣在不同时期的政治思想和学术思想;二是真实描述陶希圣的政治生活,以求探寻现实与理论的互动关系,学者与政客胶着的样貌;三是将陶希圣作为个案,以求更深入、多面地揭示民国时期的思想理论,特别是国民党的正统思想。总括起来,是研究游走于学术和政治之间,从有政治见解和独立人格到依附于权威的陶希圣的半世生涯;从陶希圣看大社会,同时又在大社会中寻找陶希圣。就贺著的论述而言,这三个层次的任务也应该说完成了。读者读了贺著,未必都同意她的看法,当然可以也应该有自己的看法。但是,百家争鸣,百花齐放,贺著作为陶希圣研究的新著,运用了许多新的档案文献史料,提出了一些自己的认识和看法,是值得研究者和读者所关注所重视的。

历史研究是向后看的学问,不过向后看是为了向前看,所谓以史为鉴的意义正在于此。人物研究又是历史研究中最为人关注的领域之一,由无限丰富的人生,可以更多理解无限丰富的历史。从陶希圣研究这样的个案,我们可以对民国史和民国人物的多样而复杂的面相有更多更深的认识,而贺著也由此可以充分体现其学术的价值和意义。文章千古事，得失寸心知，想来贺渊博士在完成这部著作时也有同样的感受吧！

在写这篇小文时，想起 25 年前，我和贺渊博士都住在石景山的八角小区。一次饭后散步时，我们相遇，询问起各自正在做的研究工作。如今忆起，倏然惊觉时间如白驹过隙，已然是这么多年过去，我们也都已从青年研究人员，成长为所谓资深学者了。贺渊博士完成了《陶希圣的前半生》，可喜可贺！不过，我还是满满地期待着，能够尽快看到她写的《陶希圣的下半生》，那或是又一段丰富多彩、复杂多样的故事吧！

汪朝光
于东厂胡同一号世界史所
2017 年 4 月 10 日

目 录

上篇　政治活动篇

第一章　一生的基础 3
　　第一节　早期教育 3
　　第二节　涉世之初 8

第二章　国民党"左"派 19
　　第一节　投身国民革命 20
　　第二节　渐成汪派 30
　　第三节　沪宁三年 42

第三章　北平六年 51
　　第一节　纷扰的生活 52
　　第二节　应对"九一八" 59
　　第三节　"坚定的"国民党党性 66

第四章　投身国事 78
　　第一节　牯岭茶话会 78

第二节　倡言"低调" ... 84
　　第三节　参政议政 ... 97

第五章　从事"和平运动" ... 110
　　第一节　参加"和平运动" ... 110
　　第二节　汪陶结仇 ... 126

第六章　智囊生涯 ... 135
　　第一节　留港两年 ... 135
　　第二节　纳入蒋营 ... 142
　　第三节　主笔《中央日报》 ... 165
　　第四节　俨然心腹 ... 180
　　第五节　无果之搏 ... 203

下篇　思想学术篇

第一章　社会学与社会历史观 ... 223
　　第一节　广泛的社会学 ... 223
　　第二节　取舍唯物史观 ... 227
　　第三节　欣赏考茨基 ... 230
　　第四节　旧小说中读社会 ... 235

第二章　经济、历史与食货时代 ... 240
　　第一节　《食货》与食货派 ... 240
　　第二节　创办目的 ... 246
　　第三节　研究方法和兴趣 ... 249
　　第四节　领军食货派 ... 256

         第五节 《食货》归来 259
    第三章 建言新体制 260
         第一节 分析当下社会 260
         第二节 制定政策 266
         第三节 反集权政制 278
    第四章 国际关系分析 289
         第一节 "低调"理论化（1937—1938） 289
         第二节 以"战略"观世局（1940—1941） 294
         第三节 日本必败 301
         第四节 "识破"苏俄 309
         第五节 战后局势悲观（1943） 313
    第五章 幕僚之笔 316
         第一节 鼓吹"本位文化" 316
         第二节 参写《中国之命运》 333
         第三节 沉淀的经济理论 352

后记 367
附录一 陶希圣年谱简编（1899–1949） 370
附录二 《新生命》月刊中陶希圣文章目录 381
附录三 《独立评论》中陶希圣文章目录 383
附录四 《食货》半月刊中陶希圣文章目录 385
附录五 主要参考资料 387

上篇

政治活动篇

自问此一生,前一时期由学生而教授,大言之为『讲学』,质言之仍是求学。后一时期由教授而记者,妄言之为『从政』,实言之只是论政。综计两时期,个人活动所更非一,终始不出读书、作文、演说、讨论之范围,旧名词所谓笔耕与舌耕,合言之,或可称为『笔舌生涯』。

——陶希圣《八十自序》

第一章 一生的基础

第一节 早期教育

一、家世与启蒙

陶希圣于清光绪二十五年（1899）在故乡湖北黄冈出生。原名陶汇曾，字希圣。祖上务农。父亲陶月波，字炯照，号月舸，前清秀才。1903年，清政府第一次举行"经济"特科考试，陶月波考得经济特科一等第四名，分发河南省。清末历任河南夏邑（1904）、新野（1906—1907）、安阳（1908）、叶县（1909）、洛阳（1911）诸县知县事。民国初任湖北黄陂县长及河南汝阳道道尹。

中原、古道、骡车，父亲缓缓道来的故事，是陶希圣对于儿时温馨的记忆。陶希圣四岁开始随父亲来到河南开封。1906年，陶父从开封转往新野上任，带着全家坐着骡车走了一个多月。"沿途到处都是古迹，如《诗经》上的汝坟，《左传》上颍考叔的故里，朱仙镇的岳庙，许州至南阳和新野一带又有三国时代或真或假的遗迹，增加我的历史与小说的兴趣。"他的父亲显然慈祥而有耐心，"他自己教我读《书经》和《礼记》，接着就读《史书》和《汉书》。他在庚子年从北京经太原走西安，对'楚汉之争'的地理形势，亲身经历，特为熟悉。他为我讲《汉书》，描摹分析，使七八岁的孩子仿佛亲眼得见刘、项两军在河南对垒，韩信在河北、山东迂回作战的情景"。①厚重的中原文化，通过传说、书本和古迹早早地融入陶希圣的生活，引领着他以后的人生。

县衙、监狱及官场的交接，同时镌刻在陶希圣的脑海里，挥之不去。陶家居住在县署之中。陶父作为一个县官，主要接触的是刑名和钱谷，陶希圣1971年回忆说："吾父以缉捕之勤敏与问案之严明，著名于河南省。历任巡抚与藩司派他署理县事，除安阳及洛阳为'冲、繁、难'的县份而外，如夏邑、新野及叶县皆是盗贼丛集的地方。夏邑有响马，新野有水盗，叶县的强劫案尤多。吾父每日的工作，白天看案卷，办公文，晚饭后问案断案，夜间出城缉捕盗贼，至次日清晨回衙。我自四岁至十二岁，先是随父读书，后来进中学受课。只要是居留县衙的时候，不仅视审听判，每晚皆在，并与幕宾长随，谈说刑名，虽当时见识有限而此后记忆仍清。"②童年的际遇，使他成年后自然而然地接近政治，对政治制度、行政制度有着特殊的敏感。

儒学、新学以及革命的氛围，塑造着变革时代的陶希圣，陶希圣身上承载着传统文化而又沐浴着欧风美雨。早期，陶希圣所学以儒家的读本为基础。陶希圣升中学时，正值清政府实行新政，新政的重要内容是对教育的改革。陶希圣入旅汴中学，成为清末第一代中学生。中学学习科目包括算学、英文、历史、地理、格物（即物理和化学）以及博物（讲述动植矿物）和体操等课程，属于最新式的教育。因此，陶希圣也接触到进化论、法国革命等西方文明。随后，他又先后就读于河南省立第一中学、武昌外国语专门学校等，成绩一直很优秀。1911年辛亥革命爆发后，陶希圣回到湖北继续中学学业。他比较偏爱英语，考入英文馆，他的英语老师是一个英国人。

社会正在变革，给他切身体会的是河南一中龙健行先生。这位先生教他们英文，以拿破仑小传来讲读。后来，得知清廷要捉他，龙先生先一步逃出。

---

① 陶希圣：《潮流与点滴——陶希圣随笔》，台北传记文学出版社1979年版，第3页。
② 陶希圣：《清代州县衙门刑事审判制度及程序》（一），见《食货》月刊第1卷第1期。

陶希圣才知道龙先生是同盟会革命党。20世纪60年代中期,师生在台北再续前谊。此前,龙已入佛门为僧。1968年龙健行先生去世,陶希圣作挽词,颇有感情:"早年革命,中年遁世,托信仰于禅悦,寄抱负于诗词。深知爱国热忱,老年弥笃。划报执贽,近日重逢,念河南之拜别,喜台北之快晤。只惜道山挥手,为日无多。"[①]

晚年,陶希圣回忆年少时的情景,很具画面感:"我们五六个同学,年龄在十二岁至十五岁之间。每星期日,相邀出游。我们行经铁塔,看过大佛像,抵城墙脚,爬到城墙上,越过城垛,跳下去,再北行。那是一望无涯,仿佛大海的浪潮一般的起起伏伏的黄沙堆。在黄沙堆里,有一排一排的柳条。我们坐在柳树根,高谈革命。我们的消息得自传闻,都是些以讹传讹的故事……"[②]这个城市指的是河南开封,时间为1910年前后。恩格斯曾经说过:"革命是无产阶级的盛大节日。"其实,"革命"对于孩提时代的陶希圣来说何尝不是这样,浪漫而有趣,感受到的是节日热闹的气氛。

二、大学时代

1915年,紫禁城,溥仪依然作威作福;北京,在位第四个年头的大总统袁世凯,心已不安,只想再往前走一步,为当上皇帝忙于和日本就"二十一条"讨价还价;海外,孙中山在日本、南洋领导中华革命党为反袁而奔走……

社会发展着、生活继续着:南浔铁路、张家口至大同铁路告成;陕西宜君开办石油[③];国民会议组织法、地方自治实行规则公布;濮阳黄河决口,浙江、黑龙江水灾,河南蝗灾;北方清华、协和、汇文三所大学在清华园举行

[①] 陶希圣:《龙健行先生挽词》,见台北《中央日报》1968年8月20日。
[②] 陶希圣:《潮流与点滴——陶希圣随笔》,第8页。
[③] 据刘绍唐主编:《民国大事日志》,第1分册,第55页。有趣的是,据2011年9月28日《铜川日报》报道,"宜君地区石油勘探取得重大发现,宜君县境内约874平方公里油储可观,可形成工业油流",《西安网》称:"上世纪50至70年代,民间就有宜君有石油的传言。"其实,早在1915年即有石油事业,是否从事石油开采待查。

联合运动会；南方金陵、之江、东吴、沪江、圣约翰大学和交通部高等工业专门学校在上海举行联合运动会；中国科学会发行《科学杂志》，梁启超主办《大中华》报创刊，陈独秀在上海创办《青年杂志》；北京修建完成一条从西直门、德胜门、安定门、东直门、朝阳门到正阳门的环形铁路，铁路在东便门与京奉铁路接轨；京师图书馆在国子监南学房舍筹建中，环形铁路和图书馆于次年正式使用……

1915年初春，陶希圣在父亲的带领下来到北京，投考北京大学预科并被录取，师从沈尹默、沈兼士等先生。陶希圣后来回忆说，进入北大预科以后，逐渐受到章太炎一脉学风的影响，开始老老实实读书。黄侃、朱希祖等章氏弟子不教预科，学生对他们只能远远观望。在预科期间，陶希圣读宋明两代的学案颇有心得，逐渐去掉少年的"骄傲"。

1919年，陶希圣升入北京大学法科学习，法学成为他的主攻方向。他学习日本的民商法，并为此学习日语；他学习德国民法，攻读罗马法与日耳曼法的英文版著作；他选读法理学、法哲学的相关著作，涉猎新黑格尔派、新康德派以及社会法学派与历史法学派、日本法理学著作，兼学欧美法学。从"共学社"（梁启超、张东荪、蒋百里等人组织）之处购买社会科学的新书籍，开阔眼界，包括：克鲁泡特金的《互助论》、考茨基的《阶级斗争》、拉马克的《生物学》，等等。在大学四年级的时候，陶希圣买到两本书，自认对日后思想产生了巨大影响，一本是英文版的梅因的《古代法》，另一本是清代胡培翚著的《仪礼正义》。前者让陶希圣明白西方法律与东方法律存在着根本逻辑上的不同；后者则使陶希圣领悟，研习古籍，必定要先了解古代的政治和社会基本制度，古籍中保存有大量古代制度的线索，值得花大力气发掘整理。20世纪30年代，陶希圣在研究中国史的时候，实践了当时的设想。

"五四"前后各种政治思想的传入，为陶希圣等求知欲极强的青年提供了丰富的思想来源。20世纪20年代，马克思主义广泛传播，在北大读书的陶希圣有机会读到、听到和马克思主义相关的著作。陶希圣终生反共及其理论，但他思想却深受马克思主义的影响。五四运动时期的马克思主义风潮，对于陶希圣而言，绝不是一阵风，掠过即逝，而是深深地烙在他的脑海之中，成为左右他思想的方法论。

陶希圣晚年自称对《新青年》不感兴趣，但是，对黄建中先生主编的《国民》杂志，评价很高。《国民》杂志创刊于1919年1月的北京，原为月刊，后为不定期刊，1921年5月停刊，是一个文言文的刊物。该刊属于学生救国会的机关刊物。1918年，为反对《中日共同防敌协定》，北京的部分学生组织起一个学生团体——学生救国会，并利用假期到全国各大城市展开宣传和联络，使之成为一个全国性的团体。为了便于活动，救国会成立国民社，出版《国民》杂志，杂志的主旨是宣传爱国主义。国民社和《国民》杂志，在当时文化界十分瞩目，得到了许多人的关注。蔡元培为杂志作序，投稿人有李大钊、黄日葵、许德珩①、罗家伦、蓝公武、杨昌济、易家钺、陈国榘、吴稚晖、张东荪、汪东、章炳麟、刘师培、黄侃，各色人等参与其间，刊登的文章不拘一格。《国民》杂志上，我们可以看到李泽彰译的《马克思和恩格斯共产党宣言》，费觉天译的《马克思资本论自叙》，常乃惪译、W. Paschal Larkina 著的《马克思历史的唯物主义》，周炳琳译、Henry C. Emery 著的《鲍尔锡维克主义底研究》，陈国榘所著《苏维埃俄国底新农制度》和《苏维埃俄国的经济组织》，等等。其中，介绍了马克思最主要的两大文献《共产党宣言》和《资本论》以及陶希圣后来极为感兴趣的历史唯物主义。"五四"新文化运动期间，陶醉于各种主义的陶希圣初识对他的学术和政治有着重要意义的马克思主义。

陶希圣最感兴趣的是法学，他的思想方法偏向于法学的方式。法学是一门与社会不可分离的学问，因此，他又表现出了对于社会状态的关心，这种关心，脱离了纯粹理论的关怀，与现实紧密地结合，使他跨入社会学的领域。从专业来看，陶希圣一直对家庭法有兴趣。他自称是受当时北大法律系主任黄右昌先生的影响，黄先生曾经指导陶希圣读秦蕙田的《五礼通考》和徐乾学的

---

① 许德珩（1890—1990），江西德化（今九江县）人，字楚生，原名许础。早年参加新民学会、同盟会。"五四"时期的学生领袖。后赴法勤工俭学，先后在里昂大学、巴黎大学就读。1927年回国后参加大革命，曾任国民革命军总政治部秘书长、代主任。为九三学社的发起人和第一至第七届九三学社中央主席。担任第四、五、六届全国人大常委会副委员长。

《读礼通考》,陶希圣称"至毕业之后,黄先生此一番话,决定希圣为学之方向"①,可见影响之大。不过,陶希圣在大学四年级时还选了黄先生的亲属法课,有意思的是,对于选修此课,晚年的陶希圣的评价居然是:"毫无所得"。

陶希圣通过学习西方社会学和中国历史,逐渐建立了自己的学术框架。日后他陆续出版的著作如《亲属法大纲》《中国社会现象拾零》《婚姻与家族》以及翻译的奥本海默《国家论》等,与他在北大所受教育以及最初学习的感悟分不开。1922年,陶希圣大学毕业,学生生涯就此结束。

陶希圣在学生时代聪慧刻苦,中西兼学,为他日后学术上的发展打下坚实的基础。从他的学习轨迹可知,东西方文化给他奠下了同样深厚的基础。他的勤奋,加上当时的外在条件,使他成为一名知识全面的学者型人物。

第二节 涉世之初

一、加入"孤军社"

1922年,年仅24岁的陶希圣完成大学的学业,正式踏上了社会。

陶希圣带着一只皮箱,一卷铺盖,坐着江轮来到安庆,接受安徽省立法政专门学校聘请,担任该校的法学教师,主要教亲属法、继承法、公司法和保险法等。安庆当时是安徽省的省会,但对于陶希圣来说,天地小了些。况且远离故乡,没有朋友,学潮时有发生,陶希圣颇感厌倦,所以,工作了一年之后,不再接受法政专门学校的续聘。

没有工作的陶希圣闲散了一阵,终于迎来一份令他心仪的工作——商务印书馆编译。商务印书馆成立于1897年,最初只是一个专营印刷的小厂,以出版教材起家。20世纪20年代,在张元济、夏瑞芳等人的共同努力下,商务内分总务处、编译所、印刷总厂和东方图书馆,成为一个集编辑、印刷和发行

---

①陶希圣:《八十自序》,见《陶希圣先生八秩荣庆论文集》,食货出版社1979年版,第8页。

于一体的企业，出版书籍涉猎范围之广，在出版界独占鳌头，并系统地翻译出版了一批西方科技图书和西方学术文化著作，在传播新文明方面贡献卓著。

商务印书馆雄心勃勃，向文化集团的方向迈进。讲到商务印书馆，必须提到涵芬楼。目前，在北京王府井北大街的商务印书馆门市即为涵芬楼。但最初的涵芬楼不在北京而是在上海，1909年商务印书馆把编译所的图书资料室称为涵芬楼。涵芬楼藏书丰富，为编辑们提供了相对充沛的不易获得的新知识。为了让涵芬楼的藏书更好地造福读者，商务印书馆决定开办东方图书馆。1926年，商务印书馆董事会决定，除古籍外，涵芬楼的所有书籍资料，归独立的东方图书馆所有，对外开放。商务印书馆在自身成长的过程中，为出版界培养了一批人才。这是后话。

1924年7月，陶希圣进商务印书馆工作。此时，商务印书馆赫赫有名，阵容强大，陶希圣进入的"编译所"，可谓商务印书馆中的最重要部门。陶希圣成为法制经济部编辑，不但解决了自身的生计问题，而且可以继续研究法学，关心其他社会科学。

在上海的这段日子，陶希圣拥有多重身份：商务印书馆的编译、上海法政专科学校兼职亲属法教师、东吴大学政治学教师。结交朋友成为陶希圣此时生活的重要内容，左至共产党，右至国家主义派，都有来往，其中不乏"博学多才之士"。陶希圣与商务印书馆中东方杂志社和小说月报社同人多有来往，这些人大部分都是文学研究会①的会员，比如小说月报社的郑振铎、叶圣陶、周予同，东方杂志社的樊仲云、胡愈之、沈雁冰等人。他加入学艺社②，并在学

---

① 文学研究会，1921年1月成立于北京，由郑振铎、周作人、沈雁冰、孙伏园、王统照等12个人发起，"以研究介绍世界文学、整理中国旧文学、创造新文学为宗旨"。会址设在北京。主要出版物为《小说月报》，由上海商务印书馆出版。1932年刊物停刊后，文学研究会也不再活动。
② 学艺社，1916年12月（农历丙辰年）成立于日本东京，时名为"丙辰学社"，1923年更名为"中华学艺社"，为留日学者组成的一个集科学与人文为一体的学术团体，1917年4月出版《学艺》杂志。1920年，社内归国者增加，丙辰学社设上海事务所，《学艺》杂志也由日本搬至上海，由郑贞文、陈承泽为编辑主任。1922年陈承泽去世，杂志由郑贞文、周昌寿、范寿康三人负责。1922年12月，召开成立六年大会，会上决定上海事务所代行总事务所职能，公推郑贞文为临时总干事，周昌寿为临时副总干事。该社内部成员多有变动，1954年停止活动。见范岱年：《一个曾致力于人文与科学交融的学术团体及其刊物——中华学艺社和《学艺》杂志的兴衰》，《科学文化评论》第1卷第3期（2004年）。

艺社里结识"孤军社"的一些朋友，包括周佛海、梅思平、萨孟武等人。孤军社是由学艺社的社友另外再成立的。1922年，《孤军》杂志在上海问世，主要成员有何公敢①、林石虎、阮湘、郭心崧②、刘光华等人。孤军社的何公敢组织一社团，名为"独立青年党"，创刊《独立青年》月刊与《独立评论》周刊。何公敢邀请陶希圣主编《独立评论》周刊。初出茅庐的陶希圣在《独立评论》周刊上发表一篇篇小文，文中指出中国社会组织以士大夫阶级与农民为主要阶层的观点，并对士大夫的发生、发展到没落作了简单归纳，引起了社会的注意，其中既有赞成也有反对的意见，这让陶希圣很兴奋。

《孤军》杂志一干人，一度想在中共与国民党之外另设一派，最初主张实行议会制度，一年后，决定实行国民革命。就思想的渊源来看，参加者多为东京帝大回国的留学生，其中一些人深受日本马克思主义学者河上肇的影响，对于马克思主义颇为了解，他们自称正是从马克思主义的理论中，得出了共产主义不适合目前中国的结论。《孤军》杂志突出对经济问题的探讨，从其第二卷第一期开始，专门开设经济问题讨论栏，甚至认为经济组织的变更，直接影响人民的内部生活。他们认为教育能够维持将来的国家，所以一直重视教育……陶希圣和他们一样，也关注着社会主义理论。

寻找此时的陶希圣，可以不时地邂逅"马克思主义""河上肇""经济""唯物史观""共产主义不适应中国""士大夫"等词藻和概念，今后陶希圣政治与学术生涯中的关键词，闪现在未知之前……

---

①何公敢（1889—1977），名崧龄，一作松龄，福建闽侯（今福州）人。早年赴日本留学，入京都大学。当时为上海商务印书馆什纂部主任。1933年曾任中华共和国人民革命政府闽海省省长。1945年当选为民盟中央委员。新中国成立后，任全国政协委员等职。1977年病逝于福州。著有《公债》《第一回中国年鉴》，译有《财政总论》。

②郭心崧（1897—1979），字仲岳，浙江平阳人。早年在日本京都帝国大学学习经济，获经济学学士学位。回国后任广州国立中山大学法科教授。1928年任国民政府考试院参事。后曾任中央政治学校教授、中央大学经济系主任、教育部高等教育司司长、交通部邮政总局局长等职。译有《商业经济概论》。

二、相识周佛海

群英荟萃的商务印书馆，令陶希圣如沐春风，年轻人间各种思想的碰撞，激发了他的思辨能力。日后追溯，陶希圣投身政治与这时的结交脱不了干系。其中，周佛海与陶希圣因为孤军社，人生轨迹有了首次重合，在很长一段时间里，他们的关系非同一般，称为密友也不为过。

周佛海生于1897年5月，湖南省沅陵县人。早年丧父，家境败落，在乡塾接受启蒙教育，后考入沅陵县高等小学堂。1919年东渡日本，入日本东京第一高等学校读预科，后到日本最南端的鹿儿岛第七高等学校学习两年。1922年，进入京都帝国大学，学习经济。周佛海选择京都帝大，因为那里有著名的马克思主义理论家河上肇教授。

周佛海是一个政治活动能力极强的人。1920年，作为倾向于马克思主义的青年，他参与中国共产党的组建，成为中共最早的党员之一。1923年，周佛海提出脱离中国共产党的要求。1924年5月，周佛海从日本回国，应戴季陶电约，赶赴广州到国民党中央党部担任宣传工作。1924年秋天，中共中央批准周佛海脱党。国民党的理论家戴季陶显然十分赏识周佛海，曾经写信向蒋介石推荐周佛海。

戴季陶可谓"慧眼识英雄"，为自己找到了一个理论接班人。1925年孙中山去世后，国共关系面临新的挑战。戴季陶在上海写就《孙文主义之哲学的基础》和《国民革命与中国国民党》两本小册子，以求将孙中山的思想以完整的理论体系传世，被称为"戴季陶主义"，在思想理论层面进行"分共"。与此同时，周佛海正在主编《社会评论》周刊，他在该刊上办纪念孙中山逝世特刊，让同人分任著述，周佛海自己担任《中山先生思想概观》一文的写作。他声称当看到许多中共党员而非国民党员大讲三民主义时，不满和担心油然而生，决心占领这块思想阵地，立志把孙中山的主义加以分析综合，著成一部有系统的书。戴季陶读后，很赏识，将此文印成单行本发行，并亲自作序称：将周的文章与"拙著《孙文主义之哲学的基础》一篇论文并读，在研究上面，有不少的帮助"①。无疑，戴季陶在思想上将周佛海引为同志。

1924年11月，周佛海从广州来到上海，参加了孤军社，曾在《孤军》杂志上发表《国民革命中之阶级问题》，指出目前中国革命是全民革命或国民革命，不是阶级革命或社会革命。在此前后，陶希圣和梅思平经何公敢介绍，也加入孤军社，周佛海、陶希圣、梅思平都成为独立青年社的成员。罗君强②曾说："周佛海、陶希圣、梅思平之成为好友，就是从这时开始的。"③

其实，1927年陶希圣在武汉时，周佛海当时对陶希圣并不完全信任。这年5月，夏斗寅部逼近武汉，武汉比较混乱。陶特意跑到周佛海处，劝告他们到汉口租界去避避。正在准备出逃的周佛海夫妇并不答话，而是拿出一件哔叽袍子送给他。当陶希圣出前门，他们即从后门出走到汉口去了。周佛海夫妇把陶的出现当作"侦探他们的行止"，可见相知不深。

在蒋介石、汪精卫势力的来回拉锯战中，周佛海受到蒋介石的器重。1927年底，蒋介石从日本回国后来到上海，指定戴季陶、邵力子、陈布雷、陈果夫、周佛海五人为委员共同办一份杂志，由周佛海总负责，于是《新生命》杂志问世。周佛海也以国民党新的理论家的姿态，著书立说，宣传三民主义。1928年4月，他的《三民主义之理论的体系》一书出版，销量极大（他自称半年售出5万本）；1929年1月，他又出版了《三民主义的基本问题》一书，该书奠定了他在理论界的地位。周佛海因此也是风生水起，政治上颇为得意。

因为有了武汉一段的交往，陶希圣和周佛海逐渐走近，1928年4月以后，陶希圣一度能够得到南京政府的任用，与周佛海的提携有很大的关系。1929年，陶希圣加盟《新生命》杂志，后来居上，大量的文章源源不断地出现在

---

①戴季陶：《中山先生思想概观序》，见周佛海《三民主义的基本问题》，新生命书局1929年版。
②罗君强（1902—1970），湖南西阳乡人，名光治，号庸生。1920年底加入中国共产党，1923、1925年先后两度退党，并于1925年加入国民党。1926年11月，周佛海任中央军事政治学校武汉分校秘书长兼政治部主任，罗君强在该校任上尉科员。1939年，他加入"和平运动"，先后任伪司法行政部部长、伪上海市政府秘书长等职。抗日战争胜利后，被重庆国民政府军事委员会任命为上海行动总队副总指挥。1947年3月被捕入狱，判无期徒刑。
③罗君强：《周佛海秘档》，中国文史出版社2012年版，第4页。

刊物上。由于陶希圣后来参加了改组派，以至于有人误认为《新生命》属于改组派。1929年以后，周佛海大部分时间追随蒋介石，投身于第二次北伐和中原大战等政治活动之中，难以分身经营杂志，萨孟武和陶希圣负责《新生命》杂志和书局的具体工作，并使这份杂志的学术性大大增强。陶希圣与周佛海的交往因为《新生命》而更加密切，他们时常讨论相关问题直到深夜。但周佛海属于蒋派人物，陶希圣则属于汪派一员，周佛海和陶希圣在思想与抱负上存在着差别，陶希圣具有更多的理想主义色彩，对于民主制度有所了解和期盼，周佛海本质上却是一个政客，难有独立的人格。因此，陶希圣在当时情况下，颇有血气地加入改组派，表现了此时的他拥有自主不羁的性格。

1931年底，陶希圣到北京当教授从事学术研究，周佛海则因江苏省主席顾祝同的邀请，自1932年1月起担任江苏省政府委员兼教育厅长。虽然两人一南一北，但陶希圣没有间断与周佛海的联系。那时的交通远不如现在便捷，可也阻挡不了陶希圣不时南下的步伐，比如，1937年1月27日，周佛海日记记有："约希圣、孟武、思平、心崧午饭，并谈至下午四时。"1月28日，"十二时赴思平家午饭，希圣、孟武亦来，谈政治、党务及国际情形，并及于学术，所涉范围甚广"①，延续了他们之间的友谊。陶希圣主办的《社会与教育》杂志和《食货》杂志在上海新生命书局出版，于公于私，陶希圣仍然和南方有着千丝万缕的关联。

1937年7月，国民政府召集社会上有影响的人物到庐山牯岭召开国事会议，陶希圣和周佛海先后上山，会议期间两人相谈契合，开始了前所未有的政治上的合作。会上，他们不断私下交换意见，并且观点颇为一致。非常有意思的是，7月19日这一天，周佛海与陶希圣一起去见了在庐山但没有出席会议的中共领导人周恩来、林伯渠、秦邦宪等，周佛海在当天的日记上说："二时半希圣来，略谈，同往访共党首领周恩来、林伯渠，十年前老友也。相见唏嘘，不胜今昔之感，相与详谈政治转变之意义及经过。五时半返寓，与

---

① 周佛海著、蔡德金编注：《周佛海日记全编》（上），中国文联出版社2003年版，第11—12页。

希圣谈共党将来，决定其不易维系也。"①谈话时间相当长，谈时兴致当不错，只是事后依然担心无法掌控中共。陶希圣对于此次见面也有回忆文字："他们与我谈到北平的五四事件。他们的语调是和凯丰在北平所说一样：'我们多年来反对蒋委员长，今日一转而拥护蒋委员长领导抗战，这一个弯是很不容易转过来的。我们在延安费了很大的气力说服大家。也难怪北平的教授们不易说服。'"②但陶希圣并没有提到他与周佛海见面后的议论，也许对回忆录而言，结果有目共睹。

庐山会议后，陶希圣一度住在南京西流湾8号周佛海公馆，即使周佛海不在南京，陶希圣依然住得优哉游哉。他们的观点相同，形成了"低调俱乐部"。周佛海以侍从、类似于秘书和国民党宣传部长的身份，陶希圣则以学者教授的身份，一起说服蒋介石与日本和谈，但却被蒋否认。最后，蒋介石的亲信周佛海通过陶希圣投到汪精卫的门下。1938年12月，周佛海、陶希圣、梅思平等追随汪精卫从昆明叛逃到越南河内，进行所谓的"和平运动"。

但是，周佛海、梅思平与陶希圣的友谊到了河内戛然而止。在要不要去敌占区、要不要在敌占区建立政权这类大是大非问题上，他们之间产生了严重的分歧。周佛海、梅思平坚持鼓动汪精卫走向不归路，陶希圣持反对意见。陶希圣受到他们的排挤，在劝说汪精卫无果的情况下，陶希圣与高宗武成功出走香港，并将汪精卫、周佛海与日本方面的秘密协定——《日支新关系调整要纲》公之于众。双方彻底翻脸，周佛海骂陶希圣是"禽兽"，必欲杀之而后快。陶希圣则对汪伪口诛笔伐毫不留情。

1946年11月7日，国民党首都高等法院对周佛海作出判决：周佛海通谋敌国，图谋反抗本国，处死刑，褫夺公权终身。蒋介石下令将周佛海的死刑减为无期徒刑。1948年初，周佛海心脏病复发，死于狱中。这时的陶希圣，则已经成了蒋介石的笔杆子和国民党的要员。周佛海与陶希圣的位置，似乎调换了一下。

---

① 《周佛海日记全编》（上），第52页。
② 陶希圣：《潮流与点滴——陶希圣随笔》，第149页。

陶希圣与周佛海、梅思平等人的结识，对于陶希圣后来的政治走向有极大的影响。

三、锋芒显"五卅"

陶希圣加入政治运动的开端是1925年的"五卅"运动。1925年注定是民族主义高昂的革命年代。国共合作在前，孙中山北上在后，"废除不平等条约"和"召开国民会议"传遍全国。这年2月，在上海日商内外棉纱厂第八厂堆纱间发现一具被日籍管理员用铁棍打死的童工的尸体，引起了长期被压榨欺凌的工人极大的愤怒，全体一致罢工。在国共两党的领导和支持下，罢工等抗议活动波及上海、青岛等地其他日商棉纱厂，并得到全国的声援。日方厂主以停工关厂相威胁，5月14日中共党员顾正红代表工人和日方厂主交涉，发生冲突，日厂大班竟开枪杀死顾正红，引发更大规模的抗议浪潮。5月22日，召开顾正红追悼会，有四名学生路经公共租界前往参加会议时被捕。5月30日会审公廨开庭审判被捕学生，当日，学生联合会派学生分队进入租界游行演讲，抗议顾正红被杀，要求释放被捕学生，反对工部局"三提案"①，并沿途张贴传单。由于1923年公共租界法令规定禁止政治性集会，学生的行动受到租界巡捕的干涉，双方始终处于对峙状态，并有多名学生被拘留。下午，南京路上，群众与巡捕的冲突加剧，英籍捕头爱活生（Edward William Everson）下令开枪，打死4人，重伤30人，酿成"五卅"惨案。

"五卅"惨案发生的第二天，商务印书馆编译所所长王云五向陶希圣咨询关于惨案的相关法律问题，陶希圣以英国普通法为依据，指出："军警若遭受群众的暴动与袭击，必须由当地的市长或镇长向群众三次宣布解散令，再过一小时十分钟，群众仍不解散而且继续暴动和袭击，此时才可以开枪。

---

① 1925年4月底，公共租界纳税外人会决定于6月2日召集临时特别会议，讨论由工部局提出的修正印刷附律案、增收码头捐案、交易所领照案。此三案目的在于加强控制租界内的言论出版、增加工部局的收入。

如果军警不经这种手续和时间而开枪杀伤群众,应以杀伤论罪。"①王云五先生据此发表文章,陶希圣本人也以此思路在文学研究会临时发刊的《公理报》上发文。

"五卅"惨案后,公共租界老闸捕房为"五卅"向会审公廨提起诉讼,以为"五卅"以来的种种抗议活动,均因"过激主义之大学"——上海大学的学生鼓动,表面看似排外和排日,"实际上则纯为过激主义"。而巡捕房在暴动中"极其宽和且极不愿开枪","开枪之惟一原因乃因无论何人已不能用其他方法而维持租界中之秩序也"②,声称当时巡捕只有五六人,而"暴徒"上千人,为了保住自己的性命,也为了不让巡捕房被"暴动者"占领,以免南京路全部遭抢劫等更恐怖的事情发生,巡捕不得已而开枪。

陶希圣回忆称:"会审公堂的审判官是关炯之先生。他主张从缓并从宽办这一案。英国领事力主严办。捕房律师的意见以为'五卅'惨案激起如此大风潮,自不宜在群众愤怒的期间,办理这一案,因而力主缓办。"③事情最后不了了之。陶希圣将审理的过程,依据《申报》《新闻报》《字林西报》《大陆报》的报道以及《学生会伤亡调查表》《南京路商会搜集目击五卅惨杀者之报告》进行了整理,在《东方杂志》为"五卅"而办的增刊上,发表《五卅惨杀事件事实之分析与证明》④,他以事实说明巡捕房所控不实。首先,他从捕头爱活生(Everson)当堂证词推算,当时印籍巡捕有11人,华捕有12人,每人一支来复枪,外加捕头、副捕头各握一把手枪,共有25支枪,共放排枪两排,绝不是爱活生所说只有五六个巡捕;从地形来看,巡捕房完全能够自守,不开枪可以守住,且当时人群没有冲击巡捕房的意向,巡捕开枪不是出于正当防卫。其次,学生演讲无排外之语。学生游行演讲的目的有二:1. 反对日本内外棉纱厂枪杀华工顾正红,要求华工之公平待遇;2. 因工部局将

---

① 陶希圣:《潮流与点滴——陶希圣随笔》,第78页。
② 《会审公堂记录摘要》,见《东方杂志》第22卷增刊。
③ 陶希圣:《潮流与点滴——陶希圣随笔》,第78页。
④ 见《东方杂志》第22卷增刊。

向西人会议提出印刷附律及加征码头捐案,学生所持传单多为"反对印刷附律""反对码头捐""反对交易所领照"。其三,学生的行为,都是自发的爱国行为,没有受人指使,与过激主义没有关系。

陶希圣以目击证人的证词说明,忍让的恰恰是手无寸铁的学生,而残暴的则是巡捕,"受弹者大多数离捕房巷口甚远,已经证明则众人尚未全拥至捕房之前,即系开枪即散。又以弹从背入推之,则系闻枪即散无疑"[①]。他从受弹的状况分析出巡捕至少开了两排枪。文章的最后,附有《五卅受伤调查表》,该表为当时学生联合会法律讨论会赴各医院调查所得资料;另一张是《五卅死亡调查表》,依据上海学生会法律委员会的调查表,该表载有从5月30日到6月4日止,共死28人,表里登记为5月30日的有十个死难者。包括他们的姓名、年龄、职业、伤在何处、弹从何处入内、死者生前是否加入运动抑或系路人等等内容,其中,由表可见十位死者中仅一人参加演讲,五人是路人,四人不详。

陶希圣以白描的手法,将"五卅"惨案的现场呈现在读者面前,清楚地告诉人们巡捕房违法在先撒谎在后,体现了他不但拥有正义感且有相当高的法律素养。即使在现在来看,陶希圣此文对于"五卅"研究也有相当的史料价值。

陶希圣的《五卅惨杀事件事实之分析与证明》分别在商务印书馆的《东方杂志》和《公理报》上发表后,引起上海各界极大的轰动,陶希圣因此而成名。

"五卅"惨案后,陶希圣应国民党元老上海大学校长于右任的邀请,担任了该校"法学通论"课程的教学工作。所教学生中既有孙文主义学会的会员,也有中山主义学会的成员。他非常喜欢里面的革命气氛,因为上海大学不断地为革命根据地广州输送人才,陶希圣称当时的上海大学是"中国国民党的革命前哨"。

---

①陶希圣:《五卅惨杀事件事实之分析与证明》,《东方杂志·五卅事件临时增刊》第22期。

在上海大学期间,陶希圣在《独立评论》上提倡"民族自决""国民自决"和"劳工自决"。他的观点,引起了国民党西山会议派的重视,当时在上海环龙路的西山派中央党部给陶希圣发函,认为《独立评论》的上述观点,与三民主义一致。

国民党的大门正徐徐向陶希圣打开……

第二章　国民党"左"派

1927年1—12月,时间不到一年,然而对陶希圣长达90余年的生命之旅而言,却意义非凡。这一年,陶希圣在武汉参加国民革命,加入中国国民党[①],投身汪精卫为首的国民党左派阵营,注定今后政治上多歧路的命运;在武汉,浓烈的革命氛围,激烈的革命运动,势不两立的阶级斗争,既令陶希圣激动又让他感到陌生甚至厌恶,对大革命种种进行反思,从而深入中国社会史的研究;在国共两党大裂变之时,陶希圣拒绝中共,由此走上终生反共之路。

[①] 此处依据中国国民党党员登记表——《干部名人档案登记表》中,陶希圣在表中关于入党时间的填写是"$\frac{15,17}{16}$年3月",党证号是"治鄂字00014号[原军馀(余)字03250]",入党地点:"1.武汉;2.南京"。从党证上"治鄂字……"可见他的入党地点应该为武汉,他到武汉的时间是1927年初,故此确定他的入党时间为1927年。(见台湾"国史馆"全宗号:个人史料;入藏号:1280024540004A;卷名:陶希圣中国国民党党员登记表,干部个人档案登记表)关于陶希圣何时入党,沈雁冰在《一九二七年大革命》一文中提到:1926年12月前,受包惠僧从汉口来的电报的委托,他在上海为武汉分校招收新生,由于投考人有1000多,沈来不及阅卷,于是:"我找了商务印书馆编译所的几个同事来帮忙,有吴文祺、樊仲云、陶希圣,他们都是共产党员,又是跨党分子。这时又接到包惠僧的电报,说还要在上海物色一些人到中央军事政治学校武汉分校任政治教官,我就又找陶希圣等三人,他们都同意。"(见中华全国妇女联合会、黄埔军校同学会编:《大革命洪流中的女兵》,中国妇女出版社1991年版,第4页)关于陶希圣是否是国民党党员,且是跨党党员,沈雁冰的回忆缺乏佐证,因此,不予采纳。但是,其中沈自称介绍陶希圣到武汉分校一事可作参考。

第一节　投身国民革命

一、参加革命

1926年5月，陶希圣大病一场，由伤寒转成肋膜炎。正当他在生死线上挣扎之时，一场国民革命的风暴由广州发起，到1926年底，已经席卷长江流域。大病初愈的陶希圣，收到了黄埔军校武汉分校政治部的电报，聘他为中央军事政治学校政治教官。当时，陶希圣正在吃午饭，打开电报一看，很是兴奋，他拿起筷子模仿军刀往左边一比，说："我要回武昌，挂军刀。"① 不久，他就兴致勃勃地前往武汉三镇。

对于国民党有着特殊意义的武汉三镇，雄踞长江中游，汉口、汉阳各居汉江南北与武昌隔长江相望。1926年7月国民革命军兵分两路，一路北上，消灭吴佩孚主力，9月攻克武昌，10月攻克汉口、汉阳；另一路东进，在蒋介石的亲自指挥下，剑锋直指江西、福建、浙江等。随着军事的胜利，国民政府②控制的区域急剧扩展，位于广东的国民政府感觉有迁都的必要。1926年11月11日，国民政府联席会议决定政府北迁武汉，26日，国民党中央执行委员会临时会议议决中央党部和国民政府迁往武汉，30日开始停止办公。1927年1月1日，已到达武汉的国民党中央执行委员会及国民政府委员以国民政府的名义，宣布武昌、汉口、汉阳为京兆，定名武汉。国民政府主席一职仍然由谭延闿代理。3月底，召开国民党二届三中全会，会议决定设国民政府委员28人，常务委员五人：汪精卫、谭延闿、孙科、徐谦、宋子文，不设主席。

1月11日，国民革命军总司令蒋介石从南昌到达武汉，一再要求政府迁往江西。湖北方面却希望蒋介石留在武汉。由于鲍罗庭对蒋假以颜色，武汉颇存

---

① 陶希圣：《潮流与点滴——陶希圣随笔》，第87页。
② 1925年7月1日，国民政府在广州成立。国民政府的施政方针由国民党中央政治委员决定后，交国民政府执行，体现了"以党治国"原则，国民政府受国民党中央指导与监督。国民政府实行合议制，最初成立时共有16人为委员，由中央政治委员会讨论推选五人为常务委员（后增加到七人），其中一人指定为主席，最初主席为汪精卫，1926年"中山舰事件"和"整理党务案"后，汪精卫出国。6月5日由谭延闿代理主席。

反蒋的现象，甚至出现过"打倒蒋介石"的标语，令蒋介石愈加感到"此间形势不可久留"，分离之心更坚。"迁都之争"越演越烈，结果出现了一方面北伐胜利进军，旧有的军阀势力吴佩孚、孙传芳等，正在被国民革命军消灭，全国统一似乎指日可待；另一方面，革命党的内讧正在酝酿，新的分裂不可抑制。

当1927年1月陶希圣乘轮船到达武汉后，革命的气氛立即将他包围，聚会、罢工、游行、口号、标语，还有歌声，革命的激情达到了沸点。

作为湖北人的陶希圣，武汉对他而言应该是亲切的。尤其是他前往任教的中央政治军事学校武汉分校所在地两湖书院，曾是他父亲留宿之地。中央军事政治学校武汉分校，前身是中央军事政治学校政治科，由广州移至武汉，1926年11月成立武汉分校，校长蒋介石，党代表汪精卫。蒋、汪当时都不在武汉，邓演达为代理校长，顾孟余为代理书记，张治中任教育长兼训练部主任及学生总队长，周佛海任秘书长兼政治部主任。学校拥有学生3700名左右，分别来自广东黄埔军校、当地招收的政治班以及由学生团改编而来的学生。陶希圣的任命状由蒋介石签署，名字使用的是他的别号"陶希圣"，不是本名"陶汇曾"，以后，"陶希圣"为人们所熟知而淡忘了"陶汇曾"。

在南昌的蒋介石与武汉方面矛盾加剧，武汉分校以委员制取代校长制，3月22日，校名更改为中央军事政治学校，谭延闿、徐谦、恽代英、邓演达、顾孟余为军校委员，常委三人分别是恽代英、邓演达和谭延闿，实际负责人是恽代英。1927年3月之后，陶希圣在恽代英的领导之下。

陶希圣担任政治教官，关于教学他回忆说："中央军事政治学校武汉分校的政治课程，无论是社会科学概论，帝国主义侵华史，各国革命史，各国无产阶级政党，以及中国革命史，都是同样的从工业革命讲起，讲到资本主义发展到最后阶段之帝国主义，各国社会党及共产党，马克斯起草的党纲尤其是共产党宣言，再说到鸦片战争，南京条约及一般不平等条约，三民主义，国民革命。"[①] 学校的社会学由他和梅思平开课，当时懂社会学的人很少，可

[①] 陶希圣：《潮流与点滴——陶希圣随笔》，第89页。

以参照的出版著作主要是英文书籍,陶希圣在商务印书馆的日子里,有条件看了不少原版的书,比如法国的狄骥的社会连带学说、美国社会法学大家庞德的著作,等等,至于陶希圣熟悉的中文出版物应该是瞿秋白的《社会科学讲义》。

学校的风气相当左,恽代英在国民党中央执行委员会政治委员会第二十次会议(1927年5月12日)上作的报告中提到:"纯粹的国民党的左派太跑上前去了,全校尽贴的是共产党万岁、第三国际万岁的标语,说话稍不慎,就要被他们捉住关起来。这并不是好的现象,因为他们没有很稳固的立脚点,反而把中立的弄得莫名其妙……"①

在大革命、武汉、中央军事政治学校的环境中,陶希圣表现得相当积极。他甚至要放弃自己所有的土地:"我老家有田地几十石,当然是地主。我深深感觉家产对于我毫无帮助。我写信给黄冈故乡蔡家叫(地名)的老佃宗叶进山,叫他到武昌来。我对他说:'我这一房有一份田地,今日分给那几个承种田地的农民。'叶进山不敢回答——自回黄冈去了。因此,我的家庭都怀疑我加入共产党。"②他的行为,发生在两湖地区农民运动已经走向土地革命的时候,他的态度明显支持土地革命,至少是想在这场运动中有好的表现。

陶希圣的写作特长在武汉也得到了发挥,1927年3月,武汉的《民报副刊》聘请陶希圣为特约撰述。同时被聘的人还有张国焘、彭一苇、陈启修、陈石孚、傅东华、沈雁冰、孙伏园、樊仲云、恽代英、施存统等人,《汉口民国日报》广告称他们都是"当代革命文豪",他们的文章,一般"注重革命理论之介绍与错误观点之批评;注重政治经济之研究与社会问题之分析并注意世界革命的政治经济名著之介绍;注重革命文学之创作尤其是能代表时代精神的作品"③。名单中的大部分都是当时炙手可热之人,陶希圣也颇负盛名。

---

① 恽代英:《关于中央政治分校情形报告》(1927年5月12日),见《恽代英文集》(下卷),人民出版社1984年版,第1006页。
② 陶希圣:《潮流与点滴——陶希圣随笔》,第91页。
③《汉口民国日报》1927年3月29日,第二张新闻第4页。

此间，武汉大学聘请他为政治法律的教授。

二、保卫武汉

1927年4月12日前后，蒋介石在南京、上海开杀戒，率先撕裂国共合作关系，并造成宁汉对立，这就是"四一二"反革命政变。14日，《汉口民国日报》发表题为《蒋介石逆迹昭著》的短文，简单报道下列情况：1.11日有流氓多名捣毁国民党江苏省党部及南京市党部，国民党江苏省党部执行委员会常务委员、宣传部副部长侯绍裘[①]失踪；2.江苏省党部及南京市党部被封；3.上海警厅布告禁止集会游行，12日举行汪精卫的复职大会，参加的人众多，空气很紧张，会后，本打算去龙华请愿，"蒋部兵士忽开枪射击，残杀无算。同时法租界铁网门紧闭，群众逃生无路，凄惨万状"[②]。这样的背叛行径，引起武汉方面的极大愤怒。16日，汪精卫在汉口通电，斥责蒋介石等之所为；17日，武汉中央常务委员会议决开除蒋介石党籍，免去本兼各职；18日，南京国民政府正式成立。宁汉正式分立。19日，陈独秀从上海至汉口，汪精卫和孙科前往迎接。整个武汉，反蒋声势浩大，陶希圣所在的中央军事政治学校也召开声讨蒋介石大会，报纸列数蒋介石的种种罪行……

正当宁汉分裂之际，4月16日张作霖的奉军进入河南临颍，新败犹存的吴佩孚据南阳，汪精卫领导的武汉国民政府决定继续北伐。4月19日，武汉国民政府举行北伐誓师典礼，任命唐生智为总指挥，张发奎、刘兴为、魏益三为第一、第二、第三纵队司令，分右、中、左三路出击，并与冯玉祥的国民军联手攻打河南奉军。28日击败奉军主力，6月1日，奉军退至黄河以北，国民革命军与冯玉祥部会师郑州。

[①] 侯绍裘（1896—1927），字墨樵，曾用名秋、少秋、何少秋、苏绍裘，曾化名王永田。松江县人，上海南洋公学毕业。1921年加入国民党，1923年加入中国共产党。曾任国民党江苏省党部执行委员会常务委员、宣传部副部长，江苏省政务委员会委员、上海特别市政府委员，并担任江苏中共党团书记。1927年4月10日晚，他在召集有关人员研究应对国民党右派在南京逮捕和杀害革命者的办法时，消息泄露被捕。狱中他坚贞不屈，刽子手将他装入麻袋，活活捅死，投入秦淮河中。同时被捕的谢文锦、刘重民等十余人也惨遭杀害。

[②] 《汉口民国日报》1927年4月14日，第一张新闻第2页。

北伐军在河南激战，然而却有黄雀在后，1927年5月中旬，唐生智部下，驻防宜昌的国民革命军独立第十四师师长夏斗寅叛乱。他乘武汉空虚之际，借口受川军杨森的压迫，5月17日夏的先头部队万耀煌师到达离武昌只有四十里的纸坊。杨森军则尾随跟进，窥视武汉。此时，武汉城只有叶挺的第十一师。汪精卫下令，将恽代英领导的武汉军政学校师生与毛泽东领导的农民运动讲习所师生合并为中央独立师，校教务长侯连瀛为师长、杨树松为副师长，协同十一师由武汉出发，西往纸坊迎战。陶希圣作为黄埔军校武汉分校政治教官兼军法处处长也被编入伍，奔赴前线，参加保卫武汉的斗争。

恽代英指定陶希圣任军法处特务处长，陶以此名义，在咸宁县城工作。当时的咸宁，基本处于无政府状态，过去成立的县党部、工会农会的一些人员，被夏斗寅部镇压。时任中共湖北省委、国民党湖北省党部、湖北省农民协会驻鄂南特派员聂洪钧后来回忆道："这次，咸宁遭受夏斗寅叛军的突然袭击，事先毫无准备，所以受到了很大的损失，熊树伟、余子华等干部和好多个农民积极分子都牺牲了。"① 革命与反革命的斗争，充满了血腥味。

《汉口民国日报》报道："自我军于二十一日进抵咸宁后，即由二十四师政治部，于是日下午召集军民联欢大会，革命气象焕然一新。二十四师政治部以咸宁突被匪军骚扰，民众团体已被破坏，急宜恢复各团体组织，以便进行一切，特与各团，商定于今日下午一时，召集代表大会，到者有二十四师政治部陈主任、裘科长、刘科长三人，中央独立师政治部靖大康等三人，咸宁县党部一人，总工会雷遇春，农民协会代表一人，商民协会陈佑新，湖北省党部代表漆昌元等十余人，推举县党部为主席，裘古怀记录，首由二十四师政治部主任陈兴霖报告开会意义，次即议决下列各案：（一）恢复民众团体组织问题。议决各团体于今晚举众（原文如此）执行委员会，明日（二十三号）如今党员大会，二十四日举行各界庆祝讨夏胜利大会。（二）咸宁政治问

---

①聂洪钧：《大革命风暴在咸宁》，《湖北文史》2010年第2期，第81页。

题。议决由县党部举代表三人,农协、工会、商协、学生会、二十四师政治部、中央独立师政治部各举二人,组织咸宁善后委员会,在正式县长未到任以前兼理全县一切政治事宜。(三)惩办土豪劣绅,议决交善后委员会办理之。(四)恢复秩序问题,由各团体共商进行。"① 陶希圣是否为中央独立师政治部三个代表之一,因为当时的报纸没有报道,只能存疑。会议决定由上述代表所在组织团体派代表组成咸宁善后委员会,在正式县长未到任以前,全县一切政治事宜,包括惩办土豪劣绅和恢复秩序,解决供给粮食和雇夫等问题,均由善后委员会负责。5月22日当天,善后委员会成立,陈兴霖、瞿江、裘怀古、靖大康、雷遇春五人为常务委员,选址办公。

国民党组织在咸宁同样遭到破坏,也需要恢复。因此,5月23日下午,召开了有六十余人参加的党员大会,会议先由"中央独立师政治部代表陶希圣做政治报告"②,陈兴霖等发表演说,接着会议议决恢复国民党组织,通过加紧宣传、肃清反革命等重要议决案多个。陶希圣在咸宁成立国民党组织的工作中,处于领导的地位,不然不会由他来首先作政治报告。

5月24日,咸宁各界在铁道外操场举行庆祝讨夏胜利大会,农工商学会各团体,到会者不下万人。会前,有中央独立师政治部宣传队、女生宣传队向群众演讲,分发宣传品,场面十分热烈。会议开始后,先读总理遗嘱,再向阵亡将士死难同胞致哀悼,"有中央独立师政治部主任施存统,二十四师政治部宣传科长裘古怀,中央独立师政治部陶希圣,中央军事政治学校学生代表钟复光……十余人演说,皆激昂慷慨,听者莫不欢欣鼓掌"。会议通过请求国民政府严厉肃清反革命派,及抚恤死难同志家属等提案;会上"又宣读已就捕之反革命王德真、钱芹香、周受惠等罪状,即行就场枪决",被枪决者共有七人,主要罪状是"勾结夏逆,残害人民";最后高唱国民革命歌和口号,

---

① 参见《汉口民国日报》1927年5月29日第二张新闻第4页所载《咸宁县民众重整旗鼓》。
② 同上。

散会。① 据女生队的谢冰莹说被杀七人中有一个是被冤枉的②。部队的到来，使得咸宁很快组织起来，各种协会迅速恢复。仅妇女协会在咸宁就有 2000 人。

陶希圣作为军法处特务处处长，会中枪杀此七人，他一定预先与闻，而他还在会上作了"激昂慷慨"的报告。

5 月 24 日，万耀煌所部接近汀泗桥。汀泗桥位于咸宁汀泗镇，是咸宁的南大门。情况十分紧急，大部队前往迎战。陶希圣留了下来。陶希圣自称是他重建了咸宁县政府："县政府人员逃散一空，我召集农民协会、总工会、商民协会、学生联合会，与妇女协会的代表，组成咸宁县政府。我自任常务委员兼司法科长。司法科接受人民的控诉，解决民间的争执，巡视监所，提审被拘押的人们。"③ 如上所述，成立善后委员会是政权建设的第一步，并不是陶一人之功。后来部队离开过快，咸宁建立正式的县政府也许是在他的领导之下。此处之所以使用"也许"二字，是因为笔者看到的资料，除了陶希圣本人的回忆外，并没有其他可以佐证的资料，包括聂洪钧在内的多名参与西征的军校师生，在回忆这段历史时，根本没有提到陶希圣其人，幸亏有《汉口民国日报》上载有"陶希圣"三个字。关于人的历史，有时就是这样的不可思议，留下的只能是少数几个人，而很多人却被有意无意地遗忘了，划波无痕……

三、抵制滥杀

陶希圣回忆自己因为担任咸宁县政府司法科长，接手诉讼和监狱，从而了解到了农民工人运动的不良之处，包括：随便定罪，乱扣帽子，草菅人命。

---

① 参见《汉口民国日报》1927 年 5 月 29 日第二张新闻第 4 页所载《咸宁县民众重整旗鼓》。
② 谢冰莹在《一个女兵的日记和书信》中写道："我这样伏在窗口上朦胧的睡着了。忽然在咸宁路道旁看见的那七个死尸的印象印入我的脑海中来了。我快乐，我又悲哀！死了的六个土豪劣绅我一点都不可怜他们，因为他们不知害死了多少劳苦民众。只可惜，冤枉打死了一个教导营的学生，他是这次打汀泗桥时被敌人捉去缴了枪械又跑回来报告的，谁知营长说他临阵退却，一定要枪毙，可怜他一直到了'杀场'，才知道他今天要见阎王了。他哭得很伤心，同学们没有一个愿意开枪的。他们都望着这天真年幼的孩子发呆，后来他们都要求营长，审查他的确实情况后再枪决，可是'命令如山'，哪里容得你讲情，终于枪决了！唉！"（中华全国妇女联合会、黄埔军校同学会编：《大革命洪流中的女兵》，第 194 页）
③ 陶希圣：《潮流与点滴——陶希圣随笔》，第 93 页。

为此,他不但反对,而且斗争。当时,咸宁曾经发生这样的一件事:部分农民要求从合作社中退股,农民协会不同意,酿成冲突,要求退股的农民们聚集起来,打了农民协会的人,农民协会逮捕其中带头的五个人。案子到了陶希圣处,他审理后以这几个被抓的人并没有动手为由,宣布无罪,要求农民协会纠正合作社存在的错误。不久,咸宁召开纪念"五卅"两周年会议,农民协会要将这五人绑去会场枪毙,陶希圣坚决不同意,并警告农协书记,如果他敢枪毙这五个人,陶就枪毙他。他因此与农协彻底搞僵,两三天后,他被政治学校的几个政工干部押回武汉。恰好,当时为中共总书记的陈独秀也认为农民运动过火,因此,陶希圣躲过一劫。军校政治部主任施存统让他当自己的秘书,代理主任职务。以上是陶希圣的回忆。

具体陈独秀怎样保住了陶希圣,不得而知。从陶希圣后来与陈独秀的私谊,以及在1938年"陈独秀事件"①中,他力保陈独秀来看,陈独秀确实有恩于他,令陶希圣十分感激。

陶希圣在咸宁的所作所为,符合武汉国民政府的纠正极左的新政策:

1927年4月20日,鲍罗庭在中国国民党中央政治委员会第十二次会议上发言,表示对外暂时要采取"战略退却的办法"②,以减少工人失业的人数,并使帝国主义没有进行干涉的借口。4月30日,"武汉大局讨论会"上,鲍罗庭进一步提出,美英日各国国内不同资本家对中国的态度不同,其中商业资

---

① 1938年2月8日出版的《解放》周刊第三十期上刊登康生写的《铲除日寇暗探民族公敌的托洛茨基匪徒》一文,文中说"一九三一年'九一八'事变,日本帝国主义占领了我们的东三省,同时,上海的日本侦探机关,经过亲日派唐有壬的介绍,与由陈独秀、彭述之、罗汉等所组织的托匪'中央'进行了共同合作的谈判。当时唐有壬代表日本侦探机关,陈独秀、罗汉代表托匪组织,谈判的结果是:托洛茨基匪徒'不阻碍日本侵略中国',而日本给陈独秀'?匪中央'每月三百元的津贴,待有成效后再增加之……",文章还历数了自此以后,托派与日本勾结的种种行为。陈独秀对此倒是十分淡定,但很快《大公报》和《武汉日报》刊登了九位社会名流联名信,他们指出陈独秀生平所行事业,早为国人所共见,抗战以来的行为有目共睹,亦为国人所周知,给陈加上"汉奸"的头衔,目的显然在于排除异己,以为"汉奸匪徒之头衔可加于独秀先生,则人人亦可任意加诸别己。此风断不可长"。这九位社会名流是:武汉大学校长王星拱,国防参议会参议员、江苏教育厅长周佛海,国民党中央政治委员会委员梁寒操,中央研究院语言研究所所长、中央大学校长傅汝霖,中央监察委员会委员高一涵,国民党立法委员张西曼、林庚白、段锡朋,再一个就是国防参议会参议员陶希圣。
② 《国民党中央执行委员会政治委员会第十二次会议速记录》,见中国第二历史档案馆编:《中国国民党第一、二次全国代表大会会议史料》,江苏古籍出版社1986年版,第1074页。

本家是主张和平经商的，对他们应该允许在国民政府之下合法地发展。他的意见得到了汪精卫等人的赞同，并制定出相应决定。

5月份开始，对内的政策也作了调整。9日，公布《禁止民众团体及民众执行死刑条例》，规定判处死刑应该报告政府核准，民众团体抓到反革命派劣绅土豪，必须交政府，不得自行枪毙；14日，公布《取缔擅行逮捕令》《禁止擅行没收人民财产令》；19日，武汉国民党中央执行委员会令国民政府执行决议，包括制定劳动仲裁条例、制定劳动法、制止工人及店员过度要求、严禁工会或纠察队对店员或厂主恐吓罚款及擅自逮捕，外人在华经营工商业者应由外交当局根据上列四项原则办理，并规定对于党员不执行命令者要严厉惩罚。5月20日，武汉国民党中央还发出"纠正农运"的规定，称"剥削农民与压迫农民必须行迹显著、证据确凿者，始得交由法定机关依法惩办，至乡里公正及丰裕之户不反对国民革命者，皆在国民政府保护之列"，而扰乱公共秩序，有损于革命利益者，"无异于反革命"①。同时，颁布"制裁越轨行动"训令，称中央已决定组织特别委员会赴各地指导，以便督促执行中央决议。

陶希圣不但赞成也坚决贯彻了当时武汉国民政府的政策。不过，在群众运动已经失去国共两党合作的国民政府中央的控制的情况下，陶希圣坚持抵制农协滥杀，也确实需要勇气。

四、拒绝中共

陶希圣思想左倾，他的朋友圈仍局限于商务印书馆时期结交的朋友。陶希圣与老朋友每周一次在汉口福昌旅馆聚会，"参加者有童冠贤、周炳琳、李超英、周佛海、梅思平、吕云章及其他诸人。我们每次聚会，锁起门来，交换消息和意见。我从此知道国民政府定都南京，实行清党的经过。在这些同志中间，凡能脱离武汉，潜往南京者，一个一个的东下。到后来只剩下两三个人，这聚会也就不敢再举行了"。②剩下的人中就有陶希圣、周佛海。宁汉

---

① 《汉口民国日报》1827年5月26日，转引自《中华民国史》第6卷，中华书局2011年版，第467页。
② 陶希圣：《潮流与点滴——陶希圣随笔》，第91页。

分裂，周佛海投奔南京，但陶希圣没有离开，国共分裂，他也没有离开，只是一度隐居起来，不再参加活动。

在武汉国共关系紧张到极点之时，1927年7月中旬，当时中共的领导人之一恽代英，视陶希圣为编外党员。汪精卫宣布分共后，恽代英找陶希圣谈话，告诉他准备把军校改编成教导团，跟张发奎的第二方面军南下回广州。第二方面军政治部主任是郭沫若，郭沫若请陶希圣担任教导团政治指导员，准备为他配备十个干事一个秘书以展开工作。正是这支部队，南下参与广州起义。陶希圣听后，当时没有做声，后来留下这样的话："以前国共合作，我和你们也就合作。现在本党已经分共了，我以何种立场与你们合作？"①然后，带着夫人和孩子从陆军军官学校搬出躲到武昌租来的一处房子里，不再公开露面。无疑，他想用这种方式和共产党撇清关系，以显示他做单纯的国民党员的立场。

陶希圣拒绝与中共为伍，主要原因是他不赞成中共的斗争形式。陶希圣初到武汉，码头工人不像以往那样帮乘客拿东西，令他感到不适；大革命的氛围，比如看到工人纠察队高唱《国际歌》，共产党号称是"无产阶级的政党"，而国民党湖北省党部代表邓初民对于"无产阶级""鞠躬又鞠躬"的神情，不禁令他"毛骨悚然"；邓演达认为农民已经起来，他则认为是夸大其词，他说："邓演达自命为农民运动的领导者。他相信共产党徒所谓'工农联盟'，他要领导农民与共产党领导的工人阶级合作到底。他相信农民是起来了。他每次到武汉分校演讲，总是举起手来，指着四周，说道：'现在农民起来了。'他崇信群众。一个大会有二千人参加，他确实相信那里群众有三万人之多。"②陶希圣则针锋相对，提出"农民没有起来"；他特别反感宣传李卜克内西和卢森堡，他认为中共是出于发展自己的党和夺取国民革命的领导权的需要而作此宣传，他说自己"对于共产党徒之劫持本党，并不是茫然无所警惕"③。

---

① 陶希圣：《潮流与点滴——陶希圣随笔》，第99页。
② 陶希圣：《潮流与点滴——陶希圣随笔》，第90页。
③ 陶希圣：《潮流与点滴——陶希圣随笔》，第91页。

第二节　渐成汪派

一、武汉"分共"

大革命的潮水将陶希圣卷至武汉,半年之后,潮水退却,陶希圣茫然四顾,形单影只,即使属于汪派,他和陈公博、顾孟余等也不能比肩。陶希圣此时颇有些"文名",经过大革命的历练,他的心理承受力增强,他没有自卑。他明白革命有高潮也有低潮,自己只有"趁这一潮流,下工夫,扎脚跟,要像那岩石上的树一样,海水全退之后,还可以生存下去"。① 抱着决心,陶希圣投入了新一轮的工作中去。

半个世纪后,陶希圣在回忆录中虽然刻意把1927年的自己往"右"靠,比如他称当年到武汉看到"反对军事独裁"(打倒蒋介石)和"打倒昏庸老朽"(打倒张静江)的白布大标语时,心里"投下了一道暗影",等等,但是,事实上他此时不属蒋派,而属于国民党左派中的汪派。这部分左派渐渐聚集,形成了后来的改组派。

1927年上海的"四一二"政变,湖北的"七一五"政变,国民党以"反共"或"分共"形式进行"清党"。陶希圣所在的湖北省,改组开始于7月底,国民党中央执行委员会政治委员会第四十一次会议决定"改组湖北省党部及全省党务之组织,湖北省党部改组委员会以下列九人任之,潘云超、孙科、孔庚、张国恩、朱霁青、李汉俊、邓希禹、郝绳祖、罗贡华"②,并规定此九人于8月2日到会就职,召开第一次会议,由此委员会接收湖北省党部并推定担任各种工作的代理人员。

8月8日国民党中央执行委员会政治委员会第四十四次会议议决的《处置共产党分子办法案》规定:一、各级党部和国民政府各行政机关任职人员全体一律登记,是否为跨党党员,作为考核去留的依据;二、有共产党嫌疑的人三日内必登记声明反对共产党或发表文字反对共产党;三、如有共产党

---

① 陶希圣:《潮流与点滴——陶希圣随笔》,第113页。
② 中国国民党文化传播委员会党史馆藏,汉口档案,档号:汉2622。

潜伏各级党部各行政机关，既不退出又不声明脱离共产党的以反革命论；四、著名共产党分子应由地方军警严格监视，如有反革命行为应即拿办。当时，出面清党的组织是"湖北省改组委员会"（见下页图），"改组国民党"的最初动因是要改变两党党内合作的组织状态，具体的就是要消灭跨党党员，在党政机关中党员只有一个身份——纯粹的中国国民党党员。

从下页这张孔庚[①]的《中国国民党中央执行委员会颁发服务党部及政府机关职员登记表（1）》来看，内容包括：1. 国民党党内身份的确定，有入党时间、地点及所属党的分部、入党介绍人、党证号码等；2. 对党的信念，即为何入党；3. 为党工作有哪些成绩；4. 是否是跨党党员，二名党内担保人及其基本情况；5. 对于共产主义之见解如何；6. 对于共产党阴谋消灭国民党的意见及感想为何；7. 入党后能否绝对服从"本党"的命令。[②]

原为跨党党员而脱离中共者，除了填写上述（1）表外，还要填写《中国国民党中央执行委员会颁发服务党部及政府机关职员登记表（2）》，如再下页李汉俊所填的就是这样一张表格。表格内容包括：1. 曾于何时何地加入共产党或共产主义青年团并于何时何地脱离或被开除；2. 加入共产党或共产主义青年团时之地点及机关名称；3. 脱离共产党或共产主义青年团或被开除之原由；4. 自加入共产党或共产主义青年团起到脱离或被开除止之经过秘密情形详细报告。最后由主管长官签名盖章。如此，经过党员的重新登记，实现了国民党改组的第一步。[③]

当然，"分共"不难做到，但"分共"的同时国民党如何走下去却是个颇费思量的问题。尤其是国共合作时，基层组织的主力是共产党员，现在，共产党不在了，而随着北伐的不断胜利，国民政府的地盘在不断扩大，基

[①] 孔庚（1871—1950），湖北靳水（浠水）人，字文轩，号文掀。早年毕业于湖北武备学校、日本振武学校，为日本陆军士官学校第六期毕业生。参加辛亥革命和反袁斗争，追随孙中山。1927年3月当选为国民政府委员。"四一二"后，反蒋一度主持湖北政事。12月曾因"倾共"嫌疑被捕，出狱后一度参加改组派，后被软禁于南京。解禁后，主要从事教育。1950年在武汉去世。
[②] 见《湖北省改组委员会职员登记表》1927年9月10日，中国社会科学院近代史档案馆藏"中国国民党汉口档案12993.2"。
[③] 同上。

中國國民黨中央執行委員會頒發服務黨部及政府機關職員登記表（1）

1. 姓名及別號	孔庚	2. 年齡	五十五	3. 籍貫	湖北蘄水
4. 住址（永久的）	蘄水縣王家祠街				
（及最近的）	武昌永濟側金銀巷一號				
5. 性別	男	6. 入黨年月日	丞年三月十三日（十五年十二月）		
7. 入黨地點及所屬區分部	民元北京　民十民十四廣州　民十五武昌市第六區黨部第三區分部				
8. 何人介紹入黨	不記憶	9. 黨證	請求登記號數部字010545號
10. 以前曾為本黨員十七年在柏林馬克思大學參議民十年奉命入湖郡軍募款接濟何民十二民務戰發任此總務處同國三民主義入國民黨					
11. 以前因何故加入本黨	清末留學東京入同盟會親受先總理得聞三民主義起一種信仰心				
12. 以前有無跨黨（如跨黨而已超脫離者填名表）	從未入過他黨				
13. 如無跨黨能見何人作證	朱霽青　郜綿祖				
14. 保證人之姓名籍貫年齡及住址	朱霽青，春天，四五，現住漢口一三里状號				
	郜綿祖，山西蒲縣人，現住武昌營坊巷28號				
15. 對共黨主義之見解如何	民生主義即共產主義先總理已明白語示惟就中國之情形走到共產必由國民革命和平奮鬥之路不能由無產專政俄門爭之路聖人復起不能易吾言也				
16. 對共產黨實施摧殘滅本黨之意見及感想如何	中央容共錯過，宣布以後如不其頑惡陰謀而北錯誤共和榴進更益發表宣言，救持淨單標語證明本黨組織我須抽破壞金錢分驅狗長工焰惡棍除以紐土區到底作出此所不足以此等人不獨不配為國民党其亦不配為其党健非闸滅之不可				
17. 以後能絕對服從本黨命令否	入黨久矣歡如今後能否絕對服從請覘其往事做本黨命令否				
本人簽字蓋章	孔庚 [印]				

以上　孔庚　同志所填各項吾等願為保證其真實無妄偽
以後發現　孔庚　同志有跨黨憑證吾等願負完全責任
保證人兩人簽字蓋章　朱霽青 [印]　郜綿祖 [印]

中華民國十六年九月十日

本表填具兩份一存該管機關機壹一呈中國國民黨中央黨部壹份

說明

一、本表本人二寸半身相片兩張一附表呈繳中央一存該管機關

5.X.3.2.1. 凡統計主項准特有營業各項具發現本人官長之名不得違姓名及此跨黨表者應令其他填發第一第二表各填兩份

主管長官簽名蓋章

附：政治委員會第四十四次決議處共產黨案以過考核而定其平以過級視察黨改組委員會詳細職衛改組委員會常務委員

留子一．黨法各省市有機關兼職者如膴任黨務應即出令各級黨部暨國民政府各行政機關兼任黨務者限三日內登記聲明脫離共產黨反對共產黨者以共產黨員兼任行政機關兼任黨務聲明反對共產黨或論發表人

中國國民黨中央執行委員會頒發服務黨部及政府機關職員登記表

姓名 李俠公　服務機關 內政部警察所　詳細職銜 內但委員兼青年部長

從前曾入共產黨現在已退出者應填左表

1. 曾於何時何地加入共產黨或共產主義青年團并於何時何地脫離或被開除
   民國九年夏於上海預怠中國共產党民國十二年三月在北京脫離

2. 加入共產黨或共產主義青年團時之地點及機關名稱
   曾於中國芬產党於上海閘北陽甲地界有行先

3. 脫離共產黨或共產主義青年團或被開除之原由
   因意見不合意見加付及見渡党固望不脫離

4. 自加入共產黨或共產主義青年團起至脫離或被開除止之經過秘密情形詳細報告
   自芬怠受後奉命到莫斯科東方大學留學 留學 及俄國民黨改宗聯案陳獨秀見之譯為本党代表出席第四國際大會反對陳秀之主提議因意見不合被陳除名代表之職西歸國後任中俄通訊社主任譯述俄國民党改宗之要聞一切登載於國民党上海機關报上海民國日報以宣傳三民主義反對共產党之西歸國後国大民国十年及民國十一年間於上海與張國燾同志为對共產党事件及北京代表大會此辯復有筆戰之事在之大學之中及中央全会聯席會議時及民國十二年西其全國代表大會時論辯俱為張同志留意之其提兩次會議代表後因病未出席該会二大會議時因不問張同志之意單獨提案彈劾陳及譚平山等之孟浪行為致意指見為陳獨秀更加一層仇恨又因之病未出席中共代表大會此前在北京而友对陈及譚之行為主張決裂自民國十二年三月正式脫離共产党部及不与彼等同事也凡一切言行是党員應盡之責皆已盡之陳党事实作脫離

   陳等心生怨恨因見二人多宰連一切更地見留軍校之彈該主張發言並命之青州特等衆是當為益同居因意違誓

   陳等見送造與堅定此在北京運〔脫党〕因实作脫雜

主管長官簽名蓋章
張國燾
朱霽青

年　月　日

本表須填兩份一存該管機關備查一呈中央黨部查核

层各级政府机构的建立和国民党党组织的建立刻不容缓。因此,各省先后着手进行政权的建设。依然以湖北省为例,中国国民党中央执行委员会中央第二届常务委员会第二十三次扩大会议决定,由中央农民部会同湖北省党部改组委员会,从事改组湖北省农民协会的工作。中央农民部专门指定了邓良生、孔庚等人为改组委员会委员(这个改组委员会主要是改组农民协会),并于8月10日召开第一次会议——议决由改组委员会接收湖北省农民协会,等等。

"分共"、国民党员登记、湖北国民党改组委员会接管工农协会,恰似一根链条,将"七一五"以后这段时间的武汉政治串联起来。此时的陶希圣一直在武汉。

二、大革命后的反思

1927年7月29日,孙伏园在《中央副刊》上登有一则启事:"陶希圣兄鉴:兹有要事奉商,请到敝处一谈,为盼。"① 陶希圣看到后戴上墨镜穿着白衫过汉江到汉口的《中央副刊》报馆。孙伏园告诉陶希圣,时为武汉国民政府宣传部长的顾孟余② 推荐他主编《中央副刊》,陶希圣一面辞谢,一面答应以后多为此刊写文章。从1927年8月起到9月止,陶希圣在《中央副刊》发表了十一篇文章,可以分为学术性和政治性两类,陶希圣的政论文章包括《矛

---

① 见《中央副刊》第125号。孙伏园(1890—1966),浙江绍兴人,原名福源。著名报人。曾任《国民公报》《晨报》《中央日报》《时事新报》《新民报》等报编辑、主编,在《贡献》杂志、《文汇周报》《士兵月刊》等杂志当主编、编辑或社长,最为出名的是,他先后任《晨报副刊》《京报副刊》《民国日报副刊》《中央日报副刊》等副刊主编。并曾积极推动平民教育。1927年3月22日始担任《中央日报》中央副刊总编辑,并在副刊上发表毛泽东的《湖南农民运动考察报告》、郭沫若的《请看今日之蒋介石》、谢冰莹的《从军日记》,1927年9月1日副刊停刊。1927年12月《贡献》旬刊创刊后,孙任主编,该刊发表陈公博的《国民革命的危机和我们的错误》一文,在各方面发生了很大的影响,成为"国民革命以来第一次的总检讨"(见陈公博:《寒风集》,地方行政社,上海,1944年12月版,第270页)。
② 顾孟余(1888—1972),生于河北宛平,原名兆熊,毕业于德国柏林大学。1917年回国后在北京大学任教,曾任经济系主任。1925年出任广东大学校长。1926年1月当选为中国国民党中央执行委员。1927年3月,任中央执行委员会常务委员、宣传部长。1928年夏,他与汪精卫、陈公博等成立中国国民党改组同志会,顾负责宣传工作并创办《前进》杂志,该杂志在改组运动中影响极大。汪投敌时,曾拉拢他,他拒绝并从香港回到重庆。一度任中央大学校长。1949年定居香港,1969年返台湾,1972年病逝。

盾与虚伪》①《中心思想的建立》《名誉和债务》②以及《集中革命势力》③《我所望于共产党员的》④。

此前，谨慎的陶希圣约施存统⑤到他的住所福寿庵见面，两人似乎十分投缘。在这次谈话中，施存统透露说："共产党未曾拉你入党，是留下一个左派，在党外与他们合作。"并推心置腹地说："如果共产党迫你入党，你今天的生命如何，就不可知了。"陶听后，十分后怕，称是"毛骨悚然"。⑥

施存统在1927年8月30日的《中央副刊》上发表《悲痛中的自白》一文，声明退出中国共产党，表示自己以后将专门从事国民革命，实践孙中山的三民主义。施存统后来成为改组派的一员干将。陶希圣响应施存统，在《中央副刊》上发表《我所望于共产党员的》一文指出施存统从中国社会的实际状况来思考走哪一条路，诚心地加入国民党，提出了一个积极的主张——解散中国共产党。陶希圣"语重心长"地说："一切共产党员应当接受过去错误的教训，平心静气，从中国政治经济状况上认识国民革命的意义，了解国民革命的必要，舍弃党的成见，诚意的热烈的为国民革命而奋斗，诚意的热烈的为国民党革命纲领而奋斗。"言下之意，以中国现在的状况，共产党的主张为时过早，应该放弃党见，走国民党领导的国民革命之路。

"一切共产党员应当觉悟：党是为革命而存在的，不是革命为党而存在。革命者应当努力于革命的成功，不应当营求一党的私益。本来，革命党是要

---

① 《矛盾与虚伪》，《中央副刊》第138号，1927年8月11日。
② 《名誉和债务》，《中央副刊》第144号，1927年8月17日。
③ 《集中革命势力》，《中央副刊》第146号，1927年8月19日。
④ 《我所望于共产党员的》，《中央副刊》第159号，1927年9月1日。
⑤ 施存统（1899—1970），浙江金华人，又名伏量、复亮，别号伏图，化名方国昌。1917年入浙江省立第一师范学校就学，因发表《非孝》一文被开除出校。1920年5月，在上海和陈独秀等创立上海共产主义小组，后赴日本被指派为东京中国共产党小组负责人。1922年初回国，当选为团中央书记，并任团中央机关刊物《先驱》主编。1925年任广东中山大学教授、黄埔军校教官等；1926年冬任国民革命军教导师政治部主任。1927年"四一二"政变后，发表《悲痛中的自白》一文，声明退出中国共产党。随后，他积极发表文章，对于中国社会问题发表意见。抗战后，积极参加救亡运动。1945年参加发起成立中国民主建国会。新中国成立以后，参加政协与人大的工作。1970年在北京逝世。主要的著作有《现代唯物论》《中国现代经济史》，译有《资本制度浅说》《世界史纲》《社会进化论》等。
⑥ 陶希圣：《潮流与点滴——陶希圣随笔》，第100页。

夺取政权的,但是革命党夺取政权,是为本党所代表的民众,而不是为党员的私益。中国的经济状况,不许无产阶级专政的实现,亦即不容共产党一党掌握政权。共产党员应当死心塌地地脱离该党,加入国民党。

"一切共产党员应当觉悟:革命党是在革命的纲领之下集中起来的集团。党是为纲领而奋斗的,不是纲领为党而存在的。中国革命需要三民主义的革命纲领,革命党员便应当实行这个纲领。因党的成见而违背或破坏革命的纲领,是不应当的。共产党员应当绝对服从三民主义的革命纲领,亦即应当脱离共产党,为国民党忠实党员。

"故无论施存统君的主张是否适当,然而他能够保持着积极的主张,并且为了这个主张而不恤脱党,不恤冒投机的恶名以脱党,这确是革命者所应取的态度。我们希望共产党员重新考虑一番。"①

作为一个北大法律系的毕业生,对于刚刚过去的这场革命的反思带着法学的思考。陶希圣提出这样一个问题:革命时期,法律是否需要?他在《矛盾与虚伪》一文中说:"马克斯虽没有告诉我们革命时期是否要法律的,这些主义者却否认了法律的必要,他们仿佛接受了无政府主义的教训,然而他们仍旧是马克斯主义者。"②对此,他表示十分不理解。

陶希圣的另一个问题是,大革命时期的土地国有政策是否等同于孙中山的耕者有其田的设想?他认为从法律上看,两者是不同的。因此,他的结论是:"湖南省党部在今年五月间便提出了土地国有宣传大纲了,这对不对呢?当然,这是不对的。"③不但如此,陶希圣认为大革命时期的土地国有的提法与苏俄1922年的农业法也不同。借用苏俄当时的农业法,他观察指出苏俄当时实行的是土地农有。在苏俄农业组合共同耕种的制度之下,大部分土地仍然是由农户独立耕种,就这一点来说与一般自耕农相同。他的结论是:"片面的单纯的主张土地国有,不独不合于总理的主张,即俄国的法制也不是如

---

① 《我所望于共产党员的》,《中央副刊》第159号,1927年9月1日。
② 《矛盾与虚伪》,《中央副刊》第138号,1927年8月11日。
③ 同上。

此。"他进一步指出土地私有不能够一朝一夕随意废除,需要做大量的工作,在不侵害私人利益的基础上,逐渐让私有者看到国有的好处,土地大规模经营的优越性,最终农民们主动放弃独立经营,从事农业组合共同耕种。"决不是横强霸道的流氓的掠夺可以达到土地国有制的。"[①] 这是他对大革命时期所行土地革命的反思,反对使用革命的手段,主张社会渐进的原则。

第三个问题,大革命时期广为传播的"劳农专政"的口号是否正确?陶希圣的解答是:"中国的幼稚的革命党员听惯了'劳农专政'的口号,在城市便实现了工会万能,在乡村里便造成了农协制治。如果劳农专政是一个政治的主张,则工会万能和农协制治在理论上又有什么不可?但是民主独裁的中国,固不能实现劳农专政,即在劳农俄国又何尝是工会万能?"

他认为,在资本主义和社会主义两个不同制度的社会中工会的职能是根本不同的。"资本主义国家的工会,是拥护工人利益的战斗的团体,社会主义国家的工会——假使还有工会——却是政府的执政者,其职务在管理生产事业。"他指出苏联共产党内部就此问题有过争论。他以托洛茨基与列宁的矛盾为例,1919—1920年间,俄国共产党讨论工会的职能时,托洛茨基主张工会国家化。但列宁认为现在工会的组织和工人的经验,还不能承受生产管理的职务,况且俄国国有工业和私有工业共存之下,工会仍应拥护工人的利益,以解决资本与劳动的冲突。俄国的工会立于国家机关之外,一面可以派代表参加国家机关,而主要的任务仍是维护工人的利益。后来,1922年12月全俄工会中央委员会通过的纲领肯定了列宁的观点,以为社会主义时期,资本主义的痕迹尚存,小规模生产的遗物尚在,这些遗物与社会主义新细胞间的矛盾,是必须承认的。随后,陶希圣就中国的情况指出:"工会农协实行专政,干涉国家机关,没收私人财产,杀戮仇雠,逮捕异己,这是错误的。不独违背了国民党的主张,即俄国的法制也不是如此。"[②]

虽然,陶希圣没有歪曲列宁的观点,但是,他将列宁1922年的观点,用

[①]《矛盾与虚伪》,《中央副刊》第138号,1927年8月11日。
[②] 同上。

在1926—1927年的中国，显然是不合适的。在俄国，工会在不同时期，起着不同的作用。十月革命时期，由于共产党员人数少，所以工会"担负起组织和管理生产工作的惟一机关"[①]。十月革命后不久，俄国组建最高国民经济委员会，其主要工作是取消私人企业并且实行对这些企业的国家管理，一度出现工会和国家经济管理机关"平行地和共同地进行这项工作"[②]。不过，这样的过渡阶段很快过去，国家管理机构随后便掌握了生产和管理，并且日益趋于官僚机构化。列宁和托洛茨基关于工会的争论发生在这个阶段。列宁所说的工会作为党和群众之间的桥梁的观点，指的是无产阶级夺取政权以后。大革命时期的中国还处在夺取政权之中，如果按照苏俄模式，的确正处于工会与农协掌握领导权阶段，此时的列宁和托洛茨基在工会问题上还没有分歧。因此，陶希圣借列宁和托洛茨基的争论批判中国大革命时期的工会、农会专政，有些张冠李戴。

回望历史，我们可以承认陶希圣对于大革命的检讨，确有其独特之处。他所提的三个问题，事实上在相当长的时期里一直困扰着革命中的人们：革命就是要破坏旧秩序，破坏旧法律，同时，需要新的秩序维持新的社会，这时，新政权如何组织、如何运作是一个必须正面回答的现实问题。陶希圣显然是不赞成工会和农协专政的。所以，他拿出了托洛茨基和列宁于1920—1922年关于工会在无产阶级专政国家中的地位的争论的一些观点，用以支持自己的观点。

三、出山与隐居

陶希圣1927年7月底以"笔杆子"的方式再度出山之时，正是各种力量不断分裂、不断重新组合之际：中国共产党自"八一"南昌起义后，在全国

---

① 鲁祖塔克的报告提纲《工会在生产中的任务——提交全俄工会第五次代表会议》，见《列宁选集》第四卷，人民出版社1972年第2版，第421页。
② 鲁祖塔克的报告提纲《工会在生产中的任务——提交全俄工会第五次代表会议》，见《列宁选集》第四卷，第422页。

各地举行了大大小小的武装起义，以反抗残酷的镇压；国民党在消灭旧军阀统一全国的同时，内部尤其是上层的分歧，导致了新的分裂局面的出现：以蒋派、汪派、西山会议派为主的党内派系互争"党统"，国民党的改组，其间夹杂了权力的再分配，目的不单纯，显现出清党的同时党内复杂的内斗。桂系、东北军、西北军、晋军等军事力量或与党派勾结，以壮声势，或穿插其间，从中渔利，凡此种种，人们还没有来得及为北伐胜利叫好，层出不穷的乱象就已令人目不暇接，瞠目结舌。

1927年8月8日，蒋介石、胡汉民、李宗仁等宁方要人，联名给汪精卫为首的汉方发电报，祝贺汉方驱逐共产党，请他们来南京召开中央全会，商讨合作问题。汉方坚持双方合作的条件是蒋介石必须下台，必须以武汉为正统。在各方的压力下，1927年8月13日蒋介石辞职，胡汉民、吴稚晖、蔡元培、戴季陶等人，同时宣布去职。

8月19日，武汉中央党部国民政府发表迁都南京宣言；8月20日，汪精卫、谭延闿、孙科等到九江，22日李宗仁自南京到九江与汉方谈合作条件，表示欢迎汪精卫到南京组织政府。

在这个关键时刻，8月19日的《中央副刊》中，陶希圣发表《集中革命势力》一文，提出军队集中、党务集中、政治集中的三大集中主张。在党务上，他说："一切党团，在主义和政策上，只有革命与反革命的两途，这个界限是不容紊乱的。国民党与封建的官僚政客土豪劣绅，只是革命和反革命的区分，国民党有左派右派，也只有革命和反革命的差异。失却了革命的立场，便是反革命派。革命派与反革命派是互为消长的。在反革命派继续的发展，不断进攻之中，只有集中国民党的忠实党员并且是国民党左派的分子，才能够结成真正的民主势力，战胜封建余孽及暴乱分子。"归纳他的这些话，就是目前的各党各派只有革命派与反革命派两派，而国民党的左派是革命派，以左派为核心，实现党的集中。

陶希圣强调国民政府在中国境内只许有一个，把全国政权交给一个国民政府，在革命的国民政府之外另设政府，必然要失败。"南京政府便是前车之鉴。武汉的国民政府也同时因为有伪政府……陷入无法的困境也自无容讳言。"他以为："我们目前工作的中心点，不在打倒蒋介石，因为蒋介石下野；也不在打倒共产党，因为共产党已经逃亡。当然，蒋介石的再生及共产党的活动，是应当忧虑的。"这个政府实质就是当时的武汉国民政府。

陶希圣提出的口号是：集中革命势力！打倒反动军阀！打倒封建余孽！取消南京政府！建设民主国家！实现三民主义！国民革命万岁！① 陶希圣的文章，完全体现了汪精卫的意愿。

9月5日，汪精卫到南京。但是，宁汉合流进行得并不如汪之意，经过激烈的争斗，产生了国民党中央执行委员会特别委员会，这个组织名义上是三派调和的结果，实际上由西山会议派和桂系为主导。9月13日，汪精卫大失所望，通电辞职返回汉口。到武汉后，汪派以特委会违反"党统"为由，令唐生智起兵反对，名为"护党"。而南京方面则于10月15日宣布西征，以唐生智勾结孙传芳为讨伐之名。

10月底，汪精卫带着一干人马——主要为国民党二届中央执监委员或候补委员（即后来的所谓"粤方委员"），来到广州，借助李济深和张发奎的军力，试图在广州再造国民政府。

在此期间，陶希圣担任汉方总政治部秘书处处长。陈公博是总政治部主任，因为陈在南昌，所以由许德珩秘书长代理。陶希圣负责招聘一些人员。他对应聘者提出若干关于党的改造的问题，并将"答案较好的人，录取任用。因此，我也认识了一些青年知识分子，这些都是想象中的'左派'"②。陶希圣为后来的国民党改组派发展了一些成员。许德珩每周举行一次集会，通过集会，陶希圣认识了刘侃元③、黄克谦，并多次见到邓泽民。上述诸人，除了许

---

① 《集中革命势力》，见《中央副刊》第146号，1927年8月19日。
② 陶希圣：《潮流与点滴——陶希圣随笔》，第100页。
③ 刘侃元（1894—1989），湖南醴陵人，又名泌仪，别字济闲。日本东京帝国大学毕业，后又考入该校研究生院，对于马克思主义有深刻的研究。1925年任黄埔军校教官，1927年"四一二"反革命政变，改任武汉中山大学教授兼国民革命军第六军第十七师政治部主任，江西省国民党党部常务委员兼宣传部长，为国民党改组派江西省负责人。1930年后，在北平大学和朝阳大学当教授，参加"一二·九"运动，长期从事教育研究工作以及地方工作。1949年后留在大陆，1957年被打成右派，1989年在天津去世。

德珩以外后来都是国民党改组派的成员。陶希圣此时的经历,决定了后来的政治走向——加入改组派。

11月初,唐生智所部败于西征军。11日,唐生智离开汉口搭轮船去日本。就在唐离开汉口前一日,蒋介石从日本回到上海,并致电汪精卫,希望同来上海,共同解决党内纠纷。汪精卫与蒋介石联手。特委会被逼,同意召开国民党二届四中全会。汪精卫与李济深一同前往上海参加二届四中全会。他们尚未到达上海,11月17日汪精卫手下的粤方委员鼓动握有军权的黄琪翔、张发奎发起驱逐以李济深、黄绍竑为代表的桂系势力,发动"广州事变"。12月12日,中国共产党发动"广州起义"。两件事情并为一个后果,汪精卫、陈公博、顾孟余、甘乃光等九名粤方委员,被国民政府下令查办。汪精卫于12月16日出国,南京遂被蒋介石控制。

远在长江中游的陶希圣,因为这些变故,在11月中旬武汉政府宣告结束的时候,以秘书处处长的身份办理完总政治部的扫尾工作之后,将公文等移交西征军,再次藏匿起来。

孔庚等人领导的湖北省党部此时也转入地下开展工作,他们曾经邀请陶希圣到汉口工作。陶希圣看到武汉形势复杂严峻,犹豫不决。江西省党部改组委员会书记长萧淑宇[①]和宣传部长刘侃元邀请陶希圣到南昌主办党务学校,协助民国日报社社长李实改革报纸,陶希圣于是坐船到了南昌。1928年初,陶希圣离开江西到上海。

[①] 萧淑宇(?—1941),江西永新人,早年留学法国。在《革命评论》等杂志上发表《如何实行党的改组》《国民党左派与中国革命前途》等文章,为改组派中的骨干之一。改组派解散后,他加入南京政权,曾任立法委员等职。抗战后,他与陈公博互通声气,并准备投敌。1941年12月,他在去往南昌担任伪江西省省长途中被戴笠派人击毙。

第三节 沪宁三年

一、加入改组派

举家回到上海后的三年里,陶希圣以写稿和教学为生活的主要内容。不过,1928年底以前,他虽倾向于汪精卫,可算不上汪派核心人物,上层的斗争,没有波及他这个底层人物,在当时干部缺乏的情况下,他仍然可以参与政治活动。

1928年,南京政府急需各种人才,陈铭枢[①]将孤军社全体收编,集体加入国民党,并让他们在国民革命军总司令部政治部就职,从事宣传。4月,南京国民政府开始第二次北伐,陶希圣先在北伐军总司令部总政治部的宣传处担任编纂科长,为第二次北伐草拟传单和标语。

周佛海受任中央陆军军官学校政治部主任后,约陶希圣转任军校政治总教官兼中央民众训练委员会指导科主任。因陶希圣家人均在上海,他奔走在上海和南京之间。在南京没有住处,他便与萨孟武、汪少伦诸人一起住在南京西华门舒家花园周佛海宅邸,每日到军校办公。

朱霁青担任中央民众训练委员会常务委员后,1928年7月任命陶希圣为民众训练委员会训育科主任并兼训育科第一股总干事。科里的工作是民众训练工作的设计与指导,都是伏案执笔。

1928年3—4月,追随汪精卫的"粤方委员"陆续来到了上海。以陈公博为首的一批人主张建立"中国国民党改组同志会",11月,中国国民党改组同志会在上海成立。有了以前在武汉的铺垫,1928年底陶希圣自然而然地成了国民党改组同志会的一员。汪精卫当时虽然领导着改组派,但他不知听什么人说一句"与其做改组同志会的领袖,不如做全党甚或全国的领袖"[②],

---

[①]陈铭枢(1889—1965),字真如,广东合浦(今属广西)人。时任国民革命军总司令部政治部副主任。1928年11月任广东省政府主席。1931年12月任行政院副院长兼交通部部长。1932年"一·二八"抗战时,支持十九路军抗日。1933年与李济深等发动福建事变。1948年1月在香港与李济深等建立中国国民党革命委员会。

[②]陈公博:《陈公博回忆录》,哈耶出版社2009年版,第159页。

对外便称是同情改组派,出面的领导人是陈公博和顾孟余。这个组织一直比较松散,内部理论也并不一致。陈公博的宣传阵地是《革命评论》,宣传所谓"党的专政",顾孟余以《前进》杂志为喉舌,提出改组理论。他们共同的特质是强调不同于中共的阶级理论,也不同于南京国民政府的主张。他们站在国民党的立场上,要求民主、要求对国民党进行改组。在当时,他们的呼吁,在城市发达地区的知识分子,包括国民党内的许多青年中引起了极大的响应。

终于,陶希圣要为他的左倾付出代价。陶希圣曾经对此有一段交待:"我在这两三年间,基于武汉时期的政治关系,首先是福昌旅馆旧游在南京重新结合,后来参加了粤委领导的改组同志会。十七年十二月,我辞去中央民训会和军校的公职,就是为这一政治关系,不能不离京返沪。"①

奇怪的是,陶希圣所发表的文章和阐述的观点,没有刊登在改组派的杂志上,我们现在也基本看不到他在这一组织中的具体活动。原因是当时改组派因为受到镇压,联络往往采取单线联系的方式。1931年12月,陶希圣人已经在北平,曾经感叹一年前的同一时间,改组派遭迫害,大家避之惟恐不及的情况,他说:当时"《民主》②是一个改组派的秘密刊物,我曾经在北河南路北口卖过一二期,然而不敢拿进闸北。你如果手拿《民主》进闸北,忠实同志一定把你当做'改'来卖进监牢的"③。因此,陈公博等改组派高层可以公开身份,但下层的人员为了保命有必要对身份保密。

二、杂志留文

1928年底辞职后的陶希圣尚未满30岁,没有金钱没有权力,什么都没有,只剩下一家五口,但他却感到"我们的面前仍有一片光明的希望"。作为一个以写作、讲课谋生的自由学者,陶希圣前所未有地自信而张扬,这开启

---

①陶希圣:《潮流与点滴——陶希圣随笔》,第111页。
②《民主》周刊,1—16期,时间是1929年7月18日至1930年1月,发行量每期两万余,此刊是1929年6月《民心》周刊被迫停刊后,主办人陈公博、顾孟余、潘云超复出的改组派刊物。
③陶希圣:《五花八门》,见《社会与教育》周刊第三卷第九期,1932年1月9日出版。

了他学术上最为成功的时期,也就是"新生命"时期。

　　大革命后,在上海和南京的这段时间里,陶希圣在既有知识的基础上,再次吸收各种社会科学理论,尤其是马克思主义,他把自己作为一个受体,尽可能多地吸收思考,他又把自己作为一个载体,不断地、迅速地把自己的所学、所想,通过书籍、译稿和论文推向社会,引发知识界的注意,挑起社会的争论。

　　陶希圣的名字,第一次出现在《新生命》月刊上是在第一卷第六期上,文章题目是《民众组织的理论和方案》。此后,每期上都刊有陶希圣一篇或两篇文章,或以"陶希圣"冠名,或以"方岳""方峻峰"为名,在这个阶段,共计发表论文或短文40篇,由新生命书局出版的书有6至7本,包括:《中国社会之史的分析》(1929年)、《中国社会与中国革命》(1929年)、陶编《中国问题之回顾与展望》(1930年)、《革命论之基础知识》(1930年)、《中国社会现象拾零》(1932年)、《中国政治思想史》(1—4)(1932—1933年)等书,翻译或参与翻译奥本海默的《国家论》,以及被他们译为《家族私有财产及国家之起源》的恩格斯的名著。除此以外,在商务印书馆出版《辩士与游侠》《西汉经济史》等专著。陶希圣引发了关于中国社会性质问题的讨论,他的书很畅销,他本人也很快成为国内很有影响的社会学和政治学学者。

　　陶希圣因为《新生命》而扬名,他的成功有两个基本要素,一是找对了研究的对象——社会与历史,他说,"历史是过去的社会,社会是当前的历史",过去的历史,包括外国的历史,无疑为现实的镜子,在一个社会转型的时刻,对于希望把握历史方向的人而言,这面镜子为他提供了可能的前景。于是,为了现实,他纵横于历史和现世之间。第二个要素在于他掌握了前所未有的方法——唯物史观,以此研究历史,等于戴上一副识别的眼镜,看到了以前人们看不到的盲区。所以,陶希圣此时如鱼得水、举重若轻。他一手握着中华书局出的"二十四史",作为基本历史的资料,勤恳地重新组织成中国社会史研究所需要的资料;另一只手拿着各种报纸,当作现实的最新素材,进行剪裁，分门别类地放入一个个信封里。他说："一个题目，档案库是将过去的历史与当前的报刊记载，两下一拉，也就构成了可以计稿费的文章了。"又十分自负地说："一个思想正在发展中的无名作家，远比一个思想已在僵化中的成名作家，有更大的气力。这种气力是两种成分的结合。一种是深刻的观察，一种是锐利的文章。"①而陶希圣所说的"深刻的观察"，就他而言，应该得益于1927年武汉一年。

《新生命》杂志于1930年底无疾而终，取而代之的是樊仲云②、陶希圣等推出的《社会与教育》周刊。《社会与教育》创刊于1930年11月15日，地点设在上海海宁路新生命书局。共有7卷，另有"反日运动特刊"5期，"临时特刊"1期。

《社会与教育》的旨趣在于在学潮与学业之间的关系上，给学生正确的引导，提出"教育是立国的根本，因风潮的发生，青年学业之受牺牲，实不可言说。我们觉得这样的教育是有改善的必要"，杂志为社会人士共同研究讨论的园地，以便于"从社会的观点来看透教育现象，并从教育现象的解剖来指摘社会的矛盾"。体例是多样性的，有研究论文，对时局和现象的批评与主张，随笔、漫画、学校生活、通讯、选录，等等。

陶希圣的文章，主要发表于1至3卷上，时间在1931年至1932年间，1932年5月以后，他的名字不复出现于此刊。陶希圣在上面发表的文章主要有四类：一、关于学潮及其分析；二、旧小说新诠释；三、教育与中国社会；四、主张直接抗日，要求召开国民会议。其中，学潮教育、旧小说的新诠，大部分写于上海。他对现实政教的批评文章，引发了上海市国民党党部

---

①陶希圣：《潮流与点滴——陶希圣随笔》，第112页。
②樊仲云（1901—1989），浙江省嵊县（今嵊州）人。20世纪20年代参加文学研究会、上海著作人公会，并在商务印书馆、《新生命》杂志社当编辑或主编。参加国民革命，曾经为跨党党员，并出任黄埔军校武汉分校政治教官。30年代，他和陶希圣等人主编《社会与教育》周刊；1935年，联名发表《中国本位的文化建设宣言》，并曾主编"ＣＣ"系掌握的《文化建设》月刊。"七七事变"后，他任《救亡日报》总编辑。1939年出任汪伪南京国民政府教育部政务次长、汪伪中央大学校长。抗战胜利后，他一度失踪，实际上他改名"樊唯一"在香港报馆任编辑。1984年回到中国大陆，1989年去世。生前在复旦、中国公学等多个大学任教，并有多部著作和译著面世。

的不满,由此引来一祸。

三、闯祸之作

"二十年上学期,我在中央大学授课,同时在新生命书局办《社会与教育》周刊,颇有讽刺及批评现实政教之长篇与短文。上海市党部向中央党部检举希圣,所列罪状不知其详。"① 陶希圣的"罪状"现在也未能查到,但是,他的"罪证"却是白纸黑字印在《社会与教育》周刊上。②

回溯20世纪20年代末30年代初,似乎应该是一个相对沉默的时期,然而,事实却非如此。各地的学潮正一波推着一波涌起。1928年,北平大学区成立,但是,北京大学学生反对并入大学区成功,冠名"国立北京大学";师范大学的学生也想独立,见北大成功后,冲入北平大学区校长办公室打砸一通,也成功立起"国立师范大学"的牌子,最后打乱了不知何时而起后又不知所终的所谓"大学区制"。

上海学运也是厉害,复旦、光华大学为主干,其中光华大学学潮起因于光华、复旦两校足球锦标赛发生冲突,光华学校副校长廖某说了一些不好听的话,引起公愤,造成学生罢课,要求罢免廖副校长。最后以学生数人被开除作为代价,达到了目的。不过,学生的不满,主要还是学校对学生管理过于严苛,学费又高,压抑已久而爆发。

广东则有中山大学学潮。1929年底行政院决定中山大学校长改任中央大学校长,中山大学校长由金曾澄担任。中山大学闻讯即发起拒金引戴(季陶)运动,罢课一个月之久,1930年1月戴季陶来粤后仍是束手无策。后蒋介石命沈鹏飞代理校长。这起事件,主要是教授内部派别之争,形成"一朝天子

---

① 陶希圣:《八十自序》,见《陶希圣先生八秩荣庆论文集》,第17页。
② 陶在此期间发表的文章有:《怎样对付学校的风潮》(《社会与教育》第1卷第2期);《关于整顿学风》(第1卷第6期);《大学无用问答》(第1卷第11期);《金与银的各种代表者》(第1卷第12期);《中国现代教育之定性分析》(第1卷第20期);《过去之教育与行政》(第1卷第22期);《中国教育上几个问题》(第1卷第23期);《学问的是与可》(第2卷第4期);《鸦片烟与中国有产阶级》(第2卷第8期);《谁的民族?谁要民族》(第2卷第12期);《积极造产与职业教育》(第2卷第15期);《是天灾还是人祸》(第2卷第16期)。

一朝臣"的状况。

上述三大学潮,地域不同,起因各异,无论怎样,已经与大革命时期的学生运动大不相同,以至于国民党二届四中全会说:"政治之派别分歧,引诱之法术无穷,学校在学之学生,变为政争之货品,由互争而互斗,由互斗而互杀。"① 此时的学潮,因为国民党内争而不再是纯粹的校园内的躁动。

蒋介石决定亲自出马。1930年12月,国民政府宣布行政院长蒋介石将亲自兼理教育,并颁布《教育部关于整饬学风的训令》。该令指出:"近年以来,我国学生受共产党人及一切反动派之诱惑,动辄藉口改良校务,罢课要挟,甚则擅自集会,散发传单,供人利用,妄分派系。"如此将有教育破产、亡国灭种的可能。称校长是政府慎重选择的,反对校长"即无异于反对政府";要求学生对待老师如师保,尊重服从;学生不得干预教育行政,不得荒废学业,否则,"惟有执法严绳,以治反动派者治之……决不姑息"。② 如有一二学校无法整顿,即使解散也在所不惜。口气十分严厉。

陶希圣见到了这道整饬令后,发表《关于整顿学风——几个问题》③的文章,共提出八个问题:

第一,一切学潮都是学生闹的吗?

第二,一切学潮的动力都在学校里面而没有受政治与社会的影响吗?

第三,学潮即令是学生参加的,都包容最大多数学生吗?

第四,在学潮之中,教职员有没有指使的事实,教职员有没有受外来的指使的事实吗?

第五,教职员之失败者带领学生退学,是什么话?

第六,大学校长走了,把好教职员带走,是什么话?

---

① 《第二届中央执行委员会第四次全体会议宣言》,见荣孟源、孙彩霞编:《中国国民党多次代表大会及中央全会资料》(上),光明日报出版社1985年版,第512页。
② 中国第二历史档案馆编:《中华民国史档案资料汇编》第五辑第一编政治(四),江苏古籍出版社出版,第45—46页。
③ 陶希圣:《关于整顿学风——几个问题》,《社会与教育》第1卷第6期(1930年12月20日)。

第七，把学生当作争斗的目标是什么话？

第八，藉政治力量拘拿反对自己的分子，是什么话？

八个问题与国民政府的《整饬全国学风令》针锋相对，尤其是第八点，借政治之力报私人之仇的说辞，足以闯祸！

陶希圣随后以方峻峰的名义发表《今日学潮的特殊相》[①]一文，声称在工农运动消沉的当下，学潮的特色是少数人借多数人的力量而求出路，是资产阶级或小有产者知识分子作分配社会资产的斗争。他足以激怒执政党的话是：学潮之类的"生活斗争表现为党派斗争，而失败者却是执政党"。"国民党是一个执政党，为什么对资产阶级士大夫反对势力的抬头，没有办法呢？这一则表示国民党已与社会有对立的地位；二则表示国民党员现在也不过在社会中与别的生活斗争集团争鸡鹜之食"。用"鸡鹜争食"来形容国民党员的争权夺利，也确实是尖刻而形象。

陶希圣并不认为教育之坏在于学生和学潮，而在于教育之根已坏。他在《中国现代教育之定性分析》[②]中指出：生产事业的不发达，造成职业教育的不发达，迫使青年一意向上、向官僚前进，向教育家地位前进。教育经费本应该大部分用于中小学，但目前教育经费大半花费在大学与教育行政上，说明今日的教育仍然是"最惠的社会阶级教育"，受教育者从小学到大学的层层剔除，能够读到大学的人进入"上层社会"；自大学成了经费汇集之地后，也成了官僚染指之所。因此，大学已经成为社会营利的阵地。1930年以来的学潮，正是争夺富厚所致。他讥讽说过去的文官有"归田"之说，现在则是到大学去当校长。

然后，他又脱口而出这样的话："反统治者的运动是统治者自己造出来的，假如统治者果然愿意如上的变质——则不独教育没有前途，政治的前途必起荆棘。我不是危言耸听，我不愿意粉饰太平。因教育制度上所谓'上层

[①] 陶希圣：《今日学潮的特殊相》，《社会与教育》第1卷第10期（1931年1月24日）。
[②] 《社会与教育》第1卷第21期（1931年3月28日）。

社会'即大地主金融商业资本家独占并居奇,于一浮之间,乃有一沉的倾向。孙先生常说,'三民主义是打不平的',不平的现象易引起群众的反抗。社会经济的不平,反映于教育,则会引起对教育制度及现象不平的反抗。"他指出教育不平等,造成了目前教育界的风波;他甚至指出,当政者"偶然发觉反抗的可惊,他们仍诉诸政治而从不诉诸教育。教育无效了"。这是对《整饬学风的训令》的最好解释,即用政治的手段,镇压的手段,而不是教育的手段,最终的结果也就是教育的破产。

陶希圣不但将这些文章拿出去发表,他还于1931年3至4月,去往山东济南,在"山东全省教育局长会议"上发表讲话,将自己的观点宣之于口。

南京国民政府的建立过程,也是树立所谓的"党统"的过程,白色恐怖笼罩着学界教育界。陶希圣所言所写,显然对南京政府存有某种敌意。因此,上海市党部潘公展等人告发他。此事惊动了陈果夫、陈立夫、陈布雷和当时的宣传部长刘芦隐。刘芦隐说:话从陶希圣口里出来就带刺了。因为陈布雷为他开脱,所以陈果夫后来给陶写了封信,对其训诫一番,此事遂告一段落。

四、各校授课

教学,是陶希圣另一个重要的学术活动。陶希圣每周在复旦大学中国文学系与新闻系讲中国文化史,并在劳动大学开中国社会史的课。1929年受聘于暨南大学历史系和社会学系,后来还担任该校法学院教授;1931年成为中国公学教授,在上海法学院兼课,主讲中国史,将他自己感兴趣的内容教授给学生。1930年底,南京中央大学校长朱家骅聘请陶希圣为法学院教授,陶希圣立即应聘;1931年初,他在中央大学法学院政治系开中国政治思想史一课,在法律系讲中国法律思想史。他课堂所讲,大多是关于某个时期的社会组织、政治演变及思想潮流,特别对于士大夫的情况及其活动多有介绍。他在课堂上十分投入,边讲边推敲,使听众与他产生共鸣。他的讲课是成功的,自诩:"若将口头的讲述与编成的讲义比较一下,前者是畅达的,后者是贫乏的。"①

复旦实验中学也有他的足迹。陈望道是该校校长,陶希圣为校长秘书。陈望道辞职时,一度想让陶希圣代校长,因为陶希圣本人的推脱,最终没有成真。1929年7月,上海市特别市党部主办暑期讲习班,主要对象是小学教员,陶希圣被聘,专门开党义课教学法和乡村小学教育等课程。

1929至1930年,陶希圣一度因王云五之请回到商务印书馆工作,主要担任法律顾问一职,不久,因为劳资冲突,陶希圣夹在中间,自己提出辞呈。

1931年8月,陶希圣收到北京大学法学院院长周炳琳的聘书,聘请他为北大法学院政治系教授。母校的召唤,对陶希圣来说是不容推辞的。他告别了中央大学,告别了上海,带着家小,回到了久别的北平。

陶希圣曾经回忆过一个场景,中央大学校长朱家骅冒着大雨来到陶希圣的宿舍,力劝他留下来在史学系讲课,不要走,陶则再三解释无法抵抗母校的聘约,且自觉学问不够,到北大力求进步,最后"朱校长在大雨中告辞。我也就在大雨中告别中央大学"②。场面十分感人。但是,陶希圣并没有把心里话全说出来,其实,他希望的不仅仅是浓厚的学术氛围,更是宽松的政治环境。

---

① 陶希圣:《潮流与点滴——陶希圣随笔》,第120页。
② 陶希圣:《潮流与点滴——陶希圣随笔》,第119页。

第三章　北平六年

1931—1937年，陶希圣一直生活在北方。他在北京大学教书的同时，还在燕京大学、北京师范大学、清华大学、中国大学等处兼课。三年之内编辑出版《中国政治思想史》，与胡适一起主编《独立评论》，一度给《社会与教育》杂志撰稿，并不时在《大公报》《益世报》《实报》等报刊杂志上发表文章。他周游各省，在山东、山西等地讲学。最为重要的是，他创办了《食货》杂志，以他为中心，形成了一个研究中国社会经济史的"食货派"。

多事之秋瞬息万变，北平六年，时间之长足以令陶希圣的斗争矛头指向不同的对象。1931年到1932年国难会议前，他要求强硬抵抗日本，要求实行民权，笔锋所向为南京政府。1932年，汪精卫主政行政院，陶希圣表现出配合的态度，参加国难会议，更多地用功于学术。1935年以后，随着华北危机的加深，抗日团结成为各界一致的呼声，陶希圣站在国民党的立场上与北平的"左派"教授、旧学联展开一场"恶斗"，这时的他，在地理位置上离南京远了，但在政治上却与国民党中央缩短了距离。

第一节　纷扰的生活

一、惬意的北平

陶希圣晚年对北平六年的生活着墨不多，文字中却充满了惬意：

> 中央对于北平各大学，中央图书馆乃至中央研究院的经费，每月照发。
>
> 教授们的生活得以安定。北平的住宅，一个教授住得起的房子，至少有两进……除了上课以外，谁也不愿出门，大部分时间在宽敞的家里度过宽裕的日子。
>
> 琉璃厂的书店，探听得一位教授喜欢的图书是哪些部门，他们随时把那些图书送上门来，好像不要钱的样子，过两三个月，到节气再结账。北平图书馆和北大及清华的图书馆，不仅供应他的参考，并且打开他的眼界。他（一位教授）不至于读了两本书就自命为专家了。
>
> 星期日，尤其是春秋的温和季节，有的是他浏览的地方。阴历新春的那些庙会，和秋天的高朗天气，四郊的古迹，足够逍遥自在的度假。
>
> ……
>
> 在北平市场上，教授的地位之高是不言而喻的。每一家有名的菜馆，总有它的"封建势力"，即教授主顾。某先生在某饭馆有他的特定菜单，照菜单点菜，既便宜又合口。①

宽裕而安定的生活，丰富的图书资源，颇为自由的言论空间，给一向生活在局促中的陶希圣带来了前所未有的轻松和愉悦。和当时许多文人墨客一样，他甚至成了票友，和京剧、评剧界的名角来往。陶希圣此时的梦想特别符合他的个性，1933年胡愈之为商务印书馆编辑《东方杂志》，曾以"梦想的中国和梦想的个人生活"为题，广征各界，陶希圣的答案是：一、梦想中华

---

①陶希圣：《潮流与点滴——陶希圣随笔》，第120页。

民国列为世界五大强国之一（当时为英法日意美）。二、梦想中国人地无分南北东西，人无分老幼，个个都能坐抽水马桶出恭。他的梦想后来成真。

二、不明的身份

晚年对往事的回忆，带上了玫瑰般的色彩，真实的陶希圣并非如此逍遥。当时的北平，旧都余威仍在，非蒋系的军队集结，文化思想重镇地位不能撼动，远离首都南京的地理位置使之成为各色人等青睐的避风港，各种意见、观点、势力互相碰撞。"九一八"以后，日军控制东北的同时，往南推进，北平如同即将喷发的火山口，隆隆之声不绝于耳。强大的压力之下，知识界以十分的韧性坚守着这样的名言：只要在北平一日，就要当作二十年来工作。陶希圣在享受自由的同时，投入了复杂的现实生活之中。

尘封在台北"国史馆"的一份文件很好地再现了当时的北平，这是一个特工写给蒋介石的情报：

平津各党派之人物及企图[①]				
	祸种		策源地	活动略情
党匪	军团	反动分子		
共产党	游击队、少年先锋队、义勇军、破坏队、赤卫队	天津市委何尚、徐数文、刘俊才（兼书记）、赵武唐（专员）	北京、天津	积极训练并扩大"列宁青年"通讯员，酝酿唐山五矿罢工并大暴动扩大游击战争加入义勇军
青年党	义勇军、陆军、警察	中央：曾琦、李璜、王一新、于复光；北平：杨从仁；天津：吕律	天津、北京	放弃文化工作，改造义勇军，扩充工厂支部，组织暗杀团

[①] 台北"国史馆"藏，入藏号：002000001439A，全宗号：蒋中正"总统"文物，卷名：一般史料，典藏号：002-090200-00050-038。

(续表)

派别	军队	人员	地点	活动
改组派	义勇军	朱霁青、王法勤、王悦之、王腊青、陶毅、何家驹	天津	收购义勇军，拉拢冯玉祥，展开下层活动
安福派	靖安军、华北联军	王揖唐、曾毓隽、曹汝霖、段宏业、陆宗舆、吴光新	天津	吸收大量流氓，滥拉杂牌军队，勾结日本，图进北方政府，派干部加入伪国军队，专开夜会，各处骗钱
旧直系	靖安军、救国军、安国军、兴国军	吴佩孚、孙传芳、齐燮元、张志潭	天津	与安福系合作
新中国国民党		曹四勿、李泰棻	天津	招揽各党（曹代行华北行动委员会委员长）
农工社会党	汾阳学生军	冯玉祥	张家口	恢复秘密工作，派学生潜入各地欲统率第三党组织一大党联蒙抗日
第三党		谌小岑、孙苏荃	天津	亦拉拢义勇军作工人运动
社会民主党		陶希圣、陈豹隐	北平	用讲学及刊物宣传
国家社会党		张东荪	天津	在教育界活动
联治社会党		白逾桓	天津	联络旧军阀及旧国民党员
大西北主义	冯治安军	张允荣	张家口	联蒙联俄主张武力收复失地建一新的北方政府
东北改造派	第二军	张学铭	北平	吸收青年军人及学生为继承张学良事业之准备
	反动军	义勇军、救国军、安国军、华北联军与国军	天津、钜鹿	以上各军均在天津与日本人勾结外，钜鹿尚有程希贤之救国军等

(续表)

客军	霸县韩军		韩复榘家霸县去借口剿匪开一营驻此,其后邻县土匪滋扰甚前,并在新河劫平张军器人故疑而罪之
	伪国警察		榆关车站及北宁车上便衣往来
土匪			各县无者百分之一二,套服不逾四百人
教匪	枪会联盟	邢台	掠夺绑杀图谋暴动,成立公堂,私造枪械

情报中有陶希圣的名字,并明确地指出陶希圣与陈豹隐组成了社会民主党。这样便有了疑问:陶希圣建立过一个"社会民主党"吗?

陶希圣生前没有讲到组织过"社会民主党"。但是,陶一直声称对于考茨基的理论很信服,考茨基是德国社会民主党的领袖,所以,陶希圣如果建立一个新党,用此命名也是十分可能的,别人给他安一个"社会民主党"也算是事出有因。

这位陈豹隐,原名陈启修,曾经加入中国共产党,大革命后脱党赴日,师从日本马克思主义研究专家河上肇学习政治经济学。1929年应邀回北京大学任教,1932年转北平法商学院教书。他是一位多产的著名学者,尤其对马克思《资本论》的研究有很深的造诣。自1928年以来,有多部作品面世,比如《财政学总论》《经济现象的体系》《新经济学》《科学的社会观》《社会科学研究方法论》《经济学原理十讲》等,译著有马克思的《资本论》、河上肇著《经济学大纲》。从中可以看出,陈豹隐与陶希圣的研究兴趣十分相似,又同在北平,所以来往可能比较密切,至于是否亲近到共同建党,则没有更多的资料佐证。

另一个疑问则是冯玉祥先提出来的,他怀疑陶是"托派"。1932年暑期,陈豹隐介绍陶希圣前往泰山,给中原大战后在此休养的冯玉祥上课。陶希圣离开的第二天,冯玉祥在日记中写道:"陶是托派吗?使人非常怀疑不止。我须得随时警惕,注意在此往来的人们。"① 冯玉祥的话至少说明陶在当时人们的眼中,身份是比较模糊不清的。

这一点是事实,在台湾"国史馆"蒋中正总统文物中有一封教育部次长钱昌照②给蒋的电文,时间是1932年8—9月份,电文称陶希圣与丁惟汾一起,由北平出发到南京再到汉口。他们的行踪,钱昌照及时地告诉了蒋介石。此时他们的行动,究竟是应蒋之邀,还是应汪之请,尚不清楚。陶的同行者丁惟汾(1874—1954),字鼎丞,早期同盟会员,国民党元老,为国民党中央执行委员会常务委员,并任国民党中央训练部长,时为中央党部秘书长。他虽然与蒋在反共问题上颇为配合,但是,他的高足改组派的积极分子王乐平被暗杀,令他十分伤心,对蒋介石自然心存不满。丁与陶同行并进,足以说明陶此时的交往圈子。

无论说陶是社会民主党,还是托派、改组派,1931年前后陶希圣依然以左派面目示人。

三、泰山授课

国家主义派曾宣称"新的战国时代到来了"。当时的文人政客的活动,的确颇具春秋之风。陶希圣不但登上泰山,为冯玉祥授课,且去太原小住三个月,去往河北、河南、天津、湖北等,应邀去往各地学校讲学授课。

1932年陶希圣利用暑期的时间,到了泰山。冯玉祥7月17日日记写道:"陶希圣先生来此,我们一块儿到庙顶坐谈,他说了下面三事:一、南京的会是废话讨论会,毫无意义;二、谈中国历史的认识;三、规定以后讲书时间的办法。"③ 7月18日,冯又记:"陶先生给我讲中国历史,谓研究历史须用辩证

---

① 《冯玉祥日记》(Ⅲ)1932年7月26日,江苏古籍出版社1992年版,第660页。
② 钱昌照(1899—1988),字乙黎,江苏常熟人。本科毕业于英国牛津大学,硕士就读于伦敦大学。1928年任外交部秘书,1930年任国民政府文官处秘书。1931年4月为国民会议秘书,6月任教育部常务次长。1932年11月成立国防设计委员会,他与刘廷芳创办,该机构的筹备则从1931年6月左右即开始。
③ 《冯玉祥日记》(Ⅲ),第656-657页。

法,中国历史的研究,亦得本此方法做去,始能揭露中国历史发展的真面目。又说,《易经》及老子的著作值得研究。"①20日:"听陶先生讲中国历史。"23日记有:"陶先生讲中国历史,听后始对于我国过去历史的情形知道一个概况。我素来在历史方面缺乏修养,宜多读历史书籍。"25日:"早五点,陶先生讲书,九点离此,赠川资五百元,土绸二匹。"②在陶希圣走后的第二天,冯玉祥似乎是有感而发,日记说:"陈豹隐先生之讲学,是极有思想,极有准备的,我极佩服……"③冯对陈是佩服的,而对陶则很警觉。此后几年,冯的日记没有记载陶希圣前来讲课,相反,"陈豹隐"三个字却不时地出现。

  人们之间的感觉往往是对等的,陶希圣对冯玉祥的印象也不是很好。陶回忆说:"二十三年夏季,冯焕章寄居泰山,约我到那里小住。我和陈希文先生同住一座小庙,叫作五贤祠,每天到冯焕章处演讲一个题目。我讲孔子学说时,偏偏拿'以人度人'、'以己度人'的句子解释'恕道'。那显然针对着冯焕章不近人情的作风来说话。那一次泰山约会,毫无疑义是招惹是非的。"他们两人彼此并不投己。但是,陶希圣十分高兴的是,他因此结缘于"西北军一班朋友和同志"④,便于他以后在北方开展工作。

  1935年日本策划华北"独立",平津危机,"一二·九运动"爆发。驻守北平的二十九军就是西北军宋哲元部。当陶希圣得知有学生与教授被抓后,主动去见二十九军总参议北平市长秦德纯,要求当局停止搜查学校、释放被捕人员;同时,他又在学生与教员之中宣传二十九军有抗日之心,并提出:"国立大学同人与二十九军将领见面之议。大家都表同意。两三天后,我与唐嗣尧先生共同具名,邀请双方的重要人士在廊房头条撷英馆会餐。一星期之后,秦市长又约大家在中南海会餐。国立大学与二十九军之间的谅解和友谊

---

① 《冯玉祥日记》(Ⅲ),第657页。
② 《冯玉祥日记》(Ⅲ),第659页。
③ 《冯玉祥日记》(Ⅲ),第660页。
④ 陶希圣:《潮流与点滴——陶希圣随笔》,第134页。从《冯玉祥日记》可见,陶讲课的时间是1932年夏天,不是陶回忆的1934年的夏天。

也就建立起来了。"① 陶充当宋哲元的二十九军与学生之间的调人,足见给冯玉祥上课的意义确实非凡。

四、议论于《独立评论》

陶希圣到北大以后,与胡适的交往增多,他们之间的学术观点不同,政治立场各异,不时有所争论。总的说来,陶希圣在胡适面前表现出少有的谦虚,而胡适则一贯保持着温和的风度。他们这样的关系保持多年。陶希圣后来在关键时刻,剖析心境,倾诉的对象往往是胡适。比如1938年12月31日,在艳电发表后,他给胡适写信,说出自己为什么参加和平运动;1940年1月,他从南京跑到广州后,又给胡适写信,讲述自己离开汪精卫的缘由。胡适在陶希圣的心里,分量很重。

陶希圣在胡适主办的《独立评论》上发表了不少政论性的文章(这部分将在思想理论部分详述)。1936年,胡适一度到美国参加太平洋学会的会议,《独立评论》由张奚若代办。张奚若在第229号上发表《冀察不应以特殊自居》的文章,令北平冀察政务委员会委员长宋哲元十分愤怒,他让北平市警察局长陈希文派警员进驻独立评论社,《独立评论》一度停刊。胡适回国的第二天,陶希圣主动去找胡适,问他要不要复刊,在得到胡适的肯定回答后,他又主动表示自己去办此事。他找了河北省高等法院院长邓仲芝,希望邓帮忙恢复刊物。邓表示只要胡适给宋写一封信,说明自己出国,以致彼此联系较少,产生了误会等,邓即可以出面帮忙。果然,不久复刊了。陶将此事详细地写入回忆录之中,可以看出他对于自己的表现十分满意。

---

①陶希圣:《潮流与点滴——陶希圣随笔》,第135页。

第二节 应对"九一八"

一、又要"闯祸"？

1931年9月，下半年新学期开始前，陶希圣只身前往北平，住在王府井大街集贤公寓。

9月18日晚，日本关东军安排"铁道守备队"炸毁沈阳柳条湖附近南满铁路一段路轨，嫁祸于中国军队，以此为借口，炮轰沈阳东北军北大营，发动"九一八事变"。第二天，日军侵占沈阳，1932年2月，东北全境沦陷。事变爆发后，北平、天津以至于全中国抗日风潮激荡。

陶希圣几乎是放下行李，就前往马神庙北大二院大礼堂发表演说，产生了不小的反响。中国大学、北平大学等学院纷纷前来邀请他去学校演讲。他的演说很有鼓动性，一时很得人心。但是，陶希圣的夫人却收到朋友的口信："说希圣在北平各大学演说，每次都是成千的学生集合讲堂内外，鼓掌扬声，眼看他要闯祸。他们劝我赶快北上，劝他少讲一点。我知道他的脾气，又是五卅惨案以后，北伐时期的那一套。听众越多，讲演越起劲。我禀告婆婆，商量大嫂，立刻带一群儿女，起程北上。"① 夫人的到来，也许起到一些作用，减少公开演讲的次数，但并不妨碍他在报纸杂志上发表文章，阐述观点。

《社会与教育》周刊与《东方杂志》《时代公论》《中学生》等杂志上都有陶希圣的文章。尤其是《社会与教育》办有五期反日特刊，1932年1至3月淞沪抗战期间，《社会与教育》又出了"临时特刊"，陶希圣在上面均有文章。每篇文章都不长，中心表达的思想是对外要采取强硬的手段积极抗日，对内召开国民会议，实行完全的民权。

陶希圣的言论，并不总是得咎。所谓"此一时，彼一时"，"九一八"以后，南京国民政府的对外政策，越来越激起人们的反抗，这年底，蒋介石被迫下野，素以民主、开明形象示人的汪精卫出山任行政院院长，受压制的曾

---

① 万冰如：《逃难与思归》，见陶希圣著：《潮流与点滴》，中国大百科全书出版社2009年版，第338页。

经的改组派终于可以舒展一下了。两个月后,蒋汪再度携手。面对日本不断的挑衅和扩张,1932年春季,国民党中央将国防建设作为首要任务,并着手四处招揽人才。这样,就给了众多报国无门的知识分子报效国家的机会。已是思想理论界有名的学者,追随汪精卫的陶希圣,作为人才受到重视。这年6月24日,蒋介石给正在筹备召开国防设计会的钱昌照发去电报,电文说:"设计会开会时间不必过速,当先物色人才……"表示要更多地延纳人才,为其所用。陶希圣与南京政权的关系也随之发生了变化。这时,1932年国民党中央执行委员会召开专家会议,在第三次谈话会的签到簿上,写有"陶希圣"三个字。① 而更为重要的是,他参加了国难会议,由此,陶希圣正式参与国民党较高层级活动,踏上了政治舞台。

二、主张游击战持久抗日

此时的陶希圣,让人十分难以与后来的陶希圣看成是同一个人。这时的他,血气方刚,完全没有考虑中国是一个弱国,而是强调目前的危机恰是中国的契机,第二次世界大战将以此次事件为起点,中国应当以反日的姿态加入这场大战,经过流血奋斗,最后取得民族的解放。他和樊仲云等人,在报刊上大呼对日强硬,支持义勇军抗日。

陶希圣强调日本帝国主义侵略中国由来已久,"九一八"的行动,缘于日本当前的国内矛盾难以化解,所以,侵略中国以转移视线,解决国内问题;对中国而言,中日之间的贸易已占了中国经济最重要的地位,日本的棉纱无论在进口上还是在中国的纱厂生产的纱,居国内纱的大部,因此,日本成了中国轻工业的障碍,使我们后进的中国,经济难以发达,衰落成为社会的惟一前景。中国的解放,必以打倒日本帝国主义为条件。

早在"九一八"事变前,陶希圣即发表《谁的民族?谁要民族?》②,提

---

① 中国国民党文化传播委员会党史馆藏,政治档案,档号:政010/6.1,《中国国民党中央执行委员会专家会议速记录》。
② 陶希圣:《谁的民族?谁要民族?》,《社会与教育》第2卷第12期,1931年8月1日。

出在民族奋斗过程中可以依靠的和不能依靠的力量。在以后的文章中，陶希圣重申上述观点，他认为：金融资本不足以依靠，买办阶级不可依靠，民族资产阶级不足以依靠；南京国民政府，以金融资本为基础，一旦打仗，支持中央政府的公债、纸币等有出现大动摇的必然性，所以中央没有打到底的决心，同样不能依靠；国际联盟，由于英美的式微，不能够指望他们对日本的制裁。所以他说：人民没有言论组织的自由，而政府与日本进行交涉，是亡国的一条路；依赖国联，最近又讨好美国，对国防和一切军备没有一丝进展，这是亡国的又一条路；为党权而抑制民权，为党争而分裂国土，更是亡国的一条路。

淞沪抗战时，情况更不乐观，他预言淞沪抗战的前景有三：一是对策混乱最后导致十九路军成为孤军，日本有夺取闸北再谈判的可能；二是中日开战；三是妥协派占上风，答应日本的条件。他认为最大的可能是第一条："我们知道中国现在的军队大抵是地盘主义者的工具。士兵及下级军官虽有抗日的决心，而上级军官以地盘争取之故，没有对外国作战的意图。于此情形，求政府军队大批对日作战，似是一件难能的事。加之，政府在目前乃是一个官僚组织，其基本条件是俸给，而俸给必仰给于金融资本阶级。目前中国金融资本中心是上海，故政府离开上海，即陷于失却机能的危险，因之，政府要人对日作战的心肠，为财政困难所抵销，这是最为可能之事。所以我们以为就政府状况来说，对日政策必仍然在混乱无勇气之中。"①

他关注1932年2月蒋介石二次回南京，面授机宜后的政局走向，陶希圣分析认为蒋最大的可能是急求妥协，他高喊："我们反对一切对日妥协的谈判，我们反对因内争而对外妥协，我们也反对藉外侮而争取地盘。我们不相信这些。中华民国的四万万人口之中三万万数千万劳苦民众只应当信任自己是中国的主人。"②

---

① 陶希圣：《作战是唯一的路》，《社会与教育》第3卷第13期，1932年2月17日。
② 陶希圣：《反对妥协的谈判——召集国民代表大会确定国是》，《社会与教育》第3卷第14期，1932年2月24日。

陶希圣提出政府必须公开组织农工义勇军，由各省破产农民和上海日本军队摧毁的工厂的工人，作为军队的基本军人。在目前政府弱军队弱的情况下，展开大规模的游击战和"国民持久战"是可行的办法。他说：日本必以中国沿海大都市为军事根据地，中国对日作战，必以内地农区为根据地，而中国的军事策略必出于如下的几条："中国一方面以军队与日本正面作战，一方面必须以大规模的义勇军作游击战，使日本军队首尾不能相应，进退过于困难，终于崩溃"；"国军与国民义勇军打成一片，以出没无常，四面绕攻，断绝日军输送，及扰乱日军驻防为战略"。[①] 这是他所能想出的办法，也是他想象中的可行办法。

煽动性强是陶希圣这些文章的特点，他的观点有其深刻性、实在性和预见性，比如对南京政权的软弱妥协的分析、中日战争的世界性意义和对中华民族发展的意义、游击战和持久战的观点，均是极有见地的。尤其是后两者，在陶希圣之前没有这方面的文字形成。根据杨天石先生的考证，持久战的思想，当是1936年左右陈诚提出。当然，陶希圣并没有展开论述自己的观点。

三、参加国难会议

作为教授的陶希圣，在北平依然对政治抱着十分热忱的态度。他的政治观点，我们可以从《社会与教育》和《独立评论》上有深入的了解。他的行动，则表现于1932年4月出席国难会议。

这次会议，是国民党首次召集的由民间人士参加的政治大会。1931年11月，国民党第四次全国代表大会第九次会议通过蔡元培提出的动议，由国民党中央组织，召集全国各界富有学识经验资望之人，召开国难会议，以期集思广益共济时艰。经过半年的酝酿，于1932年4月7—13日由汪精卫召集召开。因为"一·二八"淞沪抗战后，国民政府以洛阳为行营，会址选在此地。

---

① 陶希圣：《国民大会与国民持久战》，《社会与教育》临时特刊，1932年2月2日。

当时，国民党邀请了424人，实际到会144人，规定议题为"御侮、救灾、绥靖"，中共不但被排除在外，且成为"灾害"之一。

参加会议的人员，提交各种议案。为此，成立了御侮审查委员会、救灾委员会和绥靖委员会。御侮委员会由陶希圣、梅思平、臧启芳、蒋廷黻、钱端升、周炳琳、郑震宇、曾洛宽、冯庸、何思源、谷正鼎、马寅初、王礼锡、杨全宇、孔力行、阿育勒乌贵等人组成，召集人为陶希圣。该委员会负责审查关于政治、外交、军事、财政各提案。比较救灾委员会审查建设、实业各案，以及绥靖委员会以地方自治、澄清吏治的议案审查，显然，陶希圣负责的部分，分量最重。在第三次会议上，主席团认为在本次会议闭会前，应该发表一份庄严宣言，推举七人为起草委员，陶希圣也为其中之一。

在会议上，朱经农提出《共同御侮案》，陶希圣等人联署。该案只有两条：一、凡侵害国家政治独立及领土与行政完整之敌人政府应兼用武力与外交抵抗到底，有违上述宗旨之条约，概不得签订；二、在政府努力实行上项原则之时期内全国人民不分党派阶级概应尽最大之力量赞助政府共同御侮。[①]

虽然，会议的议题并不涉及政体的改革，但很快，人们把矛头指向了"训政"：一部分人主张召开国民大会，结束训政；另一部分人则坚持继续训政。陶希圣联合六人的一个提案是《请于最短期间召集国民代表大会案》，内容包括：在国难会议后一年内筹备国民大会；国民代表大会为最高之常设民意机关；代表以普通选举为原则；国民大会的职权：制定宪法、审查政府预决算；没有国民代表大会同意政府不得募集公债；宣战媾和及中国重要条约之订立必经国民代表大会同意；在国民代表大会筹备期间，人民有发表政见及集会商榷之自由。显然，他是主张结束训政，实行真正意义的宪政，即普选和国民代表大会拥有制宪权和监督政府等实权。

国难会议上陶希圣高调亮相，开始正式步入政坛。

[①] 沈云龙编：《近代中国史料丛刊续编》第48辑第484册《国难会议录》，文海出版社1966年版，第128页。

四、中共的态度

陶希圣的疾呼和行动，就其在国民党内可以说是"因祸得福"，但却难逃中共的批判。自 1931 年 10 月始，中共主管宣传的张闻天①、瞿秋白②、应修人③、凯丰④先后在《红旗周刊》撰文，矛头直接指向《社会与教育》及陶希圣。他们给《社会与教育》这个派别定性为"以前的新生命派"，是"国民党的忠实的同志"，"为国民党救急的是樊仲云、陶希圣"，"比较能够从积极方面，给国民党政府想办法的，还是空喊'中国四万万劳苦民众'的陶希圣，他们自成一派的原因是用一些在野党的态度，并用许多合法马克思主义的思想做三民主义的宣传"。⑤因此，他们具有更大的欺骗性。

针对陶希圣等人要求召开国民会议，瞿秋白称国难会议"也就是第三党，陶希圣派直到托陈取消派所主张的国民会议——来欺骗民众，才更加能够和真正民众政权的工农兵会议运动对立起来"⑥。陶希圣等人要对付的就是真正代表工农的苏维埃政权。这是当时共产党对陶希圣、陈独秀等中间派别的认

---

① 张闻天（1900—1976），江苏南汇人。早年参加少年中国学会，后前往美国学习。1925 年加入中国共产党，并被派往苏联学习、任教，并在东方部工作。1930 年回国后，任党中央宣传部部长，1931 年被选为中央政治局委员和常委。1933 年去往根据地后曾任瑞金工农民主政府主席、书记处书记等要职。曾经有多个化名，在此时常用的有：洛甫、平江、思美等。
② 瞿秋白（1899—1935），江苏省常州市人。1916 年入北京俄文专修馆学习。1920 年，参加马克思学说研究会。同年 10 月，以北京《晨报》记者身份赴苏俄采访，回国后系统地介绍苏俄情况。1922 年加入中国共产党。1927 年后，成为中共的主要领导人，是中共一系列武装暴动的领导人之一。1928—1930 年在苏联，1930 年回国。在 1931 年 1 月中共六届四中全会上，受王明等人打击被解除中央领导职务。从 1931 年夏至 1933 年秋，在上海和鲁迅一起领导左翼文化运动。1934 年 2 月到瑞金，任中华苏维埃共和国中央政府人民教育委员。1935 年 2 月 24 日在福建长汀被捕，6 月 18 日英勇就义。他的笔名极多，此时主要的笔名是范亢。
③ 应修人（1900—1933），浙江宁波慈溪人，字修士。现代文学家，诗人。1925 年加入共青团，"五卅"后转为中共党员。1926 年底曾在广州黄埔军校担任会计，1927 年春调武汉政府劳工部工作，1927 年被派到苏联莫斯科中山大学留学。1930 年回国，参加"左联"。曾任中共江苏省委秘书长、宣传部部长。1933 年在上海同国民党特务搏斗时牺牲。此时所用笔名为丁久。
④ 凯丰（1906—1955），江西萍乡人，原名何克全，笔名凯丰。1927 年加入中国共产主义青年团，同年前往莫斯科中山大学学习。1930 年回国并加入中国共产党，1931 年被捕，后被营救出狱。此时，担任团中央宣传部长，所用笔名为凯凤。
⑤ 思美（张闻天）：《满洲事迹中各个反动派别怎样拥护着国民党的统治》，《红旗周刊》第 23 期，1931 年 11 月 30 日。
⑥ 范亢（瞿秋白）：《国难会议和民主协进会的丑态——地主买办军阀进攻工农的两种策略》，《红旗周刊》第 37 期，1932 年 4 月 22 日。

识。应修人在《国民会议-国难会议-国民代表会》一文中指出:"国民党眼见民众反帝反国民党的怒潮愈涨愈高,深知不集合一切反革命力量,更不容易挽救自身的危亡,但同时又舍不得放弃反革命的领导权。在这种情势之下,国民党从许多反革命方案中,采取了'国民代表会议'这个方案。这是融合汪精卫的'国民救国会议'、社会与教育派的'国民代表大会'和托陈取消派'国民会议'三大反革命派别的精华而炼成的。"[1]

应修人注意到陶希圣在《时代公论》创刊号上发表的文章《国民战与国民代表大会》(1932年4月1日)文锋的转承:"只要看陶希圣在《国民战与国民代表大会》论文上他首先提出中国对日抵抗的大困难(补充难、筹饷难),一下就把国民党不抵抗的投降罪恶洗刷得干干净净;中间主张表面很'左'而骨子里即是'长期抵抗'式的国民战;结论要农工大众代表组织'国民代表大会',而乖乖地把'召集'的责任归之予'我政府',这当然丝毫不会妨碍国民党统治大权。梅思平说得好:'无论何国选举政府党总是占一点便宜,何况以中国国民政治知识的幼稚,哪能有真正民意的选举……中国国民党在社会上以之专政则不足,以之竞争选举则有余(《时代公论》第一期)。'这就是社会与教育派在民众面前招摇撞骗的'推翻官僚的统治而代以民众的'政权!"

应修人讽刺《社会与教育》众人的主张是搔到了国民党的痒处,"又可蒙蔽民众又可敷衍宪政派。因此陶希圣、梅思平立即名登龙榜,而贵为国难会议'庄重宣言'的起草者,前程远大,有厚望焉"。[2]

不过有趣的是,中共北平团委,当时却没有将陶希圣当成反面人物,他们甚至请陶希圣来讲演。这是1932年8月凯丰在批判共青团中存在的错误时披露的,他说:"团在革命的学生运动中没有实行明确的阶级路线去反对一切妥协的反革命派别,这一错误特别明显地表现在没有坚决地进行反对改组派、孙科派、第三党、国家主义派以及一切的反革命派,在许多地方团表示对于

---

[1] 丁九(应修人):《国民会议-国难会议-国民代表会》,《红旗周报》第39期,1932年5月7日。
[2] 同上。

反革命派的妥协,在北平我们的团用请陶希圣和党国要人来讲演代替了坚决地反对'社会与教育'派的进攻……"①

第三节 "坚定的"国民党党性

陶希圣是一个坚定的国民党党员,这一点不容怀疑。作为一名国民党员,陶希圣显现出极强的党性,表现在他鲜明的反共立场之上。他积极反共的主要时间段是在1935年底以后,特别是"西安事变"国共实行第二次合作之后,他的态度更为激烈。

之前,陶希圣对共产党的态度是忽视的,主要原因应当是1932年到1935年,北平在白色恐怖之下,中共组织遭到八次重大的破坏。1933年3月,蒋介石派宪兵第三团来北平,专门对付共产党,该团在不到一年的时间里,先后分六批将170名左右的共产党干部和党员押解至南京。1934年中共党的组织全部瘫痪。1934年10月,中共河北省委派马冀良等来北平恢复党组织,他们找了半个月,只找了7个党员和10个团员。② 所以,当时共产党的活动不频繁。陶希圣自然也不会盯着共产党。何梅协定、设立"冀东政务委员会"、华北自治等一系列旨在扩大侵华范围的华北事变,令平津每一个爱国者都无法镇静下来。1935年12月9日,反日救国的"一二·九"运动率先在北平爆发,引发全国规模的抗日爱国运动。1936年5月初,中共发出《停战议和一致抗日通电》,公开放弃反蒋口号,呼吁停战议和、一致抗日,建立抗日民族统一战线。

中国社会将迎来一个全民抗战的新时期。陶希圣自然也感受到了时局的变迁,他会将矛头对准哪一方向呢?

---

① 凯凤:《目前学生运动的状况与团的任务》,《红旗周报》第47期,1932年8月10日。
② 王效挺、黄文一主编:北京地区革命史资料《战斗在北大的共产党员(1920.10—1949.2 北大地下党概况)》,北京大学出版社1991年版,第71—72页。

一、怀疑人民战线

全国呈现出一派团结抗战的形势,陶希圣的表现却异乎寻常。他似乎仍然深受1926-1927年大革命时期的群众运动刺激而不能自拔,近乎本能地反对群众运动。他在报上一再呼吁真正的联合,要求人们放弃党争,放弃互相的指责。但他自己却不时地疑心中共,责备救国会,将中间派称为"粉红色的东西",发表许多文章,粗粗看去,他四面出击,不知所云。

1935年12月12日,上海救国会发表《救国运动宣言》,陶希圣在《时报》刊登《狭路和宽路》一文:他表示赞成联合路线,以为这才是宽路。"宽路相逢才会有拔刀相助的事情出来。"但他同时又说:"一个运动,有时必然是路越走越窄。"这是因为有一个难治的痼疾,即"民十六以前做惯做下来的一套,这一套便是走狭路。走狭路虽然表现自己的革命本色,不过也只是表现一下,所得的是几个盲从,所失的是大家的'拔刀相助'。结果是三个人做起,四个人下台"①。他的这些话,说得比较含糊,表达的意思是:随着某些人的"革命本色"的日渐暴露,就会容不得其他不很革命者,于是联合战线难以为继。实质上,也就是道不同不相为谋。在另外一文中,他说得更为明白:现在的运动体现了内争、私斗、不善公战的特征。"无论执笔或拿枪,大抵是怯于对外,勇于对内。有时一个对外的运动,不过几天,便变成单纯对内。有时开一个救国大会,听不见一句对外的话语,这是说话为业者的奇耻大辱……如不能抛弃党争,消除意气,空谈对外,毫无是处。如不能运用身手,讲求方法,空谈救国,无有是处。所以我觉得'救国不在多言'。"②现在的多言,即关于救国的演讲,在他看来已成滥调。

1936年5月,陶希圣发表了《低调与高调》的文章。和以后他所说的"低调"这个概念不同的是,他在文中所说的"低调",就是主张民族的解放为低调,而将主张社会运动、阶级斗争的视为"高调"。③陶希圣认为主张民

---

① 陶希圣:《狭路与宽路》,《实报》1936年8月16日。
② 陶希圣:《不在多言》,《实报》1936年9月20日。
③ 陶希圣:《低调与高调》,《独立评论》第201号,1935年9月10日。

族主义的"低调"在目前已经"很有力很有力了"。

陶希圣意犹未尽,又写一篇《再谈说话》。他说现在人们进步了,话少了,因为危险越来越迫近了,已经到了把心一横的时候了。"知识分子最是话多,知识分子最是没有固定的利害关系,来要他立定脚跟……""话在三千里外时,你看那个热闹劲。尤其是祸在上海,闹在北平,祸在北平,闹在上海……现在总算是大家做最后打算的时候了吧?我还是看见不少的自残自害的印品,听见不少的自分自裂的宣传。字写得不妙,话说得很多,一点也没有显出责任心来。推敲原因,我想还是八股作怪。"他认为这样的人最没有用了,"火烧到眉头,兄弟的冤仇,仍然解不了,也只有亡到安南,还作党争了"。最后一句话最妙,他说:"我写完这些字以后,再看一遍,说到那里我也不知,好在偶感一栏,是可以登偶感的文字的,拿了去吧!"①

陶希圣十分不喜欢给别人扣帽子的人。他说右派说别人是共产党,左派送人汉奸帽,其手段都是办党的老手段,以便于使被孤立者加入到本党中来。但这是办党的办法,不是建立联合战线的办法,"我最恨南宋的道学和明末的东林党。属于本派就是君子,不是本派就是小人。"他还向国共两党提出一个要求:不要拿办党的方法办全民族的联合战线,要求两党同时开放门户,不用办党的法子来救国。对于两党以外的散人,陶希圣希望他们不要浪漫地左右倾。在这个万分紧急的时刻,不是要手段弄玄虚,不要造谣以推动群众,"要赤诚,要实心"②。"西安事变"发生后,陶希圣力持蒋介石的安危关系国家存亡,并认为这次事件不是苏联搞的,而是"粉红色的东西做出来的"。所谓的"粉红色"的东西,他所指是那些左倾的人士,比如救国会和其他一些与中共接近的党派。

仔细体会陶希圣的话语,可以发现最后集中于一个主题:指责中国人内斗内行,外斗外行,在外敌当前之际,各党各派应该少互相指责,多团结。他的话,自然没有错,他对时政的针砭,不少切中要害。但是,他自己可能

---

① 陶希圣:《再谈说话》,《实报》1936年10月25日。
② 陶希圣:《帽子》,《实报》1936年11月29日。

也没有意识到,他做的恰恰正是内争、指责,其结果只能是分裂。

中共的姿态让陶希圣忧心忡忡。他以为中共言不由衷:"即如今年一月以来,民族解放与民族战线虽然是一般的口号,实际却只见分裂,只见斗争,便是言不由衷的结果。"他把红色根据地的存在,当成是"领土分离",提出:"大家应当诚意地反对中国领土分离运动,不当在反对分离运动里,自己又去做些事情,助长离心的趋势。"大家要开诚合作,"不当一面叫人合作,一面又自找斗争"。① 他要求人们适应现实的需要,在目前民族危机的现实面前,为了民族运动停止社会运动的阶级分裂趋势。

陶希圣的言论,又一次引起了中共的关注,1936年10月11日,苏维埃政府发言人特别就陶希圣的言论发表谈话,谈话中说:"关于社会人士例如陶希圣先生等对于我们所发表的抗日统一战线主张基本表示赞成,但言外之意似乎认为我们的主张不过用来作政争的工具,绝无诚意。我们不能不对此有所答复。"

谈话称:首先提出抗日统一战线的不是国民党南京政府而是中共。"陶先生想必知道事情自从我们提倡(抗日统一战线)后蒋介石对我们从未停止进攻。"就这一年来,中共是有诚意的,没有诚意的恰恰是国民党。"这一年来的事实红军东出山西以救华北,阻止我们东下的是谁呢?红军因恐酿成内战回师西流,改道出宁夏,绥远抗日,捣乱抗日后方的又是谁呢?红军二、四两方面军北上抗日,拦阻他们,聚歼他们的又是谁呢?红军三大主力会合以图大举援绥抗日时加派大兵来剿共的又是谁呢?共产党提出要求国民党恢复三大政策,成立民主共和国,而置之不理反以武力相向的人是谁呢?"谈话"请陶先生掏出良心评评理,谁是为着抗日统一战线而奋斗"。谈话称,虽然南京政府对日一味屈服投降,对中共一味聚歼。但是,我们一直为大局而隐忍,希望南京能够改变过去的政策。但万一国民党不打算改变政策,"硬要迫的我们为自卫而战,我们也愿在减少牺牲国防力量到最低限度的原则上实行

---

①陶希圣:《低调与高调》,《独立评论》第201号,1936年5月10日。

自卫"。谈话指出陶先生不去批评破坏抗日统一战线的一方,反而将为抗日统一战线努力的苏维埃红军视为没有诚意,"即不免令人奇怪他的用意究竟何在"。而陶希圣将改善人民生活就是破坏统一战线的说法,更使"我们惭愧愚陋实在想不通他的高明道理了"①。

到 1937 年 2 月,陶希圣不再以"劝说"而是以强硬的态度表示:"民主自有一定的限度。政府不会也不能授予在野党派以推翻政府的暴行的自由。在野党如果主张他们的推翻政府的暴行的自由,则政府的力量势必多用在安定内乱方面。如欲共同巩固民族的壁垒,在野党派必须诚意保证国内的和平。"② 颇以当政者自居,要求在野党对和平负责。陶希圣所做的促成团结的努力,恰恰起了相反的作用,他自己也成了建立抗日民族统一战线的阻碍。

二、"一场恶斗"

1937 年,陶希圣在北平俨然已成反共中坚,尤其是在新老学联的斗争中,他的作用十分明显。

1935 年"一二·九"运动前,在中共北平临时工作委员会的帮助下,北平市大中学校学生联合会于 11 月 18 日成立,是为旧学联。随后,在旧学联的领导下举行了一次请愿活动,反对成立冀察政务委员会,因为该委员会定于 12 月 9 日成立,于是学生们就在这一天上街示威请愿,即有了"一二·九"运动。到西安事变前,旧学联领导着北平三十几个学校的学生会,并得到了学校和老师的支持。西安事变时,学联内部主张各异,不能统一,对外没有明确的态度。于是,放蒋还是捉蒋,甚至杀蒋的主张同时而出,结果学联内部形成互不相容的两派。1936 年 12 月 25 日,西安事变和平解决,蒋介石由张学良送回南京。有国民党复兴社背景的北师大教授杨立奎、北平

---

① 《红中社电讯》1936 年 10 月 11 日,见台北"国史馆"藏,入藏号:131000007751A,全宗号:阎锡山史料,卷名:《各方民国二十五年十月往来电文录存》,典藏号:116-010108-0344-095。
② 陶希圣:《民族与民生》,见《月报》第 1 卷第 2 期,1937 年 2 月 15 日。(转引自陈峰编《中国近代思想家文库陶希圣卷》,中国人民大学出版社 2014 年版,第 461 页)

志诚中学的校长吴葆三,组织学生游行,并到天安门集会庆祝蒋介石获释,集会号称有十万之众。集会过程中还决定成立北平市学生联合会,也就是新学联。自此以后,新旧学联矛盾不断,甚至发生两个学联的群殴。陶希圣也被推入风口浪尖。

五月四日这天,新学联借用师范大学大操场,举行五四运动纪念大会,会场上挂着国民党的党旗。参加的人有新学联的2000多人,旧学联1000多人。旧学联人员先到会场,高唱《保卫马德里》的歌曲,率先登台演讲,于是,双方为争当主席,发生严重冲突,十几名学生受伤。后来,旧学联退出会场,纪念大会继续进行。新学联请出"五四运动先进及名教授陶希圣、熊梦飞等分别讲演……"①会议到下午五点才结束。

陶希圣在会上发表演说的内容是:"现在一部学生,甘为赤白帝国的走狗,阴谋破坏爱国运动,唱着马德里歌,欲使中国为西班牙第二……此后我希望同学在民族和国家统一的立场上,和反动分子肉搏,作不成宁可自杀,自杀前先宰一个汉奸,尽我们国民一分责任。"②演说完后,陶希圣仍不过瘾。他在《大公报》上发表《残余的西班牙主义》一文,激烈反对中共提出的"人民阵线"的口号,指责这是一个"分裂运动"。不仅如此,他一方面主张民主政治,另一方面反对言语自由,反对"各党各派联合的口号。认为'真正共产党的武力已经在我们政府的权威下缴械改编了',所以没有什么各党各派","不过一群跟着跑的走狗,穷光蛋,没有出路,不得不喊喊口号,作不合理的文章,三个人,两个人,也是各党各派,一个学校有一百个学生,也是各党各派"。③他指责中共将民主政治与地方割据相混淆,说:"民主政治与地方割据,可以说有混淆的样子,主张民主政治者,往往反对中央集权,而其实则袒护地方割据。"④

---

① 《昨日平市学生纪念五四运动》,《华北日报》1937年5月5日第9版。
② 1937年5月5日北平《京报》。
③ 同上。
④ 陶希圣:《民治与割据》,上海《申报》,1937年5月9日第6版。

陶希圣的行为，令许多学者嗤之以鼻。吴文藻撰文《向陶希圣质疑》，问陶希圣的五四讲话，是作为一个政客还是作为一个大学教授？是在党部机关训导党员，还是在最高学府训导学生？他十分尖锐地指出陶希圣主张专制就主张专制，却谈什么民主，其实都是用脱胎换骨的办法主张专制，"不必用心太深，羊头狗肉"①。北平《晨报》发表如下消息："平市学生纪念五四，曾发生严重冲突，结果伤学生十余人，此事已引起各界之注意。而一般社会舆论对杨立奎、陶希圣、吴葆三等，亦多不满。闻最近受伤学生家属，已向法院正式提起诉讼，院方对这案亦已受理，并已通知各该被告亲自到案，顾此一般社会人民莫不希望院方公开审判。"②旧学联向地方法院以"教唆伤害罪"对陶希圣提出起诉。陶希圣接到法院传票后，没敢到庭。

根据曾经在旧学联工作的张谨斋1937年7月后给延安写的《半年来北平工作报告》，讲到当时领导学运的民族先锋队，一直致力于统一学运，但是，新学联背后的国民党没有诚意，造成五四这一天的冲突。他们从师范大学退出后，另找一个地方开会，讨论对策，决定成立受伤同学后援会，并控诉吴、杨、陶三人，对他们三人采取分别打击的方法：在政治上主要对付陶希圣，指出他是五四纠纷的政治上的领导者，驳斥他所谈的残余的西班牙主义；同时向公众指出吴葆三是五四事件的凶手，依法按刑事解决；对杨立奎则不作为主要目标，因为他只是暗中捣乱，没有公开说话。于是，旧学联为了这次事件，重新发表宣言，招待记者，向各报馆发声明，并要求新学联合作，以求驱赶此三人。于是乎，各报章副刊上几乎每天都有攻击陶希圣和吴葆三的文章。张谨斋的报告中说："陶个人，受各方攻击，被打得体无完肤，实在有些受不了，最后表示让步，承认自己当时有错误，并同意双方和平解决。"③这是中共一方对于陶希圣所述"一场恶斗"的情况报告。

---

① 1937年《东北知识》第1卷第4期。
②《各学生家属控告杨立奎法院已受理》，北平《晨报》，1937年5月29日第9版。
③张谨斋：《半年来北平工作报告》，见中共北京市委党史资料征集委员会编：《中国共产党历史资料丛书：一二九运动》，中共党史资料出版社1987年版，第120—124页。

陶希圣却不是这么说这场"恶斗"的结果。他在《访问纪录》中说，他曾经收到一封来自"凯丰"的信，约陶到"凯丰"家与一人谈话。陶如约而至，这个与他谈话的人告诉他，中共决定听从蒋委员长的指挥，参加抗战。由于平津的左派教授反对蒋介石和国民政府，中共正在做工作，让他们接受三民主义和国民政府。这次找陶希圣来，目的也是调解左派和陶希圣的斗争。陶希圣则说："我说明斗争的动力不在我，是在他们。他们要分裂中国，我反对他们分裂中国。这次谈话后，那班左派教授果然安静下来。"①

在这段时间，陶希圣在《华北日报》《实报》《京报》《申报》等报刊之上，前后发表了四十篇文章，重申自己的观点。他在回忆录中称之为"一场苦斗"。因为这场"苦斗"，他得到了国民党中央党部的赞许，但也因此被左派们看轻，张东荪的评价是"此人已为此间学界所不齿"。②

三、提供情报

陶希圣不但在报上公开反对"人民阵线"，暗地里他还给南京政府通风报信。

1936年5月诞生了全国各界救国联合会，通过《抗日救国初步政治纲领》，向全国各党各派建议：立即停止军事冲突，释放政治犯，各党各派立即派遣正式代表进行谈判，制定共同救国纲领，建立一个统一的抗日政权等。救国会的主要领导人是马相伯、宋庆龄、何香凝、沈钧儒、章乃器、史良、

---

① 陈存恭、尹文泉整理：《陶希圣先生访问纪录》，(台湾)"国防部"史政编译局1994年版，第42页。
② 1937年6月17日，调查统计局呈《张东荪自述对庐山会议及国大之态度》。"北平张东荪十四日寄上海兆丰别墅卅四号张立齐函称：连得三函，悉一切。陶（希圣）文未见，此人已为此间学界所不齿，似无答复必要。庐山之会，仅见大公报，似尚未召集。果及于吾辈，弟士人态度拟对彼答复如下：'不愿以大学教授资格应征前来，倘另有召集专邀党外各派者，当欣然承教。'不知公等亦以此态度为然否，望复幼椿，如能取一致态度为妙。总之，彼在事实上须先抛弃党外无党之原则，不致将吾辈硬装入知识阶级或大学教授一类之范围中，则未尝不可去谈一谈。否则即为变相，而非真心尊珍异派也，吾等决不甘受。如公谓然，望约海上诸人共商之。此间办选举，吾辈究从事否，亦望早决定态度。弟主张吾辈非设法当选不可，至于当选以后是否到会，大有进退余地。吾辈尽可在会外发表言论，彼时言论更易使人注意也。故无论如何，以当选为上策。如是，则公至迟月底必须来也。"（见台北"国史馆"藏，入藏号：002000001871A，全宗号：蒋中正"总统"文物，卷名：一般资料——呈表汇集五十五，典藏号：002-080200-00482-174）

王造时、李公朴、沙千里、陶行知等。

救国会将全国抗日力量联合起来,并不断地发起各种形式的斗争,且同情中共的主张。比如1935年11月12日救国会在举行孙中山的纪念活动中,担任主席团成员的史良要求国民党政府停止内战、联俄容共、扶助农工。他们的行动,让日本侵略者仇视。日本驻上海总领事若杉即命令领事约见国民党上海市政府秘书长俞鸿钧,要求逮捕救国会成员。

1936年11月23日,南京国民政府以"危害民国"罪在上海逮捕了救国会沈钧儒、章乃器、邹韬奋、史良、李公朴、王造时、沙千里等七人。11月24日,国民党上海市政府发出布告,宣布他们的"罪行":"李公朴等自从非法组织所谓'上海各界救国会'后,托名救国,肆意造谣,其用意无非欲削弱人民对于政府之信仰,近且勾结'赤匪'妄倡人民阵线,煽动阶级斗争,更主张推翻国民政府,改组国防政府,种种谬说,均可复按。"① 救国会七人被捕后,全国上下尤其是知识界极为震动。宋庆龄、胡愈之、何香凝等带头到七人被羁押的苏州高等法院,要求"羁縻入狱"与七君子关在一起。北平、天津、上海等大城市的知识分子,海外华侨等纷纷写信,要求释放七君子。

然而,国民党当局不顾人民的呼声,1937年4月3日向七君子提起诉讼,6月11日和25日在江苏省高等法院两次开庭审讯。七君子沈钧儒等人不屈不挠,包括中共在内的各界人士对他们展开广泛的营救工作。1937年7月31日,南京国民政府宣布具保释放沈钧儒等七人,并于1939年2月最后撤销了起诉书。

在台北"国史馆"有一份与此相关的档案,即1937年5月14日陶希圣致蒋介石电报,陶在电文中说:"南京刘峰如本月斋日报称去年在上海捕获之人民阵线首领邹韬奋、章乃器等七人现经褚辅成、钱新之等奔走营救,中央已允从宽发落,将予邹、章等以经济上之补助,使彼等在短期内出洋。本月四日褚

---

① 《市府正式发表李公朴等被捕经过》,上海《申报》1936年11月26日第三张(九)。

辅成由沪来京，五日曾分访邵力子、陈立夫等，经商洽，结果邹等开释已不成问题，惟闻释之步骤，中央主张元日将邹等依法律判决，然后再由国府特赦。而褚则一再要求此案暂勿依法审理，元日将邹等七人送至南京，然后再商开释步骤。闻邵力子对褚之办法已同意，日来正召各方接洽中等情查。"这封电报的旁边有黑色毛笔所写"呈""核"，"按前已电叶拟书告（？）从缓释放"①等字。从这封电报可见，对于"七君子"一案，陶虽然人在北京，但也参与其间，且有人帮助他收集情报，他则将情报及时告诉蒋介石。

1937年6月22日，汪精卫致蒋介石电："牯岭蒋委员长赐鉴。密顷接陶希圣同志自北平来函详述北平学生及人民阵线情形，其结论谓左倾烦闷青年应加领导，而企图利用此种烦闷以造成反政府之机缘者须加打击。盖学生本无成见，疏导得宜不被利用，所谓阵线自然解体，而共产党失所凭藉，就范变易，至于藉人民阵线以反政府之少数分子，则必须制裁，若过于姑容适足长其气焰而巩固其阵线，切盼中央注意云云。所言颇有见地，谨备参考，弟兆铭。"② 在这个电文里，陶希圣承担了师爷的角色，建议对待不同人以不同的办法：学生——疏导，反政府分子——必须制裁，目的是使人民阵线解体，中共失去依靠的力量，以釜底抽薪的手法达到目的。他这封信是直接写给汪精卫的，说明陶希圣负有观察北平学界动向的责任，至于他是自觉担起此项任务，还是受国民党组织的委托，还不清楚。

上述两事，明白无误地揭示出1937年陶希圣在北平的身份不仅仅是北大教授，不是一个远离国民党中央的普通党员，他不但与汪精卫有密切的联系，甚至与蒋介石也有直接的来往，可谓通天有术。

---

① 台北"国史馆"藏，入藏号：00100001847A，全字号：国民政府，卷名：政党活动，典藏号：001-014000-0002。
② 台北"国史馆"藏，入藏号：002000002470A，全宗号：蒋中正"总统"文物，卷名：增编（一），典藏号：002-090300-00216-039。

四、离开北平

1935年后,国民党的胡汉民、蒋介石和汪精卫三个大佬以民族大义为重,寻求谅解,分裂的国民党显现出合一的趋向。可惜,1936年5月,胡汉民因脑溢血突然病亡,三角关系只余蒋汪;"西安事变"以后,国共两个敌党,确定大敌当前枪口一致对外,内战有望停止。蒋介石从西安回南京后,引咎辞职跑回溪口。1935年被刺赴欧洲治伤的汪精卫,1936年12月21日接到国民党中央的邀请,决定回国。1937年1月中旬,汪精卫回国,前往溪口与蒋介石会晤。这年2月,国民党召开五届三中全会,汪精卫主持会议,会议拒绝蒋介石提出辞去本兼各职的要求;宣布当年的11月12日召开国民大会,制定宪法,声称不但要借此团结民众,更要建立民权的基础。通过决议,决定以统一于国民党领导之下为目标,要求中共"取消红军""取消苏维埃政府""停止赤化宣传""停止阶级斗争",以求内战的停息,实现和平,等等。

会后,蒋介石、汪精卫决定在庐山召开暑期谈话会,以中央政治会议的名义发出请柬,邀请各地学者参加,国民党官员旁听。分政治、经济和教育三组进行谈话。陶希圣作为学者也受到了邀请。然而,正当陶希圣准备行装之时,1937年7月7日,"卢沟桥事变"发生。

"七七事变"日军所用手法并不新鲜,为其在华长期以来惯于使用的伎俩。这天傍晚,日本华北驻屯军第1联队第3大队第8中队在大队长清水节郎率领下,从丰台兵营出发,来到卢沟桥西北约一千米的龙王庙,准备在龙王庙附近的永定河堤进行演习。演习开始于18点,22点30分左右结束。时值农历五月二十九,晚上没有月亮,只有星星,一切都在静悄悄地进行,据清水节郎记录,突然,有几颗子弹射来,他还看到中国驻军所在的卢沟桥方向有奇怪的亮光,疑似信号,且有一日本士兵——志村菊次郎"失踪",虽然很快找到这名士兵,但是,日本马上派遣大队主力前来,并强行要求进入中国守军驻地宛平城搜查,中国守军第29军第37师第110旅第219团严词拒绝。第二天,也就是7月8日凌晨5时左右,日军突然发炮攻击。第29军司令部命令前线官兵"确保卢沟桥和宛平城",毫不含糊地命令"卢沟桥即尔等之坟墓,应与桥共存亡,不得后退"①。守军第219团团长吉星文和第3营营长金振中得令后,指挥士兵奋起抗战,吹响了中华民族全民抗战的号角。

城外剑拔弩张,城里陶希圣夫妻此时还在猜测日本将于九月发动全面的侵略战,然而隆隆的炮声传来,直截了当地告知战争已不期而至。第二天,陶希圣到街上一看,四处十分"沉寂",跑到前门火车站,车站"冷清"。由北平到天津、到汉口的火车均不通。焦急等待了几天后,大约在7月10日陶希圣接到了中国旅行社的通知,让他从西直门坐火车出城,到丰台转火车赴天津。陶希圣慌忙带了点行李,快速离开了这座充满火药味的城池。

走时虽无一丝犹豫,日后,六年北平的生活,却绵长地盘桓于他的脑海,令他在晚年回味这段"风雨飘摇之中的安定生活"时,充满了留恋之情。

---

①广西师范大学出版社编、卢勇辑:《密档中的历史——卢沟桥事变》,广西师范大学出版社2009年版,第7页。

第四章　投身国事

汪精卫最终以投敌成为汉奸被定格在历史的画面之中，追随他的陶希圣终身背负着曾经是汉奸的名声。在后人的眼里他们是一群因恐惧、胆小为求自保而投敌的卖国贼。汪精卫暂且不论，陶希圣对日的态度却并不是这么简单。

"天下兴亡，匹夫有责"，中国知识分子与生俱来的使命感，令陶希圣在国难当头的乱世，走出书斋，力图以一己之头脑，影响执政者，从而改变中国的政治走向。1937—1938年底，陶希圣先后把希望寄托在蒋介石和汪精卫身上，依据自己对国情和对世界局势尤其是日本对华政策的判断，步入所谓的"和平运动"。无疑，他的判断是错误的，为此，他必须承担后果。

第一节　牯岭茶话会

陶希圣从天津南下到达南京，城里的国民党高官所剩无几，大部分都上了庐山。陶希圣在南京无所作为，坐船溯江而上到九江，登庐山参加茶话会。

一、在会上

7月15日陶希圣上山，和胡适、张伯苓、蒋梦麟、梅贻琦等住在同一个饭店。第二天上午九时，茶话会开始。参加会议的有158人，会址在牯岭图书馆大礼堂。2013年，笔者前往庐山，看到原来的图书馆现在成为"庐山抗战纪念馆"，当年会场被保留，靠近门口右边的桌子上，放着陶希圣的名牌，他的对面，坐着曾琦和邵力子。

第一期谈话会自16日到20日共开五天。16、17日两天，为全体会议，由汪精卫和蒋介石共同主持，参加者主要是青年党、国社党、农民党、村治派、职教派、救国会的代表及北京大学等校校长和教授，以北方来的文化教育界人士为主。

此次会议，原本讨论国事问题。与会者最初的目的在于要求国民党实施宪政、放权，实现民主制度化等。"卢沟桥事变"，则将主题由讨论国内政治转变成对日政策，平津现状成为关注的中心。

汪精卫首先发言，他主讲政治问题，以"精诚团结，共赴国难"八个字为宗旨，明确建设的国家为"三民主义共和国"，说明召开此次会议的目的是想听听与会者对国民大会召开前后相关问题的意见。汪精卫表示根绝赤祸政策一如既往，要求中共接受国民党五届三中全会的决议，从组织上与思想上放弃共产主义。

会议第二天，即17日，蒋介石的一席谈话，点燃了大家的民族激情。蒋介石以诚恳的态度说道：过去几年，出于我们是一个弱国的考虑，为了争取时间用于建设，对日本采取了"委屈忍痛"以求和平的政策。但是，日本"处心积虑的谋我"，卢沟桥事变不是偶然，事实说明"和平已非轻易可以求得"，"北平若可变成沈阳，南京又何尝不可变成北平！所以'卢沟桥事变'的推演，是关系中国国家整个的问题，此事能否结束，就是最后关头的境界"。他指出，我们是弱国，一旦打起来，只有拼到底，因此，我们是应战而不是求战。国民政府的底线："（1）任何解决，不得侵害中国主权与领土之完整；（2）冀察行政组织，不容任何不合法之改变；（3）中央政府所派地方官吏，如冀察政务委员会委员长宋哲元等，不能任人要求撤换；(4)第二十九军现在所驻地区，不能受任何的约束。这四点立场，是弱国外交最低限度。"蒋介石告知与会者，7日晚上出事后，8日中央即从豫北五县驻军中抽调了三个师往北进驻保定及石家庄一带，到开会的时候上，这三个师已经到达目的地。他承诺过三四日以后，还准备陆续调动部队，相机前进，以备万一。他相信虽然牺牲会很惨重，但是，敌人的强大有夸大的成分，最后胜利"必定属于我们的"。他以悲壮的言语结束了讲话："我们希望和平，而不求苟安；准备应战，而决不求战。我们知道全国应战以后之局势，就只有牺牲到底，无丝毫侥幸求免之理。如果战端一开，就是地无分南北，年无分老幼，无论何人，皆有守土抗战之责任，皆应抱定牺牲一切之决心。"①

蒋介石在庐山这一讲话以《对于卢沟桥事件之严正表示》命名，19日对外公布，20日日本宣布不以南京国民政府为"对手"，关闭与南京之间的"和谈"大门。

牯岭谈话会上，平津与会者成为中央和华北当局之间了解和沟通的桥梁。由于华北相对独立的地位，由于历史的恩怨，更缘于信息不准确、不及时，平津和国民政府之间，存在着隔阂。

北平方面，一直担心中央对自己不信任。卢沟桥事变发生的当晚，北平市市长秦德纯邀请陶希圣、胡适之、蒋梦麟等几位收到牯岭茶话会邀请的人吃饭，地点在中南海。饭后，秦德纯送客出门，胡、陶等人问秦德纯有没有话要带到牯岭去，秦回答说："没有别的话，只希望中央相信宋先生和二十九军。"②

牯岭会议上，时任河北省政府委员兼民政厅长的何基鸿③专门就平津当局的态度作了发言，他说冀察当局这半年来与日本进行交涉，针对日本方面要

---

①以上引言均见蒋介石：《对于卢沟桥事件之严正表示》，载秦孝仪主编：《先总统蒋公思想言论总集》第14卷，台北中国国民党"中央委员会"党史委员会1984年版，第584页。
②陶希圣：《潮流与点滴——陶希圣随笔》，第143页。
③何基鸿（1892—?），字海秋，河北人。近代法学家，时任河北省政府委员兼民政厅厅长。

求与华北实行所谓"经济提携"时,华北当局则坚持"经济提携"必须以消灭政治障碍为前提,所谓的政治障碍就是"至少先应取消冀东伪组织",说明和中央政府的立场是完全一致的。

何基鸿是何基沣①的哥哥,何基沣时任第29军37师110旅旅长,"七七事变"时驻守在卢沟桥。为了能够叙述准确,何基鸿行前专门前往何基沣处询问关于冀察当局两个月前派参观团赴日的实况。在何基鸿问日本有没有谈到政治军事问题时,何基沣说:"在日本的几次酬应,我每次都在场,其中只有一次是谈到具体问题。这一次陆军大臣杉山元谈到华北经济提携问题,张市长(张自忠)就说明中央与地方的意见,并且一再说明中日经济提携的前提是消除政治障碍,消除政治障碍首先取消冀东伪组织。杉山元就说只要华北当局将对日本应该做的事做到了,取消冀东是不成问题的。除此以外,什么都没有谈到……"

何基鸿分析认为卢沟桥事件之所以发生,正是因为华北地方政府与中央关系日益密切,使日本图穷而匕首现。他说:"日本原希望冀察当局脱离中央,现在中央与冀察的关系日渐密切,国民代表大会代表选举去年是不办的,今年办了,学生集训去年是不办的,今年也举办了。日本军人对于冀察当局按时的行动,非常愤恨。"反过来说,如果冀察当局做些让步,仍然可以和平解决此次事件,"假使我们能够无条件地牺牲一些权利,允许日人造津石铁路,办龙烟煤矿,仍旧可以得片刻的安宁,但是冀察当局并不愿意这样做",②表示决不为了私利而牺牲民族利益的决心。

北平、天津来的与会者们听了蒋介石的讲话,振奋之余,于7月18日,蒋梦麟、梅贻琦、徐诵明、胡适、傅斯年、陶希圣等联名致电北平市长秦德纯、高等法院院长邓哲熙称:"同人在山谈话与观察之结果,深知中央对宋委员长及公等确完全信任,并已切实布置,以全国实力为后援。同人切盼诸公,洞悉此形势,决不可堕入敌人不战而获之投机策略,必须坚持不求战、不避

---

① 何基沣(1898—1980),字芑荪。
② 刘维开:《庐山谈话会会议纪录选辑》,《近代中国》1992年第90号,第18页。

战原则，或尚可有不屈辱之和平解决希望，若稍一松懈疑虑，则后患真不堪设想。敬陈乞转达宋、冯、张①诸公。"不但力图使中央与华北互相信任，更进一步督促华北方面以全国人民为后盾，"不求战、不避战"②。

陶希圣对于驻守在平津一带的二十九军一直存有好感，早在"一二·九"运动时，他就曾努力促成学生和军方达成谅解，这一点在前一章已论及。在庐山上，他同样维护二十九军，坚信官兵们都是爱国的。后来他自己回忆说："会议除了大会外，还有分组会议。平津来宾大抵参加第一分组。这一分组首次集会，谈到北平的情势。我们力说二十九军是抗日的。会后，中央一位重要同志问我道：'你能保二十九军一定抗日吗？'我说：'牯岭今日是全国视线集中的军事政治中心。我们在这里说二十九军可靠，二十九军就可靠。'"③

18日和19日，第一期谈话会分小组进行，陶希圣参加教育组的谈话，并且在会上作了发言。20日中午，第一期的谈话会提前结束，这天中午，蒋介石请大家吃饭，饭后蒋介石就下山了。

第一期谈话会结束后，陶希圣理应离开庐山，但是，由于日军进一步扩大事态，北平一时是回不去了。陶希圣天天去邮局打电报，一直联系不到家人。他不知自己该去何处，就留了下来。以后的几天，他旁听第二期谈话会，并有充足的时间与陈布雷、胡适、周佛海等人，深入交换意见。第二期谈话会于7月26日开始，28、29日开了两天的全体会议，均由汪精卫主持。到会的有王芸生、马荫良、梁宇皋及邓植仪、范锜、任启珊、吴康、黄元彬（均为中山大学教授）、萨孟武、胡庶华、张凌高、燕树棠、张佛泉、张知本、刘亮、洪深诸君，及陪客彭浩徐、经子渊、程沧波等，宾主共三十人。由许仕廉、杨立奎、燕树棠、刘亮、洪深诸人先后发表意见。燕树棠讲到由北平南来的人，觉得平津之间的人关注于实质问题，而南方则注意原则问题，或可

---

①指宋哲元、冯治安、张自忠。
②以上引文均取自刘维开：《庐山谈话会会议纪录选辑》，《近代中国》1992年第90号，第18页。
③陶希圣：《潮流与点滴——陶希圣随笔》，第149页。

能是因为北方已在炮火威胁之下,感觉比较真切,而南方仅仅想象危机而已。他们希望中央能够更多出兵。

7月29日谈话会结束,原本还要召开的第三期茶话会不再召开。陶希圣一人前往南京。离开九江时,心境颇感凄凉:"我提了箱子就走。上了轮船,进了官舱,把长衫脱下,江风习习,顿觉凉爽,但是两眼的泪如雨一样的流在短裤上。我靠着铺位倒头睡下。"①

二、在会下

在会议上,陶希圣发言不多,但会后,他却是相当的活跃。与旧时同学好友相逢,令他很是兴奋,他记叙说:"平津来宾一进大厅立刻为中央党政负责人以及陪客们所围绕,真有握手也来不及之势。老友们多年未见,在这里相见,甚至跳了起来。"② 这仅仅是开头。

陶希圣与当时两位国民党的最高领导人,有了进一步的交往。原本汪精卫与陶希圣关系很好,此时,在对日问题、对中共的见解上,两人似乎更为投缘。蒋介石和陶希圣不是很亲近,但是,蒋在会后召见了陶,且对他很是赞赏。陶希圣回忆说:"陈布雷来找我去见委员长。布雷说:'在会中,你是客人,现在则是以党员的身份见主席。'蒋委员长见了我,说:'你在北平做得很好,你还是回去指导他们继续努力。'我说:'国民党有四个单位四个组织,我指导谁?'委员长起身说:'我叫他们听你的话。'出来后,我问布雷:'这是怎么回事?'布雷说:'这是命令。'我很惶恐,能不能回去还是一个问题,只得天天注意战局的发展。"③ 蒋介石对他的肯定,在他的心里有所感触。

更为重要的是,在庐山这个相对密闭的空间,比较长时间地聚集着的人们,自然会分出亲近和疏远来。陶希圣和汪精卫、周佛海、梅思平等重逢后,

---

①陈存恭、尹文泉整理:《陶希圣先生访问纪录》,第57页。
②陶希圣:《潮流与点滴——陶希圣随笔》,第148页。
③陈存恭、尹文泉整理:《陶希圣先生访问纪录》,第53页。

大家共同关注的当然是北平。1937年7月16日周佛海日记载有:"十一时散会后,与汪先生、公博、希圣、思平等谈北方情形。"① 这张名单中的人,后来竟然全部离开重庆前往河内,显然当时通过交流彼此感到颇为投机。他们的看法,代表了牯岭会议的第二种声音,即寻求"和平"途径解决中日问题。1945年梅思平在《自白书》中,曾经透露当他在会议上听马君武高唱焦土抗战时:"余之感想,以为战争谈何容易,胜则万幸,败则从此万劫不回。"② 陈布雷也忧心忡忡,虽然陈布雷不是汪派的人,但在当时,甚至在以后相当长的时间里,陈布雷和陶希圣在对日问题上意见相近。

正因为如此,相对于其他人,陶希圣、周佛海、陈布雷来往尤为密切。周佛海日记记载了周陶几乎每天碰面,不时长谈。陈布雷从政日记则显示,7月20日陶希圣和陈布雷在蒋介石请客的午餐上"详谈甚久",之后也是天天见面,大部分周陶均在。

第二节 倡言"低调"

一、中央应负起对日的责任

回顾历史,如同读一本知晓结局的侦探书,主角主线是明确的。但是,生活在当时的人们,未必能够明察洞悉。

日本侵略中国力图将华北从中国分离出去的野心,早已路人皆知。然而,"七七事变"日本人力图达到什么具体目标,是为了"华北自治",还是为了全面侵华,人们并不十分清楚。因为日本对于华北地区一直采取蚕食的政策,日本通过卑鄙的手段,先后出笼了"塘沽协定""秦土协定"以及"何梅协定",并成立了冀东自治政府,要求中国方面从河北等地撤军,国民党撤出河

---

① 《周佛海日记全编》(上),第51页。
② 南京市档案馆编:《审判汪伪汉奸笔录》(上),凤凰出版社2004年版,第393页。

北,先提出罢免宋哲元、后要求罢免于学忠①,干涉中央政府的行政权,禁止中国境内所有的排日活动,等等。

"七七事变"一开始,蒋介石对于日本方面的意图同样把握不准。"卢沟桥事变"后的第二天,蒋介石在日记中推断日本此次行动的几种可能性:为了乘我们准备未完之时迫使我们屈服?为了为难宋哲元?为使华北独立化?他问自己:"决心应战,时其时乎?"他不能断定中国是否到了应战的时候;他认为"此时倭实无与我开战之利"。②他甚至希望事情朝有利于中国的方向发展。9日,他在日记中写道:"注意:一、乘此次冲突之机,对倭可否进一步要求撤退丰台之倭兵?或取消冀东伪组织?二、归宋负责解决。三、倭对宋有否进一步之要求?四、令宋乘机与倭折冲见面。五、积极运兵北进备战。"③蒋介石将事变作为地方性的冲突加以处理,让宋哲元出面与日本谈判,争取取消日本扶持的冀东防共自治政府④,华北地区仍然由宋哲元统一领导,并让日本答应撤退在丰台的驻兵,同时,做好准备开战的调遣。8天后,蒋介石掷地有声的《对于卢沟桥事件之严正表示》的公之于天下,也标志着他放弃上述幻想,将"卢沟桥事变"定为"最后关头"。

7月20日,由于华北事急,蒋介石提前下山,陈布雷因为身体不好,暂时留在山上休养。第二天,程沧波给陈布雷带来消息,说时任平津卫戍司令兼北平市长、冀察政务委员会委员长兼河北省政府主席宋哲元⑤与日本方面就"卢沟桥事变"的谈判已完成,并已在条约上签字,具体内容尚不清楚。陈布雷感到宋哲元的举动会使"中央处理此事益感棘手"⑥。晚上,陈布雷约陶希圣和周佛海到家里吃饭,饭后进行了长时间的谈话,一直谈到十点才散。回到住处,陶希圣、周佛海意犹未尽,继续谈。

---

① 于学忠(1890—1964),字孝侯,山东蓬莱县于家庄人。时任国民党第3集团军副总司令,驻守山东海防。
② 黄自进、潘光哲编:《蒋中正总统五记·困勉记》(下),台北"国史馆"2011年版,第559页。
③ 《蒋介石日记》1937年7月9日,中国社会科学院近代史研究所档案馆藏抄件。
④ 该政府由殷汝耕为政务长官,建于1935年11月,辖有二十二个县,占地约8200平方公里,通州为政府所在地。
⑤ 宋哲元(1885—1940),字明轩,汉族,山东省乐陵市城关镇赵洪村人。
⑥ 陈布雷:《陈布雷先生从政日记》(样稿),1937年7月21日,第229页。

他们聚集交谈的结果是给蒋介石写了一封信，即7月22日，陶希圣交给陈布雷这封他和胡适联名写的信，陈布雷当天将信中意见转告蒋介石，并称考虑到中央最近三天将制定对日政策，故而提供此件"以备采酌"。信中说："胡适之、陶希圣两君意见：1.宋签字如不显与中央指示四点①相违，中央应负起和平解决责任，以示战则全战，和则全和之姿势，决不宜推责于宋，内生隔膜；2.同时退兵，虽有确认所谓何梅协定之嫌，然此次已开彼进兵则我亦进兵之好例；3.中央负起和平解决责任在外交上为一进步，亦可使彼方认识华北问题已非与中央交涉不可；4.如能于同时退兵之中再开一要求丰台撤兵之端，则更为一大进步，但此点须俟外交军事全局有无贯彻主张可能尚应郑重考虑。"②这是陶希圣、胡适首次以书面形式向蒋介石提出对日问题的意见书。他们要求中央负起对日的责任，无论是和还是战，均要以中央出面，而不是地方性的局部解决。

　　这封致蒋介石的信虽然以胡适、陶希圣的名义发出，实则汇集了陈布雷、周佛海、陶希圣、胡适、汪精卫的共同意见。汪精卫几乎在此同时给蒋介石发出函电说："此次进兵保定，已明示政府于领土内认为有驻兵之必要时决不受任何拘束。"他认为此行为开了一个敌人进兵我们也进兵的好例，汪函又说："中央负起和平解决之责任，虽为屈辱，但已能使日方认识此后地方问题，有非与中央交涉不可之势。"③可见，胡适、陶希圣的意见和汪精卫完全一致。

　　应该看到的是，他们这时的要求，与蒋介石的意见一致，在对日意见分歧的时候，他们支持了蒋介石的立场。只是关于第一点，实际上有了一定的保留，即蒋介石有心想恢复到何梅协定之时，甚至之前的状况，而这封信则是只要求恢复到7月7日以前的状态。

---

① 指以蒋介石之名发表的《对于卢沟桥事件之严正表示》一文中所述四点，见前文。
② 《陈布雷致电蒋中正》（1937年7月22日），台北"国史馆"藏，全宗号：蒋中正"总统"文物，卷名：卢沟御侮（一），典藏号：002-090105-00001-051。
③ 《汪兆铭电蒋中正》（1937年7月22日），台北"国史馆"藏，全宗号：蒋中正"总统"文物，卷名：卢沟御侮（一），典藏号：002-090105-00001-128。

胡适、陶希圣的信和汪精卫的补充意见集中起来所提要求就是：中央负起责任，"战"与"和"均由中央政府出面，而不是地方性的局部解决。虽然，他们的信主要针对"卢沟桥事变"，但显然更强调"和"字。另外"负责任"三个字，成为"和平运动"标志性的词汇，用以体现"和平运动"参加者超乎一般的真挚的"爱国"情怀，以及救国救民的使命感。因此，通过牯岭会议，"和平运动"分子得到了最初的集结，陶希圣成为其中重要的一员。

二、"低调俱乐部"的形成

下庐山后，陶希圣没有再回北平，而是到了南京，住在周佛海家——南京西流湾8号。

周佛海此时是国民党中央党部的宣传部副部长，1937年8月8日，周佛海又被任命为国民政府军事委员会委员长侍从室第二处副主任，他喜好结交。"八一三"日军挑起淞沪之战，日机不时飞入南京投掷炸弹，周家的地下室大且牢固，便于躲避日本人的炸弹，西流湾8号于是整日高朋满座，国民党许多政要在这里高谈阔论，躲避空袭。继陶希圣之后，梅思平、罗君强、郭心崧、顾祝同等也一度住到周公馆，陈布雷经常跑来避空袭，顾祝同、熊式辉、高宗武、胡适穿梭往返，一时人丁兴旺。他们中的许多人对于抗战前景抱着不乐观的态度，且对社会上主张全面抗战的热情深感不满，将坚持全面抗战、提倡焦土抗战的主张视为不负责任的唱高调。他们以唱低调自诩，被人称为"低调俱乐部"。

有人说"低调俱乐部"是胡适为这个非正式的组织起的名字，高宗武则说是自己说的一句话"我虽然姓高，但我只会唱低调"，传扬开去，所以被称为"低调俱乐部"。不过，我们知道，陶希圣早在北平时就主张"低调"了，只是内容不一样，所以"低调""高调"是当时流行的语言。周佛海说："共产党、桂系以及一切失意分子，都很明白地知道，抗日是倒蒋惟一手段。他们因为要倒蒋，所以高唱持久全面的抗日战争。蒋先生本想以更高的调子压服反对他的人，而这些人就利用蒋先生自己的高调，逼着蒋先生钻牛角。调子越唱越高，牛角就不得不越钻越深。当抗战到底的调子高唱入云的时候，谁也不敢唱和平的低调，故我们主张和平的这一个小集团，便名为'低调俱乐部'。"①陶希圣后来说到这个俱乐部时说，虽然有这个名称，但是不过是大家聊天、交换消息，并无其他目的。现在看来，该俱乐部名称由来说法不一，包括当事人也含糊不清，主要是"低调俱乐部"并非刻意而设，却因为参加的人意见一致并展开行动，自然而成。

低调俱乐部最初集结是在庐山之上。7月24日，陈布雷在日记中写道："余告以此次事无论能否结束，大家断不可再作一年二年准备之想，但背城借一亦应有一可借，故余之主张为'能忍即忍，得和即备'之八字云。"②他说到了两个关键点，中国没有什么力量可以凭借，目前尽可能地"和"以便于"备"，可以视为"低调俱乐部"的共识。

持这一观点的人，当时并不占少数。被陶希圣视为左派之一的国家主义派，其领导左舜生和李璜，"均以为此时能不发动全面战争，于我较为有利，但对方相逼至此，亦无术以阻其扩大，相对忧愤不置"③，表现出了典型的无奈与焦虑。因此，这种观点，也可以看成是当时人们对中日力量对比悬殊的担忧。

三、寄希望于蒋介石

在这种氛围之下，陶希圣、周佛海、胡适、高宗武等人，达成一个共识，胡适日记中说："我们此时要做的事等于造一件MIRACLE（奇迹），其难无比，虽未必能成，略尽心力而已。"④这个奇迹是什么呢？就是中日问题寻求外交途径加以解决。他们将希望寄托在蒋介石身上。

陶希圣以他一贯具有的"师爷"特质，在其中承担了说客的角色。1937

---

①周佛海：《回忆与前瞻》，见黄美真、张云编：《汪精卫集团投敌》，上海人民出版社1984年版，第4页。
②《陈布雷先生从政日记》（样稿），1937年7月24日，第230页。
③《陈布雷先生从政日记》（样稿），1937年7月31日，第231页。
④曹伯言整理：《胡适日记》（6），1937年7月31日，第701页。

年7月底陶希圣到达南京，7月31日中午，蒋介石设宴招待华北教育界来的胡适、陶希圣、张伯苓、梅贻琦四大学者。周佛海等认为机会来了，他们让陶希圣乘机进言，劝蒋开始展开外交活动。他们之所以让胡、陶对蒋说，主要考虑到他们是学者，作为客人比作为属下，更便于发表意见。席间，蒋介石向他们交底，称早有准备，能够坚持打六个月，张伯苓感到很受鼓舞，胡适和陶希圣却不好再说什么。快告辞时，胡适忍不住对蒋说："外交路线不可断，外交事应寻高宗武，此人能负责任，并有见识。"蒋介石说："我知道他，我是要找他谈话。"① 结果，高宗武成了最被重视的人，汪精卫当天下午与他谈话，蒋介石也约他谈了很长时间。

下午2点半，蒋介石的招待午餐结束，陶希圣回到周公馆。周佛海等一直在等着他们。陶希圣告诉周佛海面蒋时的情况，说胡适和张伯苓均有进言，劝周佛海不要操之过急，让周佛海"忍耐一次"。周听罢，忙表赞成，还表示说此时不宜用言语刺激蒋。从他们的对话可以看到，陶希圣没有听周佛海的意见，他和蒋见面时，只是听蒋介石说他的观点。陶是一个城府较深的人，并不听人调遣，也不会急于发表自己的看法。

"八一三"日本进攻上海，淞沪抗战爆发，前期所讲"大战前之外交努力"显然不合时宜，"低调俱乐部"有了新的议题——如何边打仗边寻求和平。8月16日周佛海的日记称："与适之、希圣密商外交进行办法，为此次战争下场之准备。预计三个月后可开始外交，未知能否天遂人愿也。"② 首次用了"密商"二字，再度明确要通过外交手段来解决淞沪之战。两天后，8月18日，高宗武到周佛海处，和周谈了自己与汪精卫谈话的情况，晚上，周佛海约陈布雷到他家，一起与高宗武等谈了很久，陈布雷由此"知胡、陶诸人有重要救国意见陈述"③。谈话时，陶希圣不在场，胡适在日记中说"希圣今

---

① 《胡适日记》(6)，1937年7月31日，第701页。
② 《周佛海日记全编》(上)，1937年8月16日，第19页。
③ 《陈布雷先生从政日记》(样稿)，1937年8月18日，第234页。

早七点过江去接夫人与小孩，还不曾回来"①，似乎是在等他回来。因此，周佛海所谓胡、陶"有重要救国意见陈述"是他们之前已经共同商量好了的，一如以前的是由胡、陶出面进言。

8月19日，胡适在日记中记载了他们再次见蒋介石的过程，他说："昨夜谈话的人——高（宗武）、周（佛海）、程（沧波）——所谓'低调同志'，他们要我与希圣再去见蒋先生一次。"②第二天，"陈布雷先生今早替我们约定下午去见。希圣来谈。下午四时半我们去见蒋先生。谈话不很有结果。我们太生疏，有许多话不便谈。但我们可以明白，他是明白战争的利害的，不过他是统兵的大元帅，在这时候不能唱低调。此是今日政制的流弊，他也不能不负其咎（他不应兼军与政）。他要我即日去美国。我能做什么呢？"③他们的第二次当面劝蒋还是无功而返。谈话中，蒋介石要胡适去美国当大使，胡适因此而与"和平"主张者渐行渐远，这恐怕是他们没有料到的结果。陶希圣与胡适第二次去见蒋，又是"低调"同志促成。这次见面，陶希圣还是没有将自己的意见尽情吐露。

日本侵华行为的不断升级，令大家心急如焚。周佛海这位蒋的属下，借助于陶希圣，转而去做汪精卫的工作。以下是周佛海的几则日记。

1937年8月23日："十时，希圣谒汪回。据云：蒋先生不愿派宗武赴沪见川越，因其为正式外交官。闻之不胜失望，盖吾辈日来详商结果，均主宗武即赴沪作外交进行也。无已，其待适之赴美经沪时进行欤？"④蒋不愿以官方的形式与日本方面进行和谈，让他们一时不知所措。

1937年8月30日，周佛海此次不再通过陶希圣转达意见，而是直接觐见："八时起，偕希圣赴汪先生处，力陈战事须适可而止，目前须开始外交之理由，并条陈步骤及负责人选；汪允向蒋先生力言。"⑤周佛海的意见得到汪

---

① 《胡适日记》（6），1937年8月18日，第704页。
② 《胡适日记》（6），1937年8月19日，第705页。
③ 《胡适日记》（6），1937年8月19日，第705页。
④ 《周佛海日记全编》（上），1937年8月23日，第63页。
⑤ 《周佛海日记全编》（上），1937年8月30日，第65页。

精卫的首肯，两人真可谓一拍即合。

周佛海的日记说明，周佛海、陶希圣等人一直努力于说服蒋介石与日本方面进行接触，主张从外交途径解决中日问题。他们开始的确寄希望于蒋而不是汪。蒋介石一直拒绝接受他们的意见。"低调俱乐部"的努力，得到了汪精卫的赞成，汪在这个过程中，也是力促其成，而非想取蒋而代之。在此过程中，出现了汪精卫与周佛海越走越近的现象。

四、"低调"的主张

在两次面见蒋介石未能达到预期目的后，1937年8月30日，周佛海在与汪精卫交换意见"返家后，约适之、宗武商对日外交进行步骤及要点等具体方案，由宗武起草。晚，宗武携草稿至，与斟酌，略加修改。余并抄一副本，交天翼随时进言，正本决由希圣明晨送汪先生转陈"①。

这份由高宗武起草陶希圣递交给汪精卫，再由汪精卫转呈给蒋介石的文件，署名是谁不清楚。目前，可以在台湾"国史馆"看到陶希圣向蒋介石递交的一份《中日外交意见书》以及胡适的条陈，无论从内容看还是时间看，应该是同一文件。陶希圣的《意见书》提出：1. 外交与军事并进为必要，"军事应取扩大之策而外交当有收束之备"。他分析国际情势以为，当下列强都只取备战而避战之政策，与中国友好的国家，全部力主和平，在这样的形势下，中国如果一旦打败，列强势必会牺牲中国为代价，求得和平；就国内来说，我国目前仅得统一雏形，但因此而遭日本忌恨，在我统一还没有成熟之时，对我进行猛烈的侵略，陷我国入于左右为难的境地，若打，六年来的积累消耗殆尽，社会或又呈分崩之状，如不打，就是屈服也可能分崩。他的观点是："何不于军事尚可支持之时，力作外交之运用，庶乎败不抱佛脚而捷亦可乘时。"他指出目前朝野之大患在将外交交涉视若议和，议和等同于汉奸，这是很肤浅的推理，作为宣传可以，但不能作为国家的政策。他的上

---

① 《周佛海日记全编》（上），1937年8月30日，第65页。

述分析应该颇合蒋介石的意图,"安内"不得,一直是蒋介石的心病,陶在文中特意指出这一点,意图是打动蒋。陶希圣不同意"万事皆委于一战",从行文来看,他认为战与不战,对于国民政府而言,都没有胜算,在他内心,"捷"不可能,所以是为了"败不抱佛脚",在尚未败时即作打算,在本质上,仍然是外交上作一番努力。2. 提供准备交涉的三种方法:派要员直接与川越作侧面而有力之民间秘密周旋,在京沪急转直下以达于正式谈判;派在野重要之人直到东京访问近卫与广田乃至军部,作开始谈判之先声;在伦敦由中国驻英大使经过或不经过英国外交部之周旋,与日本驻英大使开始作谈判之。他本人比较赞同第三种办法,既可得国际之周旋,且对军事无直接的影响。3. 准备交涉的步骤是:先以中国最高限度及最低限度之条件,以秘密恳谈的方法,取得两国之谅解,然后公开谈判停战。停战协定成立后,恢复七月八日卢沟桥事变以前之状态,然后就中日关系公开谈判。4. 所谓最高最低限度之条件,就是"以最高限度之代价,换取独立自主之民族国家生命是也"。"所谓独立自主之存在,一则如政治经济组织之完整,二则如国防之自由建设,三者如国际关系之自决",此为最低限度之条件;"宁割地而不丧权,不复效过去宁丧权而不肯割地,以致地仍失而权亦不保"①,为最高限度之让步。

具体的交涉条件,陶希圣在此文后注有"胡适之先生写成另文",这件"另文"作为条陈附着于8月5日陶希圣给陈布雷的信后②,内容如下:

原则:

解决中日两国间一切悬案,根本调整中日关系,消除两个民族间敌对仇视的心理,建立两国间之友谊与合作,以谋东亚的长期和平。

---

① 以上引文均来自《陶希圣呈蒋中正中日外交意见书》,见台北"国史馆"藏,入藏号:002000001168A,全宗号:蒋中正"总统"文物,卷名:和平酝酿(七),典藏号:002-080103-00033-004。
② 同上。

方针：

（一）中华民国政府在左（下）开条件之下，可以承认东三省脱离中华民国，成为满洲国。

1. 在东三省境内之人民得自由选择其国籍。

2. 在东三省境内，中华民国之人民得享受居留、经营商业，及购置土地产业之自由。

3. 东三省境内之人民应有充分机会，由渐进程序，做到自治独立的宪政国家。

4. 在相当时间，如满洲国民以自由意志举行总投票，表决愿意复归中华民国统治，他国不得干涉阻止。

5. 热河全省归还中华民国，由中国政府任命文官大员在热河组织现代化之省政府，将热河全省作为非武装之区域。

6. 自临榆县（山海关）起到独石口之长城线由中华民国设防守御。

（二）中华民国全境内（包括察哈尔全部、冀东、河北、北平、天津、济南、青岛、汉口、上海、福建等处）日本完全撤退驻屯军队及特务机关，并自动的放弃其驻兵权，租借地，领事裁判权。此后在中国境内居留之人民，其安全与权益，完全由中国政府负责保护。

（三）中国与日本缔结互不侵犯条约，并努力各与苏联缔结互不侵犯条约，以谋亚洲东部之永久和平。

（四）中国与日本共同努力，促成太平洋区域安全保障之国际协定。

（五）日本重回国际联盟。

外交手续：

1. 两国政府商定上项方针（不公布）之后，两国政府同时宣布撤退两国军队，恢复七月七日以前的疆土原状。中国军队撤退之长城线外。北平天津及河北省曾被日本军队占据地域内之政务警务由中国政府派文官大员接管。其治安维持,由中国保安队担负。两国政府宣布撤退军队时,同时声明在公布之后三个月之内,由两国选派全权代表在指定地点开调整中日关系的会议。

2. 第二步为根本调整中日关系的会议,依据两国政府会商同意之原则与方针作详细的节目的讨论。此第二步之谈判,应不厌其详,务求解决两国间一切悬案,树立新的国交。谈判期间不嫌其长,至少应有两三个月之讨论。交涉之结果,作成详细条约,经两国政府同意后,由两国全权代表签字。

综合陶希圣、胡适的意见就是以承认满洲国、失去东三省为代价,保持长城以北的主权,实现与日本间的根本"了断"。虽然,低调俱乐部成员眼里的日本是强大的,但仍然大不过日本心中的自我,对日本来说,东三省还是太小了。

《中日外交意见书》及其条陈,代表了"低调俱乐部"较为完整的观点。蒋介石依然不接受。8月31日周佛海在日记上写道:"希圣接汪先生电话,谓吾辈贡献外交进行方式,不被蒋先生采纳。大为失望,相对无言者数十分钟。"[1] 这席话,活脱脱地呈现出他们当时沮丧的情景。但是,即使在这种情况下,9月3日周佛海仍不灰心:"与希圣谈,请其劝汪勿灰心,盖蒋先生于公开场所表示,自不能不强硬也。"[2] 以为蒋的拒绝,只是对外的官样文章。

在抗战的最初阶段,陶希圣积极参与"和平运动",根据形势的变化,寻求和平之路的具体方法。他与胡适至少三次面见蒋介石,四次以上给蒋发电写信,提出所谓"和平运动"的理由和基本目标,力促蒋介石及其政府与日进行和谈。

---

[1] 《周佛海日记全编》(上),1937年8月31日,第65页。
[2] 《周佛海日记全编》(上),1937年9月3日,第66页。

五、陶希圣的再努力

陶希圣同意周佛海的意见,在蒋介石拒绝后,他整理了自己的想法,于1937年9月10日直接致电蒋、汪,自称虽然时局不宜再唱"低调",但"军事与外交相反相成之原则,及军事求尽量扩大战争而外交谋随时收束时局之理论,自信仍有坚持之必要"①。这篇电文,没有太多新的内容,体现了陶希圣的执着。

在信中,他主张外交上中国应该"近苏、亲英、友意德,而与日本开交涉之路";除借用第三国周旋外,"中日之直接谈判,当并用之"。他的理由是:"国际局面仍利于外交,而积极以军事与我呼应者,尚无其国,反之,为中日之间求和平,解决者,英美法意德皆是也。苏俄自1922年以来,行动上埋头于本国之建设,言论上夸张于世界之革命,故此期我国以打到底,置本国于当事外,未可供我国外交之指导也。吾人之亲友苏联,为事势所需,但决不可以亲苏者忠苏,忠苏之心近于宗教,迷惑吾人,莫甚于此。故吾人当近苏、亲英、友意德,而与日本开交涉之路。

"打到底之决心,为国人所当人人有者,唯何为底止,则为重大之问题。以希所见,有两点为必然之标准:1.在不恤作最大牺牲之抗战中,对外如能使敌人在恢复七月八日以前之原状前提下,开始交涉,无妨经由外交手段,取得和平;2.在不恤作最大牺牲之抗战中,对内须保持最低限度之国家建设之力量,以维护民族复兴之生命一线生机。"

具体操作上,陶希圣也有相应的办法:"在程序上,应早开交涉而迟停军事,试以我国六个月军事把握言之。当于一月内打开交涉之路,以两月实力,后盾外交。以三月之苦撑,作交涉失败后之用,以待国际之援助;在地域上,应依淞沪协定之意,先停东南战争,华北方面日本之探地战,当不能剧求停息。盖上海战争,外交之意义大于军事的意义,而华北战争,为领土侵略之行动,自当分别看待也。然上海停战实亦为北方停战之序幕;在方式上,英

---

① 《陶希圣致蒋中正汪兆铭函》,见台北"国史馆"藏,入藏号:002000001168A,全宗号:蒋中正"总统"文物,卷名:和平酝酿(七),典藏号:002-080103-00033-006。

美法乃至德意之周旋，与中日之直接谈判，当并用之。"①

此时陶希圣的言论，很是恳切，此文要害在指出中国如果打到底，将不会有外援，因此胜算少，以为淞沪会战的意义不在"战"本身，而在为"和"增加砝码，多少有乘胜求和的意思。这封信似乎对蒋有所触动。陶希圣从汪精卫这里了解到，蒋表示对"战事适可而止及由英、美调停原则，均甚赞成，惟恐日人要价过高"②。蒋介石此话一出，"低调俱乐部"的人员马上专注于了解日本的要求到底是什么。其实，这是一个始终困扰着国民政府领导人的问题，日本的最终目的是什么，到后来《日支新关系协定》的公布，才真相大白。

从上述事实可以看出，"低调俱乐部"中主要操作者是周佛海，陶希圣和胡适主要负责向蒋进言，陶希圣还负责与汪精卫沟通，外交上的事则交由高宗武执行。不过，有所分工但并不严格，而且，各人有自己的主张，也不会完全听从于周佛海。

"和平运动"中人，周佛海作为蒋介石的人，不便于直接与汪接触，陶希圣、陈公博属于汪精卫的"亲兵"，陶希圣在武汉国民政府时期加入汪的阵营，后来又成为改组派成员，到此时，两人交情已逾十年，外加陶希圣拥有教授的在野身份，便于随时和汪联系，因此，"低调俱乐部"往往通过陶希圣与汪精卫沟通③。并不特别引人注目的陶希圣周旋于蒋介石、汪精卫、"低调俱乐部"之间，充当着调人的角色。由于陶希圣的存在，形成了这样的两条链

---

① 《陶希圣致蒋中正汪兆铭函》，见台北"国史馆"藏，入藏号：002000001168A，全宗号：蒋中正"总统"文物，卷名：和平酝酿（七），典藏号：002-080103-00033-006。
② 《周佛海日记全编》（上），1937年9月11日，第70页。
③ 《周佛海日记全编》提及，每到关键时刻，周佛海即通过陶希圣向汪转达意见或探听汪之意图，直到1938年2月"艺文研究会"成立后，周因为工作关系，才与汪有较多的直接接触。比如1937年9月3日周佛海记有："7时起，与希圣谈，请其劝汪勿灰心，盖蒋先生于公开场所表示，自不能不强硬也"（见《周佛海日记全编》第66页）。9月11日，"希圣谒汪回，谓蒋先生曾向汪表示，战事适可而止及由英、美调停原则，均甚赞成，惟恐日人要价过高。因与希圣商明日访公博，请其转托大使，探询本日（日本）真意"（见《周佛海日记全编》第70页）。9月29日，"参加国防参议会……到六时，希圣谒汪回，对时局极抱悲观，因之食不甘味，草草晚饭。旋相约赴济安家聚谈，心为之稍宽，但瞻念前途，仍有不堪设想者"（见《周佛海日记全编》第76页）。11月16日，"希圣谒汪回，谈德大使陶德曼正式提出调解方案，条件与战前所传者大致均同，并未因战争而特苛……蒋先生竟拒绝考虑，不知如此干下去，究有何种期待也"（见《周佛海日记全编》第93页）。11月28日，周"缄希圣，嘱其谒汪，探大局有无转机"（《周佛海日记全编》第98页）。1938年4月2日，周佛海日记中首次记下"下午赴汪先生家，会同岳军、力子、公博，审查抗战建国纲领"（见《周佛海日记全编》第107页）。

条:一条是周佛海等"低调"者通过陶希圣、胡适,将意见转达给蒋介石劝其和谈,陶、胡由陈布雷引见给蒋介石;另一条是"低调俱乐部"通过陶希圣与汪精卫交换意见。陶希圣在"和平运动"中成为一个不可或缺之人。

"低调俱乐部"的存在,对于全民抗战是不利的,他们的活动也引起了蒋介石为首的政界的不安,当时的宪兵司令谷正伦曾经警告他们要小心一点。陈布雷则换到别处去躲避空袭,很少出现在西流弯8号。原本想创造奇迹的胡适,却不想被蒋介石说动,前往美国做驻美大使,行前,他对前来送行的人说:"我们八月初做的'在大战前作一度最大的和平努力'工作是不错的。但我们要承认,这一个月的打仗,证明了我们当日未免过虑。这一个月的作战至少对外表示我们能打,对内表示我们肯打,这就是大收获。谋国不能不小心,但冒险也有其用处。"① 他的观点发生了一些变化,不再一味求稳,倾向于打了。当时,陶希圣也是送行者,应该是听到了胡适说的话。

10月,陶希圣本人离开南京前往湖北。南京沦陷之后,国民党党政机关撤离,所谓的"低调俱乐部"消失,不过,后来这些人员中的中坚分子,却成了汪精卫伪国民政府的班底。

第三节 参政议政

一、武汉之行的建言

陶希圣晚年回忆说,1937年的某天,蒋介石召见了他,对他说共产党在武汉活动,"闹得不成样子"②,让他去一趟,陈立夫替陶希圣安排行程③。此

---

① 《胡适日记》(6),1937年9月8日,第710页。
② 陈存恭、尹文泉整理《陶希圣先生访问纪录》,第65页。
③ 从陶希圣后来给蒋的信中,看不出是蒋派他去的。陶在信中说:"蒋汪两主席钧鉴,十月二日为观察内地之经济与思想,暂游武汉,并拟往长沙,视北京大学母校,到武汉后,因种种关系羁留一月。十一月六日,回京。前蒙蒋主席召见,尚未到京,以致违教,至为惶恐兹。"似乎更像自己想四处走走。(见台北"国史馆"藏,入藏号:002000000949A,全宗号:蒋中正"总统"文物,卷名:战时重要措施(二),典藏号:002-080101-00015-015)

行所负使命是传达抗战的宗旨与目的,即强调在三民主义的指导原则下进行抗战。

10月2日,陶希圣乘船到汉口。先召集湖北省党部汉口市青年团等组织,安排周一扩大纪念周。然后,在纪念周会议上,陶希圣作了演说,指出"以三民主义指导原则进行抗日战争,一面抗战一面建国,俾达成建设三民主义的独立统一国家的最高目的,并指斥所谓'联合政府'是要建立一个克伦斯基政府,然后利用失败主义拖垮政府,乘机夺取政权"。他还在中华大学、华中大学和其他学校讲演,"对中共作观念上与思想上的斗争"①。

内地之行,令陶希圣心惊心寒。心寒于经济的衰败、政治的不堪、思想的异动,心惊于中共的存在、活跃以及"高调"。

回到南京后,陶希圣在给蒋介石、汪精卫的信中说:"武汉一月所见闻之思想活动,多可忧可虑之点。质言之则有挑剔或挑拨之嫌疑,不言则党与政府乃至个人身家存亡所系,缄默之结果不过断脰决胸以死耳。个人出入于生死之交者十年,更无有可虑可怖如今日者。个人宁畅言以自陷于政府之监牢,不忍见国裂党亡之而祸延于祖坟宗祠子子孙孙不已也。"②事情之严重,已到关乎子子孙孙的大事了。

令陶希圣如此感慨和恐惧的是他的老对头人民阵线,以及背后活动着的中国共产党。他说:"过去人民阵线之分子有积极之活动,而近来指定武汉为文化工作中心",且公然提出"第二武汉时代";这些人利用国民党自身的分裂,采取"向现有之政治机构中,深入于其血管"及"分裂敌人"之策略;他们到处散布谣言,痛斥京汉无抗日决心,说蒋先生保留精锐以备对内之用,夸张八路军,贬低国军,鼓动伤兵归队时改入八路军。对于国际关系方面,他说人民阵线宣传苏联已有积极之准备,现在就看英美是什么态度。话里话外暗示国民政府走英美路线,不实行自主外交,以为必须有更大的决心,苏

---

① 陈存恭、尹文泉整理:《陶希圣先生访问录》,第65页。
② 台北"国史馆"藏,入藏号:002000000951A,全宗号:蒋中正"总统"文物,卷名:战时重要措施(二),典藏号:002-080101-00015-015。

联才可能出兵。而且"攻击德国,无论我等如何解释,仍然一贯攻击"。他认为人民阵线的上述宣传,在武汉形成了这样的氛围,"政府迄今并无全力作战之事实与决心","除苏联及八路军以外,无能抵抗日本者"。

陶希圣总结造成上述情况的原因在于:言论上,国民党中央未能及时指导,包括理论指导和事实分析,以及报纸所报消息的标准,没能到达武汉国民党党部,使之失所依凭。组织上,国民党内没有设置联席会议一类的沟通组织,以致和其他团体产生摩擦。就党员而言,没有得到积极的训练,不了解党在今日有灭亡的危机。

陶希圣不但提出了问题,还为解决问题献计献策。他认为作为一个执政党,不能唱高调,但却可以发挥执政党本身的功能。比如:"严密特防工作,深知彼党之活动,以及本党之内无论何人受其愚弄者有何活动,严防党内分化与勾结。"同时,正面教育党员、引导青年学人及工农,使各尽职守,刻苦耐劳,脚踏实地,相信科学,轻视高调浮词。

陶希圣提出如下建议:组织上,在武汉设一最高机关,以便于秘密联络各个团体,加以训练;行动上,尽量以中立的面目出现,"多派文化界中分子前往活动。如有大规模之稳健学术的刊物在汉发行,尤为得策。然此种工作,不宜使社会视为中央之工作或蒋先生之指导。必须保持若干之中立性,始便于谈话也";扶持刊物,比如目前有恢复之意的《独立评论》,青年党有意向在汉口办一刊物,均可以扶助,这些杂志的发言将比国民党的发言更具效果;对大学也当渗透,"慎选有力学者加入武汉大学,以推动之"①。

不得不说,陶希圣是一个政治嗅觉相当灵敏的人。他10月2日离开南京,11月6日回到南京,在湖北的时间主要是10月份,武汉的情况远没有陶希圣所述这般明朗。

在此,我们有必要了解一下武汉的情况。1935年前后,白色恐怖下的武汉,自然是国民党的一统天下。控制武汉文化界的主要报刊有国民党汉口特

---

① 台北"国史馆"藏,入藏号:002000000949A,全宗号:蒋中正"总统"文物,卷名:战时重要措施(二),典藏号:002-080101-00015-015。

别市党部的《武汉日报》,社长王亚明,副刊《鹦鹉洲》主编段公爽,据说是"ＣＣ"派;湖北省国民党党部的《大同日报》,主编陶涤亚,副刊编辑胡绍轩,他们是国民党的"地方实力派";武汉行营政训处的《扫荡报》,主持人丁文安,副刊《野营》《瞭望哨》编辑为蒋铭、钟期森等。①"西安事变"发生,在一致抗日呼声之下,武汉一些新的团体出现,但国民党仍然是主导力量。

当陶希圣在武汉时,有影响的属于人民阵线的杂志主要是《战斗旬刊》。该刊名义上附属于"战斗书店"(书店由李公朴出面为经理,而实际上由夏特伦掌握),1937年9月18日创刊于武昌,1938年4月停刊;由孔罗荪出面主编,另成立编委会。"在当时的武汉,《战斗旬刊》是冲破国民党封锁的第一个刊物,大约共出版了二十三期。"②另外一份诗刊《时调》正在酝酿,1937年11月1日在武昌创刊。

主要的社会团体是"七七事变"后,由《武汉日报》发起组成的"武汉文艺界抗敌协会",以及由《扫荡报》召集的"武汉市文化界抗敌工作团"。不过,根据当时北方局的指示,中共地下党加入到一切抗日的社会团体中,上述两个组织还在"武汉市文化界抗敌工作团"中占有主导地位③,中共正由地下转入半公开的活动。

因为上海"八一三"后形势的严峻,位于内地而通衢四方的武汉,成为政治的中心,各种政治力量向此汇聚。人民阵线的成员,还有原"左联"的进步文化人士,正陆续向武汉三镇行进。武汉即将成为抗日民主统一战线的中心,这是不久的将来,而不是陶希圣在武汉时的当下。

对中共警觉的国民党员不止陶希圣,但是能够在抗日热情血脉贲张而举

---

①蒋锡金口述,逄增玉、吴景明整理:《抗战初期的武汉文化界》,《中国当代、现代文学史研究》2005年10月。
②同上。
③"在成立大会上,冯乃超、夏特伦、孔罗荪和我,都当选为理事。在理事会上,我们又被推选为宣传组(我和夏特伦)、出版组(冯乃超和孔罗荪)的正副组长。于是我们投入了火热的抗战工作,把组织起来的一批青年组成宣传队,排练了许多抗日救亡的歌曲和街头剧,如《放下你的鞭子》(记得是学联的范元甄主演)等,还编写了许多壁报。这个宣传队不仅活动在市区,还到徐家棚、刘公堤、武昌豹子澥等近郊的工农中进行抗日宣传,后来发展壮大,并入'青年救国同盟'。"(见蒋锡金口述,逄增玉、吴景明整理:《抗战初期的武汉文化界》,《中国当代、现代文学史研究》2005年10月)

国一致之时,仍然保持如此"冷静",具有这般"远见卓识",并能提出防患于未然的措施的人却不多,陶希圣也算是个中"翘楚"了。

二、主办艺文研究会

上述陶希圣给汪精卫和蒋介石的信,作为提醒、作为建议在蒋、汪处起到多大作用,不好估计,但是有一点却是不容置疑的:再次彰显了陶希圣坚强的国民党党性和反共的"觉悟"。因此,两个月后,陶希圣和周佛海再现武汉,组织了"艺文研究会"。

1938年1月,"艺文研究会"在汉口特三区天津街四号创办。该研究会隶属于国民党中央宣传部,对外不公开。艺文社虽然得到蒋介石每月4万元的资助,但主要还是由汪精卫具体指导,社内的情况陶希圣随时向汪精卫请示,汪精卫对于该会的工作十分热心地加以指导。陶希圣后来说:"2月起,我主持一个宣传性的组织,艺文研究会。这会受蒋先生的面命,要受汪先生的指导。"①

艺文社中,周佛海为总务总干事,陶希圣为设计总干事。据何兹全回忆,周佛海实际不管事,而是让罗君强任总务组组长,因为罗是周佛海的人,所以,总务和财政还是由周控制,但其他的由陶希圣领导。陶希圣在艺文社中很活跃,他身兼数职,包括:艺文研究会理事会理事;理事会两个总干事之一,总干事下设各级,陶希圣兼研究组主任干事,陶与侯顶好共同主持经济考察团;陶与吴景超、陈之迈三人主持编译委员会。食货派的主要骨干加入进来,成为陶希圣的"亲军",其中有沈巨尘、武仙卿、鞠清远、曾謇、何兹全等,作为研究组的研究员。

1938年3月,陶希圣在《政论》上发表文章,以对话的方式介绍艺文研究会,提出艺文社坚持的基本观点。他的文章以及后来的事实可见,艺文研究会承担着三项任务:第一,"要树立独立自由的理论,反抗共产党的笼罩"。② 具体来讲该会坚持的基本观点是:"民族至上,国家至上。内求统一,

---

① 《陶希圣给胡适的信》(1938年12月31日),中国社会科学院近代史研究所档案馆藏,胡适档案。
② 同上。

外求独立。一面抗战，一面建国"。坚持"民主政治不是政治割据，要把割据当成民主，是历史的倒退，不是社会的进步"，将矛头对准中共。同时它还认为"民主政治不是民族分裂。要乘国家对外作生死存亡的抗战的机会，用民主斗争来减低政府力量，混乱政治的秩序，这是民主政治所不许的"①，即在外敌入侵之时，民主政治并不允许反对政府的现象存在。

第二个任务是"要造成一个舆论，使政府可战可和"。②陶希圣借助于艺文研究会这个平台，继续唱"低调"。他把1937年底至1938年3月发表的文章收集成册，作为"艺文丛书"之三，以《欧洲均势与太平洋问题》为名，1938年6月由商务印书馆出版。

第三个任务在于寻求与日本和谈的现实道路，主要由香港分会完成。陶希圣说："……香港设立的分会，名为国际问题研究所，由梅思平和高宗武负责，表面上他们的主要任务是选择外国报纸刊物上的资料，提供给武汉，实际上担负着一些秘密的使命，比如与日本方面联系。"③

艺文研究会的活动，一度范围很广，十分引人注目。它指导几十种报纸和杂志，出版许多书籍和丛书，比如"艺文丛书"，由商务印书馆出版；创办《政论》旬刊等几种刊物；艺文研究会下的出版组设有独立出版社，用来编印小册子；该会还资助由平津出来的学术文化界人士，也资助一些报纸。据蔡德金先生统计，艺文研究会补助津贴的报纸杂志有四五十家之多，遍及国民党势力所及的区域。在汉口设总部，长沙、西安、重庆、香港等设立四个分社。往成都、昆明等城市派通讯员。其中，在香港的分会——国际问题研究所，除了选择外国报纸刊物上的资料提供给武汉以外，承担有诸如和日本联系的秘密使命。设有"蔚蓝书店"，内部称为香港国际编译社，由林柏生负责，出版刊物有：《国际问题》《国际周报》《国际通讯》，每周为汪蒋提供一份国际时势的报告。1938年6月底，艺文研究会总部迁往重庆菜园坝。

---

① 《陶希圣先生会谈记》，《政论》半月刊，1938年第1卷第6期。
② 《陶希圣给胡适的信》（1938年12月31日），中国社会科学院近代史研究所档案馆藏，胡适档案。
③ 同上。

1938年12月22日,陈布雷日记中记下了两件让他"不解"的事,一是汪精卫到了河内,二是罗君强告诉他,周佛海和陶希圣两人都准备辞去艺文研究会担任的职务。陈布雷并不知道他们与汪已经串通,所以对他们的举措深感不解。① 就这样,陶希圣等人离开重庆后,艺文研究会这个一度十分庞大的组织,极速瓦解。

三、出任参政员

全面抗战后,需要国民党开放政权。1928年南京国民政府建立后,按照国民党领袖孙中山的设想,采取训政体制,实行以国民党代表人民掌握政权的一党制,规定训政六年,其间国民党训导人民,为达到还政于民的宪政做准备。但是,1931年"九一八"事变后,日本加快侵华的步伐,国民党只是在1935年制定了所谓的"五五宪草",政体却逐渐转为战时体制。

1937年"八一三"日军进攻上海,在战事最为紧张的时候,8月17日,南京中央政治委员会集合各党各派的领袖们召开国防参议会。国防参议会参议员由当时国防最高会议主席蒋委员长的名义邀请,以汪兆铭为主席,主要参加者为牯岭会议与会者,包括:张伯苓、蒋梦麟、梅贻琦、胡适、傅斯年、罗文干、蒋百里、黄炎培、梁漱溟、晏阳初、张君劢、曾琦、李璜、陈启天、沈钧儒、陶希圣等;另外,中共代表三人:周恩来、秦邦宪和林祖涵。国防参议会是一个咨询机构,是各党派表达意见与国民政府沟通的重要渠道。1938年6月17日,国民参政会参政员名单公布之日,国防参议会结束使命。

1938年4月1日,国民党临时全国代表大会通过《设国民参政会案》,随后公布《国民参政会组织条例》,该条例规定:"在抗战期间,政府对内对外之施政方针,于实施前,应提交国民参政会决议";"国民参政会得提出建议案于政府";"国民参政会有听取政府施政报告暨向政府提出询问案之权"②。前国防参议会参议员直接为国民参政会参政员,陶希圣自然成为参政员,9月

---

① 《陈布雷先生从政日记》(样稿),1938年12月22日,第321页。
② 孟广涵主编:《国民参政会纪实》(上卷),重庆出版社1985年版,第46页。

陶希圣被聘为国民参政员,名正言顺地参加到社会政治活动之中。

此外,1937年8月陶希圣成为军事委员会委员长侍从室第五组成员。据陶自称原来打算让他负责第三处的工作,被他拒绝,后来由郭沫若负责。可见,此时的陶希圣颇受国民党中央的重视。

陶希圣在当时人们心目中是"反共理论健将"[①]。周佛海在4月11日日记中说:"应委座约谈,并午饭。座中,关于对共产党问题,希圣与张季鸾针锋相对,布雷及余亦以张之立言不当,略为发言。三时始散。与力子、希圣赴布兄处略谈"[②]。具体争论内容不详,但焦点是关于中共。他自己曾经回忆与张季鸾的争执时说当时张提出抗战时改善人民生活,以体现民生主义。陶希圣则反驳到抗战时期是艰苦的时期,不可能改善人民生活。

陶希圣在国民参政会发言,充分地表达了自己的观点:"国民参政会的同人,不独对政府应有切实有效的贡献,并应当在客观上求对外的良好表现,表现中华民国的统一与民族精神。"他强调"统一"在《抗战建国纲领》之下,国民参政会"良好的表现"则不应该出现"论文竞赛、宣传竞争"的毛病,而要"切实、有效、科学",总之,"我们反对宗教式的传教、符咒式的画符"[③]。其他一般参政员所述,往往对于政府有所要求,而陶希圣的讲话,却是对参政会的要求,言语之间透出对善于宣传激励者的蔑视和愤懑。

四、参与制定《抗战建国纲领》

国民参政会成立后的一项重要工作是审议国民党提供的《抗战建国纲领》。陶希圣回忆说:"国民参政会《抗战建国纲领》由谭平山等人遵照委员长底稿合写,再交给陈布雷,布雷又找我与周佛海共同修订的。"[④]事情的经

[①] 陈克文著、陈方正编校:《陈克文日记(1937—1952)》(上),1938年12月22日,台北"中央研究院"近代史研究所2012年发行,第336页。
[②] 《周佛海日记全编》(上),1938年4月11日,第111页。
[③] 《参政员邓飞黄、范予遂、陈博生、陶希圣发表谈话》,见孟广涵主编:《国民参政会纪实》(上卷),第85页。
[④] 陈存恭、尹文泉整理:《陶希圣先生访问纪录》,第63页。

过，陈布雷在《从政日记》中有所记录：

3月28日，"九时（晚上）约希圣来研究战时纲领"。

3月29日，"七时起。复阅昨晚与希圣研究之件，修改而清缮之。八时卅分携呈委员长……十时汪先生来访委员长谈提案……"蒋随后与汪讨论，再与各常委讨论提案。

3月31日，"与佛兄共同审阅抗战时期纲领，经岳军、公博两人所修改者。八时四十分到官邸，以纲领修正文及常务提案最后稿呈阅。"①

由上述材料可知，《抗战建国纲领》先由蒋介石起草底稿，然后，谭平山②等人在此基础上修改成稿后交给陈布雷，陈布雷约了陶希圣共同修改谭稿，誊写清楚后再交给蒋介石；蒋介石与汪精卫一起审读了陈陶稿后，再回到陈布雷处；陈布雷与周佛海共同审阅后，又经过张群和陈公博的修改。因此，该纲领的出台，凝聚了众多人的思想，而且代表了当时国民党内汪派、蒋派甚至于谭平山所代表的第三党的意见。

《抗战建国纲领》分总则、外交、军事、政治、经济、民众运动和教育七个方面共三十二条，作为国民党领导全国民众从事抗战建国事业的纲领文件，"使全国力量得以集中团结，而实现总动员之效能"。总则规定："（一）确定三民主义暨总理遗教，为一般抗战行动及建国之最高准绳。（二）全国抗战力量，应在本党及蒋委员长领导之下，集中全力，奋励迈进。"内容包括："制止日本侵略"、消灭"伪政权"，实行正式军与各地武装配合战，先后开展普遍的游击战；建立国民参政机构，实行以县为单位的自卫组织，为完成地方自治作准备；经济以军事为中心，实行计划经济，促进轻工业的发展，实施

---

① 以上引文均见《陈布雷先生从政日记》（样稿）。
② 谭平山（1886—1956），广东高明人，又名谭彦祥、谭聘三、谭鸣谦。1909年加入同盟会。1917年入北京大学文科哲学系学习，在校期间，参加李大钊等组织发起的马克思主义研究会。1920年发起广州共产主义小组，1921年任中共广东支部书记。1924年国民党一大后任国民党中央执行委员会委员和组织部长。1927年8月被国民党开除党籍，同年11月被共产党开除党籍。1928年组建"中华革命党"，1930年与邓演达一起改组"中华革命党"为"中国国民党临时行动委员会"，1933年退出临时行动委员会后转入地下。1937年他突然出现在武汉拥护抗日，参加了国民党临时全会，恢复了国民党党籍，成为国民参政会的参政员。1944年，建立了"三民主义民主联合会"，开始反蒋。1946年，与李济深、何香凝等组织"中国国民党革命委员会"。新中国成立后，当选为中央人民政府委员等。1956年4月2日在北京逝世。

物品平价制度；全国范围组织农工商学各职业团体，在不违反三民主义和法令的范围内，"对于言论出版集会结社，当予以合法之充分保障"等。这个纲领，体现了战时情况下的集中，以及民主权力的些许开放。

对于陶希圣来说，他出山后的第一件重要工作就是参与起草《抗战建国纲领》。《抗战建国纲领》面世以后，陶希圣、周佛海等人为主编，组织人马编写了一批宣传册，包括《抗战建国纲领政治篇》《抗战建国纲领军事篇》《抗战建国纲领外交篇》《抗战建国纲领经济篇》《抗战建国纲领教育篇》《抗战建国纲领民众运动篇》等。

五、提议战时政策

从陶希圣给汪精卫和蒋介石的信，以及现有遗存的他在参政会上的提案，可以看到抗战初期陶希圣对军事、经济的一些想法和建议。

1. 经济上不要过多统制

武汉之行，除了与中共斗争外，陶希圣考虑较多的还有战时经济政策，也体现在他给蒋汪的长信中，他说：

> 武汉所见闻之经济概况，可分数点简言之：
>
> 商业停滞。我国物产聚散之枢纽，仍为纯粹贸迁有无之商行。商行之特性为：（甲）保守而不进取，（乙）见近而不求远利，（丙）无生产机关，故时局不利，即袖手不作买卖。有此数端，故汉口之大商行均停顿不动。
>
> 商人既操物产聚散之权，一经停顿，则生产者大受其弊。农家生产之物产，最重要者为棉花，麻，桐油，茶，杂粮等项。今皆因国内交通不便，国外贸易封锁，陷于不能流通之状态，农家无钱入手，坐以待毙，故今冬耕种之次本无着。而江河水满，明春定有水灾。如欲将江堤加固，以湖北一省而论，非有二百万民夫数十日之工不可，丁壮必送前方，此工何处可出，冬荒春水可制农家之死命。

工业不足。农产虽停滞而物贱伤农，工业产品则不足而物贵伤民，如棉纱一项腾贵不能抑低。盖沿海口岸之纱厂停闭，武汉四厂供不应求。湖南安徽之厂尚未开工。故棉贱而纱贵，以致棉贱而布贵也。手工业虽有向荣之望，便今日之手工业往往非附庸机器工业不可。如织布之工业，必须机纱为之原料是也。

　　金融钝滞。商业停顿，则金融亦随顿，尤以乡村为甚。在都市尚有日用消费之流通，在乡村则非棉桐麻茶出售，无从见货币之入手。四行贴放委员会为金融编制组织，但仍束手无策。盖四行之放款，止于受动而不能主动，此其一。加以四行与地方银行无密切之关系，无由接近农村，此其二。四行与交通机关无直接之关系，虽收货而运销亦不易支办，此其三也。

作为对经济颇有研究的学者，陶希圣所写言简意赅。

随后，陶希圣认为，统制经济在现有条件下不能过多提倡。他主要考虑目前中国的实际经济情况，以为统制经济不适用于中国，统制易于在大机器工业情况下实施，因机器工业之资本大部即为机器本身。反之商行之资本为货币与信用，一加统制，若无利可图，其资本即为行回避，更加重商业停顿之程度。何况政府的基础，在于经济秩序的安全。他认为数年来人民之所以拥护国民政府，由于政府能扑灭"匪患"，安全社会；倘使因统制而扰乱安宁，人民对政府失望，有助于激起反对党的活动，造成"一动而不可复静者"。他的忠告是：

　　今日之经济政策，不可模仿欧美，亦不可滥言革命，必须于'货畅其流'之中，求战时计划之渐次实施，何以言之？

　　吾国为入超国，故在封锁状态下，工业有发达之可能性。

　　政府持有银行资本与交通机关，故可扶助商业，而于扶助之中，对商人加以组织与指挥，而使其就范。

> 省市政府恐无实施经济行政之交通，故发达工业与扶助商业而于货畅其流之中加以统制，须在溪口与广州有健全之中央机关，以经济为主而令交通与地方政府协助。

他的观点是不能轻谈统制政策，而应该采取货畅其流的办法，通过扶助商业而使之入于统制的范围。

2. 壮丁问题的严重

陶希圣的信中，专门对壮丁之补充问题及军事方面提出一些看法，他说：

> 在武汉最触目惊心者为壮丁问题。素常相信中国军队之人力无限，今所见知者适得其反。
>
> （1）乡农于经济停滞之村落与公债税捐之下，抽丁之事，甚多骚扰，有钱者买壮丁，而无异于加税加捐。无钱者，缚手从军，中途逃散。
>
> （2）此等壮丁皆无充分之军事训练，即上前线，徒动军心。
>
> （3）其不受缚者及逃散者，多为土匪，今冬明春，即此等人与难民伤兵蠢蠢动之会也。
>
> 最痛心者攘外并不能，反多乘对外之机会而增加内争之准备。此点后当说述。倘使有人乘九国公约会议或其他和解成功，而起革命，或乘中央力量因战事削弱之时，或乘战后恐慌煽其野心，国家生命诚难设想，鄙见以为无论为对外长期抗战或安定内部，必须在武汉与重庆之间，派遣最可靠最有能力之军官集团，训练十师以上之精锐，六个月内，决不随便调遣，并配备以完全之武器。①

壮丁问题严重，为了不使中央力量削弱，陶希圣建议训练十师以上的精锐。

---

① 台北"国史馆"藏，入藏号：002000000949A，全字号：蒋中正"总统"文物，卷名：战时重要措施，典藏号：002-080101-00015-015。

3. 战时工商业限制与保护

作为参政员,对于战时问题,陶希圣多有建议。

陶希圣的一个提案是《工商业因战争所得之利益应分别加以限制或保护》,题目已经十分清楚,他指出战争状态之下,商业流通不畅,进口受阻,比如棉花难以脱手,而棉纱却涨价,棉纱厂获利极丰厚,政府如何保证抑制物价而又让生产者和流通者有利可得?办法就是政府对待不同的工业采取不同的政策,或保护或限制。所谓保护范围,包括民有工业生产军用或民用之必需品,全用土产为原料的手工业,商业类中贩卖品为军用或民用之必需品,其利润受国家保护,免除一般税收以外之负担。然而,贩卖品为军用或民用的食粮,经营方法显然有垄断居奇的弊端而妨碍一般民众之福利的,政府应该限制其利润。

另一个提案是《提倡纯手工棉布以供军服》案。他看到武汉纱贵棉贱,今冬如农家棉花不能以各种方法脱手,必致无本下种。要想解决棉农生计,降低纱价,必须提倡手工纺织,这种方法没有绝迹。目前正值军用被服需要之际,可以乘此机会,让失业的农妇再上织布机,不但可以解决军需,也可以使贫苦的农民有一些过冬的本钱。建议军需机关专门指定土布为主要收买材料。[①]

陶希圣的提案是否有效,不得而知。相对于他政治上的易感和经济学上的建树,他的经济政策,似乎没有引起人们的注意。上述两个提案,只是尘封于档案之中。

[①] 台北"国史馆"藏,入藏号:002000001317A,全宗号:蒋中正"总统"文物,卷名:经济建设(二),典藏号:002-080108-00010-008。

第五章 从事"和平运动"

1938年12月19日,汪精卫从昆明逃往越南河内,陶希圣同机前往。12月22日,日本首相近卫文麿就日华调整关系发表第三次声明,声称要与"具有卓识的人士合作",以"善邻友好""共同防共""经济提携"为原则,该人士必须"放弃抗日的愚蠢举动和对满洲国的成见",中国政府与伪满洲国建立外交关系,"为建设东亚新秩序而迈进"。次日,汪精卫便起草了响应近卫的声明,陶希圣和梅思平、陈公博三人带着声明前往香港,于31日在各报发表了汪精卫的《致蒋总裁暨国民党中央执监委》的声明,即所谓"艳电"。电文将近卫声明作为和平结束战争的契机,要求国民政府应即以此为根据,与日本政府交换诚意,以期恢复和平。

第一节 参加"和平运动"

一、"一直是汪派"

陶希圣的夫人万冰如在《逃难与思归》中说陶希圣"从十七年在武汉、

十九年在上海，二十六年再到武汉，一直是汪派"①。她说得十分精练，但也讲出了要点。

自1927年在武汉认识汪精卫后，陶希圣便很欣赏汪精卫儒雅的举止，以及颇为民主的作风。他与汪精卫及汪派人士比如顾孟余、陈公博十分亲近，并加入改组派。到北平后，他远离当时的政治中心，但仍然给汪写信。在蒋、汪合作的情况下，陶希圣仍然主要在汪的领导下。牯岭会议由国民党中央政治委员会主持召开，而政治委员会的主席是汪精卫；再加上会议还没有结束蒋介石即下山，因此，汪精卫才是牯岭会议主角，陶希圣有更多的时间与汪精卫在一起交流观点。1937年至1938年，陶希圣与汪精卫来往十分密切，陶希圣不管是在南京还是到了武汉，经常与汪精卫晤谈，有时每天见面。

从周佛海的日记可见，低调俱乐部的意见，基本上是由陶希圣反映给汪精卫，然后再由陶希圣转述汪精卫的意见。关于汪精卫与陶希圣走得很近，在金雄白的《汪政权的开场与收场》中有所记载，金在书中写道："陶是老改组派，向得汪氏宠信，与周同事以后，朝夕相见，私谊日深。"他认为汪精卫与日本联手以及后来建立伪政权的主要帮手，除了陈公博以外，周佛海、梅思平、高宗武均是由陶希圣引荐给汪精卫的。金还认为汪之所以叛逃，与陶希圣、高宗武的怂恿分不开。他十分愤慨地说："陶是改组派的老人，而且汪向予以腹心之寄。抵沪以后，汪因嫡系人物，都不在左右，对之更加倚畀。高则于汪兼外长任内，为亚洲司司长，同以日本通见称。近卫三原则，即由高自渝经港，再亲往日本取回。汪之决心谈和，以及决心离渝，高陶两人，事前均曾向汪极力怂恿，高陶可说是汪政权之原动力。"②金作为汪伪政权的一员，周佛海的朋友，对于内情知道不少，他所说的大部分符合实际，只是后来，陶希圣受到排挤，汪精卫更加仰仗周佛海、梅思平，这一点金雄白没有说到。

不过，陶希圣也没有否定自己在汪精卫等投敌一事上的责任。他曾经写

---

① 陶希圣：《潮流与点滴》，中国大百科全书出版社2009年版，第348页。
② 朱子家：《汪政权的开场与收场》第1册，香港春秋杂志社1965年版，第49页。

信给高宗武说:"居今日最好能孤、能寂、能忍,而客观环境亦只有使弟孤寂,且不忍亦只有忍。盖弟以为离沪只不过国民良心之发动,而非建功之业,自亦无功业可以自恃,因而决不可有所希冀,故惟有孤寂而已。行年四十,自为作事之时期,然以昭(即汪精卫)等一脚踏错,惟有自艾,何况其踏错之一脚,弟亦有一分责任乎?故主观上应有自责之勇气;由于自责而亦惟静观一切,若言事业则纵不期于来生,亦当期在五年以后,此弟之感念也。"①信里,陶希圣提到两点:一是自己以前进行和平运动,是错误的;二是汪精卫投敌,自己也有一份责任。所述颇有担当。

二、坦露"和运"意愿

1938年底,汪精卫一行,准备离开重庆从云南转道河内,再由河内到上海。因为怕目标太大,12月初周佛海和陶希圣先行,周佛海以视察工作为名,陶希圣借口讲学到了昆明。他们在此等候汪精卫。12月18日汪精卫也离开重庆到昆明,随后,他们一起乘机飞往河内。

当时,陶希圣的"亲兵"沈巨尘和武仙卿住在艺文研究会,他们发现陶希圣常常与人半夜密谈,但并不知道他们在密谋什么。后来,陶希圣称要到昆明讲课,何兹全等人送他到当时充作飞机场的珊瑚坝,看着陶坐上飞机飞走。不承想,陶这一去,竟然是背离重庆,不再回来,差点儿当了汉奸。

---

① 陶希圣:《致高宗武函》(1940年9月5日),见夏侯叙五:《高宗武隐居华盛顿遗事》,湖南教育出版社2008年版,第109页。

1938年12月29日,汪精卫给蒋介石发去艳电①,两日后,即31日陶希圣给胡适的信是很值得一读的:

> 适之先生:去年分时,先生说道:"仗是打一个时期的好,不必再主和议,打了一个时期再说。"此后,我们就没有多说话。到了十二月初及一月初,Trautmann两次传达日本的条件,都没有谈判。一月十六日,日本政府发表他御前会议的议决,不以国民政府为对手。和是不可能的

---

① 艳电(电报中以韵母代日,29日对应的韵母为"艳",故称"艳电")内容:
重庆中央党部,蒋总统,暨中央执监委员诸同志均鉴:
今年4月,临时全国代表大会宣言,说明此次抗战之原因,曰:"自塘沽协定以来,吾人所以忍辱负重与倭国周旋,无非欲停止军事行动,采用和平方法,先谋北方各省之保全,再进而谋东北四省问题之合理解决,在政治上以保持主权及行政之完整为最低限度。在经济上以互惠平等为合作原则。"
自去岁7月卢沟桥事变突发,中央认为此种希望不能实现,始迫而出于抗战。顷读倭国政府本月22日关于调整中日邦交根本方针的阐明:
第一点为善邻友好。并郑重声明倭国对于中国无领土之要求,无赔偿军费之要求,倭国不但尊重中国之主权,且将仿明治维新前例,以允许内地营业之自由为条件,交还租界,废除治外法权,俾中国能完成其独立。倭国政府既有此郑重声明,则吾人依于和平方法,不但北方各省可以保全,即抗战以来沦陷各地亦可收复,而主权及行政之独立完整,亦得以保持,如此则吾人遵照宣言谋东北四省问题之合理解决,实为应有之决心与步骤。
第二点为共同防共。前此数年,倭国政府屡曾提议,吾人顾虑以此之故,干涉吾国之军事及内政。今倭国政府既已阐明,当以日德意防共协定之精神缔结中日防共协定,则此种顾虑,可以消除。防共目的在防止共产国际之扰乱与阴谋,对苏邦交不生影响。中国共产党人既声明愿为三民主义之实现而奋斗,则应即彻底抛弃其组织及宣传,并取消其边区政府及军队之特殊组织,完全遵守中华民国之法律制度。三民主义为中华民国之最高原则,一切违背此最高原则之组织与宣传,吾人必自动的积极的加以制裁,以尽其维护中华民国之责任。
第三点为经济提携。此亦数年以来,倭国政府屡曾提议者,吾人以政治纠纷尚未解决,则经济提携无从说起。今者倭国政府既已郑重阐明尊重中国之主权及行政之独立完整,并阐明不欲在中国实行经济上之独占,亦非欲要求中国限制第三国之利益,惟欲按照中日平等之原则,以谋经济提携之实现,则对此主张应在原则上予以赞同,并应本此原则,以商订各种具体方案。
以上三点,兆铭经熟虑之后,以为国民政府应即以此为根据,与倭国政府交换诚意,以期恢复和平。倭国政府11月3日之声明,已改变1月16日声明之态度,如国民政府根据以上三点,为和平之谈判,则交涉之途径已开。中国抗战之目的,在求国家之生存独立,抗战年余,创巨痛深,倘犹能以合于正义之和平而结束战事,则国家之生存独立可保,即抗战之目的已达。以上三点,为和平之原则,至其条例,不可不悉心商榷,求其适当。其尤要者,倭国军队全部由中国撤去,必须普遍而迅速,所谓在防共协定期间内,在特定地点允许驻兵,至多以内蒙附近之地点为限,此为中国主权及行政之独立完整所关,必须如此,中国始能努力于战后之休养,努力于现代国家之建设。
中日两国壤地相接,善邻友好有其自然与必要,历年以来,所以背道而驰,不可不深求其故,而各自明了其责任。今后中国固以善邻友好为教育方针,倭国尤应令其国民放弃其侵华侮华之传统思想,而在教育上确立亲华之方针,以奠定两国永久和平之基础,此为吾人对于东亚幸福应有之努力。同时吾人对于太平之安宁秩序及世界之和平保障,亦必须与关系各国一致努力,以维持增进其友谊及共同利益也。

了……我反对一元外交,主张英美路线。我指出外国的军事制裁为不可能,指出历次大战危机之不至于成为大战。事实的判断丝毫没有错误。六月十七日,宇垣宣布他的外交政策,我力言中国应乘机打开议和之路。不幸宇垣的政策不行,在欧洲紧张的时候辞职了。我判断如果佐藤有田之中一人继任,则转圜仍然有望。十一月三日,近卫以宣言改变了一一六宣言的态度,可以与国民政府交涉。十一月六日有田登台,引起英美法与日本之间的门户开放争议,战罢转圜大为有望。我的建议当然是很老实的说中国应谋转圜。自武汉广州陷落以后,中国没有一个完全的师。说打是打不下去了。财政是一年开支廿七万万,收入不到两万万,壮丁补充大成问题。焦土政策引起人民怨恨,至长沙事件,而达于极点。这样不可乐观的内容,这时候,国民参政会二次大会开会,共产党挑起汪蒋的感情,使其疏远,同时对我下严重的警告。他们明白说俄国不能进一步相助,又进一步说要斩绝伦敦路线,只走莫斯科的路。我是很受危难的了。蒋先生十二月八日到重庆,他的态度完全改变,对于国家处境困难,全不考虑。他全部的计策在提携共产党。他说日本没有兵打仗了。他对于日本的和议,不假思索的拒绝。这样的变动,以及客观的,使汪先生及我们都感到一年半的努力进言,都成了画饼,更都成了罪状。眼见国家沦陷到不易挽救的地步,连一句负责任的老实话都不能说。幻想支配了一切。我们才下决心去国。没有带出一个多的人,只有公博、佛海及希。我们不想作积极的打算。我们第一,想从旁打开日本与中国谈判的路,战与蒋战,和与蒋和,再向蒋公建言,力劝其乘时谈判。如果做不到,我们便退隐不问政事。我们一样的爱护蒋先生,支持战局。我们不同的是认定再打下去,只有更加沦亡,更加无望,应当及时谋战争的结束。

汪在过去与蒋先生分手,便立在反对的地位。这一次没有反对的余地可以站立,所以汪的态度,是建议被拒,即便退休,断乎没有再作反蒋的可能与意志。这是我们要先生知道的。更要先生知道的是中国确实没有法子打了。说"打"只不过把军队向日本军队到不了的僻地"拖"，向荒僻的处所"缩"（拖与缩是张岳军的话）。我们的意见是既不能打，就只有和。一般的意见，不能打乃是真打，败即是胜。我们是很痛心这样的诡辩的。一时话也说不尽，先尽最重要的陈说一下，此即。陶希圣上。十二月卅一日。①

这封信说明，他们认为与日本打仗没有胜算，只会是更多土地的沦丧，议和是惟一的或许可以救中国的出路；现在日本抛出了近卫三原则②，该原则提出的条件，符合陶希圣等人认为的底线，既保持了中国的主权，又可以得到和平，因此，他们是主张接过日本抛来的诱饵。但是，蒋介石的态度让他们失望，蒋表现出他是不可能谈和的，于是为了负起责任，他们准备孤注一掷，离开重庆与日本谈判；但是，他们的行为绝不是抛弃重庆而另立中央。他们只是以"我不下地狱，谁下地狱"的牺牲精神，为中国寻求一条和平的路。这是陶希圣表达的中心，也很好地说明了他之所以参加"和运"的原因。

在公开场合，陶希圣表现出完全服从重庆中央政权的样子，即使在他义愤填膺谴责重庆政府刺杀曾仲鸣时也是如此。他在"檄文"——《为河内暴乱事件质问重庆之执政者》中称：

> 吾人今日欲质问重庆之执政，纵令认定汪先生与现政府为国民党之两派，两派之政见不同，可决于民，两派之方略不同，可决于枢府，何必诉之于暴力，以摧毁此无心机无防备之在野领袖？汪先生出国以后，只表示其素日一贯之主张，且发表以后，更无相继而起之广告。乃重庆先以过当之处分，又继之以此种毒辣之暴力……

---

① 《陶希圣胡适函》(1938年12月31日)，中国社会科学院近代史所图书馆藏，胡适档案。
② 日本近卫内阁先后共发表三次对华声明：第一次是1938年1月，该内阁称："今后不以国民政府为交涉对象"；第二次是同年11月3日，近卫内阁发表"建立大东亚新秩序"声明；第三次是同年12月22日，有关调整中日关系的方针，这就是"近卫三原则"，其内容是："善邻友好""共同防共""经济提携"。

又称：

> 抗战以来，汪先生仍本于一贯之精神与努力，求国家命脉之保存，求民族生机之持续，不断以维护国力为念虑。汪先生此种精神，此种努力，无一不为国民政府，亦无一不为蒋先生，且无一不与蒋先生和衷共济。
>
> 夫中华民国为求生存独立，不得不战。战争归于挫败，则战争终于和议。故为政者在此时期不可不支持战争，亦不可不准备和议。从表面言之，战与和固不兼容，而进而言之，不得不战而战乃所以为国家，不能再战而和，和乃有裨于民族。
>
> 故在无可再战之今日，主和无罪……①

这段写于曾仲鸣身亡次日，即3月22日的文字，是陶希圣为和平运动作出的最有激情最堂皇的辩护，其主旨与他三个多月前致胡适的信没有多少变化，即：为了国家，为了民族，"主和无罪"。

三、"和平运动"中的孤独者

陶希圣的上述关于"和平运动"的想法，并不仅仅属于他个人，或多或少地代表了汪精卫、周佛海、梅思平、陈公博等人的认识。但是，似乎只有陶希圣最强烈地意识到"和平运动"，必须规定在一定的范围内，即承认重庆国民政府。因此，他在"和运"人士中显得很各色，很孤立。

陶希圣自1927年认识汪精卫后，对汪的感情很深，从他给汪的信中可以看出，他真心地希望自己能够帮助汪精卫完成"和平运动"。1938年底"艳

---

① 陶恒生：《高陶事件始末》，湖北人民出版社2003年版，第134页。

电"发表以后,关于汪的去向问题,"和运首义分子"① 发生了争论:陶希圣和高宗武主张汪去欧洲,周佛海与梅思平则希望汪去敌占区,相持不下,最后汪采取折中的办法,留在河内观望。这是陶希圣与周佛海、梅思平一次"见解之争",随后,他们之间的矛盾越来越深……

1938年12月29日,陶希圣、周佛海和梅思平前往香港,从事所谓的"和运"。身在河内的汪精卫不甘寂寞,制定关于组织伪政府、实现中日和平的方案②,派高宗武前往日本并向其政府提交,试探日本是否支持自己组织政府。高拜访了枢密院院长近卫文麿、首相平沼骐一郎、外相有田八郎等人。2月28日,高宗武和影佐祯昭在日本箱根一起讨论了汪的方案,并达成建立以汪精卫为首的"中央政府"及其具体实施方案。高宗武回国后的3月18日,接到日政府决定支持汪精卫成立新的中央政府的消息。两天后的晚上,发生军统特务刺杀汪精卫未遂事件。汪精卫大怒,决定离开河内。同处香港的周、梅、陶三人,因为汪的去向再次发生了争论。梅思平攻击高宗武与重庆方面勾结,推测高的任务就是不让汪精卫开展所谓的"工作",让汪精卫到欧洲去。面对梅的气焰,陶希圣也不示弱,他说:"其时,学本主昭(汪)公游欧,得此乃更加力主,比及大家在座,而学主昭公游欧,则福之厉色严词以相责矣。"③ 高、陶主张汪精卫出国,是为了实践他曾经向胡适所作的许诺,梅思平不但攻击了高,同时也严厉地指责了陶希圣,内部争执更为明显。事实证明,陶希圣又败了下来,汪精卫在日本特工的保护下,于4月25日乘船到达上海。

在汪精卫到达上海之前,周佛海和梅思平已于4月18日前往上海,为汪

---

①汪指定陈璧君、陈公博、周佛海、梅思平、高宗武、陶希圣等人为"和平运动"的最高委员,又称"和运首义分子"。为了便于保密,他们各自有一个代号,以便联络。陶希圣为"学";汪精卫为"昭",后又改为"明";陈璧君为"兰",后改为"菊";陈公博为"群";周佛海为"典";梅思平为"福";高宗武为"深"。后来,林柏生称"琇"。

②汪精卫制定了三种预案:1.日与蒋妥协,建立由日本操纵的政府;2.建立由王克敏、梁鸿志和吴佩孚等共同建立的统一的中国政府,汪在野身份协助;3.以汪为核心收拾局面,组建政府。

③台北"国史馆"藏,入藏号:118000000015A,全宗号:汪兆铭史料,卷名:民国31年汪精卫与各伪省市长往返函电,典藏号:118-010100-0019-044。

的到来做准备，陶希圣则仍然留驻香港。不论是否出于陶的意愿，这样的结果只能说明陶被边缘化了。但是，他仍然想对汪施加影响，尤其当他得知汪精卫决定亲自前往日本后。5月14日，陶希圣给汪精卫、陈璧君写了一封长信，他在信中说汪精卫根本不该亲自赴日。汪精卫作为一个最后收拾时局的人，对外应该保持自己的尊严，只有当和约签订后，才可以去访问，如果现在冒失而去，"若设成而入京，无异于王（指王克敏）梁（指梁鸿志）诸人，访日以后自增身价；且访日与晋见何异，不过体制较隆"。对内，他提请汪注意自己的政治形象，在两国仍在交战的今日，汪的赴日，一般国民会怎么看？他说人们"决不能与议和之后之访问相提并论，故在宣传上隙似最巨"。他强调汪绝不能忽视人们对自己的基本评价，他非常清醒地看到"急进主义者（指周佛海、梅思平等）或以为后方文人心理不必顾虑，然公之见重于人乃正在此种心理上之地位，如舍弃心理于不问，则何以自别于王梁，身既不能自别于王梁？今后亦惟有与王梁效太平天国时期比头发之长短以论资格，公当能知王之头发已一年半，梁亦满年矣，后来居上，日有龃龉，又何以立政乎？"他其实是说，汪的资本也就是在文人圈里尚有同情者，如果将这一点也丢失，就完全没有了立足之地。他甚至将汪的不妥当行为，视为自轻自贱，他说："今日最看不起先生者厥有三人，其一即公自己也。"陶所述十分尖锐，虽是衷言，几近骂人了。

陶希圣阐述的另一个问题是组府不必着急，要等待时机。他以一个师爷般的立场进言："若革命则须趁热，若今日则反之，由主和而走入对方后方，此其距离在一般心理上巨远，故必表现其不得已，必表现其迟回，始可得一般之谅解。况对于对方尚须有郑重以免其轻视之我乎。公言守株待兔，今日之事乃守株待兔，不用慌张也。"①

陶希圣对于积极主张组织伪政府的梅思平、周佛海十分不满，以为周、梅动机不纯。陶希圣甚至写信揭发周、梅。他认为周、梅十分担心汪精卫的

---

① 以上引文均取自台北"国史馆"，入藏号：118000000015A，全宗号：汪兆铭史料，卷名：民国三十一年汪精卫与各伪省市长往返函电，典藏号：118-010100-0019-037。

旧人之间的团结，所以竭力挑拨；尤其重要的是，"彼等常以为汪蒋两派本常有分合，他日若两派再合则彼等无自容之地，故对群（陈公博）学缓进之表不独反驳，且而愤恨"①。称这是自己数月来和周佛海、梅思平同住，了解到的他们的心理活动。

他甚至有些卑鄙地提醒汪精卫要警惕周佛海和梅思平的政治野心，他说周佛海和梅思平属于新参加进来的人，他们"有意以典（周佛海）为首领，谓为'汪周合作'，而非以周投汪，此为一种自爱心理，故常谓'眼公（汪精卫）老矣，继之者乎？典乎？'"尤其是梅思平，资历较浅，以讨好他人为能事，拉小团体，结果形成这样的处事办法："举凡一事，彼等（周梅等人）先有集议，然后运用各种方法以应付，两公岂有讨论之余地乎？"他坚持凡事不能都托给周、梅，汪应该直接控制。他虽然不赞成汪精卫过早东渡，但以后在组府时，他建议汪"指定亲信之人驻东京为传达，则此小集体之操纵则可预防制也，否则两地传言利归经纪矣。此取要之'术'，不可不预思者也"。他还表示"蒋先生之手段虽不可尽取，然其采取并听，实一重要之'术'也"②，建议汪精卫多设耳目，以免被他人迷惑。陶希圣在此用上了离间计。

然而，5月31日，汪精卫还是到了日本东京，同行的队伍里有周佛海、梅思平、高宗武，没有陶希圣。当汪等人在日本奔走之时，6月5日，陶希圣写了一封信给他昔日的学生何兹全，表达自己坚持"和平运动"的原始目标未变，虽然处境极苦，但无怨无悔。在信中与以前不同的是，他虽然认为日本对中国的政策在结束战争，同时也承认在目前国际形势下，日本有实行长期战争的可能，为此，"以汪树立新中央政府，为其长期战争中不可免之事"。他完全意识到汪伪政权的建立，恰恰不是和平的到来，而是和平无望的结果，有延长战争的效果。日本想尽快结束战争，所以，不会急急地组织汪伪政府，但"如其无法劫制国府讲和，始出于此一着。故汪之

---

① 台北"国史馆"藏，入藏号：118000000015A，全宗号：汪兆铭史料，卷名：民国三十一年汪精卫与各伪省市长往返函电，典藏号：118-010100-0019-038。
② 同上。

于彼更具体切实之把握，彼虽不弃汪，亦不愿即斩断国府之路。因之谓汪即将组府者，姑无论汪之下有人力主与否，断不能很早成为事实也"。他推断如果三个月内汪政权不建立，"则战争之结束未始无望。此间盛传秋季结束战争，盖非无因"。陶希圣经过理性的分析，结论是伪中央政权的建立，得到的不是停战，而是长期的战争。他在信的最后表示："弟今已在离去之夕矣。"①

在陶希圣离开成都到达河内再赴香港的半年时间里，他反对汪精卫由河内到上海、反对汪去日本、反对汪到日租界、力阻汪去南京，在此过程中，他受到了周佛海、梅思平的排挤。他负责的工作，得不到掌管财政的周佛海的支持，他想掌管的部门被其他人抢夺。周佛海、梅思平这两个由他介绍给汪精卫的后人，风头大出，由于有汪精卫撑腰。他们不仅反对陶希圣所提的主张，且以讽刺、谩骂等手段令陶希圣愤懑。尤其让他难以忍受的是汪精卫的态度，由于汪精卫的意见"与福典同"而与自己不同，陶称："则学自无立足之余地。"②他不得不多次提出辞呈。被陶希圣视为"妯娌之间"的汪集团的内争，实际上是对于"和平运动"内涵的理解不同，底线的划分不同。周佛海曾经把从事"和平运动"的人分成两部分：一部分人"以在野的立场集合同志，以宣传和平运动"，一部分人主张"以在野的立场进而组织政府，以实现和平运动"③。陶希圣在很长一段时间属于第一类人。

四、欲去还留

陶希圣一再宣称将要离开汪精卫，但又一直没有离开。从他看似怨妇般的信中，似乎让人感到他对于所谓"和运"的眷恋。

陶希圣备受排斥的根本原因是他不赞成另立政府，尤其是在沦陷区内建

---

①陶恒生：《高陶事件始末》，第363页。
②台北"国史馆"藏，入藏号：118000000015A，全宗号：汪兆铭史料，卷名：民国三十一年汪精卫与各伪省市长往返函电，典藏号：118-010100-0019-044。
③黄美真、张云编：《汪精卫集团投敌》，人民出版社1987年版，第25页。

立政权。以陶希圣的敏锐,他应该很快明白汪、梅、周的目标就是组府。他在给汪的信中,曾经透露:"自河内商定名单之后,福(梅思平)兄即谓'党归改组派政归新派',且谓'内政与财政经济眼前空虚',在都城饭店都甚不舒适。学为之解释以为'内政,此时应物色多人分途考察以为将来地方政治之准备,凡教育、交通、治安、水利莫不分属;至宣传,目前需要大家努力,愿兄相共于此'。"这说明,汪集团到达河内后就已经抛开重庆而着手组府。陶希圣本人似乎也并不直接反对组织政府。

1939年5月14日陶希圣给汪、陈的信,一面咬牙切齿地说:"学觉不得不退,若仍不退将为廉耻及脸面问题,非但工作不能进行,抑且将成无聊、无赖、无耻……"一面又说:"学退出理事会后将专事外围工作,一则扩大学界之联络,二则于收来政权之后以收拾教育界自任——为适应外围之学界心理,不可不急剧表现于非,不可不急剧表现其热衷,故引退以待其时或可更多贡献于我公也。"[①]表示对于教育部有兴趣,且为以后能在教育部任职做准备。

6月22日,汪精卫一行尚在日本,陶希圣一天内给汪发三函,颇有意思。一封信讲自己无论如何要走了,准备去美国留学[②];一封信请辞去理事、常务理事、党务委员、宣传处长之职,因为被指责"无工作、无计划",所以辞职[③];第三封信主要汇报他所派的学生武仙卿在北平从事"和平运动"的情况,及自己的努力和处理意见。其中包括:1.对北平旧交进行游说情况,如北大"旧同志"已联络并召集;剩余名流之联络亦"略得端倪";"吴子玉之高级参谋及实际练兵指导者为罗虔(致坡)、汤芗铭,皆为学之乡友,近数年来往来颇密,而罗为戚属,尤有关系";"齐抚万之联络,除学在平相

---

① 台北"国史馆"藏,入藏号:118000000015A,全宗号:汪兆铭史料,卷名:民国三十一年汪精卫与各伪省市长往返函电,典藏号:118-010100-0019-044。
② 台北"国史馆"藏,入藏号:118000000015A,全宗号:汪兆铭史料,卷名:民国三十一年汪精卫与各伪省市长往返函电,典藏号:118-010100-0019-042。
③ 台北"国史馆"藏,入藏号:118000000015A,全宗号:汪兆铭史料,卷名:民国三十一年汪精卫与各伪省市长往返函电,典藏号:118-010100-0019-040。

识外,夏(管)冀贤可以往之";"汤尔和董康则由学界旧游,易于相见";等等,充分说明自己在北平颇具人脉。2. 陶在信中告诉汪精卫,自己曾经嘱咐武仙卿到北平后,一般不要与人谈政治,除了"最密切之人士,可表明汪先生之主张为(一)统一政府,(二)以均权求共治。此两点皆得政界之同情,一般推测王鲁氏虽不愿拱手,但不得已时,必能安于分权共治也。分权共治的主张现已为彼等内部所认识矣"。他表白了自己已经尽力地推行了汪之政策,而且肯定了汪精卫组织伪中央政府可行性,表示自己愿意而且能够替汪出力。陶希圣以隐晦的方式告诉汪精卫他已经按照汪的意旨从事组建统一的伪国民政府的工作。3. 信中陶希圣提到武仙卿曾经拜访过周作人,周作人表示日方不可靠并担心汪先生"恐受欺"。陶希圣说:"此语至是注意。"接着,他说:"又观日方特务机关以有组织之力量操纵政府(指王克敏为首的伪中华民国临时政府),而使其上下不相属,左右不相及,人人以直接日人立足之基,此又吾人所最当警戒者矣。"显然,他也不相信日本人,担心汪受骗上当,提醒汪前车可鉴。4. 信的末尾,陶写道:"如需要武同志赴沪面陈,奉电即往。"①

上述三封信,明里是要走人,暗里却想留下,并希望得到汪的挽留。陶希圣的变化,自然受到汪精卫的欢迎。1939年8月28日,陶希圣一人前往上海,参加所谓的"中国国民党第六次全国代表大会"。在伪六届一中全会,陶希圣为宣传部长,汪精卫为"中央"执行委员会主席,周佛海任"中央"秘书长,梅思平任组织部长。虽然陶希圣早就知道"虹口之地为非坦途",一度因此"望而生畏",最后,他还是住进了上海虹口区汪精卫的家里,并投入到准备建立傀儡政权的工作中去。

6月22日,似乎成了一个转折点,是什么让陶希圣选择了留下,而不是离开?陶的女儿陶琴薰曾经回忆说,她父亲离开香港之前曾经说他要去上海劝汪回心转意。陶的儿子曾经回忆说,他父亲在香港时已经与重庆有了联络。

---

① 台北"国史馆"藏,入藏号:118000000015A,全宗号:汪兆铭史料,卷名:民国三十一年汪精卫与各伪省市长往返函电,典藏号:118-010100-0019-043。

世人多不相信其真实性。不过，从陈布雷的日记，或可得到佐证。

5月25日，陈布雷在日记中记下："希圣自港来函，似有悬崖勒马之意，然为时已迟，何从使其自拔乎？"[①] 5月中旬，陶希圣后悔了当初的行为，他给陈布雷写了信，表达此意，原信虽然没有见到，但陶希圣的信里所表达的心境与事实是相符合的。陈布雷似乎感到无能为力。但是，几天后，6月2日陈布雷给陶希圣回了一封，不知内容为何，陈布雷只在日记中写道："改缮致希圣函，并昨晚所写函，均交唐锦山带渝。"[②] 当时陈布雷在缙云山石华寺山中养病，他将信交给唐锦山由他送往重庆，信中也可能是答应帮忙，也可能是拒绝。6月5日，陶希圣给何兹全的信，认为伪中央政权的建立，得到的不是停战，而是长期的战争。他在信的最后表示："弟今已在离去之夕矣。"当时，应该还没有接到陈布雷的信，所以，他打算离开。然而，6月17日，陈日记："又接希圣函，自白决不附敌。"[③] 说明陶已经想好了前往上海，但此举不是投敌，那么，剩下的只能是去劝汪了。6月22日，如上所述，陶准备跟随汪精卫前往上海。陈布雷的信仿佛还是起到了作用。陶希圣此行承担了劝汪的责任。

五、参与"和运"

从这一阶段陶希圣给汪的信中可以看到，他为汪精卫组府做了不少的工

---

① 《陈布雷先生从政日记》（样稿），第350页。
② 《陈布雷先生从政日记》（样稿），第352页。
③ 《陈布雷先生从政日记》（样稿），第354页。

作,主要包括:为伪政府纠集有影响的人物①。拉拢实力派人物吴佩孚②、给陈宦等人送钱。利用同乡关系接近刘菊村。据1939年11月重庆得到情报,称陶希圣招同乡刘菊村加入汪伪,其中讲到:"由陶希圣招到同乡刘菊村从事计划甚密,恐终于中央不利,应请设法防范。"③利用自己学者的身份,游说于学者之间,介绍所谓有志向的人,参加和平运动。其中有一个人,叫尹瑞西,陶特别强调尹家宽裕,"非沪上诸公急促不舒者可比"④,即非为财而来,他建议汪重用他。他还提到尹瑞西主张汪精卫只应从事"和平运动",缓设政府,并称与尹见面后,觉得此人有条理、有见解,陶希圣希望汪的周围能有一些和自己观点一致的人,一些真正推进"和平运动"的人。他还在各伪组织之间穿针引线,比如接待王族成员金璧东,并让他与日本人牵上关系,等等,动员在社会上有影响的人,加入到所谓的"和平运动"中来。

陶希圣到上海后,最先着手的是宣传工作,他说自己"委屈周旋,觍颜

---

① 《陶希圣致汪精卫函件》(1939年11月初),陶希圣向汪报告:"1.金璧东来沪如现决请罗致坡同志即回平商讨及研究,然后璧东启程来此,始不改于来后无具体结果,而多一番失望。好在此事简单,一切具体作法均由其自作,与汪先生之间不发生联络,至其运动尚在以后。唯其来应有相当之招待,彼与为一纵绔,似当安置住所,予以车辆,一星期至每日之间即去矣。现在布置住所或旅舍或 APARTMENT 有卧房一间,客室各一间,随从秘书侍从卧室两间,则已供用。此种费用,时已与佛海兄谈到,请指示办理。"
2. 汤铸新事:"现决请罗致坡先生即回北平,略谈大概,请其即来上海。期于11月10日以前此,以便熟商之后参加中政会议。其住家由陆叙伯等协同筹备。"
3. 有关吴子玉事件:"蒋雁行是否可以请联络,在参谋本部或训练总监部安置一席。此人在旧军学界有资望,而由日方则与阪西有关。其人庸厚无为,而对吴子玉则有相当发言权,其个人对吴之作风又不同意,似乎可加以考虑也。江天铎与张国淦有密切关系,每事必请张而后行。我方直接为吴而拉江,徒增纷扰,故决不直接找江,兹拟由罗致坡以同乡之谊访张国淦,如江有拉来之必要,可由张予以淡淡之介绍,便切不可提高其欲望,又多一事也。……将来希访问北方诸人时,再拟之普通联络之办法。"
4. "陈宦(二厂)先生现甚热衷,但此老似无用处。希拟以个人名义先寄二千元,以后陆续资助其生活。因彼于罗致坡来时,曾郑重相嘱,其致急。祝先生,并望希知悉其衷心,不能不加以理会也。"(台北"国史馆"藏,入藏号:118000000054 A,全宗号:汪兆铭史料,卷名:谭延闿、庞炳勋、吴化文、陶希圣、孙科致汪精卫函件,典藏号:118-010100-0054-028)
② 1939年6月22日《陶希圣函汪精卫》指出:今后有两种情况可供奔走:在香港网罗出国之教育界人士。他预计三个月后,将有大批的人从后方出国。他们不能留在后方,又不愿在敌占区,所以此时让这些人在香港得到旅资,作为过渡的办法。或需要去平津联络教育界或吴佩孚的,也可效劳,但上述二者要在经费许可和时局相当之时,始可。(台北"国史馆"藏,入藏号:118000000015A,全宗号:汪兆铭史料,卷名:与汪政府各省市长函电(一),典藏号:118-010100-0019-042)
③ 台北"国史馆"藏,入藏号:002000019911A,全宗号:蒋中正"总统"文物,卷名:一般资料——呈表汇集九十五,典藏号:002-080200-00522-113。
④ 台北"国史馆"藏,入藏号:118000000054A,全宗号:汪兆铭史料,卷名:谭延闿、庞炳勋、吴化文、陶希圣、孙科致汪精卫函件,典藏号:118-010100-0054-032。

支撑"终于将宣传部搭建了起来。到1939年10月,宣传部第一、第三处已经建成,第二处的费用也准备好,并奠定了《中华日报》的"初基",建立了"中华通讯社",所以,基本上将宣传这一部分拼凑起来。这时,他向汪精卫提出自己不再从事宣传工作,而是出面建立参议室,准备为汪出谋划策。他还特别说明,参议室的开支请准由财委会拨付,其余条例则交中常会备案,"万不宜由先生开支,以致该室不能确定为法制,在运用上殊减少效用及兴趣也"。[①]12月,他提出参议名单如下:(1)专任:何炳贤、汤澄波、陈君慧、张百高、张显之;(2)兼任:陈春圃、林柏生、樊仲云、朱朴之、李圣五、赵叔雍、李祖虞、邓之诚、左仲纶、陈高傭[②]。

陶希圣所做的最为重要的一项工作,当属1939年11月,他被汪精卫指派,和周佛海、梅思平、高宗武一起,与日本影佐祯昭、须贺彦次郎、犬养健等就日本内阁通过的《日支新关系调整要纲》进行谈判。

这次谈判中,汪派以出卖国家、民族为代价换取日本的支持,建立伪中央政权。这样,"和平运动"以超乎寻常的"爱国"开场,以最为卑劣的满足私欲的"卖国"收场。

陶希圣由成都到河内,由河内到香港,由香港到上海,就这样,一步一步随着汪走了过来。他曾经幻想着影响汪精卫,没想到恰恰相反,至1939年底,陶希圣"相随至于百分之九十九,不过剩下'上台'之一分未能放弃主张以相从到底……"[③]如果一旦在《日汪密约》上签字,然后由上海赴南京,就算是百分之百了,到了这个时候,陶希圣才明白,汪精卫是不可能改变的,只有下定决心,脱离了汪伪集团。

1939年12月28日《日支新关系调整纲要》已经谈毕,定于31日签字。

[①] 台北"国史馆"藏,入藏号:118000000054A,全宗号:汪兆铭史料,卷名:谭延闿、庞炳勋、吴化文、陶希圣、孙科致汪精卫函件,典藏号:118-010100-0054-020。
[②] 台北"国史馆"藏,入藏号:118000000054A,全宗号:汪兆铭史料,卷名:谭延闿、庞炳勋、吴化文、陶希圣、孙科致汪精卫函件,典藏号:118-010100-0054-023。
[③] 台北"国史馆"藏,入藏号:118000000054A,全宗号:汪兆铭史料,卷名:谭延闿、庞炳勋、吴化文、陶希圣、孙科致汪精卫函件,典藏号:118-010100-0054-038。

陶希圣与夫人万冰如商量,决定陶希圣先离开,夫人与孩子则留下,以免汪陈怀疑。31日这天,陶希圣借口生病,没有出席,躲过了签字。1940年元旦,陶希圣仍往汪公馆庆祝。但此时的他,身心疲惫。高宗武已经做了离开的准备,事先拍下了《日支新关系调整纲要》,但事先他们并没有互相通气。1月2日,高宗武来到陶希圣家,告诉陶希圣有危险,并说:"走了吧。"于是,1月4日,高、陶两人坐上轮船,离开了上海。

就总体来看,关于"和平运动"陶希圣在认识上是清醒的,行为上却是游移和犹豫的,两者间存在着极大的矛盾。对此,陶希圣解释为:"希为一易于妥协之人,况随先生十有四年,岂宜轻去。"他的性格使他在从事"和平运动"的过程中,思想与行为发生了分裂,不知该如何走下去。对此,他形象地说:"譬如甲乙丙三人去一二三三路。甲一往无前掉头而走,其必达矣。乙亦然。独丙走一路而半又走二路而半,最后复走三路而又半途中止,此则三路竟无一可达。"① 其实,陶希圣的半途而废充分说明"和平运动"是行不通的,道理很简单,就如他自己后来说的:"汪先生及周梅诸君的错误,就是失去了民族的壁垒,他们走进了日本军队宪兵的后方;想在日营里面和日帅讲和,且幻想可以得到独立自由的条件,成立自由的政府。一念之差,遂至于不可救药。"② 他自己差点儿也是这样。

第二节 汪陶结仇

1940年1月22日,《大公报》头版以《高宗武陶希圣携港发表汪兆铭卖国条件全文——集日阀多年梦想之大成!极中外历史卖国之罪恶!从现在卖到将来,从物资卖到思想》为题,披露了高、陶带出的《日支新关系调整要

---

① 台北"国史馆"藏,入藏号:118000000054A,全宗号:汪兆铭史料,卷名:谭延闿、庞炳勋、吴化文、陶希圣、孙科致汪精卫函件,典藏号:118-010100-0054-038。
② 陶希圣:《汪记舞台内幕》,战地图书出版社1930年版。

纲》，以及日汪谈判的真相。此即为"高陶事件"。高、陶二人向世人揭露了日本的野心以及汉奸的嘴脸，坚定了全国人民抗战的决心。自此，陶希圣悬崖勒马，保住了自己的民族气节。

一、出走后与汪伪的交涉

陶希圣因为家眷尚在上海，所以，他还需要和汪精卫虚与委蛇。1940年1月5日他致电汪精卫，表示"此次引退愿负同出重庆之政治责任，决无诿过回顾之意，且数月之作风只与个人主张不合，决不宣扬他人不是，深愿先生及同人谅解"。他说自己曾于10月、11月、12月数次"请准辞职漫游港津北京各地未得同意，此次病较为重，而组府着着逼近，乃惟有先行引退再上兹笺"，并依然劝汪不要组府。称自己退为单纯之退，毫无政治分手之重大意义。此后自己将闭门读书，思过自责，"愿以无前途、无希望之境地而自处，更不影响属僚使之相从，惟有勉励其相随先生忠诚有加也"[①]。后一段话语，有保护跟随自己的学生的意思。

[①] 台北"国史馆"藏，入藏号：118000000054A，全宗号：汪兆铭史料，卷名：谭延闿、庞炳勋、吴化文、陶希圣、孙科致汪精卫函件，典藏号：118-010100-0054-038。

次日,陶希圣与高宗武联名写信给汪精卫,再度进行诚恳的规劝①,做足了功夫。但是,他给林柏生的信,就没有这么客气了:"柏生兄密鉴:古诗云:'波澜誓不起,妾心古井水。'弟相从先生十四年,一旦感觉痛苦无可奈何而退休,岂有再起波澜之理。顷接沪电谓宗武及弟家属安全有所妨碍,倘使如此岂非水浒传王进之事,使我无路投奔乎?同人有一简单逻辑谓'走香港即返重庆',此种逻辑实为'逼上梁山'之逻辑也。愿兄向先生陈之,若弟等自愿不起波澜而隐居,则拘束或警告家属徒使此心不安而挺走,若弟等果有大志者,'春秋之义丧君有君'大劝(?)岂顾旧礼(谨?)乎?弟决非以危言相迫,实乃以苦言相进也。弟衰矣,即上梁山亦不过老兵无用,期有年富力强者,则适(逼?)使从今多事而已。愿兄再三思之以进言挽救也。"②

1月12日,汪精卫致函陶希圣,对于他们的出走表示自己的态度,依然希望他们回来,同时,也表示自己不会回头:

---

①《陶希圣高宗武电汪兆铭》(1940年1月6日):"先生夫人钧鉴:希圣、宗武同船到港,即晚往约道,见公博先生,陈述行意。日来早夜以思者仍为组府问题,尚乞钧座及同人重加考虑,此意亦为公博先生道及,兹不惮厌烦再撮省(?)呈请府鉴。新政权不能解决中日问题,故日本须另寻途径,此种见解在日本近来渐次有力,因之而日本方面对于新政权之成立渐不重视,无论其成立与否,另寻途径为必然之企图,以先生之重何必作此不足輕重之事。况日本既謀求另寻途经以解决中日问题,则先生如放弃组府之主张以和平运动领袖而促成其打开局面岂不更见重于日本,此种意见前曾为先生夫人密陈,兹再赘述:欧战在今年二三月可以看出前途,倘如欧战不大为爆发,则欧洲问题将趋于和平解决之一途,而中日问题必相随而趋于解决,故日本之于新政府仍不免有观望之成分,若英美法占优势而和平解决欧洲问题,则日本如不拖延新政府必必更加轻视新政府使其不为日英美关系之障碍,故新政府即会成立日本承认与否大成问题,此为先生忧虑有加者。方案文字上让步不少,而实质及精神鲜有变更,且既成事实如何改变尤为方案所不能为力者,以先生夫人之明察岂不能见到条件如此,新政府无独立自由之前途,且事实如此,新政府即有前途亦遍布荆棘乎,则何不自动趋于放弃组府之一途,再作和平运动,以待两国更进一步之觉悟与国际时局更明鲜之变更。与重庆之关系屡经讨论,一种主张以为先组政府然后有价可谈,一种以为先行联络再共谋今后之步骤。今日之事不止于我方与渝方问题,且双方之事,我一方亦不能决定,但若以为在如此条件之下组府而可以取得与渝方谈价之把握,希弟不敏且以为不能。盖组府以后形式上日本承认,而实质上又未能改变现状以资号召,徒使吾人活泼之和平运动化作维新政府同样之定型,其对国内之作法远不逮于今日也,此层仍望重加考虑。若以为部下已经集合不组府必趋解体,先生亦曾言'坐轿者未可听轿夫之指挥',且如此之部下不组府而散者将来再组府必归,又何必以此加入为考虑政策之中。此皆平昔面对之时屡曾陈及者,以先生夫人之明岂不及此。惟以沉痛之寸衷不得不再以相达于左右,倘能得俯听于万一,则希等绝地逢生,不胜大愿,若不蒙鉴祭(察?)则已入绝地,万不再作出路之想,国亡与亡岂有前途之可言乎,自处之道已屡陈,不再赘。此叩,崇安。希圣、宗武同叩。一月六日。(台北"国史馆"藏,入藏号:118000000054A,全宗号:汪兆铭史料,卷名:谭延闿、庞炳勋、吴化文、陶希圣、孙科致汪精卫函件,典藏号:118-010100-0054-029)
②台北"国史馆"藏,入藏号:118000000054A,全宗号:汪兆铭史料,卷名:谭延闿、庞炳勋、吴文化、陶希圣、孙科致汪精卫函件,典藏号:118-010100-0054-026。

学深两兄鉴：

月之三四五等日，上午皆有会谈，电话约两兄，皆不到，且接电话之人，措辞含糊，同志已惊疑，及五日下午弟得学兄来书，下注一月五日，即日复书云："弟决不强兄同跳大坑，惟关于兄此去之安全及通讯方法，拟于本日下午六时晤面一谈。"此书去后杳无复音，而六时已过，电话寻兄，接电话之人，含糊如故，弟甚彷徨。入夜，同志仓皇来告，谓学深两兄已于三日乘柯立芝总统船赴港。弟犹未深信。夜深，得深兄来书，请假三星期，亦下注一月五日，问之？（送）信人云："高先生三日已行，留此之函，嘱五日晚间始送来。"于是同志间猜嫌纷起，多以为两兄此行必已得渝方之援助，因下船上船均不易，从前群兄等上船下船时，皆有许多布置，今两兄何以能悄然离沪，此种猜嫌，自五日晚至八日晚，愈猜愈深，其嫌疑愈扩大。直至八日晚间得两兄来电，弟持以示诸同志，心始少安，弟质直以言，如两兄在干部会议言明然后行，或对弟言明然后行，则此种猜嫌必无自而起也。今诸同志对两兄之猜疑固已平息，然对两兄之安全，又起忧虑，以此事必为渝方所悉，必来引诱，引诱不遂，必加以胁迫，两兄此后麻烦必多，以弟思之，反不如与弟约好，决不上台而仍留沪，或较安适。弟坚守不强两兄上台之约，两兄坚守不上台之道德，留一民主思想的人之模范，以愧渝方，不亦善乎？渝方去年一月开除弟之党籍，三月残害仲鸣之生命，留一恶毒专制之影响于人群，今两兄与弟分手，各自尊重其良心之所信而又各自互相尊重其良心之所信，至少可留一民主自由之影响于人群也。

去年十一月杪至十二月中，弟坚持不让，致谈话停顿，两兄见之其后对方有所让步，弟遂亦让步，两兄亦见之，弟不苟于上台，亦不苟于不上台，以国家今日，惟战与和，即不能战则为和辟一条道路，战不能必胜，和亦不能必成，有战败而死，民族英雄，亦有和不成而死之呆子，弟能任择其一，而不能徘徊两者之间。袖手而旁观，以坐待国之亡，此

弟所与两兄异趣,而亦不能苟同者也。专此,敬请

　　大安

　　　　　　　　　　　　　　　　　　　　　　弟兆铭

　　　　　　　　　　　　　　　　　　　　　　一月十二日①

二、离沪即已决绝

1940年1月15日,陶希圣给在美国的胡适去信,告诉胡适他和高宗武离开上海一事,并且希望胡适将《日汪密约》(即《日支新关系调整要纲》)公布。在这封信里,有替自己"背友"的辩护。他写道,汪伪一干人内部意见不一致,虽然自己始终想对汪施以正面的影响,但无奈汪不听:"四月间汪先生决往上海、东京,希即力加反对,公博、宗武亦同,然竟未得其一顾。八月底,希赴沪相劝其放弃另组政府之主张,此种劝阻至十月及十一月颇生效力,因其时日方有意拖延而其对汪之阻碍重重,为汪所察也。十二月汪心理又变,日方催其组府亦甚力,以此公博、宗武、希相继于十二月底、一月初离沪返港,公博为告而别,希等则告即不能别,故不别而行。"

他大略地告诉了胡适《日支新关系调整要纲》的大致内容:"依此要纲,北自黑龙江,南至海南岛,均归彼掌握,由军事、政治、经济、财政、金融、文化、教育乃至气象,亦均归其控制。"并说:"最初汪先生夫妇亦大惊,有退休意,然经佛海、思平之怂恿,彼已视为谈判成功,可以告无罪于国人,且依之以建国矣。沉迷不返,至于无可救。"他不想帮助汪隐瞒真相,是出于大义。

他之所以写信给胡适,是想让他将此《密约》告诉美国人。他说:"然为国家计,窃以为日本灭亡中国之企图当受一打击,而此另组之政府不独破毁中国,为日方作伥,且妨害英美等国之经济利益与政治利益,此种实情,必须使美国政府得知,故若先生以为必要,可回一信或转一电(信之通信处详

---

①台北"国史馆"藏,入藏号:118000000056A,全宗号:汪兆铭史料,卷名:国际各有关方面致汪精卫函电,典藏号:118-010100-0056-021。

封面，电由重庆蒋廷黻转，但须全密）。其步骤先由先生密通知于美国政府以详细之内容，至其宣布于美国国民"。① 不过，因为当时其家人尚在上海，为了安全考虑，他希望 25 日以后，在他的同意下，再将此公之于众。

陶希圣给胡适的这封信，意味着他与汪精卫等人完全绝交。1 月 21 日，《大公报》将《密约》披露，周佛海大为愤慨，"不禁泣下"，骂："高陶两动物，今后誓当杀之也。"② 并称"高陶发表文件，于吾辈大有不利，补救之法，在以事实证明其文件之不确：第一，最好（最小限度）须日本军总司令部，由南京移往别处；第二，国旗上拟加之飘带取消；第三，日本早承认新政府"③。虽然，后来这条飘带还在，但是，"高陶事件"对于揭露汪伪卖国本质作用明显。

1940 年 2 月 6 日，汪精卫读了陶希圣女儿陶琴薰发表的《我们脱险的前后》一文后，十分气愤，在给夫人陈璧君的信中说：该文"长数千言，陶一家人可谓男盗女娼，我等忠厚太过，深为愧愤"。④ 汪精卫破口大骂，汪陶最终结仇。

陶希圣是一个颇有决断力的人。有人说他与汪精卫藕断丝连，此说不一定正确，但他的确对汪与对周、梅有所区别。他在致高宗武函中曾说到周、梅只要有官做就好，而汪则表现得比较悲观，尤其当有人辞职时会发出"欲去而无去路"⑤的感慨，他甚至还认为汪精卫他们只是在等待蒋的国民政府与日本的和谈，所以，他对汪一直存有善意和同情。

三、挥之不去的阴影

"高陶事件"发生于抗战形势十分严峻的时刻，中国的半壁江山已经沦陷，世界性的反法西斯阵营尚未形成。陶希圣、高宗武在这样的情况下回归，

---

① 以上引文均取自《陶希圣致胡适》（1 月 15 日），见中国社会科学院近代史研究所民国史组编：《胡适来往书信选》（中），中华书局 1979 年版，第 453—454 页。
② 《周佛海日记全编》（上），第 235 页。
③ 《周佛海日记全编》（上），第 238 页。
④ 台北"国史馆"藏，入藏号：118000000008A，全宗号：汪兆铭史料，卷名：民国 29 年各方致汪精卫函电（2），典藏号：118-010100-008-066-070。
⑤ 夏侯叙五：《高宗武隐居华盛顿遗事》，第 109 页。

是需要有足够的良知和勇气的。而其最具意义的莫过于披露《日支新关系调整要纲》。长期以来,日本以蚕食鲸吞相结合的方式,不断地侵略中国。但是,日本对于中国的最后底线到底是什么,是全面侵华还是局部的侵略,并没有一个公开的明确计划,致使不少中国人存有幻想。即使如蒋介石,在"七七事变"一开始,对于日本方面的意图也把握不准。因此,他对于日本的底牌十分关注。而汪精卫同样想知道日本的胃口。正是在汪精卫的坚持下,日本拿出了这份《日支新关系调整要纲》。该要纲的公布,揭示了"和平"运动的末路,使中国人更清楚地认识到不能与虎谋皮,和日本侵略者没有和谈的可能。

陶希圣在"和平运动"的发起、实施及理论的提出方面,都起着特殊的作用,尤其在最初阶段,陶希圣是汪精卫最得力的智囊。虽然陶希圣后来逐渐被汪精卫冷落,但是陶希圣对汪精卫而言,应该算是仅次于陈公博的心腹。陶希圣的背离,不但使汪精卫及其所谓的"和平运动"失去了一员干将,更由于陶希圣的反戈一击,将其卖国不堪的一面在全国曝光,"和平运动"不再具有理性和爱国的正义性。周佛海为此痛哭,并说:"和平运动至汪先生《艳电》前后,空气极佳,自高、陶事件以后,突转恶化。目前形势,险恶万分,加以中央政府三月内不成立,则和平运动即将解体也。"① 周佛海的估计和陶希圣的估计一样,都以三个月为限,如果不是巧合,可能和他们曾经在此问题上的交流有关系。

与此相反,陶希圣的回归,令坚持抗战的人们欢欣鼓舞。蒋介石尤其兴奋。12月13日,蒋得知高、陶在香港发表密约时在日记中写道:"今日高宗武、陶希圣在香港发表《日汪密约》,此心颇慰。"② 随后,他花了一周时间,起草《告全国军民书》《告各友邦书》《告日本国民书》。他的工作热情之高,令陈布雷都感到惭愧,自叹弗如。2月1日,蒋介石手谕陈布雷、叶楚伧分电

---

① 《周佛海日记全编》(上),第250页。
② 台北"国史馆"藏,入藏号:002000000756A,全宗号:蒋中正"总统"文物,卷名:爱记初稿(二),典藏号:002-060200-00017-008。

各省党部,"令就近多翻印《日汪密约》与本人《告全国军民书》《告各友邦书》,以及高宗武、陶希圣致《大公报》及致汪逆等函电,印成专册,分送各级党部与附近军警及各级学校以供阅读"①。在2月29日本月反省录中,他写到"高陶事件"的意义时说:今年二月和去年情势相比,"已较宽裕多矣。去年汪逆出走后敌伪阴谋日亟,全国人心亦几动摇,今则敌汪密约揭露,高陶脱离汪逆,敌寇虽急求汪逆伪组织出现,料必获致恶果无疑,此敌在政治上之惟一致命伤"②。高陶事件,使重庆政府掌握了主动权。蒋介石甚至得意地说:"回想上月,高宗武、陶希圣脱离伪逆,汪兆铭之末日已至,颇用自慰。"③

然而,对于陶希圣而言,参加"和平运动"是他永久的痛。他因此遭到了多方面的排挤、鄙视。金雄白对于陶希圣在"和运"中扮演的角色尤多质疑。他说高宗武后来不再过问政治,尚且罢了,但是"陶希圣却以此一役,在蒋氏左右几取陈布雷、周佛海当年之地位而代之,著书立说,俨然一派忠贞之气!这两人虽一度志同道合,而最后则平淡绚烂,却又大异其趣"。他以为:"较为高妙的一着,则是汪政权中最重要的台柱,暗中可能是重庆所布置的。"他怀疑陶希圣根本就是重庆方面安插的卧底。金雄白甚至认为陶希圣是刻意害汪精卫投敌的罪魁祸首,因为他的煽风点火,才使汪走上了不归路:"陶希圣为改组派旧人,又是周佛海寓中所称'低调俱乐部'里的常客,他与汪有说私话的资格,乃力劝汪氏出而负此大任,浸润既久,汪氏竟为所动。至周佛海之参与此项活动,相信初因职务上的关系,过去屡为高宗武代呈蒋氏,因得备悉与日秘密谋和的内幕,以后又受了高陶鼓励之影响。至此,周佛海、梅思平与陶希圣三人,遂成为事实上主和的核心分子。"④金雄白更对陶的人品进行抨击,以为他不如陈公博重情谊,陈公博虽不赞成汪之所为,但在汪危难之间,毅然前去助汪,而同样是汪的骨干的陶希圣却背弃了汪精卫。

---

① 《蒋中正总统档案·事略稿本》43,台北"国史馆"2010年印行,第110页。(以下《蒋中正总统档案·事略稿本》均简称《事略稿本》)
② 《事略稿本》43,第217页。
③ 黄自进、潘光哲编:《蒋中正总统五记·爱记》,第202页。
④ 朱子家:《汪政权的开场与收场》第1册,第43页。

国民党中央也有不原谅高、陶的人，这个人就是孙科。根据1941年1月7日《王子壮日记》载，当天王和陈布雷谈到："关于高陶之免予通缉问题，蒋先生于彼等反正时，已允其自由，现在尚未取消通缉，以为监委会所阻，余解释其经过，谓监委会已决定恢复党籍并取消通缉，提出中央常会时为孙哲生所反对，因决议保留，如总裁再予催促，当无问题也。"① 从这段话可以了解，到1940年1月，蒋介石已经同意不追究高、陶，但是，直到1941年1月，也就是高、陶反正一年后，通缉他们的命令仍没有取消，个中原因，陈布雷和蒋介石都不清楚，以为是监委会反对造成，没承想是孙科在中央常会上反对所致，因此，撤销此令，还需要蒋介石再度出马。

其他一些人也是同样牢记陶希圣的政治污点，比如王世杰。1941年5月18日，他在日记中写道："今午陈布雷与余商反共宣传事，意欲以陶希圣任其事。予谓陶决不可出名，以其过去行径为多数人所不谅也。"② 甚至直到1952年在《雷啸岑致雷震函》中，雷啸岑仍然直指陶希圣曾经是汉奸[3]；在雷震晚年出版的回忆录里也说："由于陶希圣的拼命拉拢，周佛海才和汪精卫走上了一条路……"[4] 周佛海似乎也是被陶希圣所害。这样的说法是不准确的，周佛海始终是自主而积极的。不过，这也说明他们始终将陶看成是一个曾经的"汉奸"。

---

① 《王子壮日记》第7册，"中央"研究院近代史研究所2001年版，第7页。
② 林美莉编校：《王世杰日记》上册，"中央"研究院近代史研究所2012年版，第349页。
③ 傅正主编：《雷震秘藏书信选》，见《雷震全集》30，桂冠图书股份有限公司1990年版，第209-210页。
④ 雷震著：《雷震回忆录之新党运动黑皮书》，台湾远流出版公司2003年版，第440页。

第六章　智囊生涯

陶希圣何许人也？如今已经可以盖棺定论，他是一个颇有建树的学者，但不是一个单纯的学者；他是一个具有政治进取心的人，既充满出人头地的欲望，又拥有社会使命感，秉承着出相入仕的传统。陶希圣仕途有惊无险，与蒋介石的赏识、陈布雷的提携以及个人的才干息息相关。

第一节　留港两年

一、自我放逐

1940年1月23日，杜月笙致电蒋介石："委员长蒋钧鉴……密件全文已于今晨发表。高陶两君切感钧座爱护之殷，准备出国进修以期他日归来再图报……"[1] 蒋介石隔日（1月25日）记有"速发陶希圣经费"[2]。结果，高宗

---

[1] 台北"国史馆"藏，入藏号：002000002181A，全宗号：蒋中正"总统"文物，卷名：汪伪组织（三），典藏号：002-090200-00024-063。
[2] 黄自进、潘光哲编：《蒋中正总统五记·爱记》，第199页。

武去了美国,陶希圣却留了下来。但是,他的日子并不好过。

陶希圣对于过去积极提倡"和平运动"心生悔意,也无颜立即再回重庆,他对高宗武说至少五年以后才能出山。高宗武给陶希圣的信笔者无缘一见,陶希圣的上述话,很可能是为了让想回国工作的高宗武稍安勿躁。事实上,陶希圣并没有沉默不语,他不时地写文章,在汪精卫组织的伪政府即将开场之际,他认为自己必须出面揭发;有人说陶是受高宗武等的愚弄而投向"和平运动"的,陶也以为有必要写文澄清一切出于自愿,没有他人的诱惑。

陶希圣的悔过之举,并不见谅于绝大部分的国共人士,即使他努力于揭露汪伪的阴谋,也没有用,对此,陶希圣很是苦恼。他只有向曾经的伙伴高宗武诉说:"发表论文以后有两种反响,一为共产党方面,指弟奇货自炫,欲乘机诱和,不如仍当汉奸或自杀;一为爱弟者,以为弟热衷政治,又欲以文字购取政治之出路。自弟思之,则第二种推测最令弟伤心。"并说:"弟现已无出路,而在主观上不求出路,即令主观上求出路,亦无得到之可能,此非求荣乃取辱耳。'如人饮水,冷暖自知',岂愚蠢一至于此乎。"

对于有人抓住他曾经的汉奸行为打击他,陶希圣颇有准备,提防之心常备不懈。他在同一封信中说:"近来既有国际通讯社之小本经营,则形势又将一变,盖因此在或多些接触而对沪又多些来往,弟预料将增加'求出路'之讥。更可愁者,弟过去在宁汉渝本有多方面之交往,此后当然不能一律拒绝其顾拂,或否定其问讯,或有人将讥弟多拉关系多走路子,此为不纯不安分不守己守法。弟认为此皆为可能之事,故尝引为寒心而自认倒霉而已。"①

在惭愧、愤懑、自卑情绪之下,陶希圣不急于回重庆。1940年7月15日,陶希圣致电蒋介石:"希以收集资料,联络沪宁,暂留香港,视交通情况至必要时期,若无适当港口可资继续工作,当赴渝拜谒。棠阶、月笙先生随时照料,至深感幸,并恳释念,陶希圣叩元。"②从电文可见,蒋介石希望他回重

---

① 以上引文均取自夏侯叙五:《高宗武隐居华盛顿遗事》,第106页。
② 台北"国史馆"藏,入藏号:002000002128A,全宗号:蒋中正"总统"文物,卷名:汪伪组织(三),典藏号:002-090200-00024-114。

庆，但是，陶希圣决定还是留在香港，颇有自我放逐的意味。

1940年初到1941年底，陶希圣在香港住有两年。

二、月笙保护

陶希圣留在香港是有风险的，各种力量均在此活动，其中，不乏日汪特务。陶希圣回忆说，曾经有一个七十六号派来的人，拿着白色的药粉和手枪，此人称按照上级要求，如果无法在陶家下毒的话，就在杜月笙公馆，利用杜月笙请陶希圣吃饭时下手枪杀陶。好在这个执行者到香港后投诚，把他接受的任务报告给杜月笙，并不再回上海了。此事侥幸避开，但警钟却因此长鸣。

促成"高陶事件"的是杜月笙。他作为上海滩上有名的青帮大亨，此时也在香港，遥控上海青帮事务，配合戴笠，主要从事抗日的地下工作。陶希圣从上海出逃到香港定居，一直处于杜月笙的保护之下。

杜月笙将陶希圣一家安排在九龙根德道居住，并派人在附近保护，这些人在通往陶希圣家的马路上徘徊，严密地观察过往的人。杜月笙对保护陶希圣的安全十分上心。一次，陶希圣想从九龙到香港的皇后电影院看电影《英宫六十年》，他怕摆渡时碰到熟人，便略微易容带上一撮小胡子，到尖沙咀坐船，没想到第二天杜月笙派人来警告说："你带假胡须，更容易被人发现。"陶尴尬地意识到自己弄巧成拙了。

杜月笙的行为得罪了汪精卫。据《杜月笙传》载："为此'高陶事件'，汪精卫对杜月笙恨之入骨，他曾恨声不绝地说：'我跟他有什么难过，他竟这么样来对付我！'当时，他下令伪政府特务头脑李士群，专程到广州指挥，派遣凶手，到香港去解决杜月笙。杜月笙防范严密，刺客没有下手的机会，因而作罢，但是汪精卫仍不甘心，他再派人运动香港差馆（警署），借口有人密告杜月笙是'流氓'，要把他驱逐出境。"开始，杜月笙没有意识到事情的严重性，后来，香港警察真的来到杜公馆和杜月笙办公地点搜查，杜月笙方才醒悟。杜与港督私交很好，时任中央信托局局长的俞鸿钧出面，"以非正式的国民政府代表身份，向港督送上一份备忘录，说明杜月笙是中国的高级官员，社会领袖，他是国民政府正式委派的赈济委员会常务委员，又是中国红十字会副会长，此外尤且兼任国家行局交通银行的常务董事，以及国家资本占百分之五十以上的中国通商银行董事长。他指出港警搜查中国官员的住宅及其办公会客的地点，纯然是非法而无礼的行动。港督奉到了俞鸿钧的备忘录后，当即表示道歉，同时保证此后不会再有类似的事情发生。"[1]汪精卫等一干人也拿杜月笙没有办法。

1941年12月初，戴笠得到情报，日军决定采取南进政策，英国驻港军当时仅有两三个营，外加印度兵九个营，英国政府无心保香港。形势危急之际，"杜月笙在渡海赴告罗士打之前，驱车往来皆老道弯了一弯，他走进陶希圣的寓所，当面交代他说：'明天我到重庆去，请你把行李准备好。我到重庆之后，替你订好飞机票，再打电报通知你，你就即刻动身'。因为这是蒋委员长的命令，委员长要陶希圣离开香港，回到重庆"[2]。第二天，杜月笙飞往重庆。

虽然有所准备，但日本南进的爆发力依然出乎意料，仅12月8日一天，日军向英、美、中全面出击：偷袭珍珠港，攻击北平、上海、天津的英美驻军并解除武装，袭击东南亚泰国、马尼拉、新加坡等地。香港未能幸免，日本派七架飞机对香港投弹轰炸，日军第三十师团一部，在英军没有觉察的情况下，占领了九龙半岛主阵地，11日上午英军全部撤退，12日香港沦陷。在重庆的杜月笙和戴笠十分紧张，决定利用日本还没有占领机场的机会，派飞机前往搭救。两人拟定了先行救出的人员名单，陶希圣赫然在上。

香港这边，9日，"国际通讯社"办事处的万济舟到陶希圣家里，通知陶希圣说重庆来电，让陶希圣与中国航空公司联系，乘当晚的飞机到重庆，让他去启德机场候机，陶希圣与万济舟步行去往杜公馆找车，汽车是找到了，可汽车没油，他们无法到机场，错过了机会。11日，重庆再次专门派飞机来接陶希圣、许崇智等人，但此时机场地面人员已经四散，再则陶希圣本人还是无法赶到机场，飞机在空中盘旋后飞走了。陶希圣在沦陷的香港东躲西藏了一个月

---

[1] 章君毅著、陆京士校订：《杜月笙传》，中国大百科全书出版社2011年版，第830页。
[2] 章君毅著、陆京士校订：《杜月笙传》，第857页。

左右，1942年1月28日，陶希圣稍稍作些化装，他在脸上抹了椰子壳油，染上一层不健康的黄，混入难民之中，步行至大埔，坐渔船再从东江到韶关，前后历经一个月，于2月27日到重庆。到此，陶希圣离开香港，别过两年的惊险生活。

在政治生命攸关的时刻，杜月笙给予的帮助，陶希圣记在心里。1947年8月30日，杜月笙六十大寿之际，《申报》用一个版面为他庆贺，章士钊、陈布雷和陶希圣写有专文。陶希圣的文章名为《道义发乎性情——为杜月笙先生六十寿》。陶希圣回忆自己是在抗战时期认识杜月笙的，当时，杜月笙的存在是个奇迹，尤其在上海、香港、广州、澳门等敌方占领或敌方势力强大之地更是如此。陶希圣说："当一个人的生命和家属瞬息即将受敌人蹂躏和虐杀的时候，无论他认识月笙或是不认识，只要月笙先生知道他，只要他把生命和家属相托付，他必能获得月笙先生的帮助。"即使在国家力量不能到达之处，只要有中国人聚居，就可以获得杜月笙的帮助。杜月笙的所作所为，陶希圣升华为"于国家的力量不能达到的处所，实为民族的网罗，社会的脉络"。他说，杜月笙所形成的网罗，既是有形有组织的，又是无形的。无形的就是道义性情，道义的定义为"情之真挚处为义，性之至尽处为道"。① 他的文章不但对杜月笙表达了发自内心的感激，他的评价也大大提高了杜月笙的境界。

三、办国际通讯社

陶希圣滞留香港两年。此时的香港不同于沦陷区，有别于国统区，在英国港督的控制下，是相对安全的孤岛。随着日本侵占区的不断扩大，大批的难民，裹携着资金、技术、劳力和文化，冲向香港，带来了香港的一时繁荣。各种力量抱着不同的目的在此活跃，驻足观望。原上海、南京的不少报刊、报人转至香港，在香港出版的报纸有：《申报》《星报》《立报》《中国晚报》

---

① 上海《申报》1947年8月30日第9版。

《大公报》等,各种消息均在此汇集。

香港作为收集情报的绝佳场所,让身在其中的陶希圣可以有所作为。起初,陶希圣在香港编辑一个类似于内参性质,不对外刊印的读物,文章和译稿只提供给重庆方面作为参考。1940年6月,陶希圣则将其办成的《国际通讯》周刊(International Correspondence),以国际问题研究社的名义公开发行。通讯社的稿子既有论著也有译稿,译稿取自英美日苏的报刊。

刊物和研究社设置在九龙柯士甸道的一幢大楼里,重庆方面每月提供港币2000元的资助。陶希圣陆续吸收一些成员,包括日本早稻田大学毕业的经济学者李毓田(李原为高宗武主持日本问题研究会时的秘书)、高宗武的内兄沈惟泰、以前的学生经济学者连士升、国际法学者洪力生、文学家戴杜衡、通晓俄文的经济学家林一新,以及长于英文的唐锡如和黄薇薇(洪力生夫人)等人,或收集资料,或作为特约通信员,各有分工。陶希圣向内地人士约稿,何兹全作为驻重庆编辑,定期剪下重庆各报关于国际形势和国际问题的文章,附上自己的意见和看法一并寄给陶希圣。

杂志的开篇是署名"杂志同人"所写的《微小的任务》一文,该文应该是陶希圣的手笔,介绍杂志面对浩繁的资料、万变的世界,如何提供资料、分析战局。文章指出:"第一,这回战争,以经济战争为骨干。政治外交战以及军事战都是经济战的手段。国际贸易的再估定和资源的再分配,是这回大战的内容";"第二,这个战争,是变更各国经济秩序和组织的必至的结果。第一次世界大战以后,本于战时经济的经验,而有编制经济及计划经济的发达。这回大战以后,经济的社会化是不可挽回的趋势"。[1] 世界变化虽然快,但是,以经济出发加以研究,却可以把握走向。因此,刊物翻译了不少经济类的文章,同时,也写了相关的不少论文。

每期一般有三至四篇文章,第一篇往往是论政,最主要的作者是陶希圣,其次是李毓田和连士升。其间,陶希圣生病两个多月,杂志上没有他的文章,

---

[1] 《国际通讯》第一期(1940年6月12日),香港国际问题研究社出版。

此外基本上每期都有他的文字。他在杂志上前后总共发表了35篇,占总篇数一半以上。虽然从经济的角度观察时局战况是杂志的方向,但是陶希圣的文章却没有完全遵循预想的思路。对于战略战术的研究,是此时陶希圣国际关系研究的重点。

杂志的组织编辑,面临着许多困难,尤其是陶希圣自己身体欠佳,有些惨淡经营的味道。陶希圣曾经跟何兹全诉苦:"国际通讯未到系由于经手邮寄者有问题。此刊出版之初,即未能得法,迄今已成一无可奈何之无用长物,盖初则弟不能到社,继欲迁在住宅一起以资整顿,则又患病,久不能做事。现弟病愈一个月余又复再病,致令此物拖延下去,无可奈何。以弟观之,非停办另起炉灶将无他法也。"① 其中说到的这个"邮寄者",就是陶希圣的妻弟万济舟,他侵吞了好几期的邮资,并没有将杂志寄出。后来,会计余启恩揭发了事实,但因为这是自家人做的丑事,最终也不了了之。

1940年6月至1941年9月,《国际通讯》周刊出版前后一年三个月,共出版六十六期。1941年10月10日,陶希圣将小型周刊改成大型半月刊,但仅仅出了一期,因为太平洋战争的爆发,香港沦陷,刊物只得停刊。但这惟一的一期半月刊,笔者至今无缘一见。

《国际通讯》站在重庆的立场上,克服了信息闭塞的缺陷,成为太平洋战争前,一份信息量大且具有世界眼光的杂志。陶希圣组织人马对中日、汪日、中苏关系,以及风云莫测的国际关系进行分析;对英美、德意,以及苏联的战时走向,多有描述、评论、预测。他们客观、全球性的战略分析揭示了世界战争必将爆发,世界将分成两个阵营,战火燃及太平洋、大西洋以及印度洋,中国单独对日作战的局面行将结束,预言日本无休止的贪欲和有限的能力将无力掌控时局,最终必然走向失败。他们的分析,对抗战三年之久的中国人是一种鼓励和安慰。可贵的是,他们的分析从理性出发,更具有说服力。

陶希圣的努力,不但使他的意见得到重庆方面的重视,他本人的面貌在

---

① 陶泰来、陶晋生整理:《陶希圣年表》,台北联经出版事业公司2017年版,第179页。

世人心中也有所改观。1940年3月，蔡元培去世，《申报》发表诸位要人的挽联，介绍陶希圣时所用前缀为"发表日汪协定的陶希圣"；而到了1941年7月，《申报》则以"日本事务专家"作为陶希圣的身份，定位颇为正面。

第二节　纳入蒋营

一、蒋介石的赏识

陶希圣自1927年参加国民革命后，一直是汪精卫的人，但这并不妨碍蒋介石对于陶希圣的欣赏。

1935年，蒋介石面嘱程天放[①]，聘请陶希圣为中央政治学校教授。陶希圣态度虽然谦卑，但还是拒绝了邀请。他在给蒋的信中说："至感知遇。只以现在服务于北京大学，北平藏书较富，师友复多，北大政治系之行政制度研究室又经开始用未能尔远离。且若得刍荛致力于党国，恭承指导切实探求，固无间于南北。倘使钧座认为希圣有一得之愚有裨政校，则于学年之中指定讲题赴政校作短期之讲学为效……"在同一封信中，陶希圣汇报了目前自己正在研究的学科："（一）清代以来中央各部之组织及办事程序，意以为司科制度及公文往来之法不甚适宜于事业之兴办，且各部之职务名曰行政实乃审核，故办事精神惟托于纸笔，因之欲详加研究以备讨论。（二）省政府之组织地位及职权，此题欲从历史探求，尤注重于清代以来，意以为古来之地方高级行政机关制度有两大趋势，一曰地方长官之分权，军民财法常归分理，以防割据；二曰地方常有高级监察使臣之监临，而此监察长官又常变为地方行政长官，如明之巡抚清之督抚皆是也。故欲详加研究以供讨论。（三）清代以来县行政之研究。自宋以来县地位愈加重要，而政治家思想对县以来行政之指导著作及实践信条皆丰富，如乡约牧令书等是也"。他的回信没有令蒋不快，反而提起了他对陶及

[①] 程天放（1899—1967），江西新建人。原名学愉，时任中央政治学校教务主任。

其课题的兴趣。蒋介石回复称"近世重要典章有裨实用，中亦极注意于此"；同时，他提出要求，请陶希圣在暑期给政治学校讲课前先用三个小时的时间，给自己讲讲清代各级政府组织与权限。陶希圣欣然答应。①

1937年牯岭会议期间，蒋介石曾找陶希圣进行一个党的主席与党员间的谈话。蒋介石对陶希圣说："你在北平做得很好，你还是回去指导他们继续努力。"陶希圣则说："总裁，国民党有四个单位四个组织，我指导谁？"蒋起身说："我叫他们听你的话。"②蒋介石如此肯定了他在北平的表现，显示出对陶希圣的信任。显然，陶希圣在北平与左派之间的"恶斗"，令他声名远扬。不过，反共防共之心甚强的陶希圣，对西安事变后蒋介石顺应民意联共抗日的举措十分失望，使他后来有加入"和平运动"之举，并对蒋恭敬而不亲近。

自1937年7月7日卢沟桥事变，到12月13日首都南京城沦陷，短短的半年时间，东部半壁江山沦陷。12月15日，蒋介石在武昌发表《告国民书》表示："中国持久抗战，其最后决胜之中心，不但不在南京，抑且不在各大都市，而实寄于全国之乡村与广大强固之民心。"③抗日战争进入到相持阶段。国难当头，中国社会面临着新的考验，集合全国力量从事长期抗日，唤醒国民的抗战热情为当务之急。1928年以来近十年未变的体制，不适合目前的新形势，政府机构、经济体制、军队制度、民众政策、财政、教育、经济政策都需要改革。此时，人才显得尤其重要。1937年后，陶希圣为了劝蒋与日本展开谈判，几次求见蒋介石，并多次写信给汪、蒋，蒋介石虽然不赞成陶希圣的对日主张，但对于陶希圣的个人能力，给予了肯定。1937年12月31日蒋介石在日记中说："与张嘉璈、陶希圣谈已，曰：'皆可用之才也。'"④把陶希圣列为人才。1938年1月9日，蒋介石在日记中说："政治、经济之改革，

---

① 台北"国史馆"藏，入藏号：002000002008A，全宗号：蒋中正"总统"文物，卷名：一般资料——党国先进书翰，典藏号：002-080200-00619-062。
② 陈存恭、尹文泉整理：《陶希圣先生访问纪录》，第53页。
③ 《为国军退出南京发表通电》，见秦孝仪主编：《先总统蒋公思想言论总集·别录》第37卷，台北中国国民党"中央委员会"党史会1984年版，第165页。
④ 黄自进、潘光哲编：《蒋中正总统五记·爱记》，第164页。

必须准备人才与加强组织人才方面,朱家骅、张群、俞飞鹏、陶希圣、卢作孚、王世杰、翁文灏、宋子良、吴鼎昌、萧铮,此其选也。"① 同一天,陈布雷"入谒委员长,承命应约岳军(张群)、作孚、淬廉(何廉)、骝先(朱家骅)、希圣研究经济方案云。"② 将陶希圣吸纳进入制定抗战建国纲领的队伍中。

1938年12月,陶希圣追随汪精卫离开重庆;1939年6月,国民政府明令通缉投敌的汉奸名单中,没有陶希圣。据说,是蒋介石将陶希圣的名字拿掉,陶希圣因此被梅思平等人怀疑是重庆方面的人。

尤其令人们不解的是,高宗武和陶希圣一同回归,高宗武终身不得任用,而陶希圣在政坛上虽没有达到要风得风、要雨得雨的境地,但也是风生水起,担任蒋侍从室第五组组长、《中央日报》总主笔,颇受蒋介石的重用。重要的原因是陶希圣具有担任幕僚或是秘书的特质,且在思想上能够与蒋沟通并能得到认同。当然,陶希圣本人对于蒋的恭敬和臣服的态度,也令蒋十分舒服。③

二、陈布雷的提携

1. 陈布雷的遗嘱

1948年11月13日,陈布雷吞下150颗安眠药,离开了令他无比厌倦而又无比牵挂的人世。相信,他走的时候带着终于解脱的快感。

陈布雷在留给陈方、李惟果和陶希圣三人的遗嘱中,满含着惜别之意:"获交兄等,情如手足,人生知己之感,何能一日忘怀。惟弟自今夏以来,神经陷于极度衰弱,累月不痊,又因忧虑过深,酿成严重心疾,今竟不能自抑,其在民国卅二年及卅四年之狂愚自弃的反常心理,而与兄等长辞矣。"自知世事

---

① 《事略稿本》41,第29页。
② 《陈布雷先生从政日记》(样稿),1938年1月9日。
③ 1943年1月23日,陶希圣给蒋写这样一封信:"为请求□亲笔寿字颁呈老母以为荣典事。窃希圣五年以来违慈颜失奉养,而家母年已八十有一,日久倚门,殊不胜伤感之至意。幸蒙宽宥得以回国,而羁于工作,隔于路途,仍未足以遂乌(?)私□当旧历新年,窃冀殊荣之赐。前曾为陈主任道及徽忱,已蒙俯允转呈,现在陈主任尚未销假,敢托第四组依例□陈情伏维。鉴祭谨呈委员长。职陶希圣呈。一月二十三日。"其态度之恭敬,令人感慨。(台北"国史馆"藏,入藏号:002000001374A,全宗号:蒋中正"总统"文物,卷名:《名人书翰》(三),典藏号:002-0801114-00021-044)

难料,但可以肯定的是"拙荆今后孤苦可怜,惟望兄等推爱而有以照拂之"①,并请他们代向好友致敬告别。"现代完人"陈布雷临终之语、临终之托,道出了他和陶希圣"手足""知己"之情。

2．相识

陶希圣和陈布雷之间的渊源,可追溯到1923年的商务印书馆。20年代的商务印书馆人才济济,陶希圣来到法制经济部时,陈布雷已先于他在总务处工作。虽然,他们没有相识,但是,陶希圣"略知了他的文名"②,他听说商务出版的英汉大字典上蔡元培先生的序,即是陈布雷的手笔。

"五卅"运动,则是他们关系拉近的一个契机。当时,为抗议帝国主义的镇压,各界声讨之声响彻云霄。此时,陈布雷为《商报》主笔,陶希圣回忆说:"在《申报》与《新闻报》那样的大报以及《时事新报》与《民国日报》那样有政治色彩的报纸中间,《商报》以社论能言敢言著称。凡是流丽泼辣的社论,大抵出于布雷先生笔下。五卅惨案之后,上海罢工风潮汹涌之中,我参加十教授宣言。《商报》发表这个宣言,并由布雷先生执行,以社论为之响应。我们对于《商报》主张公道,十分钦感。"③签名一事,使陶希圣与陈布雷有了进一步的关联,陶希圣对他的认知进了一步,不过,他们依然没有正式相识。陈布雷是否知晓了这位陶汇曾先生,则不得而知。

陈布雷和陶希圣正式见面是几年后,1928年或1929年,在复旦的校园里,这天是复旦校庆,陈布雷作为校董事受到邀请并讲话,陶希圣作为中国文学系及新闻学系的老师也作了发言,讲述自己当时正热心研究中国社会的组织、士大夫的构成及中国的政治经济等问题。陶侃侃而谈,几乎忘了时间。会后,陶希圣与陈布雷算是正式交谈认识了。

1931年上半年,陶希圣在《社会与教育》周刊上发表文章,并在中央大

---

① 《陈布雷遗书》,见《中央日报》1948年11月19日第4版。
② 陶希圣:《记陈布雷先生》,见《陈布雷先生文集·附录》,台北中国国民党"中央"委员会党史委员会1984年版,第435页。
③ 陶希圣:《记陈布雷先生》,见《陈布雷先生文集·附录》,第436页。

学法学院政治系讲中国政治思想史,因为言辞犀利,上海市党部向国民党中央检举他是反动分子,这时,作为教育部次长的陈布雷说的一句话救了陶:"我在复旦大学见了他一面,他没有别的,只是锋芒太露。"① 后来,陈果夫写信给陶希圣,这事就了了。陶希圣知道陈布雷为自己说话,颇有所感,特意到教育部去看陈布雷,陈布雷却没有提起此事,而是与他天南地北地闲聊。此后,陶希圣离开南京到北平,但只要回南京,他一般都会去拜访陈布雷。

3. 相知

陶希圣和陈布雷的真正友谊,应该始于庐山会议。在以后的一段时间里,陈布雷与陶希圣在对日问题上观点相近。1937年11月13日,陈布雷甚至在日记中写道:"希圣主张明澈,观察精当,殊可佩服。"② 这方面的情况,在《从事"和平运动"》一章中有详述,不再赘述。

他们密切的交往,还源于他们两人的特殊身份,陈布雷是蒋介石最器重的幕僚,当时的陶希圣近似于汪精卫的助手,他们两人居间沟通蒋、汪,工作关系加深了他们之间的交往和了解。对此,陶希圣在《陶希圣先生访问纪录》中说:"我与陈布雷、周佛海常在一起,在蒋、汪二人之间从事沟通工作。"③ 此时,尽管汪、蒋各怀心思,面和心不和,陈、陶两人却颇为默契、互存好感。

1938年2月,国民党第五届中央执行委员会常务委员会第66次会议决定于3月29日在武汉召集临时全国代表大会。陈布雷向蒋介石建议,汪对临时全国代表大会宣言很感兴趣,是不是请汪精卫来起草,蒋介石同意了。陈布雷从蒋介石所在的武昌过了江到汉口汪精卫处,请汪起草宣言。汪精卫很高兴,和陶希圣商量如何开篇,说:"我看艺文研究会的发刊词头几句很好,可否拿来一用?"陶希圣说"当然可以",欣然同意。所谓的开头一句是:"中

---

① 陶希圣:《记陈布雷先生》,见《陈布雷先生文集·附录》第438页。
② 《陈布雷先生从政日记》(样稿),1937年11月13日。
③ 陈存恭、尹文泉整理:《陶希圣先生访问纪录》,第77页。

国现在正面临五千年空前未有之战局……"①但是，蒋介石看了汪起草的宣言之后不满意，认为"稍嫌平衍"，让陈布雷改拟一篇，以便于"酌采"。这样做显然生硬了些，陶希圣主动提请陈布雷写信给汪精卫，陈述修改宣言的要点。陈布雷在当天日记中特意注明，这是"希圣之意也"②。最后面世的《临时全国代表大会宣言》的头一句话是："中国现正从事于四千余年历史上未曾有过的民族抗战"③，虽然改动没有几个字，但是，从"面临……战局"，改为"从事……民族抗战"，体现了完全不同的风貌：凸显这场战争的全民性和正当性，将被动应战转为主动抗争。

正因为陈布雷和陶希圣有这样的交情，1939年陶希圣后悔离开重庆参加"和平运动"时，最先写信表示悔意的对象就是陈布雷。陶希圣脱离汪伪来到香港后，为重庆提供消息、分析形势，将自己的信息转给蒋介石，同样通过陈布雷。

太平洋战争爆发不久，香港沦陷。陶希圣这个为日本和汪伪最痛恨的"背叛"者，处境十分危险。陈布雷在重庆一直为陶希圣担忧，直到1942年1月21日，陈布雷才略微放下心来。因为，"今日闻一佳消息，言希圣已脱险。三时月笙来访，乃知尚在营救中"④。1942年2月27日，陶希圣终于回到重庆，当天，陈布雷的日记是这样写的："十一时接电话，知希圣自桂林飞来，遣车往接，十一时卅分到寓。三年不晤，相见时欢喜无量，为述离港经过甚详。谈一小时，陪其至四号休息。余竟以兴奋不能成眠。"⑤陈布雷是一个性情中人，无论对亲人对朋友都是真诚相待，然而，身处乱世，生离死别往往也是淡然处之，尤其是到了40年代，陈布雷的身体状况不好，失眠严重、抑郁常伴，能够令他"相见时欢喜无量""兴奋不能成眠"者，似乎独此陶希圣一人！

---

① 陈存恭、尹文泉整理：《陶希圣先生访问纪录》，第77—78页。
② 《陈布雷先生从政日记》（样稿），1938年3月25日。
③ 荣孟源、孙彩霞编：《中国国民党历次代表大会及中央全会资料》（下），光明日报出版社1985年版，第461页。
④ 《陈布雷先生从政日记》（样稿），1942年1月21日。
⑤ 《陈布雷先生从政日记》（样稿），1942年2月27日。

陶希圣被陈布雷安置在重庆上清寺美专街二号的楼上，陈布雷自己则住在美专街一号，两座小楼比邻而建。因为陶希圣的家属开始没有一起来，后到重庆也没有住在一起，陶希圣在去往《中央日报》当主笔之前（1943年11月），陶一人住在二号，他每日的午饭和晚饭都在陈家吃，两人几乎天天碰面，前所未有的接近。

陶希圣到重庆的第二天，陈布雷去陶处询问下一步的打算，陶告诉陈布雷自己脑病还没有痊愈，"容再考虑详商"①，又对陈说："政治上内重外轻之积弊，谓今日情形颇与北宋时代相似（唐代情形亦相似，地方无贤良之吏，人人皆趋京师，不及汉代公卿以出为太守为荣也）。故只言加强中枢政治效率，说来说去也还是抓不着痒处也。"②虽称再考虑，其实政治种种，何尝不是时时萦绕于陶希圣的头脑之中。白天谈话尤嫌不足，晚上，陈又与陶等人谈话。陈布雷不时抽空去看望陶希圣，比如，陈3月1日日记载有："九时归寓，到二号访希圣谈话，彼方在写作，谓将记述脱险经过也"。笔端可见陶希圣颇为安然。虽然，陶希圣并不想马上投入工作，但是3月2日，陈布雷"餐毕与希圣谈宣传纲要等甚久"。陶希圣事实上已加入到工作之中。

陶希圣在重庆逍遥了一个月后，3月28日陈布雷约陶希圣谈话，"与之商榷，拟留其在渝任宣传指导设计事"。③4月2日，陶希圣同意留在重庆工作，陈布雷表示"殊可慰也"，并以为："此友能留渝相助，将为一得力之益友也。"④次日，陶希圣给陈布雷送去理论研究及宣传设计的计划，陈布雷看后很是"快慰"。陈布雷迅速地向蒋介石举荐陶希圣。

仅仅两天后的4月4日，蒋介石批准陈布雷的提议，正式认命陶希圣为侍从室第五组组长，并在第五组业务中添加理论研究及宣传设计两项任务，显然，第五组的新任务，是为陶希圣量身定做的。

---

① 《陈布雷先生从政日记》（样稿），1942年2月28日。
② 《陈布雷先生从政日记》（样稿），1942年2月28日。
③ 《陈布雷先生从政日记》（样稿），1942年3月28日。
④ 《陈布雷先生从政日记》（样稿），1942年4月3日。

陈布雷、蒋介石的接纳，令陶希圣绝处逢生。在事业上，他先得到陈布雷的赏识，陈布雷扶他"上马"，并在陈布雷的领导下开始了他的智囊生涯。

4. 同行

陶希圣固然需要陈布雷；同样，陈布雷也需要陶希圣。蒋介石不是一个好相处的人。蒋介石的知识先天不足，但好在后天努力，好学、好思，尤其偏爱心性之类的中国哲学，深信人性塑造无比重要，教化在他的政治学中不可或缺。因此，宣传、灌输他的思想、观点和政策，成为政治活动极其重要的部分。大大小小的节日，五花八门的纪念日，党内、军内、各校、各种团体的种种活动，国内外发生的大情小事，只要在他看来有必要，就会以告某某书、讲话、社论、演讲等方式宣之于众。结果，最吃力的自然是撰稿人。如果仅仅是数量大，也就罢了，更让人难堪的是蒋介石好为人师，固执己见，自信至极，重要的文稿，不但亲力亲为拟好提纲，文章出来后，他会一遍遍地要求修改，有时甚至达十八遍之多。长期在高压环境中超负荷的工作，令陈布雷这位文名天下的才子，到了写文入噩梦的境地，自称是"真如芭蕉之心已萎，春蚕之腹已空"。以陈布雷对陶希圣的了解，陶希圣的归来虽不能让他如释重负，但也可略事歇肩。

陈布雷肯定陶希圣笔头敏捷，思路开阔，并在日记中毫不掩饰地表现出对陶的欣赏，甚至羡慕。陈布雷视陶希圣为"益友"，多次称陶的意见"颇有见地""论事有见"。不时"约希圣谈话"，陶希圣也常常登门拜访。当写重要文章时，一同拟定提纲，或由陶提出初稿与思路，或请陶希圣完成一些段落。1943年3月17日陈布雷在日记中写道："读《中国之命运》全文毕。此书仅于前月底略读三章，今日始全阅之。觉文字内容俱极精粹，希圣之文字组织力甚可佩也。"[①] 对陶希圣的文字能力，给予肯定。陈布雷身体不好，实在无力完成一些写作任务时，能够依托、帮助的人主要是陶希圣。比如1944年5月20日，国民党中央执行委员会召开五届第十二次全体会议，陈布雷写全会

---

① 《陈布雷先生从政日记》（样稿），1943年3月17日。

宣言："并与希圣谈商，承其拨冗研议要点，心甚感之。"① 陶希圣出手相助，令他满怀感激。

抗战期间，宣传部负责宣传，但侍从室第二处处长陈布雷也分管宣传工作。《中央日报》的社论，一直是陈布雷的心病。1943年10月《中央日报》大改组，由胡健中任社长兼总主笔，陈训畲（陈布雷六弟）任总编辑，陶希圣担任副总主笔。17日，是改组后的《中央日报》首次发行，陈布雷看后极为欣慰地说："阅之觉编排方面颇活泼充实，社论为希圣所撰，内容亦佳，为之心慰。"② 社论自从由陶希圣来写后，不但是陈布雷，连蒋介石也称赞《中央日报》的进步。陈布雷对陶希圣极少有微词，就在此极少之中，他也是以理解的口吻，表示遗憾。例如，1943年11月24日，陈布雷在日记中写道："阅各报及参考消息等件，《中央日报》之社评虽较前略充实，但笔调枯涩，不甚有精彩，盖希圣疲劳太过矣。"

陶希圣和陈布雷在很多问题上意见相投，尤其相同的是对于国民党前途的忧虑。1944年2月，国民党在战场上失利，经济上困难，且政治形象不好，统治面临着危机。中共则相反，大得人心，尤其是延安对外宣传很成功，驻华的外国记者要求访问延安，蒋介石答应了。陈布雷和陶希圣对此局面忧心忡忡："细思党务及中共宣传发展之前途，及其与盟国之影响，忧心郁结不可忍，午餐几亦无心进食也。餐毕与希圣略谈，知彼之见地与我相同耳。"③ 他们两人同样感到与中共宣传相抗衡很吃力。蒋介石询问陈布雷对抗中共宣传工作进行得怎么样的时候，陈"不得不将各机关散漫无主及中宣部毫不负责之状况详陈"。结果，蒋交下任务，令起草宣传纲要。陈布雷"心绪梦如乱丝，一日余之胸次甫就清朗，又似乌云笼罩矣"，无奈，只好请陶希圣"代拟"④，结果却令他失望："阅昨日希圣所拟之纲要，似觉有应补充之处，而手边无确切材料，

---

① 《陈布雷先生从政日记》（样稿），1944年5月22日。
② 《陈布雷先生从政日记》（样稿），1943年10月17日。
③ 《陈布雷先生从政日记》（样稿），1944年3月1日。
④ 《陈布雷先生从政日记》（样稿），1944年3月16日。

只为大体之增删若干语句，至十一时完毕。希圣好学深思之士，近来亦疲顿拘滞，毫无明快犀利之概；甚矣，公职之能所丧人才也。"① 陈布雷既是说陶实际也是在说自己。

1946年10月2日，陈布雷看了陶希圣起草的双十广播词的要点后，"似觉内容空虚，不切合于实际。然仔细思之，居今日而言国庆，实亦无适当之言词可以安慰国民。而振励之也"，完全理解陶希圣。

1947年3月30日，陈说："希圣来访，与之谈政局与党务，所见皆同，为之一快。"

1948年5月1日，陈布雷在日记中写到："约希圣来谈今后政局之补苴。希圣所见多与余相同。"说此话的背景是：当天，国民大会举行闭幕式。大会推举代表周钟岳、秘书长洪兰友向蒋介石送总统当选证，宪政政权正式建立。随后的权力分配、职务任免，必然引起各种力量的蠢动。前一天，陈布雷见到蒋介石劝孙科任立法院院长，孙科以不能与"友党相处"而拒绝，陈布雷花了一个多小时，为孙科分析他不就任的后果。陈布雷后与吴铁城、陈立夫、张厉生、谷正纲等讨论国大立委选举补充办法，陈布雷认为国大立委的选举法不可轻易修改，党要有信誉，不可损伤人的感情，可是陈立夫和吴铁城却对此并不上心。孙科和陈、吴三位大佬的态度，令陈布雷十分不解，此时陶希圣对于政局和党务的意见和他一致显然十分重要。

陈布雷在世时，陶希圣始终不会越过陈布雷直接找蒋介石。比如，他的文章，都会通过陈布雷上达，绝不逾越，陈布雷在日记中说他过于小心。

陶希圣在国民党内人缘不好，并有污点，虽然为国民党殚精竭虑，但仕途并不顺畅。国民党内甚至有人因为陈布雷对陶希圣的提携重用而对陈存有微词。固然，陶希圣有才，但陈布雷所谓"如此同志，不易多得也"②的肯定，则包括陶希圣的人格。在陈布雷"目睹纵横排逐，是明非素，各执一端，

---

① 《陈布雷先生从政日记》（样稿），1944年3月18日。
② 《陈布雷先生从政日记》（样稿），1946年8月14日。

权利所在,锱铢必争"①之后,某天晚上,陶希圣到陈布雷处聊天,他们谈了《中央日报》、社论委员会、《新民报》等工作上的事。陶希圣离开以后,陈布雷有感而发:"希圣洞达人情,深思博察,能实干而甘于黯淡,其人格可敬。"②这段话,写于相识十余年后,且离陈布雷自杀不足半年,对于陶希圣而言,真正是弥足珍贵。

5. 性格相异

陶、陈二人性格不同。陈布雷是一个典型的文人,自尊自怜、敏感厚道、追求完美,虽然涉足官场多年,但内心常存天真,世间种种羁绊过多,幻灭之感不时萦绕,内心深处常发"怎么是这样"③的惊叹,说到底是一个理想主义者。陶希圣到重庆之后,陈布雷的身体一直不好。从我们现在所能掌握的医学知识来看,他失眠、腹泻、注意力不能集中、对自己评价低、了无兴致,自述1943年和1945年数次想到自杀,1947年以后大部分时间无法正常工作等等,无不说明他患有严重的抑郁症。陈布雷后来在遗嘱和日记中,除了对自己性格的批判外,还将自己的悲剧归之于"命",表达了对中国经过抗战后政治发展方向完全失控的不解,以及个人在其中的软弱无力的愤恨,但又不能随波逐流放任自己,只有绝望。

陶希圣理解陈布雷,并曾经一度帮助陈布雷克服抑郁。1946年2月23日,陈布雷情绪极坏,写了几封信又撕去,"殆成狂易矣!某种不自决之念,以今日为达于最高潮,然终以希圣来谈,而感其诚挚,乃始决心忍苦以观吾党之复兴耳"。④陶希圣的话,对陈布雷有抚慰的作用,能够让他从失控的状态中回复一些,暂时放弃厌世。

陈布雷去世后,陶希圣在之后的半个月内写了三篇文章加以缅怀。第一

---

① 《陈布雷先生从政日记》(样稿),1948年5月26日。
② 《陈布雷先生从政日记》(样稿),1948年5月31日。
③ 陈布雷在日记中说:"心中多不如意,皆由从前太单纯,太天真,对一切政治上人物皆以君子之心相期,以为各方观点纵有不同,而最后归趋必衷于一,今乃知其不然。于是迷离、怅惘、失望,遂相袭而至也。"[见《陈布雷先生从政日记》(样稿),1948年5月18日]
④ 《陈布雷先生从政日记》(样稿),1946年2月23日。

篇《悼念陈布雷先生》和陈布雷去世的消息同时公布于1948年11月14日的《中央日报》，文章称道陈布雷"功在国家而不居其名"，拥有"学者的气度与客观的观点"，作为一个书生而生活，"对于国事，怀抱着诚挚的责任心，却又保持着空灵的观察力。他处理政务，必使精神贯注到最后一个字，他撰写文章必沥心力至最后一滴血"。文中他引用陈布雷生前的话，"大家都说我能作文，其实我只是能尽心"①，抓住了陈布雷的特质。同时，他也指出陈布雷有"抑郁的性格"。

11月18日公祭陈布雷后，《中央日报》19日披露陈布雷是自杀身亡，同时还公布了他的十封遗书，配有社论《忧劳为国，感激轻生——再悼陈布雷先生》，通过解说遗嘱，说明陈布雷的性格是忧郁的，但他对蒋是感激而忠诚的，他对党的涣散和失败主义的流行，很是痛心；陈布雷主张国家超于党派之上，因此，他与"党外爱国家的人士，无论在公谊上，或是私交上，都是一样的纯真"。他为了调和各派，极其"辛苦"，忧劳成疾，"一死报国"。②

最后一篇则是陶希圣署名的专论，名为《陈布雷的抑郁性格》，他给陈布雷自杀寻找理由。他将陈布雷定位在"中国历史上典型的书生"，"有刚直的性情而表现为雍容的气度，他有文士的才华而收敛于儒者的修养"。在追随蒋的二十年里，"沉重的责任心一直压着他的生活与精神上面，没有一时一刻的舒展"，责任心使他无法休息；"反省克己的工夫使陈布雷先生忍受一切痛苦而不怨，一切繁难而不辞"，他有烦恼和愤怒，最后却都转为自艾和自责，最后到了轻生的地步；作为书生，本身无可忧，所忧者在于天下，他受刺激于"党中同志涣散纷歧"。陶希圣以诗一般的笔触，对陈布雷之举进行了讴歌："布雷先生轻生之举，是消极的，但是他轻生之念是钢一样的坚强，火一样的炽热，一点也不消极。他决死之念洗尽了求生之欲，才能从容不迫一心不乱而就死。而他的决死之念完全是忧国之忧与报国之志所郁结而成，这又是何

---

① 《中央日报》1948年11月14日第2版。
② 《中央日报》1948年11月19日第2版。

等的纯洁。"① 如此满含情感的叙述,在陶希圣文案中少见,他没有觉得陈布雷是一种懦弱,相反他看到了坚强。这样的理解,可能出乎陈布雷本人的意料之外,但却也是最接近真相。

和陈布雷相比,陶希圣思想丰富、冷静理智,特立独行不受外界过多干扰,常常思考的是"下一步如何做",是一个行动中人,一个现实主义者。一直以来,他不是被动地完成上面交给的任务,而是主动地提出新的行动方向。尤其是在理论上,力图有所创造。陶希圣从幕后走到台前,当上宣传部副部长后,更少了自艾自怨,而是积极地行动起来。比如:所谓的"宪政"建立后,陶希圣提出为避免民初宪政的覆辙,要在舆论上下大工夫。陈布雷评说:"希圣之热诚勇气,既深觉其可佩,乃尽量鼓励之。群愚众盲,或将以不狂者为狂,非吾辈所计矣。"② 深受感染。再如:对于"党国"大势不妙、人心涣散的现状,不是抱怨,不是绝望,而是参与蒋的党务改造。陈布雷有记:"希圣来谈党务改革之要点,谓前进则可,而左倾幼稚病不可犯。今日之党,应以政策与行动并重,应造成战斗体系与选举体系。"陈布雷的感觉是:"其言甚伟"③。陶希圣的精神与态度,虽然令他一时感奋,但却不能让他根本释怀。正如陶希圣所说:"我没有抑郁的性格,布雷先生的抑郁成病,是他特有的抑郁性格使然。"④ 他们虽然互相欣赏,但终究不是一样的人。

三、幕僚本分

1. 走马上任

1942年初,陶希圣夫人带着孩子由广州湾转桂林,一家在此团聚。熊式辉正好在桂林,熊当时刚刚被蒋任命为赴美军事代表,他希望陶希圣参加赴美军事代表团,陶希圣则表示先请示重庆方面的意见。两人一起乘飞机到重

---

① 《中央日报》1948年11月21日第2版。
② 《陈布雷先生从政日记》(样稿),1948年5月15日。
③ 《陈布雷先生从政日记》(样稿),1948年8月7日。
④ 《中央日报》1948年11月21日第2版。

庆。1942年3月1日,蒋介石从外地发电报给陈布雷,让他转告熊式辉"在渝略候,希圣来渝希代招待为盼"。[①]郑重其事地迎接陶希圣的到来。

陶希圣对熊式辉所言显系托词,他明白自己的处境,头上必须有一顶保护伞,否则无法立足。他与学生何兹全有过一次谈话,何希望他离开侍从室到大学教书,研究中国经济社会史。陶不客气地说何不懂事。随后解释道:他留在侍从室,骂他的人看见他也得说两句好听的恭维话。如果到一个学校去教书,人人会踹他两脚,指着背骂"莽大夫"!人情冷暖易知,趋利避害难行,陶希圣显然是个中高手。

1942年4月3日左右,陶希圣被任命为国民政府军事委员会委员长侍从室第五组少将组长。蒋介石的侍从室分两处共六组,第一处第一组管总务,第一处第二组为军事参谋,第一处第三组负责典礼;第二处第四组由陈布雷负责,集中处理行政院各部会重要政务,第六组负责情报事务。陶希圣所在的第二处第五组,负责研究及撰述,曾经人才济济,多达八人,不过,陶希圣上任时,却冷冷清清,整个组里只有他一个人。4月底,陶希圣请求让黄冈老乡严振岳任五组少校组员。5月中旬,陶希圣的学生曾资生到渝,陈布雷特意将曾吸收到第五组,担任陶的秘书。

陶希圣十分满意第五组这个工作环境,由于思虑过多,他长期受头痛、失眠困扰,侍从室的机密性保证他少受打扰,而且,五处经常能够收到驻处使节报告的副本及军事委员会延安联络参谋的报告,与各国使馆也有来往,陶希圣有机会看到内外各种情报,便于他了解和分析。

陶希圣的幕僚生活可以分成两个阶段:第一阶段,侍从室时期,他在陈布雷的直接领导下,为蒋介石需要的一系列文章、讲话提供思路、资料,撰写某些段落,拟写初稿,陶希圣参与不少重头文件的写作,但陈布雷仍是居主导地位;第二个阶段,从1945年陶希圣为国民党六大提供《政策政纲》开始,由于陈布雷身体越来越差,侍从室撤了,特别是1947年国民大会后,陈

[①] 台北"国史馆"藏,入藏号:002000002113A,全宗号:蒋中正"总统"文物,卷名:访问印度,典藏号:002-090105-00005-066。

布雷基本上退出了幕僚的工作，文字上蒋介石更多地依靠陶希圣，陶希圣本人经过侍从室几年的漂白，和《中央日报》总主笔的不挂名却又为人所知的历练，具备了从幕后走到台前的条件，尤其是抗战胜利，国共之争成为主题，陶希圣这位中共的宿敌，坐上第一参谋的交椅时机已到。

2．西陲研究

作为蒋介石的幕僚，网罗情报、分析时政为陶希圣的本分工作。1942年7月11日，陈布雷"约希圣来谈西陲情形与对策，并嘱其准备研究日苏间战后军政及对党派各问题应注意事项"。① 陈布雷这一句话的内涵十分丰富，研究对象包括近期新疆盛世才与苏联发生纠纷，战后日本、苏联的政治、军事，以及国民党中央对中共和民盟、青年党、民社党等民主党派的应对态度。

所谓"西陲情形"是这样的，1942年3月19日，盛世才的弟弟盛世祺在自家卧室被子弹射死。盛世才将此事嫁祸于其弟妹张秀英，张屈打成招，交代受苏联指使。盛世才以此为借口，力图依靠重庆，摆脱苏联。盛世才和苏联双方你来我往唇枪舌剑之余，都寻求重庆的支持。7月9日，苏大使潘友新来见蒋介石，并送给蒋苏外交部至盛世才的信。信中申辩苏方没有指使任何人杀盛世才的弟弟；指责盛在新疆逮捕大量干部的行径；并披露盛世才曾经多次向苏联表示对马克思主义的好感，希望在新疆实行共产主义，建立苏维埃政权，加盟苏联，叛离中国，推翻蒋介石政权等行为。10日，蒋又收到盛世才的长信，承认自己1938年参加了俄共，指出苏联对新疆的野心，诉说自己迫于压力虚与委蛇的不得已做法，最后道出苏联所为在挑拨自己与中央的关系。蒋完全站在盛世才一边，称盛之信将"俄国在新疆全部阴谋，根本暴露"。② 并在当天下午，研究新疆问题，要求对以往制定的新疆方略作进一步详细讨论。因此，有11日陈布雷约陶希圣共同讨论一事。此事蒋相当重视。因牵涉苏联和边疆以及共产党等重大问题，陈布雷找陶来讨论，信任自不必说。更为重要的是，国民党当局已经考虑到战后苏日、国内各党派问题，并

---

① 《陈布雷先生从政日记》（样稿），1942年7月11日。
② 《事略稿本》50，第243页。

且把研究的任务交给了陶希圣。陶希圣深感责任重大,为此他做了不少的调查和研究。

3. 中共分析

(1) 中共分析之一——共产国际解散后

1943年5月22日,苏联《真理报》上发表《共产国际执行委员会主席团关于提议解散共产国际的决定》,该决定指出:由于各国的内情和国际形势的日益复杂,一个国际中心来解决每个个别国家的工人运动遇到了不可克服的障碍;由于各国历史道路的深刻差别,社会和政治的发展水平和速率不同以及各国工人阶级的觉悟和组织程度不同,所以各国工人阶级面临着不同的问题;由于在希特勒控制的国家和反希特勒国家中,工人阶级的任务不同,为了更好地和爱好自由的各民族的反法西斯力量团结一致,加速消灭法西斯力量,需要从每个国家的具体状况和特殊条件出发,特别是在目前的条件下、共产国际无法召开共产国际代表大会的情况下,共产国际执委会提出建议:"解除共产国际各支部对共产国际章程及历届大会决议所规定的各种义务,解散共产国际这一国际工人运动的领导中心。"① 共产国际解散一事,立刻震动世界。

从王世杰的日记可以了解到,当天晚上,共产国际解散的消息已经传到中国。23日晚,陶希圣见陈布雷时,交给他《第三国际之解散及今后对中共之宣传要点》;24日,陈布雷将陶希圣的这篇文章呈给蒋介石。

陶希圣在文中指出苏俄外交政策经过四次变迁,其中,苏联国家与共产国际之间的关系也有变化:1917至1927年,为苏联革命外交时期,正当各国反对苏维埃政权之际,发动世界革命运动,主持者为齐采林(现译齐契林),在此期间第三国际成立(1919年3月成立)。1928至1939年,共产主义运动在世界范围内进入低潮,陶希圣举例说:"东欧共产党失败于波兰诸国,中欧则失败于德国,东方则失败于印度、土耳其及中国。"这时苏联国

---

① 中共中央党史研究室第一研究部译:《联共(布)、共产国际与抗日战争时期的中国共产党(1937—1943.5)》第19卷,中共党史出版社2012年版,第364页。

家改取"和平外交"与各国修好的政策,由李特维诺夫主持。第三国际则行"统一战线"政策,共产国际依然支持各国的社会主义运动,以推翻其所在国当政者,所以,苏俄政府与共产国际执行的政策相反。1939年8月至1941年6月,从苏德协定成立到德国进攻苏联,前后两年时间,苏俄外交部采取国家本位的中立政策,第三国际改取"保卫社会主义祖国"的口号,两者由相反又转为并行。1941年到目前(1943年5月),因为苏德战争,"苏俄外交由反英美再转而亲英美,然其第三国际则不能再向各国策动,其支部以启英美各国之反感,故第三国际湮没无闻已久。此次之明白解散,乃苏俄执行其对英美同盟之道义之义务,而一扫各同盟国对世界革命是否再起之疑团"。他的结论是,解散第三国际是为了给资本主义各国一颗定心丸,苏联为国家生存而对世界革命打折扣,解散共产国际是国家主义至上的表现。

陶希圣认为,苏俄外交政策的变化对于中国共产党会产生很大的影响。尤其是第三国际解散,中共必然加强民族化与独立化的宣传。他推测中共今后当不免有重大之分化与分歧发生,因为"盖中共之所以维系其统一性者,以有国际主义之信仰而归忠于苏俄,正以其惟俄是宗,而宗俄乃本于国际主义",因为共产国际的解散,一部分理想主义者、忠于苏俄的人将会因此而与以毛泽东为首的本土派分裂。他的推测没有应验,经过延安整风,中共却形成了空前的团结,这是陶希圣没有估计到的。

预想着中共将会分化,陶希圣主张:"必本党有以乘之,始可以生效。"怎样乘机呢?答案是采取持久的宣传活动。在当下,第三国际刚刚解散,不宜大肆地宣传,以免引起中共的警觉而团结统一起来。同时"亦当取一面压迫一面开导之政策,压迫其中坚之干部,而开导其附从之支流,而抚之"。

所谓"持久之宣传活动",陶希圣拟了一个宣传要点如下:

①称道斯大林有远见,不拘泥于公式主义,尤其要指出无论苏联的革命外交、和平外交、阵线外交、保卫祖国之中立外交,以及现在的外交,都是以民族国家为前提,通过肯定的方式,达到暗示中共"彼拘守国际主义之公式,而忘却民族国家之真实性者之不肖"的目的。

②指出世界上只有祖国才能真正保障人民的生存,"舍自己祖国而驰心外求者,适足以自毁其生存之保障,终必招亡国之痛"。

③欢迎共产分子回到祖国来,"暗示其过去只看第三国际,而不知中国祖国之所存在之政策为不当"。

④阐明国际主义的非现实性与非真实性,"暗示既无国际主义则甲国国民即无忠于乙国之理。国民惟有忠于祖国,始有其所以为健全的国民之价值"。国际主义的思想一旦消灭,青年就不会跟着苏俄走。

陶希圣文章虽然不长,但内容却颇为丰富:从历史的角度理顺苏俄外交政策的发展脉络,指出其实质为国家主义而非国际主义;认为共产国际的解散,最终将导致中共内部的分化,以前一直跟着共产国际走的中国共产党,不得不走向中国化,所以有延安整顿三风;主张国民党抓住机会大力宣传民族主义,令青年或理想主义者放弃共产主义;他认为这是一个长期渐进的过程,国民党不宜过急,而是要因势利导。他批评国民党的宣传不得力,说:"吾党宣传每不能适应敌情而滥发,且挑而不战,战而不力,力而不久,久而无后援,此大可忧者,故不宜骤然发动宣传。徒中其警觉性之所防御之强点也。"①他的观点,对于一直不满意国民党内宣传工作的蒋介石肯定会有所触动。

陶希圣的这篇文章,经过陈布雷交到了蒋介石的手里。25日,国民党的党务会议专门讨论"对取消第三国际之态度与宣传方针",蒋的指示是:①对中国共产党问题,国民党应尽力向政治解决之途做最大的努力,在宣传上尤不可造成政府准备以武力解决之印象。②对苏联应强烈表示亲善,以促其对华政策之继续演变。6月12日,蒋介石在日记中写道:"中共处理之方针,外宽内紧,先放后收。"②蒋介石想法和陶希圣的建议一致。当然,陶希圣是从

---

①以上引言均取自台北"国史馆"档案,入藏号:002000001203A,全宗号:蒋中正"总统"文物,卷名:国家措施(二)(1940.3.29—1948.11.16),典藏号:002-080104-00002-006。
②杨天石著:《第三国际的解散与蒋介石"闪击"延安计划的撤销》,见《找寻真实的蒋介石——蒋介石日记解读》(下),山西人民出版社2008年版,第409页。

思想的角度，进行潜移默化的渗透，而蒋介石则是从军事的角度不惊动中共，以便偷袭延安。因此，《中央日报》对于第三国际的解散没有大做文章。

(2) 中共分析之二——反对"中央"

1943年6月初，蒋介石决定乘共产国际解散之际，闪击延安，一举打散中共。根据杨天石先生的研究，一开始，蒋介石秘密发电报给驻扎在陕北的胡宗南，让他进攻陕甘宁边区。胡宗南立即行动着手准备，决定于7月28日实施闪击。胡宗南的计划却被他的秘书——中共的卧底熊向晖得到。7月3日，熊通知了延安。4日，朱德致电胡宗南加以质问；6日，又致电蒋介石、何应钦等；10日再次发电报给胡宗南，表示"若被攻击，势必自卫"；12日，毛泽东在《解放日报》发表《质问国民党》的社论，指责蒋介石不去收复大片被日寇占领的山河，却急急忙忙地来抢"巴掌大"的边区，就是要打倒共产党。不仅如此，中共还将情报发送给美英苏等国使节，给国民党造成极大的被动。中共积极而及时的反应，暂时让蒋介石放弃了这次秘密闪击延安的行动。陈布雷在他的日记中写道："委员长电话相约……以宋部长庚日来电相示，乃美参谋长以闻国府有武力制裁共党之消息，而电英相询也。委座口授要旨，命即拟复电稿，记之而归。念中共无中生有，播造谣言，结果乃使盟邦出而相询，不胜慨愤之至。开始写复电，几不能下笔。"① 这样绝密的行动，连蒋介石最信任的秘书陈布雷也不知晓。结果却弄得路人皆知，有口莫辩，真是狼狈。

自此以后，国共公开进行笔战。7月7日，《解放日报》发表为纪念抗战爆发的文章，指出在中国存在着正面和敌后两个战场，对于中共在抗战中做出的贡献总结为："在六年抗战中，证明中国共产党对于保卫祖国的神圣战争是无限忠诚的，八路军新四军与敌后人民的艰苦奋斗是史无前例的。侵华敌军的一半是由他们之手抗击了六年，并且还要继续抗击下去，直至驱逐敌军出中国。他们是没有任何弹药与军饷的援助，但凭自己的忠诚与创造力达到

---

① 《陈布雷先生从政日记》（样稿），1943年8月11日。

了这样的奇迹。他们从敌人手中夺回了广大的土地，建立了民主的抗日根据地，坚决地实行了三民主义，实行了联合各抗日阶层的三三制政策，实行了减租减息同时又交租交息的土地政策，实行了奖励生产同时又保护工人的劳动政策，实行了鼓励人民爱国心与发扬抗战积极性的文化政策。"①7月22日以后，《解放日报》等开始对《中国之命运》展开全面的批评。中共做出的反击，尤其是将敌后战场与正面战场相提并论，并称消灭一半以上的敌寇的说法，让蒋介石愤愤不平，令其侍从进行研究。

陶希圣所在的第五组，其中的一个任务就是研究中共，因此，8月份，陶希圣摘录60页关于1942年10月19日至1943年1月15日中共中央西北局高级干部会议的概要以及中共党内的电文上交。②

陶希圣归纳中共攻击国民党、国民政府及"侮蔑领袖"的文件及言论，并指出有两类传播途径：一类为延安《解放日报》刊载的论文，自7月18日起，《解放日报》即以社论专论连续攻击国民党中央，陶希圣共收集了相关论文十四件，包括陈伯达的《评中国之命运》、范文澜的《谁革命，革谁的命》，齐燕铭的《驳蒋××的文化观》、何思敬的《驳××的法律观》等；一类为各地散发的小册子，他发现数量不少，比如陈伯达的论文，以《中国之命运》封面伪装散发。他逐一介绍中共对《中国之命运》的批判要点，总结出这些文章的理论形式如下：所有理论，皆归宗于"毛泽东的思想"，他总结毛泽东的思想为"反公式主义及反教条主义"。

陶希圣归纳中共攻击的要点有四："1. 指本党为法西斯主义之组织；2. 指本党刊物为法西斯首领宣传；3. 指国民大会颁行宪法为筹安会之再版；

---

① 《中国共产党中央委员会为抗战六周年纪念宣言》，见中央档案馆编：《中共中央文件选集（一九四三——九四四）》第14册，中共中央党校出版社1992年版，第57—58页。
② 陈布雷《从政日记》1943年8月22日载有："核阅希圣兄所摘中共高干会（去年十一月至今年一月举行于延安者）概要，并中共原电文（系秦邦宪致董必武者），共约六十页，想见其内部斗争之剧。此会举行于本年一月，而近日延安复以总结论电达其在渝分子，殆其清党工作未毕欤？"国史馆目前存有一件1943年9月30日陈布雷和陶希圣所呈的一件没有标题的文件，内容颇似陈布雷日记所记之件。（见台北"国史馆"藏，入藏号：002000000404A，全宗号：蒋中正"总统"文物，卷名：革命文献——中共诡谋与异动（二），典藏号：002-020300-00050-066）

4. 指汪逆为刘豫，乃公开的汉奸，重庆当局为秦桧，乃是内奸，比公开的汉奸危害更大。"他特别指出中共助长外国人对国民政府进行恶意批评，并且将这些外国人的作品广为传布。他以为塔斯社前驻重庆代表罗果夫《中国印象记》（俄国出版）、赛珍珠《关于中国问题的警告》（原文载5月10日《生活》杂志——美国出版）、贝孙《论中国在联合战争中的地位》（美国出版）、鲍尔汶在美国《纽约时报》及《读者文摘》上发表的论文，是为中共做宣传最有力者。陶希圣总体观察"延安之宣传，理论成分甚少，其大部分乃伪造事实"①。

陶希圣把中共批判《中国之命运》以及"污蔑领袖"作为关注的重点，而对于中共所述抗日根据地形成于敌后、中共自力更生在敌后积极抗日的事实，不予回应，不加深思，有失公允。

(3) 中共分析之三——中共内部

1943年下半年至1944年上半年，陶希圣逐渐整理了一些中共的情况，陈布雷以《中共问题之研究》呈送给蒋介石。

a. 中共动向及其原因之推测

陶希圣介绍说中共自1942年4月起，在西北连续发动一连串的运动，包括1942年4月到10月的整风学习运动，"其对象为公式主义、宗派主义、教条主义"；1942年10月至1943年1月，高干会议"其对象为主观主义、新派主义、自由主义思想与所谓闹独立性现象"。他认为这一串运动中间，有一以贯之的线索，即中共内部党与军队都存在分化的事实；他认为自从共产国际解散后，毛泽东成为党的领袖，通过树立新思想——毛泽东的思想，提倡"中国国情"与"实事求是"来消除空谈马列主义的风气，打击教条主义理论家。他说"从此可以推定，毛泽东今后必将以其实力之存在为第一"，不可能为国民党而进行工作，且正在尽力消除二十年来的思想方式。他提出不能一如过去那样理解共产党，他的原话是："由此可以推定中共今后对本党之斗争方法，不

---

① 台北"国史馆"藏，入藏号：002000000404A，全宗号：蒋中正"总统"文物，卷名：革命文献——中共诡谋与异动（二），典藏号：002-020300-00050-066。

复能依过去之先例或依马列之蓝本以揆度之，此吾党所必知者。"

从陶希圣所述可见，他基本掌握了延安整风的情况，但却又不准确。

在时间上，1941年5月，毛泽东在延安高级干部会议上作《改造我们的学习》的报告，标志着整风开始。1941年9月，中共中央成立中央学习研究组，毛泽东任组长，王稼祥任副组长，在延安开展高级干部学习马克思主义。1942年2月—1943年10月为全党整风阶段。毛泽东在《整顿党的作风》《反对党八股》等文章中全面地阐明了整风的任务和方针。因此，延安整风运动广泛地开展是在1943年2月，而不是陶希圣所说的4月。

在内容上，整风运动包括反对主观主义以整顿学风、反对宗派主义以整顿党风、反对党八股以整顿文风。毛泽东在《改造我们的学习》中提出马克思主义的普遍真理和中国革命具体实践相结合，解决的中心问题是反对教条主义，树立一切从实际出发、理论与实践统一、实事求是的作风，而非如陶希圣臆想的中共目前正在对二十年来一直信奉的思想——马克思列宁主义——"去其来源与背景也"。

从整风运动的结果来看，陶希圣更是错得离谱。中共经过这次运动，非但没有分裂，反而达到了空前的团结，中共成为一个理论上成熟、组织上团结的强大的政党。

b. 中共对国际形势之期待

陶希圣认为国民党绝不能因为第三国际解散而忽视中共与苏俄的关系。他说苏俄国内有自由法国分子（现与戴高乐有联络），有波兰军队，有自由德国民族委员会，应该引起注意。他将中共看成依附于苏俄的波兰共产党。

c. 中共问题无根本解决之方法

陶希圣断言，中共问题没有根本解决的办法。他认为："割据的存在乃中共整个存在也"，毛泽东努力于保持独立局面以观世变，中共与国民党中央之间的分歧无根本解决的办法。

d. 国民党的应对方针

陶希圣以为既然没有根本解决中共的可能，那么，国民党中央可以依据下列观点制定方针:"国际形势有莫测之变化,故中共之动向仍有各样之变化;中共动向虽有变化,然决不至放弃政治军事之割据;中共内部之分化为不可免;中央必须决定澄清国际观听之方法。"陶希圣建议:现在暂时难以决定,应当为今后留有余地;不期望有一根本解决的办法;宽严兼济以容忍误入歧途的分子;有明明白白坚定的态度,使国内外逐步了解国民政府。

后来,陶希圣进一步补充说,中共为了苏俄的利益,"不恤自作苦肉计",造成国共冲突,以便让世人(特别是美国人)看到中国有内战,看到中国不争气,而对于太平洋战争的态度趋于冷淡,从而不利于中国,造成有利于苏俄的结果。因此,他说:"中央之对策,即当针对中共此一阴谋,绝对不使英美人民有中国将起内战之印象。"他再三强调,国民党中央必须维持容忍的政策,不要陷于中共的诡计之中,因此,他不赞成此时用武力解决中共问题。①

作为一个国民党中的反共先锋,陶希圣对于中共的了解是肤浅的,他对于中共的独立性没有足够的认识。对中共的了解,他不及美国驻莫斯科大使凯南。凯南在1945年交给美国国务卿的报告中说:"1.中共感谢苏联的理由不多。他们残存下来和成长起来,并不是因为有与莫斯科的关系,而是因为轻视这种关系。墨守早期共产国际的指示,使中共得到了近乎灾难性的后果。在中日冲突中苏联只供应重庆,重庆又以若干这种武器封锁延安。现在苏联在满洲的掠夺,是摘取中共久已觊觎的果实。2.中国共产党是所有共产党中最成熟的党,并已发展了自己牌号的马克思主义和固有的传统。3.中国共产党不是一伙亡命的阴谋家。他们已有一个既定的事实上的政权达十年之久,有他们自己的军队和民政。因此他们有发展了实质性的既得利益。4.中国共产党具有民族色彩。从1936年到日本投降,他们面临的和宣传上集中攻击的是一个外部敌人。他们的军队和追随他们的民众的迅速扩展,是

---

① 台北"国史馆"藏,入藏号:002000001203A,全宗号:蒋中正"总统"文物,卷名:国家措施(二),典藏号:002-080104-00002-006。

大部分建立在民族主义基础上的。"① 他对于中共的评价，要比陶希圣更为接近事实。

陶希圣所谓的中共问题无解，中共内部即将分裂等观点，与蒋介石的认识是一致的。也许是仇恨使他不能够客观而全面地懂得对手，只是根据自己的好恶有选择地对中共进行评估，或许，他为了迎合蒋介石而提供打了折扣的情报。在这样的思想指导下制定的政策才会一会儿闪击延安，一会儿又等待中共自行瓦解！

第三节　主笔《中央日报》

一、蒋之推荐

陶希圣的报人生涯开始于战时陪都重庆。1943年10月起，陶希圣出任《中央日报》总主笔，1972年他在《中央日报》社董事长的位置上退下养老，与《中央日报》难解难分近三十年。

《中央日报》是国民党的喉舌，于1927年3月在汉口创办，由国民党当时的宣传部长顾孟余兼任社长，被汪派掌控。1928年2月，上海《中央日报》面世，此时的报纸已物是人非，社长由东路军前敌总指挥部政治部主任潘宜之兼任，11月该报在上海停刊。1929年2月，《中央日报》在国民政府首都南京出版，成为国民党中央的机关报，中宣部部长叶楚伧兼社长。1928年，国民党中央规定"党报必须以本党主义政纲政策及中央决议案、法令等为立言取材之标准"②。《中央日报》初期，实行社长责任制，受国民党中央执行委员会宣传委员会管理监督。社长下设经理和编辑两部，报社拥有人事自主权和经济独立核算权。南京沦陷后一天，即1937年12月13日出完最后一张报

---

①转引自中国社会科学院近代史研究所翻译室译：《国共内战与中美关系——马歇尔使华秘密报告》，华文出版社2012年版，第19—20页。
② 1928年6月，国民党中央通过的《设置党报条件草案》规定。

纸后撤出。1938年3月1日《中央日报》在长沙再刊，1938年9月重庆版刊出，之后又在长沙、邵阳、昆明设分社，并在南宁、贵阳、成都、屯溪、福州五地办有地方版。

抗战时期，《中央日报》重庆编辑部设在会仙桥。"五三""五四"日寇大轰炸，把中央社、中央日报、扫荡报、大公报一起炸毁。于是各报组成联合报。一百多天后，各报恢复，《中央日报》社迁到化龙桥，不久与《扫荡报》合并。抗战期间，重庆《中央日报》先后有过程沧波（1938年—1940年10月）、何浩若（1940年10月—1940年12月）、陈博生（1940年12月—1942年12月）、陶百川（1942年12月—1943年11月）、胡健中（1943年11月—1945年11月）五任社长。

1938年9月初，国民党中宣部组织"党报社论委员会"，该委员会最初是为充实地方各报内容而建，规定委员会每周出三篇文章，发到各地党报，各报于每周二、四、六刊载委员们提供的文章。国民党中央常务委员会推定叶楚伧、周佛海为正副主任，并由中宣部推定陈公博、彭学沛、潘公展、陶希圣、程沧波等为委员，后来，这个委员会一直存在，专门用来讨论确定社论的主题和内容，统一党报口径。

太平洋战争爆发后，《中央日报》对内对外宣传任务加重，而此时，中共《新华日报》宣传力量强大，国民党不但想在实力上压倒中共，在宣传上也不能容忍中共。1943年4月，国民党中央制定了《中央宣传部直辖报社组织规程》《中央宣传部直辖报社分社组织规程》，中央日报社归属国民党宣传部管辖。社长以外，设有总主笔一人，均由中央宣传部任用，社长之下设编辑部、经理部、总务处。机构与过去相比多了总主笔和总务处，机构一多，矛盾也随之而出。不但财务和人事相对独立的权力被取消，总主笔的设立，无疑在言论的控制上，更上一层楼，报纸完全成为党的喉舌。

抗战时期，国民党内负责宣传的人总是吃力不讨好，蒋介石对于国民党的宣传极度不满，曾经感慨："吾党现时之宣传不惟无一能手，而且拙劣已极。"①1942年12月至1943年10月的宣传部长是张道藩②，他不时遭到蒋介石的训斥。《中央日报》社论的不妥，是宣传部得咎的原因之一。比如，1928年5月3日发生"济南惨案"，可是1943年5月3日这一天，《中央日报》对此却无反映，令蒋介石大为光火，"谓党内宣传何以愚弱无能如此。张部长及中央日报社长应记一大过云云。"③张道藩屡受刺激，愤然辞职。

1941年，中央日报社社长程沧波被陶百川换下，两年后蒋介石又将陶百川换掉。陈布雷也以为《中央日报》社论反不如《大公报》，深以为羞愧。物色合适的社长和总主笔，成了陈布雷的一项重要工作。陈布雷找潘公展、程沧波等人谈话，想让他们承担《中央日报》的工作，没有结果。此时，蒋介石心中已有了人选，1943年9月3日，蒋介石对陈布雷说想让陶希圣出任总主笔，陈布雷以为如果陶愿意，倒也可解决这个难题。④月底，陈布雷正式和陶希圣谈此事，陶希圣接受了这项新的工作。在他看来，中央社的工作"为一种厚托，并非出于何方之私意也"⑤，于是欣然同意。

1943年10月16日，《中央日报》社大换血，原社长陶百川辞职，胡健中

---

① 《事略稿本》54，第480页。
② 张道藩（1897—1968）字卫之，生于贵州，留学英国伦敦大学美术部，后留学法国，在法结识陈立夫，加入国民党"CC"，主要在文化教育宣传和党务系统工作。
③ 《陈布雷先生从政日记》（样稿），1943年5月3日。
④ 1943年陈布雷日记载有："归室内读前星期《中央日报》之社论，觉陶樾同志所撰之文亦清晰有理致，但嫌笔力稍弱耳。赵雨时之文笔力极劲健，而略嫌杂乱，或其事繁不能细加斟酌之故也。全才实难，环顾熟友中，罕能胜此任者。委座昨言，欲以希圣任之，在见解深刻与学识之广泛言，堪称为适任之人，然报纸文字实亦非其所长。拟稍暇先询其意见，如其有意担任，亦可解决一件事也。"[见《陈布雷先生从政日记》（样稿），1943年9月4日]据陶希圣1944年4月11日给高宗武的信中说："去年十月半，《中央日报》总主笔之事乃由委座嘱加于弟身，从此乃夜作昼寝。"[陶希圣：《致高宗武函》（1944年4月11日），见夏侯叙五：《高宗武隐居华盛顿遗事》，第123页。]
⑤ 陶希圣：《致高宗武函》（1944年4月11日），见夏侯叙五：《高宗武隐居华盛顿遗事》，第123页。

继任社长兼总主笔，陶希圣作为副总主笔①上任，陈训畲任总编辑，胡春冰任副总编辑，陈宝骅任经理。第二天早晨报纸送到陈布雷处，陈以为："阅之觉编排方面颇活泼充实，社论为希圣所撰，内容亦佳，为之心慰。"②自此以后，《中央日报》社论这一块，大部分由陶希圣一人包办了。

写社论是一个十分繁重的工作，陶希圣自己统计，从1943年到1945年秋冬，以每星期三篇社论算，他大约写了三百多篇，署名的专论还不算在内。他基本上通宵不睡，等待最新的新闻，将内容糅入社论之中，白天睡觉，非常辛苦。他回忆说，虽然总主笔下有主笔，可以轮换着写，但每逢有大事，陶希圣觉得自己写反而简单，他经常连续三天、五天不间断地撰写社论，最长的一次达到二十余天。可谓不见天日。陶希圣为此身心疲惫，尤其是到抗战即将结束时，他已是带病工作。

抗战胜利后，1945年9月10日，《中央日报》社再度迁回南京，中宣部新闻事业处处长马星野出任社长，原总编辑陈训畲接收《申报》，由王新命代替，总经理陈宝骅也离开，由马星野兼任此职，抗战一班人马只留下陶希圣仍为总主笔。由于工作出色，抗战胜利后，1946年陶希圣出任宣传部副部长兼《中央日报》总主笔，开始由幕后走到政治的前台。

二、办报原则

一份报纸，在新闻自由的条件下，理想状态应该是报道真实、立场独立、消息快捷、知识丰富。然而，1943年11月经过改组的《中央日报》，成为侍从室对外发声的喇叭，报纸的监督管理者是侍从室二处处长陈布雷、总编辑

---

① 根据《陈布雷先生从政日记》（样稿）载，当时陶希圣为副总主笔，胡健中兼任总主笔，但是很快陶就升任总主笔。此事估计与1943年10月24日《中央日报》社论又惹恼了蒋介石有关。《陈布雷先生从政日记》（样稿）当天记载："委座阅报，见今日《中央日报》之社论，论麦纽逊移民法案，大为不满，命交涉停止对外发电，并查明执笔之人。退而询问六弟，乃知此文为健中所作。未及旬日又肇此事，今后《中央日报》必又将受尽责难矣。委座意欲使中央日报另作一文补救之，余以为甚难也。餐毕与梁部长同谒委座，报告今日之文系健中所作。委座不胜慨叹。二时回寓，即约健中来谈。旋又约希圣来，共同会商。"

② 《陈布雷先生从政日记》（样稿），1943年10月17日。

是陈布雷的胞弟陈训畲、总主笔是陶希圣，社长虽然是胡健中，但却难起主导作用。侍从室本身作为蒋介石的秘书参谋班子，贯穿着蒋介石的所思所想，由他们来掌握《中央日报》的宣传，对于国民党的基本态度和精神自然是掌握的，因此其文章报道分寸的拿捏不会偏离蒋介石的要求。正是在他们的引领下，《中央日报》日益成为一个宣传品。其他各报通过《中央日报》社论来揣摩中央的精神和动向。

陶希圣曾经是一个自由思想的人，他后来变成国民党党报的大拿，率先进行自我改造，这个洗脑的过程与《中央日报》一段往事有关：1942年12月27日，蒋介石阅读《中央日报》，发现："该报竟发表中美中英新约，定元旦宣布消息。此为泄露机密破坏国信，令人痛愤曷巳？"结果查出"此事由侍从室陶希圣所传出。呜呼，陶氏何神经不健全如此？竟不知此事之关系也"，[①] 气愤至极。

蒋介石如此火冒三丈，事出有因。关于香港九龙的归还问题，国民政府还在与英国交涉，谈判相当不顺利。据蒋的日记中记载："三十日与宋子文、顾维钧谈已，曰：'英国对九龙问题复函不仅不允，在换文内声明交还，而且将彼前次所提文告，重新改正，反要求我先书面声明，九龙在不平等条约以外，而不在新约之列，呜呼。此可忍孰不可忍？余既决定签订新约为主要方针，故不愿因此争执。'三十一日：'为九龙问题令人梦魂不安，今日早醒再加考虑，昨日顾少川谓：我于签约前声明对九龙问题保留以作继续谈判地步，余以为连此保留之声明，亦不必先提只要签订正约而已；但彼或要坚持（决）我先声明九龙不在不平等条约之内，否则，彼竟拒绝签订，则我惟有作自动废除不平等条约之声明，不承认英国在香港固有之权利，在战时用军力由倭军手中取回，则彼狡狯，必无可奈何，然此乃最后之手段也；如彼签约，无所要求，不再坚以我声明九龙不在不平等条约之内，则我待签约以后，另用书而告彼，九龙问题暂以免，以待将来继续谈判，为日后交涉要求归还

[①] 黄自进、潘光哲编：《蒋中正总统五记·困勉记》，第876页。

之根据,盖少川主张在签约前声明,于势不能也,呜呼,英人狡狯诚不易处哉.'"①陶在此关键时刻出此差错,是无意无知还是故意?值得考虑。但是,也许是这件事情,对于陶希圣刺激较深,在他充当总主笔时,显然出错较少。

陶希圣等人走马上任后,接到蒋介石的指示是参与机密而不能泄露机密,对此"希圣深悉如此课题甚难解答。若不参与机密,即不能表达委员长所决定与秉持之政策,若泄露机密,即败国家与政府之事,更为国法与党纪所不许"。虽然十分的扭曲,选择只能归于保守秘密在先。陶希圣后来自我评价《中央日报》得意之作的首个作品竟然是"史迪威事件",为了不使中美关系不和谐的消息传开,为了保证蒋介石和史迪威的矛盾不为外界所知,《中央日报》在长达三个月的时间里"保持缄默,一言不发"。这种情况就新闻报纸来说,不值得炫耀,可就党报来讲,"不发一字"真正成了"神来之笔",②也算是黑色幽默。

参与机密而不能泄密,对于一个办新闻报纸的人是何等的煎熬!陶希圣在这三个月的时间里,包揽了大部分的社论,不让他人触及于此,自己则绕开这个话题而言他,经历了他为党报主笔最"苦"的阶段。这样的报纸,新闻的时效性必然受到限制,因此,很难满足人们的知情欲望。

陶希圣自称:"希圣认为党报的言论,决不可'人云亦云'。党报对于某一事件反复申明,固然是宣传上应做的工作,同时,对于另一事件保持沉默,尤其是宣传上应守的规律。"在胡秋原一事的处理上,充分贯彻了这一原则。1945年10月20日,外蒙古对是否从中国独立出去举行公民投票,投票结果显示公民赞成独立。于是1946年1月5日国民政府发表《外蒙独立公告》③。这件事情,对于战胜国之一的中国,是一个很大的刺激,也是新的屈辱。当时的《中央日报》副总主笔胡秋原持坚决反对的态度。由于《中央日报》不登他的文章,他就自己印制一份声明分发给中美友人,"揭露苏俄要求外蒙独

---

① 黄自进、潘光哲编:《蒋中正总统五记·困勉记》,第877页。
② 陶希圣:《潮流与点滴——陶希圣随笔》,第215页。
③ 《中央日报》(上海版)1946年1月6日第2版。

立,其目的不止将此一战略地区作为南侵中国的基地,亦且完全改变亚洲太平洋的形势"。陶希圣对胡秋原表示自己完全赞同他的态度,但是,因《中央日报》的地位,不能不让他辞去副总主笔的职务。因为蒋介石明确跟他说,胡秋原作为个人,他说什么都可以,但作为《中央日报》的副总主笔"则不可如此讲"。如此,蒋介石也给陶希圣上了如何坚持国民党的党性原则一课:报纸必须无条件地服从政府的决定,没有独立的立场可言,不需要个人的是非判断。

《中央日报》的党报原则,影响了报纸的销路,长年只能依靠国民党资金扶持。马星野当社长后,这位美国密苏里新闻学院的毕业生,力图将报纸市场化,并使用了一批新人,提出"先日报,后中央",陶希圣则坚持"先中央,后日报"的原则。蒋介石起初没有表态,陶希圣在报社里孤掌难鸣,《中央日报》一时颇有新的气象。1947年7月29日,《中央日报》上刊登采访部主任陆铿组织人马调查写就的《孚中暨扬子等公司破坏进出口条例,财经两部奉令查明》的报道,其中披露:宋家的孚中公司在1946年3月至11月的8个月中,共结汇153,778,723美元,孔家的扬子公司结汇180,691,069美元,总计334,469,792美元,汇款单中央银行同期售出381,552,461美元中的88%弱。另外,此两公司分别购买高级汽车"卡迪拉克"2辆、"奥斯汀"牌汽车50辆,运回国内谋取暴利。孚中公司在国民政府颁布"禁止奢侈品进口令"后,订购了580辆吉普车进口,等等。一石激起千层浪,尤其是《中央日报》自曝其短,在社会上的影响可想而知。宋美龄为此大哭,要和蒋离婚,蒋震怒,命宣传部长李惟果和副部长陶希圣彻查此事。陶希圣板着脸传达蒋介石旨意:党报如果不站在党的立场说话,不如不办。蒋后来亲自召见陆铿,陆铿分辩说:"我这样做,如《中央日报》揭露中央大员,正表示国民党不同流合污,蒋总裁是大公无私。"[①] 他的话所表述的意思和魏德迈对此事的意见完全一致,由此可能打动了蒋介石,这事后来不了了之。但是,在此之后,《中央日报》恢

---

① 陆铿:《动荡年代的南京〈中央日报〉》,见《纵横》2002年第12期,第20—21页。

复了"先中央，后日报"的原则，陶希圣的主张占了上风。

《中央日报》的上述情况还不是最糟糕的。当国民党在战场上呈败局时，《中央日报》为了鼓舞士气，可悲到谎话连篇，维护党的利益可谓到了极致。对此，陶希圣辩护如下："国步艰难的时期，社论的背后不免有一种痛苦的影子。执笔者对于这个影子，在文章的表面上要回避，而在文章的实质上要照应和把握，先为读者的心理作无形的准备。"[1] 他的话让人不知所云，又令人有些明白，大约主张社论应该做到既不让人因不明白真相而失望，也不能以假象令读者怀抱希望，报纸应当把消息徐徐送入人们的耳中，避免吓人一跳。他承认回避"痛苦"及其含有不得已而为之的苦衷。

三、得意之作

陶希圣颇有文学家风范地说："三百三十篇以上的社论，究竟有几篇得意的文章呢？老实说，报纸的社论好像日历，一天过去，就撕下来。值得记忆的文章是很少的。"[2]

陶希圣觉得，社论的观点能够保持几个月不出现矛盾很不容易。如何做到这一点呢？办法是尽量在一段时间里，社论由一个人写。他传授具体的写作方法是：写文章和作战一样，先命题（确立战略）；然后搜集资料（相当于检讨敌我形势）；最后跳出所有资料和观念（撇开一切情报和疑虑），"凌空下笔，放手为文"，坚决贯彻最初确定的战略原则。这是写作从开始到成章的过程。他的体会来自于克劳维茨的《战争论》。

陶希圣从"忍耐""不回避""愤怒""沉着"和"学识"几个方面，介绍自己比较得意的几篇文章。

所谓"忍耐"和"沉着"就是前面讲到的在"史迪威事件"中的"一言不发"。

"沉着"则是在长达四五个月的时间里，对苏联出兵"保持缄默"。他担

---

[1] 陶希圣：《潮流与点滴——陶希圣随笔》，第214页。
[2] 陶希圣：《潮流与点滴——陶希圣随笔》，第215页。

心中国如表示欢迎苏联出兵东北,会带来苏联对中国提出领土要求的恶果。之所以仅仅是担心,因为中国只参加了"开罗会议",没有参加"慕尼黑会议",这两个会议都是讨论战后问题的,前一个会议苏联没有参加,后一个会议中国没有参加,所以中国方面对大战后苏联的意向不清楚。1945年4月罗斯福去世后,这年的6月美国驻华大使赫尔利将会议的内容透露给中国方面,但仍然要求中国方面保密。因此,《中央日报》不能直接谈这个问题,6月17日陶希圣借着介绍国民党第六次全国代表大会关于民族主义的精神,发表《实现开罗会议宣言》[①]一文,文章的第一部分是:"开罗会议宣言表示中英美的决心,要把日寇打回三岛,并防止他再事侵略。第一,日寇自甲午之战以来五十年间占领中国的领土,必须归还中国。台湾、澎湖与东北之归还中国,更显明列举于宣言之中。第二,日寇必须退出朝鲜,恢复朝鲜独立自由的地位。第三,日寇在第一次世界大战之后以委任统治的名义而占有的各岛,必须退出:马绍尔群岛与加罗林群岛都包括在内。第四,日寇自一九四〇年以来占领的土地,必须退出,如越南、新加坡、马来半岛、缅甸、荷印诸岛,以及菲律宾都包括在内。"文章的第二部分,指出太平洋上的战况,美国要投入二倍于攻打德国的兵力进攻日本,英国也把力量移到东方。中国方面:"我军在中国战场连续反攻的战斗,在湘西大捷最是辉煌,南宁之捷已截断日寇去年渲染得十分火热的'大陆走廊',福州的克复使日寇在我们海岸的防线残缺了重要的一环。"他预计环攻日本的最高潮即在今年下半年。文章的第三部分是,他指出向日本全面进攻的三条战线。其他的路线,基本上是中英美三国为主,只在北线提出"北路的战斗任务是要由中美两国共同负担,同时欢迎苏联的参加,使作战的时间更可以为之缩短"。文章的第四部分是,为了消灭日本的大陆政策,以防其卷土重来,为了东亚和平和太平洋的安定,中美苏必须联合一致。文章的第五部分是,文章开头与结尾,都将国民党六大的对外方针录入:"实现开罗会议宣言,力谋国家领土主权行政之完整,并扶助

---

① 《中央日报》1945年6月13日第2版。

朝鲜之独立。"同样一段话,在同一篇文章中出现两次,目的在于强调观点。虽然,最后1945年7月2日,国民政府和苏联签订《中苏友好同盟条约》,中国的主权和领土完整受到了严重的损害,但陶希圣在这篇文章中所代表国民政府提出的严正的立场,是完全有理由得意的。只是他得意之处在于"沉着",重点似乎不在坚持了民族立场,而在于政治的立场,即反苏的一贯立场。

作为有"学识"的文章,陶希圣主要指《科学与军事的大进步》一文,而笔者认为还应该包括《论山岳战》这篇文章,虽然,他自己将此文归为"不回避",但笔者认为他之所以能够不回避,在于他的学识。

《论山岳战》发表于1944年12月4日的《中央日报》,这篇文章预测到日本将败于独山之战。引起轰动效应的不在于预测准确,更在于陶希圣发言的时机。在整个反法西斯阵营节节胜利之时,日本为了摧毁对日本本土构成威胁的机场,也为了打通大陆交通线,从1944年4月开始,发动了豫湘桂会战,到这年12月,日本基本完成了战略目标,将河南、湖南和广西贯穿。衡阳、桂林也沦陷于敌手。此时,敌人已将锋芒指向贵州高原,迫近独山。八个月来,噩耗频传,各报已是噤若寒蝉。然而,陶希圣却在《中央日报》发表《论山岳之战》。他以克劳塞茨的理论为依据,以为仅仅是山岳战,守方的不利在于个个据点强而全面阵地弱,攻方只需要正面佯攻,配合以侧翼的包抄,往往可以取胜。但是,独山却不同,山上是宽阔的高原,防御者能够运动起来,实行两翼作战,击败敌人的包抄,所以,这是世界上最好的防御阵地。他甚至断言,除非我们军队一枪不发,否则就没有败的道理。因此,他在文章中说:"我们深信我们前线的将士,在此山岳防御战之中,必能打击寇军。"①

陶希圣意犹未尽,第二天在《中央日报》作《战斗力量的新生》一文,揭露日本发动独山之役的政治意图远超军事:"从消极的方面,日寇自知大势已去,他只求拖延失败的时间,只求不是全面的失败,所以他乘此菲岛战

---

① 陶希圣:《论山岳战》,《中央日报》1944年12月4日第2版。

事尚在相持的一瞬间,以焦灼的心情,作军事冒险来对待我国。在积极的方面,日寇企图非常动摇我后方的社会心理,阻挠我战斗力量之新生。"① 文章进一步强调此次敌人犯了兵家大忌,必败无疑;号召人们要坚定信心,保持战斗力。

果然,独山之役,以日寇败北告终,也标志着豫湘桂战役的结束。

1945年8月6日,美国在日本广岛投下了第一颗原子弹后,陶希圣在8月8日的《中央日报》上发表《科学与军事的大进步》一文,指出:第一次世界大战的结束,是因为坦克的使用,而"原子与铀的使用,将结束第二次世界大战。石油战争将以此为转折点,转化为新动力的战争。新动力的战争,流动性之强,破坏性之烈,不是我们这一代身受石油战争之祸的人所能想象的。正由于未来战争比第二次世界大战惨烈,我们这一代以原子与铀的威力结束日本侵略主义者之后,必求和平的胜利与战争的胜利同来,必求这回的战争真正是'战以止战',必求第二次世界大战成为人类史最后的战争,必求此控制原子爆炸力与铀的动力的技术为人类和平安全福祉而服务"。"我们对于没有战争的世界持有光明的远景"②。在绝大多数人对于原子弹还懵懂无知的时候,他能够写出这样的文章,得出上述的结论,没有广博的历史知识和深厚的军事知识,以及长期从事社会发展的研究和探讨是不可能完成的。

陶希圣作文时的"愤怒"之情,一般相向于中共及其同路人。陶希圣的"功绩",《中央日报专辑》一书作者吴俊才③这样评价说:"在陶总主笔主持下的主笔室工作,更较编经两部工作为艰巨。俄帝阴谋,共匪奸计,战局变化,国际关系,无时不细心观察,而评论态度极为谨慎。不但负起鼓励士气,振奋人心的任务,而且随时对共匪及其同路者(如《新华日报》及抗战后期张季鸾先生逝世后逐渐转变的《大公报》)斗争。"④他出力最多的还在于反共。

---

① 陶希圣:《战斗力量的新生》,《中央日报》1944年12月5日第2版。
② 陶希圣:《科学与军事的大进步》,《中央日报》1945年8月8日第2版。
③ 吴俊才(1921—1995)字叔心,湖南沅江人。曾任《中央日报》驻印度特派员、《中央日报》香港版主任。
④ 吴俊才:《中央日报专辑》,台北,1971年10月31日出版,第14—15页。

四、"操刀一割"

相较于对美国不满时的"沉默",对苏联愤恨时的"沉着",对于"共匪间谍"的学生,陶希圣怒形于色。抗战结束后,学生运动风起云涌:1945年的"反内战争民主"的"一二·一"运动;1946年因"沈崇案"而起的抗议美军暴行运动;1947年从北平开始的"反饥饿反内战"运动,"于子三"案件等将运动变为"反饥饿、反内战、反迫害"运动;1948年5月的"反美扶日运动"。1947年7月,解放军转入战略进攻阶段,学生运动成为中共军事战线之外的第二条战线,7月国民党政府颁布《戡乱总动员令》,对于学生运动由劝导改为镇压。《中央日报》一马当先,社论中数次使用"操刀一割",要求教育部绝不能手软,当然,这些社论大部分出自陶希圣这位"总主笔"之手。

陶希圣首次使用"操刀一割"是1948年5月23日。5月22日,上海学联在交通大学校内组织100多所大中学生的15000人的大会,纪念"五二〇"一周年暨学联成立一周年,并将交大广场命名为"民主广场",会议还举行了文艺活动,其中的话剧《袁世凯》,暗指蒋介石,节目多有影射。同一天,在南京,中央大学和金陵大学的职业学生二百余人包围中国国民党中央执行委员会青年部,高呼"打倒国特"的口号,在墙上大书"打倒特务走狗,解散青年部"的口号。

第二天,5月23日陶希圣在《中央日报》发表《为国救亡,为党雪耻》的社论,声称"共匪军事间谍竟在首都侮辱我中国国民党至于此极。我们呼吁全党有血性有爱国热忱的同志一致团结,为中国救亡,为本党雪耻"。"惟有投袂而起,剑及履及,与共匪作生死的斗争。"完全是一副生死决斗的架势。他进一步提出不必顾虑这些学生的学业,他以为这些学生本来入学的目的就不是为了求学,"对于此等以罢课为日常工作的职业学生,与其养痈遗患,不如操刀一割"。怎样为"操刀一割"呢?职业学生和共产党一条心,不如就把这些人赶到"匪区"(即解放区)去,让他们"求仁得仁"。他强调国民党不能败,否则"则笼罩中国者就是国际铁幕,而统治中国者就是暴民专制。追踪而起者就是第三次世界大战"。①希望一切反共人士联合起来。他的这篇文章引起了极大的反响,学生运动更为激进,反南京政府也更明确。

时隔三天,5月26日,陶希圣再次出马,在《中央日报》发表《反迫害反暴动反卖国》,再度叫喊"操刀一割",指名浙江大学和交通大学的一部分学生已经成为"共党国际间谍","我们以为政府应当执行戡乱法令,严饬各地治安机关,迅速逮捕作为祸首之共匪国际间谍职业学生,立即遣送彼等衷心向往之'圣地'匪区,绝对不容彼等潜伏学校进行其掩护'城工部'埋伏内线的工作。如此,则害马既去,倡乱无人,学生青年,自可向学,社会秩序也就安定了"②。

《中央日报》社论文章如此杀气腾腾,背后自然是有撑腰之人。6月5日,上海市政府将"取缔共匪职业学生决定办法"致函交大,指出22日的行动,是"共匪指使",要求校方查明原因,严加取缔。随后,上海市市长吴国桢几次质询交大校长程孝刚,程孝刚校长和学生自治会多次反质询。其中穿插着学生的示威游行,主要的矛头对准美国援助日本。学运越演越炽。

1948年6月19日《中央日报》社论《有感于交通大学程校长的谈话》,陶希圣的感想是学校当局苟且偷安,交大已为职业学生所控制。这些职业学生"劫持同学,胁迫师长",将政府爱护学生之心作为弱点加以利用,将学校变成"租界""成为沪市共匪反叛政府扰乱秩序的中心之一"。而校长"居然是租界当局的口吻"。厉声道"交大弄到现在的地步,程先生要负责任的"。在此氛围之下,程校长不得不提出辞呈,7月,教育部同意程辞去校长一职。

再次见到"操刀一割",已经是在《中央日报》社论的标题位置上——《操刀一割——为大学教育割盲肠》,文章以为"与其养痈贻患,不如操刀一割",要"当机立断,斩草除根"。最后,他给交大定的罪名是:"交大现在又

---

①以上引言均取自陶希圣:《为国救亡,为党雪耻》,《中央日报》1948年5月23日第2版。
②陶希圣:《反迫害反暴动反卖国》,《中央日报》1948年5月26日第2版。

造成了苏维埃租界,在国家之内自成一个独立国家"①,这是 1948 年 7 月 28 日的事。

国民党军事上的失败,使之更加需要后方的稳定,因此,实施了"改革经济""肃清匪谍""安定后方"等政策。上海方面,吴国桢、藩公展等召集各校长训话,宣布各校学生不准开会、不准在校外活动、禁止他校学生入内、严厉监督学生的行动等四项要求,并采取"一窝端"的办法,将各校的学生自治成员抓起来,"操刀"不仅仅是"一割",所割也不局限于"盲肠"。真正是到了所谓"图穷而匕首现"的时候。

五、伤及泰来

1948 年上半年,交通大学通知在机械系读三年级的陶希圣长子陶泰来休学。为此,陶希圣写信给时任国民政府资源委员会委员长孙越琦,请求帮忙。信中是这样写的:

> 小儿泰来肆业重庆大学,复员后转入交通大学,在机械系休学至三年级之末。彼在重庆曾在顺昌铁工厂实习年余,继又学机械,尚知奋勉之意。今年五月二十六日中央日报发表社论批评交通大学职业学生之猖獗。该校当局即日以长途电话到京,要求更正,弟未许,而该校职业学生开会决议打上海中央日报,上海中央日报只得登载该校更正函。而南京报始终不予让步。该校当局乃通知小儿休学。弟受此打击,但有说不出之苦。盖政府当局其时决心整饬该校,即解散亦在所不惜,中央日报只有以言论作准备。如弟为此事与该校交涉,则显即成以公报私仇也。暑期至今,小儿谋转学他校迄未有成(四年级不收转学生),困在家中,无以为计,年事已长而陷入失学之境,弟心(?)以为忧。兹特叮请先生赐以鼎助,如能使其在京沪工厂实习俾其进修。若谅其失学乃由弟职

---

① 陶希圣:《肃清间谍的间谍》,《中央日报》1948 年 7 月 28 日第 2 版。

责之故,更使其与大学毕业生同视,则可令其不致为自卑感所打击也。深知资委会现正在难关中,而大学毕业生入厂者多,佗作此请,实在愧怍。然弟以一文断送儿辈学业,亦当为儿辈寻求一条道路,为此敬以相托……①

从中可以解读出这样的信息,因为陶希圣在《中央日报》社论上对职业学生的口诛笔伐,让交大令其子休学。陶解释自己之所以写文章保持强硬态度,是因为国民政府决心整治交大的态度坚决,他似乎被夹在中间,不得不为,因此,有了"不得已的苦衷"。他这种说法,是不符合实际的。诚如我们上面看到,在镇压学生运动方面,他一直冲锋在前,绝不是夹在中间,信中所述,只能说明他也了解镇压学生是不得人心的。另外,他以为自己为职责尽力,却让儿子受委屈,是不应该的,对于儿子受此待遇,十分愤怒。所以,他写信给资源委员会要求比照大学毕业生给他的儿子参加实习的机会。为了能够引起孙的重视,真正解决问题,陶希圣的信是由"委座交办"。

后来,孙越琦的秘书李彭龄写信给通用机器有限公司总经理马雄冠推荐陶泰来,信写得也有意思:"查本会选用大学毕业生统案早经结束,陶君在校亦未毕业,自难照案分发,惟以本会与中央日报业务上颇多联系,且陶君情形亦较特殊,兹既由陶希圣先生函委座商请,似可另为设法。用特专函奉商可否即在贵公司内给予工作机会?"②因此,陶泰来虽然不符合条件,但是,准备破例。

---

① 台北"国史馆"藏,入藏号:003000024803A,全宗名:资源委员会,卷名:李彭龄电稿及函件专卷,典藏号:003-010301-1031-0217。
② 上海档案馆藏《资源委员会李彭龄为举荐〈中央日报〉主笔陶希圣之子陶泰来公司事致通用机器有限公司总经济马雄冠的信函》,Q449-1-44-101,1948年10月22日。

第四节　俨然心腹

一、撰写政策纲领

1945年5月5日至21日，国民党第六次全国代表大会在重庆举行。这时，前景明朗，希特勒已死，日本正在作垂死挣扎。然而，等待胜利的同时，走出抗战后的中国将如何发展，政府将如何施政显然成为主题。

1945年4月，中共召开第七次全国代表大会，毛泽东在会议上发表了《论联合政府》的报告，提出结束国民党一党专政，建立联合政府的口号。国民党则在六大会议上表示国民党将召开国民大会实施宪政。虽然，中共提出的《论联合政府》在先，但国民党中枢看到毛的讲话则在会议期间，可见两党不约而同地朝着对自己有利的方向寻找政治的出路①。

在此新形势下，自1935年11月国民党五大以来，停止了十年的国民党中央全会在重庆召开第六次全国代表大会。国民党作为执政党，必须提出新形势下的施政方针政策政纲，承担此一重任的是陶希圣。会议之前，5月1日，蒋介石将党内人士所呈的政策政纲文件作了详细的批示，然后交给陈布雷，陈布雷转交陶希圣"研究"。陶希圣起草了十八条、二十四条和三十二条的三份政纲备用，最后，蒋介石采用了二十四条的这个政纲。会议中，5月7日陈布雷和陶希圣对此进行长时间讨论，陶希圣拿出初稿和一稿，10日陈布雷再次呈给蒋介石，13日蒋交下政纲，"命整理研究之"，陈布雷于是"约希圣来谈，以政纲案交之"。次日，陈布雷请"约芷町来研究政纲案，嘱其就希圣昨晚所拟充实而简化之"②，陈芷町改后，陈布雷自己又用一个小时加以修改，最后，再由蒋介石定夺后交大会讨论。从这个写作过程来看，陶希圣似乎比较轻松，而费力的是蒋介石和陈布雷。

陶希圣之所以能够举重若轻，并不是偶然的。自1943年参与《中国之命

---

① 陈布雷在日记中说："阅许孝炎送来中共七次代表大会毛泽东之报告，满纸剑拔弩张之姿态，其存心叛国必矣。"[见《陈布雷先生从政日记》（样稿），1945年5月9日]
② 《陈布雷先生从政日记》（样稿），1945年5月14日。

运》和《中国经济学说》的大部头文章后,关于如何建设,尤其是如何体现在三民主义体系内的建设这个问题,一直萦绕在他的脑海。从他起草的政策政纲来看,陶希圣对于孙中山的思想有一定的心得,尤其是孙中山关于建国三时期的预想、民生主义的工业化道路以及民族主义的对内对外基本原则,他掌握得比较全面。不仅如此,他还能够与现实的新形势相结合。国民党六全大会通过的《政纲政策案》最后共三十条,其中在民族主义上,提出:"加紧对日作战,争取胜利,必使敌人无条件投降;并彻底解除敌人军事经济之武装,消灭其侵略思想";"实现开罗会议宣言,力谋国家领土、主权与行政之完整;并扶助朝鲜之独立";"联合盟邦,建立国际安全机构,以维护世界永久和平"。与此同时,也塞入不少所谓"新"的东西:在维护并巩固国家之统一一条上,规定:"绝对禁止违背政府法令,及在外交、军事、财政、交通、币制上有任何破坏统一之设施与行动";"积极充实国军装备……以建设现代化之国军",这两条孙中山是不会提出来的,而作为一个民主国家的某个政党,也是无权在党的政策纲领中出现上述字眼,只有在"党国"体制下才会堂皇记录。

关于民权主义,照抄以往关于直接民权、间接民权的老调,目的在于解决一个新的问题,即中共等同路人提出的建立"联合政府"。因此,在蒋介石授意之下,迟迟不肯还政于民的国民党,急急要求提早结束"训政"进入"宪政",于是召开国民大会,制定五权宪法,推行所谓的自治事业,进行地方选举等等——罗列于政纲之中①。

无论是民族主义,还是民权主义,因为与现实关系密切,其实质易于被人们窥破,所以,显得不那么漂亮;而民生主义作为远景规划,可以扮得漂亮一些,拥有技术含量而炫人眼目,因此,无论是陶希圣还是蒋介石,对于政纲中的这一部分很满意。陶希圣说,他关注英美流行的观点,以求开发思路。1941年,两个在世界上发生极大影响的报告,引起陶希圣的兴趣,一

---

①以上引言均来自《本党政纲政策》(民国三十四年五月十八日第六次全国代表大会通过),见《中国国民党历次代表大会及中央全会资料》(下),第933—936页。

是富兰克林·罗斯福向国会咨文中期待未来的世界将建立在"四项人类基本自由之上"——即"四大自由"的原则,另一个是英国学者威廉·贝弗里奇(Beveridge)的《社会保险和相关服务》的报告。

所谓"四大自由",包括:"第一是在全世界任何地方发表言论和表达意见的自由";"第二是在全世界任何地方,人人有以自己的方式来崇拜上帝的自由";"第三是不虞匮乏的自由——这种自由,就世界范围来讲,就是一种经济上的融洽关系,它将保证全世界每一个国家的居民都过健全的、和平时期的生活";"第四是免除恐惧的自由——这种自由,就世界范围来说,就是世界性的裁判军备,要以一种彻底的方法把它裁减到这样的程度",归纳起来,就是言论自由、信仰自由、保障生存、裁军和平。这是罗斯福为当时人们和将来几代人描绘的世界蓝图。显然,从内容来看,"四大自由"与国民党的政策纲领很难发生关联,除了标榜与民主国家立于同一条战线,站在苏联为首的社会主义阵营的对立面而外,真正的西方自由,与中国实施的自由没有多少关系。蒋介石在六大一届的闭幕词中,倒是提到了:"在这个世界上注重政治自由、现时提倡经济自由的时候……"①意图在尽快地召开国民大会,实施宪政,打消中共与其同路人一心建立联合政府的念头。另一个则是陶希圣将"不匮乏的自由"变成"经济自由",这个经济自由的内涵在后面会讲到。

相比较而言,贝弗里奇的观点,经过掐头去尾,倒是可以对陶希圣有所启示。《社会保险和相关服务》是对战后英国保障制度重建的构思。其中的一个指导原则是:确定国家提供福利的原则是基于国家利益而不是某些群体的局部利益。另外,报告提出社会保障应该遵循四项基本原则:一是普遍性原则,涵盖全体居民;二是保障基本生活原则;三是统一原则;四是权利义务对等原则。这份报告对于福利国家的建立影响深远,此处不作更多评论。与民生主义的契合处在于将国家作为一个管理机构,视社会为一个共同体,没有阶级,只有国民。

---

① 蒋介石:《第六届第一次中央全会闭幕词》(1945年5月31日),见《中国国民党历次代表大会及中央全会资料》(下),第1016页。

陶希圣在《中央日报》所写的社论《民生主义与企业自由》[①]和《新政纲的精神》称，这个政策政纲中的民生主义部分是自己的得意之处。他说："三民主义之建国计划与自由，共有三层的意义。第一，三民主义的建国计划是为自由而计划。这就是说，建国计划的终极目的在于普及自由于全国的人民。第二，三民主义的建国计划之中，人民享有最大的自由。这就是说，在建国大业进行时，政府的统筹与人民的主动是不能缺一的两个要素。惟有两个要素互相协力，始可以致大业于完成。第三，三民主义的建国，必须导人民自由于统一的轨道，乃能厚集国力，以立国于世界，而分担世界和平的责任。"[②] 抽出他话语中的关键词，所谓终极目的在于人民的"自由"，先导人民于"统一"，由政府"统筹"，人民"主动"，这样的自由和"主动"真是让人摸不着头脑啊！

所幸，蒋介石后来在六届一中全会所作的由陈布雷起草的《闭会词》，说了一些明白话："我们的着眼点，在于整个社会的安全，全民福利的增进，劳苦农工的保护，和生产事业的发展。"具体来说：中国国民革命在于为全民谋利益，求阶级利益的调和，保障工人农民的利益，调和劳资关系，以政令取缔极少数非法暴富，提高多数大贫者的生活，保证不会产生阶级的对立；特别强调："一般小康之家的中产阶级，为抗战而出钱出力，他们的贡献很大，民族意识也最强。至于一般拮据经营的企业者，他们从千辛万苦中的成就，正是我们将来工业建设的萌芽。所以，我们一方面固然要裁抑兼并和节制资本，而对于农村中产阶级和正当守法的企业者，则必需予以适当的保障扶持"[③]。也就是要取自由主义和计划经济之所长，许诺给人民以广泛的经营自由，尤其倾向于中产阶级。

战后的复兴和建设应如何进行？陶希圣提出应该优先发展轻工业及农业。

---

① 陶希圣：《民生主义与企业自由》，《中央日报》1945年5月17日第2版。
② 陶希圣：《新政纲的精神》，《中央日报》1945年5月19日第2版。
③ 蒋介石：《第六届第一次中央全会闭幕词》（1945年5月31日），见《中国国民党历次代表大会及中央全会资料》（下），第1019页。

只有人民安居乐业，才可抵抗国际共产主义的侵蚀，他的想法却并不新鲜。不过，他提出原子能时代，国家建设不必以发展重工业为根本的观点，却有些惊世骇俗。当第一颗原子弹爆炸以后，陶希圣在《中央日报》上发表了名为《科学与军事的大进步》的文章，开篇即说，"坦克的发明与使用，是第一次世界大战的特色"，"流动性的地面武器之坦克，以高度流动性的飞机为掩护，这是第二次世界大战的特色"。未来战争起决定作用的是什么呢？对于原子的爆炸力和铀的动力的控制，也就是原子弹的使用，"是科学的大进步，也是武器的大进步，这一大进步，将促成科学与军事的革命的变化"[①]。他提出武器是一般工业及科学进步的产品，仅仅单独发展重工业是不可能有原子武器的。言下之意，科学的进步，已经超过了以重工业作为衡量国家强大与否的时代。

二、接收出招

抗战胜利，接收成为重头戏。陶希圣建议日本投降后，在华北先接收华北开发股份公司，在华中先接收华中振兴股份公司，再经总公司接收其子公司。

陶希圣提到的华北开发股份公司成立于1938年6月的东京，由日本政府和民间各出一半资本建立，实际的活动中心在北京，由日本侵华机关"兴亚院"指导、监督，其策划建立者就是日本当时的藏相贺屋兴宣，他在1939年至1941年任该公司总裁。打着与中国资本家合股的招牌，从接管经营日本侵华军"军管理"的华北重要产业入手，开展对华北资源的掠夺，并将在占领区内掠夺的农业、矿业资源输向日本。总公司下设有分公司，一类是按一业一社的原则设立的子公司，实行独占经营和一元化的统制，凡在侵略战争中所需要的农业、矿业资源、交通运输、发电等事业都属此类；二类为贩卖公司，从事运销不能按一业一社编制生产的农牧产品和一部分矿产品；三类由

[①] 陶希圣：《科学与军事的大进步》，《中央日报》1945年8月8日第2版。

当地伪政权投资，并在伪政府注册的"中国"法人。到1945年，日本投降时，华北开发株式会社直接投资的子公司共51家，控制了华北的矿山、煤炭、制铁、发电、盐业、面粉，以及原料加工业。

华中振兴公司紧随华北开发公司，于同年11月在上海建立。两个公司性质完全一样，都是进行殖民掠夺的机构，日本政府对于公司有直接的监督和支配权，也是由贺屋兴宣组建，日本东京、中国南京和杭州设立办事处。该公司本身不直接经营，由所属的16个子公司进行经营，包括华中矿业公司、淮南煤矿公司两个采矿类公司；华中水电公司、上海瓦斯公司两大水电类公司；华中电气通讯公司，公司下属有电台、电报局、电话局等150余个单位；上海内河轮船公司、华中铁道公司、中华轮船公司、华中都市公共汽车公司、华中运输公司五大交通运输类公司；华中蚕丝公司；华中水产公司、华中盐业公司、华中火柴公司、上海恒产公司和振兴住宅组合等，全面控制了华东和华中沦陷区的工矿业。

陶希圣的这一招，真正是纲举目张，将日本殖民掠夺形成的独占经济体制转到国民政府的统治之下。结果，"这一项建议，经蒋主席采纳，交行政院实施"。[1]

三、与闻政协

1945年8月15日，日本天皇发表广播讲话，宣布投降，抗日战争终于取得胜利。此时，蒋介石的威望达到了顶峰，陶希圣也迎来了他春风得意的时刻。1946年1月，陶希圣的大女儿陶琴薰和沈苏儒在上海举行婚礼，证婚人是上海市长钱大钧。陶希圣后来口述婚礼盛况时说："当时抗战胜利不久，重庆政府尚未还都南京。但蒋委员长领导八年抗战得到最后胜利，中国跻身世界五强之列，其声望与威严，正是如日中天。我以军事委员会委员长侍从室第五组组长的身份抵达上海，自然备受各方尊崇。所以这场婚礼，真是贺客

---

[1] 陶泰来、陶晋生整理：《陶希圣年表》，第220页。

如云，金门饭店门前更是车水马龙，极一时之盛。"①虽然，他的回忆有出入，此时他应该不是以侍从室第五组组长的身份出席，但受"各方尊崇""极一时之盛"应该是实情。

抗战胜利之时，陈布雷精神极差，他在1945年8月14日的日记中写道："余今日为平生最负委座之一日，盖日本接受投降后，委座命拟告全国同胞广播稿，竟未成功……余自问十年以来，他事或未尽职，而文字工作从未有迁延草率贻误如今日者。今如此，真觉无地自容矣。"②自责痛苦达到极点。如此，同为侍从室的笔杆子陶希圣的重要性更为突出。

当时国民党对内的主要工作是稳定政局，必须与中共等在野党就政体、军事等问题进行交涉。1945年8至10月，毛泽东和蒋介石亲自参加重庆谈判，产生了《会议纪录要点》，又称《双十协定》（10月10日达成），该协定宣布中国目前已进入和平建国的新阶段，为实现政治民主化，结束训政实施宪政，决定由国民政府出面，召开政治协商会议，邀请党派代表及社会贤达，协商国是，讨论和平建国方案和召开国民大会问题。协定面世后，国共即着手准备召开政治协商会议。

1946年1月7日，陈布雷邀请陶希圣前来协助政协会议的筹备工作，自此到1月22日离开重庆，陶希圣一直与闻政协事务。1946年1月10日，政治协商会议召开。国民党派出孙科、吴铁城、陈布雷、陈立夫、张厉生、王世杰、邵力子、张群；共产党由周恩来、董必武、王若飞、吴玉章、叶剑英、陆定一、邓颖超组成；青年党则有曾琦、陈启天、杨永浚、余家菊、常乃惠；民主同盟代表是张澜、罗隆基；国社党派出张君劢、张东荪；救国会以沈钧儒、张申府为代表；职教社只黄炎培一人；第三党的代表章伯钧；村治

---

① 《陈布雷先生从政日记》（样稿）1945年8月25日记有："委座决定改变侍从室之组织及更动余之职务事。"9月8日记有："外间对侍从室改隶及复员中各项措施，均有猜疑与不经之传说。实则一切出自领袖之意旨，非任何个人或某部分人所发议。"在《陶希圣先生访问纪录》第215页中陶希圣曾回忆："三十四年国庆发表文告后，不久侍从室取消了。"可见，侍从室取消当在1945年下半年。此时，陶希圣不可能以侍从室第五组组长的身份出席女儿的婚礼。
② 《陈布雷先生从政日记》（样稿），1945年8月14日。

派代表为梁漱溟;无党派代表由莫德惠、邵从恩、王云五、傅斯年、郭沫若、钱永铭、缪嘉铭、李烛尘等组成。

14日,陈布雷约陶希圣专门就纲领问题碰头讨论,陶希圣回去后粗粗拟就《对政治协商会议及其后政局转变本党之政策》的短文呈上。陶希圣在文中提出,目前,政治协商会议为政局转变的开端,国民党的政策当然要以开放政治和统一军权为基点。但事实上军权不能如愿统一,政治开放却成定局。之所以必须这样走下去,一是为了得到国际上的谅解,二是为了在国内致共产党于孤立。因此,政治开放势在必行。目前需要解决的问题是政治开放到什么程度,采取什么步骤,这是第一要考虑的问题;国民党在政治开放过程中应该怎么做,这是第二个问题。陶希圣的解答是:政治上逐步向多党政治制度迈进,在此过程中走和平合法的道路,避免政治开放成为政治革命的导火线;社会经济实行中美合作,向自由主义的方向前进,以杜绝共产党的社会革命,加强全国最高经济委员会为领导经济建设之机关,下设三署,均由中美专家组成;国民党军队退隐于政治幕后,军政部、军令部、军训部必须保持。最后呈现出这样的局面:"而本党一面保持军事力量,一面领导自由经济之建设,而一面政治领域之内与各党竞争,防止共党独占政权,消灭异己,并进而以宣传运动争取民众同情,以选举运动争取国民大会,以恢复完整执政地位。"所以所谓的开放限度,"本党必须保持军、政、财、法、经济建设之五种权力,其他均可开放"。在此原则下的开放,实在是已经没有什么可以开放的了。在政治开放、政局转变时期,陶希圣认为国民党必须有所改变,其基本方向为转化由上而下之统治为由下而上的竞争;党必施用压力及助力,使党员投身于实业、文化、地方自治、国防建设等方面;党员立足于基层,从事选举运动,争取各级民意机关的地位。他甚至希望通过与其他各党的并存竞争,而使国民党有"新生之机运"。① 陶希圣经过国民党六大,看到国民党的种种弊病,因此,他有上述之想。陶希圣的这份呈文,是给国民党自己看的,是他划定的底线。

---

① 以上引言取自台北"国史馆",入藏号:002000001216A,全宗号:蒋中正"总统"文物,卷名:国共协商(七),典藏号:002-080104-00015-010。

政协会议分成五个小组分别议事,包括政府组织组、施政纲领组、军事组、国民大会组、宪法草案组。最后相应地形成了五大决议案包括《政府组织案》《国民大会案》《军事问题案》《宪法草案案》和《和平建国纲领案》。其中,陈布雷、张厉生、董必武、王若飞、常乃悳、杨永浚、张申府、黄炎培、李烛尘、郭沫若、傅斯年等组成的施政纲领组,由张厉生和董必武召集,制定《和平建国纲领》。这个纲领,作为训政结束、宪政实施前的"施政之准绳"。从陈布雷的从政日记可以了解到,国民党方面提出的施政纲领,最初由陶希圣拟订,经过陈布雷、张厉生、陶希圣、张道藩、唐纵等共同讨论,再由陶希圣改拟。1月22日,陶希圣离开重庆,政协会议又延续了几天,31日正式结束。因此,陶希圣对这个纲领的形成,有所贡献。

细细体会《和平建国纲领》总则,其中可以有多种解读:"(一)遵奉三民主义为建国之最高指导原则;(二)全国力量在蒋主席领导之下,团结一致,建设统一自由民主之新中国;(三)确认蒋主席倡导之'政治民主化'、'军队国家化'及党派平等合法,为达到和平建国之必由之途径;(四)用政治方法解决纠纷,以保持国家之和平发展。"[①]国民党的思想——三民主义为最高原则,其他党派的思想自然不能用于施政,实质还是思想的集中;而全国力量均在蒋介石领导之下,其中的"力量"二字的意味值得咀嚼,无非是国家力量,包括军事、经济及其他力量。1946年3月,国民党召开六届二中全会,对是否接受政协决议展开讨论,绝大部分人持否定态度,其中,矛头主要对准《宪法草案案》和《国民大会案》,而对于《和平建国纲领》却较少涉及。六届二中全会通过《对于政治协商会议报告之决议案》,除了要求中共实施"恢复交通"停止军事行动外,提出"五权宪法乃三民主义之具体实行方法……所以对于五五宪草之任何修改意见,皆应依照建国大纲与五权宪法之基本原则而拟定,提由国民大会讨

---

① 《政府与中共代表会谈纪录要点全文》,见大陆图书杂志出版公司时事资料编纂委员会编辑:《政治协商会议》(二),大陆图书出版社1946年版,第43—44页。

论决定"①。因此,用陶希圣的上文所述的角度,也是可以接受的。

在政协会议期间,《中央日报》的导向很明确,开会的第一天,社论告诫大家,政协不是民主的完成,是国民政府要解决若干问题而召开的"一种权宜的重大举措"②,民主的实现有待于国民大会;两天后,以标题的方式,刊登社论《周恩来报告词中重申中共的信念:拥护并努力实现三民主义,承认蒋主席在全国之领导地位,尊重国民党无意推翻国民政府》③,仿佛中共是为了"臣服"而来参加政协,起误导作用。随后,《中央日报》不断以怀疑、挑剔甚至敌意的态度发表社论。中共提交"施政纲领"后,社论称本已对政协感到焦虑的人民,更加焦虑,因为"中共仍未放弃军事独立政治割据的意向",只多了"民主的外衣",这次"中共求解决问题的精神,是有些不够的"④;关于中共提出本年内召开由各党派参加的普选的国民大会,制定宪法,依宪建立正式的民主联合政府的建议,发表《提高政治水准》的社论,讽刺中共政治水准不高。文章说:"民主国既不明定政府地位于宪法,尤无规定联合下令于宪法而使其成为政治常规的实例"、"联合政府在战时是最有力量的政府,在战后是最不安定的政府"⑤,并称多党制不是政府内实行多党,而是一党执政,其他党以批判的态度居于在野之地位。对地方自治,社论更是嗤之以鼻,以为军令统一然后才可以地方自治,否则就是"企图保存私人的地盘,不顾国家民族的利害,实行其割据的阴谋"⑥,攻击中共宣传失实⑦,等等,明枪暗箭不停,指名道姓地指责中共。无怪乎连国民党内的一些人士也看不下去了,陶在回忆时说:"邵力子和雷震(政协秘书长和副秘书长)对

---

① 转引自汪朝光:《1945—1949:国共政争与中国命运》,社会文献出版社 2010 年版,第 75 页。(原藏中国国民党党史馆:6.2/6.28;见中国国民党中央执委委员会秘书处编印:《中国国民党第六届中央执行委员会第二次会议纪录》)
② 《政治协商会议开会》,《中央日报》1946 年 1 月 10 日,第 2 版。
③ 《中央日报》1946 年 1 月 13 日第 2 版。
④ 《人民的期望》,《中央日报》1946 年 1 月 16 日第 2 版。《评中共"和平建国纲领案"》,《中央日报》1946 年 1 月 17 日,第二版。
⑤ 《提高政治水准》,《中央日报》1946 年 1 月 21 日第 2 版。
⑥ 《军令统一与地方自治》、《联省自治论》,《中央日报》1946 年 1 月 23 日、22 日第 2 版。
⑦ 《宣传背后的事实与企图》,《中央日报》1946 年 1 月 24 日第 2 版。

陈布雷先生诉述《中央日报》的反共言论，指为妨碍政治协商会议和军事调处，引起中共代表周恩来的抗议。"① 当然，以他的立场，对自己这时的行为很是得意。

四、计谋"和平"

自日本在浩渺的太平洋中挑起战争以来，中国和美国携起手来，形成了共同对日的相互依赖关系。日本失败后，北面出现了强大的当时仍然是盟友的苏联。1946年3月5日，丘吉尔在美发表演说，宣称"从波罗的海的什切青到亚得里亚海边的里雅斯特，一幅横贯欧洲大陆的铁幕已经降落下来。这张铁幕后面坐落着所有中欧、东欧古老国家的首都——华沙、柏林、布拉格、维也纳、布达佩斯、贝尔格莱德、布加勒斯特和索菲亚。这些著名的都市和周围的人口全都位于苏联势力范围之内，全都以这种或那种方式，不仅落入苏联影响之下，而且越来越强烈地为莫斯科所控制"。他指出在"铁幕"之后的各国，民主制度没有建立，基督教文明受到威胁，他呼吁美国、英国建立特殊的关系，民主国家团结起来。他的演说，被视为"冷战"的序幕。美国虽然当时没有明确表态，但是，美国和苏联的嫌隙始终存在，一如国共两党，不可能弥合。

美国希望中国继续作为盟友，只不过共同的敌人换成苏联。因此，他们热望这个盟友是一心一意的、强有力的，是蒋介石领导下的国民政府，而不是无论在情感还是在物质上与苏联有瓜葛的中共。表面上看，美国以中间人自居，但明显他们是有偏向的。这一点无论中共、国民党还是美国自己都是心知肚明。国共之间你死我活的斗争历史，美国的居间调停归于失败是在常理之中。因此，中国仍然走向内战。

1945年11月27日，赫尔利宣布辞去美国驻华大使的职务。马歇尔作为杜鲁门总统的特使，以大使身份来到中国，自1945年12月出使至1947年1

---

① 陶希圣：《潮流与点滴——陶希圣随笔》，第224页。

月使团被召回(所谓"马歇尔使华"),成为一件引人注目之事。

陶希圣对于马歇尔的关注,早在赫尔利辞职之前。在赫尔利27日辞去大使之职的第二天,陶希圣呈上《加拿大大使欧德伦陈述马歇尔使华之意见》①,他借加拿大大使欧德伦之口,指出马歇尔将改变赫尔利在华期间过多参与中国内政的做法,但并不表示马歇尔会倾向于中共,以为"马氏为人与赫氏不同,赫氏富于冲动而马氏头脑冷静,为一能依逻辑而观察事物之人,彼到中国后必能洞悉中国政情,执行彼所应为美国而为之工作"。他对马歇尔评价颇好,存有期待。

马歇尔到达南京后转重庆,先后与蒋介石、周恩来等分别见面。1946年1月7日,马歇尔、蒋介石进行谈话后,国民政府同意设立一个由一名国民政府代表、一名中共代表和马歇尔(主席)的三人小组的委员会,商讨停止冲突的措施和有关的问题。四川省政府主席张群、周恩来和马歇尔组成三人小组,并召开第一次会议。经过四天的正式会议,10日签署发布停战令的协议。决定13日停止一切冲突。1946年1月10日—23日,政治协商会议召开,决定在北平设立军调处。并形成了军队整编及统编共产党军队为国军的基本方案的协定。

但是,政协闭幕后,国民党马上翻脸,2月10日,特务在重庆较场口殴打庆祝政协会议的李公朴、施复亮等60多人,制造血案;5月21日,民主党派领导人致函蒋介石和毛泽东,要求中共撤出长春,国民党不再进兵长春,由东北政务委员会驻长春。可见,民主党派为争取和平,仍然努力调解国共纷争,并且立场是中立的。然而,1946年6月,国民党军队攻击中原解放区,内战全面爆发;7月11日,民盟中央执行委员李公朴被暗杀;7月15日,另一名民盟中央执行委员、西南联大教授闻一多被暗杀。造成民主党派极大的"恐慌",国民党失去了大部分中间势力的支持。

8月10日,马歇尔和美国驻华大使司徒雷登发表声明,指出国共双方在

---

① 台北"国史馆"藏,入藏号:002000000408A,全宗号:蒋中正"总统"文物,卷名:革命文献——美国特使马歇尔将军来华经过,典藏号:002-020400-00004-009。

一些亟待解决的问题上难以获得解决的办法，因此，不可能达成全面停战协议。他们认为最难的问题是"国民大会未作根本决定以前"①地方政府的性质为何？他们实际上宣布"调停"失败。

在此局势之下，1946年8月14日，为纪念抗战胜利一周年，蒋介石发表《告全国同胞书》，说明国事国难的症结在于国内政治纠纷不能解决，和平秩序备受破坏，并将主要原因归咎于中共。蒋提出今后国民政府处理时局的方针为六："一、十一月十二日之国民大会必须如期召开；二、对于政治协商会议之决议，必忠诚遵守，尽力推行。关于宪法草案，只求荟萃各方面更好之意见，提供国民大会讨论抉择，以其制成完善可行之宪法；三、对于扩大政府基础邀请各党派人士参加，务求迅速实现，并以和平建国纲领为施政准绳；四、关于停止冲突，仍必遵守原议，忠实履行。并不要求'共军'全面退出停战后所攻占之地区，只要求其撤出若干已经构成和平威胁和阻碍交通地区；五、关于政治纷争，仍采取政治解决之方法，只要'共党'军队忠实执行停止冲突，恢复交通成议，遵行调处，实施统编，使军队国家化，不致徒托社会主义；六、当前人民最迫切要求，在安居乐业，所以政府必当尽力解除和平之威胁，更必竭尽职责，以保障人民生命财产与安全。最后说明国家需要和平建设，国军以外勿有对立的军队，化武装政党为和平政党。"②这份《告全国同胞书》，回应了马歇尔、司徒雷登的声明，突出遵守政协协议、召开国民大会、体现民主的同时，提出所谓的政治解决，要求中共放弃武装，国军以外无对立军队，中共成为一个和平的政党。这无疑是要求中共投降，显然没有诚意。马歇尔根据蒋介石的意愿，周旋于国共之间，周恩来代表的中共表示在没有全面停战、改组政府之前，一切免谈。

然而，就在"八一四"文告发表后的次日，蒋介石收到杜鲁门总统写于10日的函件，信中十分不客气地说："最近局势之发展，使人不能不认为国

---

① 《事略稿本》66，第516页。
② 吕芳上主编：《蒋中正先生年谱长编》第8册，台北"国史馆"、中正纪念堂中正文教基金会2015年版，第458页。

共两党中均有极端分子,各顾私利阻碍中国人民之愿望(即和平的愿望——作者注)。"① 表示对未履行政协决议感到失望。并提到"昆明发现有声望之教育阶层人士,惨被暗杀案件"②,即指暗杀闻一多、李公朴一事,相信"中国对社会问题不采民主方法。仍欲凭借武力,利用军队或特务警察,以求解决"③ 为事实。声称美国政府和人民仍希望能够帮助中国,在真正的民主政府下,建立和平与稳定的经济,厌恶看到"中国国民之期望,为黩武军人及少数政治反动分子所遏阻",警告如果在短期内在和平解决方面没有实质性的进步,则"美国舆论对中国之宽宏慷慨态度,势难继续。且本人必须将美国立场重行审定"④。最后一句话,显然对蒋介石颇具杀伤力。

杜鲁门的信件,在国民党中央引起了不小的震动,顾维钧来电安慰蒋介石称美国陆战队不会撤退,仍将驻华,只是昆明暗杀之类的事须防止、禁止,以免给美国的左派留下口实,使美国政府为难。王世杰则以为美国的意图在停战,建议对中共可先忍耐六个月,再就曾经有成议的约定整军等事先行协议,等等。陶希圣以《当务之急》为名,呈上自己的意见。

"八一四"声明的初稿由陶希圣提供,陈布雷按照蒋介石的要求作了数次修改,最后定稿完成⑤。因此,陶希圣对于蒋介石的所思所想了然于胸。他认为,一方面马歇尔的使命已到穷途,现在要避免的是美国政策的变化,不致于在"物质、道义"上打击国民政府;另一方面,对中共加强政治攻势,阻止中共"破坏、孤立"国民党的活动。他分析美国政策归纳起来就是:"即援助国民政府而不使其援助成为美苏冲突之导线。故先求政府与中共停止冲突,中共参加政府,而后予政府以全面之助力。"因此,他主张国民党应该以退为进,发起所谓的"和平攻势"和"政治攻势"以便协助马歇尔,使之不

---

① 《事略稿本》66,第562页。
② 《事略稿本》66,第563页。
③ 《事略稿本》66,第563—564页。
④ 《事略稿本》66,第564页。
⑤ 见《陈布雷先生从政日记》(样稿),1946年8月8日:"八一四文告之要点,并希圣来商。"8月9日:"十二时一刻回寓,与希圣谈话。希圣代拟一初稿来,先嘱省吾抄正……四时后阅希圣之稿,为之补充修整……"

至于回国。所谓"和平攻势",即在明知中共不会全面妥协的情况下,"政府可择一地区,对中共作显明之让步,使三人小组可转而活跃于一时",以"策动军事三人小组之一度进展",至少可以赢得一个月的时间,延缓民主化政策。"政治攻势"是加紧和各党派平行接洽,以破"中共之阻挠各党派与政府合作,以孤立政府,使我不能完成政治民主化",其中的含义就是共产党只代表自己本党的意愿与国民党接洽,而不是其他党派的代言人;他还进一步提出:"对中共之政策,今日宜在军事商谈上放松而在政治问题上抓紧。"

陶希圣这样做的目的在于拖延时间,等待机会:一方面,7月23日在巴黎召开的由二十一国参加的和平大会正在进行,将于10月结束,会后新的国际形势将会出现;另一方面,美国与中共间的关系有破裂的可能,他看到此时中共对美国已经表现出不客气的态度。"若政府在行动上,对政治民主取积极步骤,对军事调处显明让步,易博美方之好感,而中共既已不惜指责美国,公然主张苏联参加干涉,又正值美国舆论反苏责共之时,政府之仁至义尽可收较大之成果。待至召开国大,再视苏共之动向,以定我行动之方向。"①

蒋介石对陶希圣的意见相当重视。8月26日,《蒋中正总统档案·事略稿本》记有:"下午接见陶希圣主笔,谈巴黎和会与我国之关系,及美俄两国间之问题甚详,公判断欧洲和会必无完满结果也……晚课后,接见陈布雷副秘书长、陶希圣总主笔,谈关于成立五人小组以研究国民政府改组问题。"②蒋介石对巴黎和会的结果预测和陶希圣的结论相同。

同一天,蒋介石在他的日记中写有:"是日中共代表团竟悍然对记者表示反对十一月十二日召开国民大会。"③陶希圣则呈上《马歇尔特使使命之结束》,表示应该坚持召开国大。他再次借欧德伦之言表达自己的观点,以为"马特使使命及美国今后政策,全系于中国政府民主化"。为了对马歇尔有所

---

① 以上引言均来自台北"国史馆",入藏号:002000001216A,全宗号:蒋中正"总统"文物,卷名:国共协商(七),典藏号:002-080104-00015-010。
② 《事略稿本》66,第619页。
③ 《事略稿本》66,第621页。

帮助,最好的前景是延安停止"全面叛乱";次之是中共以一党参加政府和国大;再次之,即使中共不参加,国大依然召开。最后他写道:"此二个月中(9月和10月)世界形势亦有变化,中共态度日趋强硬,倘可稳住马帅,以待中共最后之决裂,于我有利,比及国大会期既近,再视世界形势之所到,决定方针"[①]。陶希圣的想法和蒋介石相契合,把破坏团结、反对和平、不要民主的皮球踢到中共这边,做到对美国有所交代,无论"物质、道义"都不想失去。于是,陶希圣热情地投入到国民大会的准备工作中去。

五、拉拢"友党"

1. 动员参加"国大"

改变国民党一党专政的体制,建立民主政府,先决条件是召开一个由各党派参加的国民大会,通过大会制定一部新的宪法,在宪法保障之下,实行多党制,人民拥有广泛的选举权,政权实行分权制。在1946年初召开的政协会议上,决定了同年5月5日召开国民大会,但结果却没能召开,7月又改会期为孙中山诞辰日——11月12日。

陶希圣自政协结束后,即开始和民盟等第三方面接触。但是,他却并不是以联络人的身份,也没有什么头衔,身份不明,却能够在民主党派与蒋介石之间传递意见[②]。原本召开国民大会和平建立统一政府的愿望,只是停留在愿望上,事实上全面内战爆发,一党独大的国民党正在逐渐地失去民心,连国民党要员吴铁城与第三方开会时,也说:"千不该,万不该,国民党最不该;一不该校场口;二不该二中全会;三不该东北纠纷,致把政协议案搁起。如果当时打铁趁热,立将政府改组,则一切没有问题,中枢下令执行,便不

---

① 台北"国史馆"藏,入藏号:002000001216A,全宗号:蒋中正"总统"文物,卷名:国共协商(七),典藏号:002-080104-00015-010。
② 黄炎培1946年7月15日的日记中记有:"陶希圣衔蒋主席命,专自京来,征取对时局解纷意见。余答:一、对中央只有一法,即以共同制定之宪法,范围其行动,故下手必须合作,只有政协会议决案可以解纷;二、目前办法宜使参加商谈,迅速解决军事问题,接谈政治;三、若舍政协会别寻门径,决非国家之福;四、吾个人正在觅取机会脱离政治。"[《黄炎培日记》(1945.1-1947.8)第9卷,华文出版社2008年版,第176页]

得有异议了。"① 颇有些悔不当初。中共和民盟拒绝参加国大。陶希圣工作的对象是中国青年党和民社党。工作的重心分成两个阶段,国民大会召开前,为组建政府拥有一个堂堂正正的法统,陶希圣负责拉这两个"友党"参加国大;国大后,则是动员两党参加政府,以体现民主属性。

陶希圣回顾这段历史时说:

> 民国三十五年九月二十日,共军迫使军事调处小组(系由美方罗伯林、国府郑介民、共方叶剑英组成,哪里有战争,就派往解决)退出张家口。张家口是平津北面重镇。军事调处既为共军破坏,平津的安全便受到共军的威胁。于是国军在傅作义指挥下,不得不由南面与西面向张家口集中,准备作战。十月五日,蒋主席接受马歇尔将军的意见,决定停战十日,让三人小组与五人小组(作者注:司徒雷登、吴铁城、张厉生、周恩来、董必武)分别商谈军事问题与政治问题。
>
> 我趁此十日停战期间,赶往上海,与民、青两党人士接头,力促他们对于参加国民大会及参加国民政府的问题,作最后决定。我的意见是:"这十日是一个关键,如果三人小组与五人小组在军、政方面能达成协议,共军能退出张家口,则国共便可继续商谈,同时召开国民大会。反之国共和谈全面破裂。"我劝他们达成同一协议,因为这时是民、青两党政治功能与价值最高之际,若国共和谈成功,达成协议,则民、青两党政治影响力减低;反之,民、青两党之重要性也随之低落。后来,我终于获得民、青两党首肯,参加国民大会。②

陶希圣言简意赅地突出了重点,实际上陶希圣的努力远超于此,而且,拉拢"友党"的工作,也不止陶希圣一人在做。

对于这段拉拢的事情,雷震没有隐瞒,他说:"关于与青年党方面的接

---

① 黄炎培:《黄炎培日记》(1945.1—1947.8)第 9 卷,第 166 页。
② 陈存恭、尹文泉整理:《陶希圣先生访问纪录》,第 229—230 页。

洽，国民党方面除我随时会晤外，有陶希圣等尽力拉拢。至于民社党方面，除我时有接洽外，亦无人去做拉拢工作。"① 的确，国民党开始的工作对象主要是中国青年党。

中国青年党是一个历史比较长的政党，1923年12月建立于法国巴黎，时名"中国国家主义青年团"，成员大多曾经参加"少年中国学会"②，最初为秘密组织，以"内除国贼，外抗强权"相号召。主要代表人物有曾琦、李璜、左舜生、陈启天、余家菊。1924年曾琦回国，创办《醒狮》周刊。1929年，对外正式公布名号——"中国青年党"。基本口号是："一曰打倒祸国殃民的新旧军阀，二曰打倒杀人放火的共产党，三曰打倒一党专政的国民党。"具体政策：实行职业选举以换代议制；总统民选以取代两院制；联省自治取代武力统一；以社会政策防止阶级斗争。1941年3月，中国青年党和国家社会党（后改称民主社会党）、中华民族解放行动委员会（后改称中国农工民主党）、中华职业教育社、乡村建设协会共同组织"中国民主政团同盟"。1946年1月，青年党以仅次于国民党和共产党的人数，参加政协。由于历史原因，青年党反共的特色比较明显，在政协会议上，曾提出《军队国家化》等议案，接近国民党。

国民大会相当具有戏剧性。从5月5日推迟到11月12日，12日到了，又后推三日，大会秘书长雷震回忆在开幕式上，除了几个无党派人士外，都是清一色的国民党员。雷震说："不仅共产党拒绝参加，中国民社党虽未拒绝，亦未表示参加，青年党虽允参加，但以民社党之参加与否为前提，所以也没有提出参加国民大会的代表名单。"③ 蒋介石急得吃不下饭。此时，被国民党讨厌的民社党似乎成为解决问题的关键。

---

① 傅正主编：《雷震全集》23《制宪述要》，桂冠图书股份有限公司1989年版，第6页。
② "少年中国学会"是新文化运动中形成的颇为庞大的组织，由爱国的青年知识分子组成，成立于1918年，以后的中国共产党和中国青年党的许多重要成员，曾经加入这个组织之中，后因主张和信仰不同，导致分裂。李大钊、毛泽东、恽代英、邓中夏、张闻天、赵世炎、高君宇、张申府、刘仁静、沈泽民、黄日葵、侯绍裘、杨贤江等转向马克思主义，并成为中共早期组织的发起人或参加者；曾琦、李璜、李鲁之、陈启天、余家菊等人则信奉国家主义，以反共为目标。
③ 傅正主编：《雷震全集》23《制宪述要》，第5页。

民社党自称是一个比同盟会历史更为悠久的党，可追溯至梁启超的研究系和进步党。最初称中国国家社会党，成立于1934年。他们承认国家存在的重要性，同时主张发展社会主义的体制。日常工作由总秘书负责，主要领导人是张君劢。1946年与张东荪领导的海外民主宪政党合并为"民主社会党"。民社党领袖张君劢不受蒋介石的欢迎，因其想要真正的宪政。

雷震却对张君劢多有褒意。他认为张君劢曾受蒋介石的迫害，被关押两年，因此，不愿与蒋为伍，但为了民主，以国家为重，仍然有参加国民大会的意向。不过，张君劢是有他的底线的，这就是要求以政协制定的宪法草案为基础，而不是以1935年公布的"五五宪草"为底本。政协宪草原本就是张君劢的杰作，该案以五权宪法之名行英美宪政之实；借用孙中山直接民权，全国选民实行对官员的选举、罢免权和对法律的创制、复决权，曰四权，以取代国民大会制度的间接民权；立法院相当于议会，为最高立法机关，由选民直接选举产生；行政院为最高行政机关，行政院长由总统提名，对立法院负责；总统的权力，使之成为虚位；司法院为国家最高法院，各级政权超出于党派之外，等等。这个法案在政协通过前，蒋介石没有仔细看，公布之后，受到国民党内的指责，蒋也颇感上当。他在2月国民党中央负责同志谈话时讲到，政协宪法与孙中山遗教出入颇多，其中最为不妥当的是"国民大会不以集会之方法行使四权，而以全体国民各在其居住点行使选举、罢免、创制、复决之四权。因我国民性情散漫，公民知识更未普及……"贸然行使，必然会危及国家根本；另外中央政制也不妥，使政府无能，等等。因此政协宪草"决不能拘束国民大会而使之通过，亦为甚明之理"。①准备撇开政协宪草。

可是，为了能够顺利召开国民大会，蒋介石在"八一四"讲话中又说："对于政治协商会议所有的决议，必衷诚遵守，尽力推行。关于宪法草案只求荟萃各方更好的意见，提供国民大会讨论抉择，以期制成完善可行的宪法……"②敛起了对政协草案的凌厉之气，颇有转圜余地。

---

① 《对宪法草案之意见十二项》，见《先总统蒋公思想言论总集·别录》第9卷，第334页。
② 《事略稿本》66，第538页。

陶希圣自然十分拥护，11月4日在《中央日报》发表的《制宪会议的妥协性》，11月6日《我们要怎样的宪法》，以及11月11日《所望于国民大会》，将政协宪草称之为"五五宪草修正版"、誉为"良好的作品"①。之所以"良好"在于体现了各种意见的妥协，甚至白纸黑字印有："我们以为五五宪草尽可修改，政协意见尽可采用，把监察院大致改为上院，立法院大致作为下院，国民大会大致代替全民投票的办法，与五权宪法并不违背……"②意思表达就是只要你们"友党"来参加，什么都可以谈。陶希圣的态度，受到了国民党内一些人的抨击，南京市国民党党部认为党报应主张五五宪章，不应主张政协宪草，并向中央党部检举《中央日报》违背党义。陶希圣亲自前往，并抬出蒋介石的"八一四"声明，作为《中央日报》发文的依据。

如果说报纸上的内容，还是犹抱琵琶半遮脸，那么雷震对张君劢的话，则是明白无误，雷震说："我开门见山地说出蒋中正请民社党参加国民大会，已决定提出政协宪草为讨论的基础，且保证不推翻政协宪草的基本原则……"③张君劢的长处在于坚持政协宪草，而其软肋也在此。蒋介石的让步，终使民社党、青年党参加了国大。虽然，陶希圣在此之中，起到了维护政协宪草的作用，但是，这不过是权宜之计，他自己的表述十分说明问题："今日之事，不能拘泥于五五宪草。共产党指我们的国大是一党国大，我们定要做到多党国大。"④

2. 张罗组府

随后，国民党的工作进入到力促两党参加新政府的工作环节中。雷震、张群为主，陶希圣则自告奋勇地投入其间。

对中国青年党的工作，国民党似乎进行得比较顺利。青年党很快表示参

---

①陶希圣：《我们要怎样的宪法》，《中央日报》1946年11月6日第2版。
②陶希圣：《所望于国民大会》，《中央日报》1946年11月11日第2版。
③傅正主编：《雷震全集》23《制宪述要》，第21页。
④陶希圣：《潮流与点滴——陶希圣随笔》，第230页。

加政府。陶希圣通过陈启天①和青年党接洽。此时,陈启天担任青年党中央常委、中央执行委员会秘书长。他们主要讨论国民政府的改组,以及青年党骨干分子在政府中如何安顿。1947年1月1日,陶希圣在上海听取了陈启天的建议,第二天,他给蒋介石提出建议:立法院增加七十名额,各党各分二十余人,保留二十名给民盟等。监察院亦加百分之五十,宪政实施促进会各党各二十人,共计每党可安置五十余人②。隔了一天,蒋介石批示,要陈布雷和陶希圣就人选问题做具体商量。于是,他们两人决定,原则上立法院应多纳各党派分子,促进会多容顽固分子,监委参政员可酌一比例分配,等等。这样,陶希圣实质上参与了其中的一些决策。

陈启天和陶希圣另有一种接触。1947年1月2日陶希圣日记记有"陈修平中国文化研究所基金一亿元事,决召见时面呈请示"③,2月7日则记有"中国文化研究所基金已批准",次日补记有"中国文化研究所基金一亿元,由陈修平与吴秘书长接洽,此款今已交"④。陈天启与陶希圣的互动十分频繁。2月6日,民社党决定整个地加入国民政府的消息,由汤住心和陈启天打电话告知。汤是民社党,透露消息不奇怪,而陈为青年党,他也巴巴地来通报,应该存有报恩之心吧。

国大后,陶希圣的工作重点,转向民社党。民社党内部意见分歧十分严重,以张东荪等为代表的一些人,一度反对参加国大,差点分离出党;民社党退出民盟后,张东荪、叶笃义等人仍参加民盟活动,被停止党权,张、叶不接受处分也不声明退党;关于参加改组政府的问题,张东荪等反对加入,张君劢表示原则上参加政府改组,为此,两方面发生争执;当参加政府的人

---

① 陈启天(1893—1984),湖北黄陂人,曾用名声翊、国权、春森、翊林、明志和修平,国家主义的教育家。1921年考入南京师范高等学校,参加少年中国学会,并接受国家主义思想。1925年参加中国青年党。抗战期间任历届国民参政会参政员。1941年参加民盟并任中央执行委员。1945年当选为青年党中央常委、中央执行委员会秘书长。1946年参加国代表大会。1947年4月出任南京国民政府经济部长。1949年到台湾。1969年当选为中国青年党主席。著有《最近三十年中国教育史》《张居正评传》等多部著作。
② 陶晋生编:《陶希圣日记1947—1956》(上),台北联经出版事业公司2014年版,第2页。
③《陶希圣日记1947—1956》(上),第1页。
④《陶希圣日记1947—1956》(上),第17页。

员名单公布以后，民社党内部矛盾再度激化。1947年5月，一部分人以反对张君劢独断专行为名另组"革新委员会"，以副主席伍宪子、卢广声、孙宝刚等十五人为委员，民社党正式分裂。

陶希圣联系比较多的是卢广声，此人是民社党成员，也是中统特务。另一个人是汤住心①，一个很具传奇色彩的不倒翁似的人物。他们两人和张君劢的关系不好，陶希圣却与他们互通声气。他们不时地向陶希圣"密告"内部的情况，陶希圣再把这些消息上传至蒋，并将一些消息有意识地透露给他们。陶希圣1月31日给蒋的报告提到民社党26日内部开会："会议中有一主张颇为得势，即改组政府时，行政院长由民社党（张君劢）担任（由民社党组阁），彼谓如此则民盟亦可入阁，且可促成和商谈，此项主张彼等秘密通知职，并请勿外宣。职曾秘密告知汤芗铭，请其努力，勿使该党以行政院长人选为参加政府之前提，并谓此乃个人建议，今该党发生如上之高调，汤等惟有主张休会，从事会外磋商。"②汤住心似乎已经成了他的内线，因此，陶希圣在向蒋提出入府名单时，将汤列在国府委员之中，卢广声为次长。不过，最后汤却不在其中。民社党党内斗争激烈时，在陶希圣的劝告下，汤住心后来成为民社党内的中派，这是后话。

对于青、民两党的工作，目前可见到陶希圣直接写给蒋介石的报告有五份，包括1947年1月14日、2月5日、3月2日、3月4日、5月23日。从他的这些报告中可以了解到，青、民两党参加政府改组后，也就是加入国民政府后，如何对待中共是核心问题——即是与中共和谈还是"预想战"。最

---

① 汤芗铭（1885—1975），字铸新，晚年名汤住心，湖北浠水人。1903年中举，1904年被保送出洋，留学法、英；1905年在巴黎加入兴中会，后退会自首。1909年归国，1910年为清海军统制萨镇冰的代参谋长，武昌起义爆发后在前往镇压途中起义。1912年后曾任北伐军海军总司令。1913年参与镇压"二次革命"，事后袁世凯任命其为湖南都督。1915年汤芗铭宣布反袁独立。1925年他入坛受灌，皈依佛门，成为居士。1934年组建中国国家社会党，为领导之一。汤芗铭曾出任伪"北平治安维持会会长"等伪职。抗战胜利后，因曾掩护营救国民党的地下人员，经蒋介石同意，汤得以从汉奸名录中除名。1949年后汤芗铭两次被捕，但均免予起诉。此后隐于北京西城石板房胡同家中，吃斋念佛，翻译佛学著作。1975年病逝，享年90岁。
② 台北"国史馆"藏，入藏号：00200000414A，全宗号：蒋中正"总统"文物，卷名：革命文献——实行宪政与蒋"总统"就职，典藏号：002-020400-00010-026。

初,民社党和青年党两党都主张与中共和谈,但在这方面,两党存在根本的差别,青年党要求和谈只是作为政府改组前的一种姿态,一旦政府改组了,这个问题就不是问题了;民社党却当作参加政府时应该做的工作。他的原话是:"在和谈与改组政府两关系上,青年党主张和谈只在改组时作一姿态而止,民社党认此为参加政府时之姿态(其区别在于前者一定参加政府,后者则不一定参加政府)。"但是,令他十分恼火的是,青、民两党"对共和平谈判,原为一种参加政府之口实,或姿态者,反谈得好像参加政府之前提,则不可不谓为节外生枝,于是民主同盟之影响乃乘机而入"①。

另外一个核心问题是"国府行政院改组其地位分配之实况,立法监察两院及参政会增加名额之分配,彼等希望政府准备一方案,秘密开诚谈一谈"②。当时在任的行政院长是1945年6月上台的宋子文,权力相当大。行政院下设行政院收复区全国性事业接收委员会,主管接收事宜,11月宋子文兼任全国最高经济委员会委员长,掌管经济,并实施了一系列的稳定物价和改革税收等政策。但是,随着内战的爆发,经济完全失控。1947年1月,张君劢和雷震谈话,提出撤换宋子文,雷震转达给蒋介石后,反馈回来的消息是"你们主张撤换宋子文……主席谓可以考虑"③。果然,1947年2月黄金风潮,引起朝野一片指责之声。3月,宋子文提出辞职。早在宋子文下台前,对于行政院长一职有想法的就大有人在。陶希圣在日记中几次记有类似的话:"余委婉建议两党勿首先以行政院长人选为前提。盖如此则对主席及国民党所给予之印象不佳,而少数党将卷入国民党矛盾之内。"④ 充分看到党内外争权夺利的陶希圣,明显地对民社党和青年党要来分权颇不耐烦,言下之意就是国民党内对此已争夺不休,你们就不要再掺杂进来了,否则蒋介石会很不高兴。

---

①台北"国史馆"藏,入藏号:00200000414A,全宗号:蒋中正"总统"文物,卷名:革命文献——实行宪政与蒋"总统"就职,典藏号:002-020400-00010-026。
②同上。
③《陶希圣日记1947—1956》(上),1947年1月21日,第10页。
④《陶希圣日记1947—1956》(上),1947年1月10日,第7页。另,1947年1月21日日记:访卢广声。卢表示愿意与国民党合作,但仅与岳军联络不够。陶说:"少数党应与蒋主席合作,勿卷入国民党矛盾之内。"见《陶希圣日记1947—1956》(上)第10页。

陶希圣向蒋介石建议改变以往多人多头分别接触民社党和青年党的做法，由孙科、张群、陈立夫召集两党领袖开会，共同讨论正式接洽，避免"一而引起各党之是是非非，一而激起民社党人士之高调"①；快速改组政府，以免给民社党留出过多的时间去讨论办法，省得夜长梦多节外生枝；联络两党党内其他党员，给两党的领导人制造压力，等等。

陶希圣还讲到一个核心的问题，"立监两院如何走向宪法上之两院，行政院如何走向宪法上之内阁"②，这是政府是否走向民主的实质性内容，也是张君劢关于政协宪草的精神所在，但是，只见陶希圣在此有一提，以后，就再没有回到这个原点上了。

1947年2月6日，民社党决定参加南京国民政府，总算是可以向"宪政""民主"顺利进行了。

第五节 无果之搏

时至1948年，国民党败迹已现，作为追随蒋介石的铁杆人物，陶希圣帮助蒋介石修改《剿匪手册》、在《中央日报》上为币制改革摇旗呐喊，并和同道中人试图建立救国大同盟，三项事情紧密关联，牵涉到党、政、军，本质上试图塑造一种体制，但由于国民党政权的崩溃，他们在大陆的最后一搏也灰飞烟灭。于是，只剩下了败走台湾。

一、改定《剿匪手册》

日本投降后，国民党很快用"匪"作为中共的代名词，时间仿佛回到了30年代。1933年，蒋介石在第四次围剿中共失败、酝酿第五次围剿的过程中，

---

① 台北"国史馆"藏，入藏号：00200000414A，全宗号：蒋中正"总统"文物，卷名：革命文献——实行宪政与蒋"总统"就职，典藏号：002-020400-00010-026。
② 同上。

于这年 5 月亲自手拟《剿匪要旨》和《剿匪口诀》，合称《剿匪手书》，这本小册子是蒋介石在从事剿共三年后所写。1948 年 2 月中旬，在国民党又一次剿共的三年后，蒋介石感觉有必要再编一本《剿共手册》，于是，远在庐山牯岭的蒋介石命秘书曹圣芬①打电话给陶希圣，让他和徐佛观②一起到庐山写一篇文章。陶希圣到达后，"主席交下《新剿匪手本》，由余与佛观改定，并由余整理全编"③。

陶希圣一直以研究中共问题、反共而得名，徐佛观曾经在延安住了七个月，对于延安的情况比较了解。因此，蒋介石请他们两人上山，明显认为他们是这方面的行家。陶希圣和徐佛观分工，陶希圣负责政治部分，徐负责军事部分。修改《手本》足足花了一个月时间。3 月 15 日，陶希圣将新修改的《新剿匪手本》呈给蒋介石。在第一页上，陶希圣注明"新剿匪手本改订稿第三章之第二三四节系由徐曹两同志会改"④，言下之意，其他的由陶希圣完成。

蒋介石 1933 年的手本，目的是"能生效"，结合此阶段蒋介石关于哲学问题的思考，以"力行"相号召，所以浅显而断然命令式。他在《剿匪要旨》中对各将领说，"国家兴亡，军人之责。盗匪不灭，军人之耻"，三年来牺牲官兵死伤万余人，师长阵亡有四人，巨大的牺牲换来的却是"不惟于匪无损，且其枭张猖獗，有加无已"，根本原因在于"主义不明，则敌忾之心无由而生；心志不坚，则同仇之义亦无由而兴"，"官长无必死之心，士卒有偷生之乐，气节扫地，廉失道伤，以此而欲望其清匪……如吾军上下果能以诚信相孚，以礼义相尚，以廉耻相勉，专心一志，实行主义，则精诚所至，金石为开，何患匪寇之不灭哉？"⑤全文弥漫着蒋介石推崇的"四维""八德"之类的传统道德观，以便统一思想，使将士们抱着"杀身成仁"的决心。《剿匪口诀》分八诀，以

---

① 曹圣芬（1914—2003），湖南益阳人，此时为总统副秘书。
② 徐佛观（1903—1982），湖北浠水人，曾在侍从室第六组工作，一度为蒋介石随身秘书。
③《陶希圣日记》（上），1948 年 2 月 22 日，第 112 页。
④ 台北"国史馆"藏，入藏号：002000001772A，全宗号：蒋中正"总统"文物，卷名：一般资料——专件（二十九），典藏号：002-080200-00383-001。
⑤《先总统蒋公思想言论总集·文录》第 35 卷，第 145 页。

"赤匪万恶"开头,包括行军、宿营、防御、攻击、战术、军纪、军器、抗日等歌,文字易懂,读起来上口,比如:"第一训练全靠勤,锻炼体力要认真,每日起来学瞄准,每日一次练行军";"第二行军要分班,各团队伍莫乱参,队伍总要成序列,伙食担子走中间";"第三宿营要小心,周围地形须查明,那是紧急集合场,那是埋伏好路径";"第七军纪要严明,节制之师鬼神钦,军中命脉即在此,铁的纪律不徇情,拉夫第一要严禁,强占民房也不行,遵守礼法听号令,纪律为重命为轻";最后的抗日歌是"国内赤匪赶快平,再打倭寇日本人";等等,发给全体士兵以便遵照执行。

而陶希圣等人所写的《新剿匪手本》,则充分体现了文人的笔墨。文章少了训戒的意味,更像是一份国际形势分析报告。经过第二次世界大战,国民党有了相对足的底气,因此,《手本》也显示出了国民党的一份自信。文章指出,二战以后,苏联的社会主义和美国的民主主义两个班底的斗争,成为新的国际问题,一方面,"美苏两国各欲以自己的生活方式与政治模型改造世界";另一方面,"世界因交通而缩小,美苏却因经济制度各异而合作不易寻求"[1]。再者,军事的发展,尤其是空军和空中力量的发展、战略资源和基地的争夺,以及经济发展的不平衡、国际性的冲突将引发第三次世界大战。中国将在其中起到缓冲矛盾的作用,以中国的革命来防止新的世界大战。

文章指责中共的最后目的是"颠覆政府,建立暴民专政,控制中国领土和人力物力资源,作为共产国际赤化亚洲威胁太平洋的基础,准备第三次世界大战"[2],并称中共惟一不变的手段就是武力夺取政权。因此,抗战八年后,中国"匪"依旧是共产党,"内忧外患"依旧存在,只是外患由日本变成了苏俄。文章宣称"剿匪"是爱国对卖国、统一对分裂、民主宪政对暴民专制、和平建设对暴动破坏的斗争。

文章大肆渲染国民党"必然"取得最后的胜利,提出由于精神上、物质

---

[1] 台北"国史馆"藏,入藏号:002000001772A,全宗号:蒋中正"总统"文物,卷名:一般资料——专件(二十九),典藏号:002-080200-00383-001。
[2] 同上。

上、人力上，主要是在武器、战略上等等各方面，中共不敌国民党，"我们从匪军战略战术战斗各方面综合起来看，共在军事上根本是没有成功的条件"。但为了防止出现"偶然的"失败，他也研究国共两军优劣之点。虽然，其中也许有精到之处，但毕竟是纸上谈兵，尤其是在战局如此不利的情况下，其可信度大打折扣。他说："匪系反国家民族的，且反历史文化的，其在战斗中所表现之来神力有如画符念咒所引起之精神变态，系一种不正常的，不能持久的。我国军将领诚能植基于国家民族，发轫于历史文化，使部队与国家民族历史文化融为一体，则此种精神力之发挥，将如白日经天，青磷萤火。匪帮安有存在的余地？"①完全是鼓舞士气的自欺欺人。

最终这本《新剿匪手册》没有面世，陶希圣解释说："《新剿匪手册》未曾付印，时局是开始恶化了。"②

二、鼓吹金融改革

清末以来，中国社会一直处于战乱之中，社会经济受到严重的破坏，即使这样，日本侵略者被赶出中国后，国民党接收到的也不是一个完全不堪的财政状况。据《中华民国史》所载："抗战胜利之后，国民党政府一度拥有相当可观的财力。一是拥有9亿美金的储备；二是拥有黄金410万两；三是出售敌伪产业，1945年、1946年两年约有1.2亿元以上法币；四是联总的救济物资，合计有3.7245亿美元；五是美国对中国的经济援助，除去上述的联总部分，达17.05亿美元。这笔可观的资产，如有一个良好的政治环境，用于战后经济的恢复，完全可以使国家走上经济建设的良性轨道。"③然而，正是因为有了这笔财富，蒋介石更加胆大妄为，于是，内战接踵而来。国民党政府的军队的兵员有450万到500万，1947年1至7月军费支出占总支出

---

① 台北"国史馆"藏，入藏号：002000001772A，全宗号：蒋中正"总统"文物，卷名：一般资料——专件（二十九），典藏号：002-080200-00383-001。
② 陶希圣：《潮流与点滴——陶希圣随笔》，第237页。
③ 李新总编，朱宇晨、陶文钊：《中华民国史》第12卷，中华书局2011年版，第307页。

的68.5%。打仗不但需要人力、物力,更使残破的中国经济无法正常地发展,投入国内战争如投入一场豪赌,经过不到两年时间,国民党政府已经输得只能指望美国援助了。更为严酷的事实是,经济面临崩溃,物价疯狂上涨,犹如脱缰的野马,无论投资还是储蓄都没有意义,资金流向投机囤货或奢侈消费的行业,人们似乎是不想好好过下去了,事实也是无法过下去了。

1948年3月,陶希圣前往上海几日,回南京后,于16日给蒋介石呈上一份报告[①],说上海市场有大波动,主要是天津游资南下,使上海市场游资汹涌,无论市场上有何种货物,叫何种高价,此等游资持有者无不吞进。其胃口之大,使一般商人震惊。因为游资套购,港纸狂涨而美钞黄金也随而猛涨。对此,他提出三点意见。

陶希圣说"套取外汇及黄金买卖,其游资在上海,其市场在港澳,而以广州为跳板",及早加强上海与广州间的金融管理和经济调查十分必要。关于经济调查,陶希圣自称正与中央银行副总裁刘攻芸商定,准备充实中国经济通讯社,并介绍说,中国经济通讯社原来由军统局设立,近两年来划为独立的社会事业单位,对外以调查物价及各行业情况为业务,对内则从事民告官调查。他们对上海黑市金钞买卖与沪港间套汇等情况,陆续获取情报,"著有成绩"。关于金融管理,陶希圣建议尽早选择适当人选出任上海、广州两地的金融管理局长,表示"关于金融管理,甚望林崇墉能调任上海金融管理局"。

另外一个是外汇牌价废止问题。他认为外汇由中央银行挂牌定价,本意中央银行对汇率随时予以平准,使其不致发生狂涨之事。但最近,美金一元牌价法币十九万,黑市已至五十万。因此,以往的办法已经无用,他认为如废止挂牌办法,一概任市场自由定价,而由中央银行在最小限度之内酌予平准,其利大于弊。

第三是美援及军用物资及改革币制问题。陶希圣曾经和中央银行经济研究处冀朝鼎处长研究,乘美援来华的机会,通过采取下列原则,即可对

[①] 台北"国史馆"藏,入藏号:002000001323A,全宗号:蒋中正"总统"文物,卷名:金融(三),典藏号:002-080109-00003-006。

通货膨胀予以抑制,并可以做进一步改革币制的打算:1.把军费预算从全部预算中划出。2.将物资与军用物资联系起来,尽量减少用法币支出军费。美援中的粮食充作军粮不再交大都市用于平准粮价,其他物资可作军用或部队生活之用者一概归军队使用。凡人民物资被征用的给以军物券,可用以换取美援物资。这样,可以避免因为军费开支而使收支之间出现急剧地不平衡,也可以阻止军费投入市场造成金融紊乱(他认为从天津所来的游资是军费)。如果预算上收支接近平衡,"则改革币制未尝不可实施也"①。陶希圣虽然研究经济,但对金融不算是内行,上述三点,他主要是从人事管理、解决军费问题的角度考虑金融改革问题,绝不会指出目前经济问题的根源在于内战。

8月初,陶希圣看好的林崇墉就任上海金融管理局长。陶希圣十分兴奋,为了支持林崇墉,决定"发一神经战"②。8月2日,陶在《中央日报》刊登《放过一着万事皆休——论经济改革的枢纽》,文章称:"今日公私金融机构的利益已与国家的利益背道而驰,不能两立。国家如不整顿金融机构,则金融机构即将断送国家命脉。"银行钱庄以高利吸收存款,目的是囤积物资、追求涨风以博取利润。国家银行也不是什么好东西,"他们一手争取国库的发行,一手贷放于特殊关系与特殊力量的个人或机构"。他主张"改革币制必须慎重,整顿金融机构必须勇敢"③,整顿金融机构由六千减至两千单位,国家银行国家化。这就是他所谓的"发动一大神经战",高调向金融机构宣战,以后,《中央日报》基本上把游资和金融机构作为改革的对象。

上任不久的行政院院长翁文灏和财政部长王芸五面临的是必须改革的经济形势。货币膨胀,法币已无信用可言。在蒋介石的示意下,8月初开始酝酿币制改革。8月20日,蒋介石发布总统命令,颁布《财政经济紧急处分令》,

---

① 台北"国史馆"藏,入藏号:002000001323A,全宗号:蒋中正"总统"文物,卷名:金融(三),典藏号:002-080109-00003-006。
② 《陶希圣日记》(上),1948年8月1日,第154页。
③ 《放过一着万事皆休——论经济改革的枢纽》,《中央日报》1948年8月2日第2版。

内容主要是四点：1. 自即日起以金圆为本位币，十足准备发行金圆券，即若收兑已发行之法币及东北流通券；2. 限期收兑人民所有黄金白银及外国币券，逾期任何人不得持有；3. 限期登记管理本国人民存放国外之外汇资产，违者予以制裁；4. 整理财政并加强管制经济，以稳定物价，平衡国家总预算及国际收支。命令宣布8月23日正式使用金圆券。

翁文灏明白，必须借助于太子蒋经国的力量才可能从事改革。陶希圣在8月7日的日记中写道："下午遇昌焕，为言星期四翁院长与李惟果、林崇墉、蒋经国谈话经过，翁谓如经国不任经改事，彼将不提方案而辞职。经国允作委员会之委员而以翁为主委，彼任联络策动之事，经常驻在上海。事后李蒋沈又谈话，经国的结论是现政府下望改革为不可能。"① 虽然明知改革不可为，蒋经国还是出山了，就在蒋介石发布总统令的同一天，他由南京到上海出任上海经济管制副督导员。他主要打击的目标是囤积居奇的豪门巨富。

此前就已经呼吁"希望政府以大局为重而以大户为轻"②的陶希圣赞同蒋经国的作为，8月30日《中央日报》刊文《上海一周》介绍说："上海区指导员俞鸿钧、蒋经国两氏，和市长吴国桢氏，每日致力于物价的平抑。……物价波动，是一天一天的到头来下来。"9月4日《中央日报》刊登"蒋经国铁腕扼老虎，不法奸商一一落网。荣鸿元（申新纱厂总经理）、杜维屏（从事证券场外交易经纪人）（杜系闻人杜月笙第二公子）、詹沛霖（纸业工会理事长）、黄以聪（永泰和烟号总经理）、吴锡麟（吴锡纪棉布号总经理）均已被捕扣押，张超（油业工会理事长）、万墨林（米业工会理事长）受警告，永纱副理具结交保"的文章，报道上海市已采取断然行动，开始逮捕囤积居奇及从事黑市交易的不法大户。9月9日《中央日报》刊登陶希圣写就的社论《决心与铁腕》，9月24日刊《上海市场一个月》，9月25日刊《以群众力量抵制豪强》，主题是"向蒋督导致其劳问。他有毅力，并有理想。他的毅力和理想今日已得到中

---

① 《陶希圣日记》（上），1948年8月7日，第156页。
② 《以堵口防泛为喻——论当前经济改革》，《中央日报》1948年8月17日第2版。

产以下广大民众的支持。他必能从经济管制中开辟民生主义的道路"①;"几个月来,蒋经国氏在上海领头打虎……在大家对巨富敢怒而不敢言的时候,蒋经国氏毅然决然,运其铁腕,痛扼猛虎,经他奋勇当先,各地风起云涌,怎不叫冤抑已久的可怜老百姓拍掌称快!"②此时,蒋经国正准备向孔令侃的扬子公司开刀,陶希圣及其《中央日报》的声援壮大了"打虎"的气势。

陶希圣在八九月间的币制改革中,不断在《中央日报》上发表社论,将这次币制改革视为一种体制改革,他称:"管制经济是社会改革的开端。为多数人抵制少数人的特权","要知道改革币制比如割去发炎的盲肠,割得好则身体从此康强,割得不好则同归于尽。今日在游资和物资两者之上施展其投机囤积的大户,就是盲肠上面化脓的发炎菌。政府如为良医,也须将败脓与盲肠同时一刀割去。明了这一义,即可知这次币制改革,具有社会改革的性质。政府必须采取为多数人的利益而抵制少数人的社会改革政策,与币制改革同时并进,这才是币制改革成功的保证"。③政府控制金融机构,控制游资,打击特权,稳定市场,达到控制社会经济的目的,的确是币制改革的初衷,但却不是为了多数人。他在《中央日报》上大骂豪强巨富为"国家罪人,民族败类,害群之马,全无廉耻,良心漆黑"④。只是为了替"国"争利。他在文中一再告诫大家要紧惕银行钱庄,他们"依然自恃其特殊势力和特殊关系,企图掀动政府管制经济的阵地,使金圆如水一般流向行庄而后走入囤积",对于他们"决不存丝毫的妥协。如有一分妥协,就是全功尽废"⑤。

陶希圣借金融改革,提出自己对于经济改革的设想。他以为经济问题要走上正轨,必须:1.银行的国家化。2.财政政策的经济化。财政不单单从国库收入着眼,税收对于经济有指导性意义。3.国营事业的企业化。国营企业不再依赖国库的贴补及任何特权。4.贴补贷放的政策化。补贴不是作为一种机

---

① 陶希圣:《上海市场一个月》,《中央日报》1948年9月24日第2版。
② 陶希圣:《以群众的力量抵制豪强》,《中央日报》1948年9月25日第2版。
③ 陶希圣:《财政经济紧急处分——币制改革与社会改革之并行》,《中央日报》1948年8月20日第2版。
④ 陶希圣:《防微杜渐、爱护国家的命脉》,《中央日报》1948年8月22日第2版。
⑤ 陶希圣:《丝毫妥协就是全盘失败——论经济管制的枢纽》,《中央日报》1948年9月4日第2版。

会,贷放也不应该成为一种特权。他认为政府要在私有财产制的基础上推行民生主义,这几个政策是重要的手段。[1] 他从制度的角度纠正国民政府在经济方面的一些错误及其思想,对于以后在台湾的反思和建设,是有益的。但是,对于当下却是远水救不了近渴。以币制改革为中心的金融改革,为国民党在经济领域的最后一搏,陶希圣携其《中央日报》为改革摇旗助威,得罪了不少人。9月29日,陶希圣托人代呈两文给蒋介石:一件说明经济改革现阶段要深入进行,必须采取多部合作,要津粤沪三大都市定点全面管制;另一件提出辞去中宣部副部长一职,要求任命为总统府顾问一职。随后,9月30日至10月2日,陶希圣带着全家大小来到无锡和苏州,徜徉于太湖之滨的蠡园、惠山,品茗于虎丘之顶,就餐于苏州老正兴,转念之间远离了这场改革。

金圆券无力回天,不到两个月,币制改革宣告失败。

三、参与"党"的改造

战场的失败、经济的崩溃、人心的丧失,面对翻天覆地的巨变,国民党不得不从自身上找原因,于是有了1948年下半年关于党务改造的酝酿。

从陶希圣的日记中可以了解到,1948年8月1日夜间他"开始写党务改进基本方针",连写三天。3日,国民党召开党务座谈会,由吴铁城秘书长主持会议,参加者有在京的各部会长、立监委员等497人,会议开了两日。陶希圣向会议递交了改造国民党的意见书,他的关键点是国民党的改造应适应宪政制度。其他人也有同样的议案,但是,会议没有什么结果。陈布雷对会议的感受是:"综观两日来诸人发言之趋势,则党的解组已无可讳言,盖自信心完全丧失。谈理论则拾党外之牙慧,而不以为耻;谈制度则抄袭二十年前在野各党之陈言,而不着痛痒。至于各级党部之不良,吸收党员之未善,党员互相砥砺之不足,以及牺牲精神之缺乏,皆无人采其幽隐,而成改进之方。"[2] 他对于会议和国民党的前景完全失望。

---

[1] 参见《在管制经济中改造经济》,《中央日报》1948年9月20日第2版。
[2]《陈布雷先生从政日记》(样稿),1948年8月4日。

但是，陶希圣似乎并不如此悲观，陈布雷日记中对此有所记载："希圣来谈常务改革之要点，谓前进则可，而幼稚病不可犯。今日之党，应以政策与行动并重，应造成战斗体系与选举体系。"对此，陈布雷评价只有四个字："其言甚伟"①，没有再多作评论。陶希圣这一"甚伟"的言论，后来落实到了纸上，这就是《革命救国纲领及组织纲要草案》②，以"万方多难，风雨同舟，吾人何以自处"为切入点，同盟的目标是反共、反贪官、反豪绅；主张建立民生主义的社会；表示拥护"蒋总统"，改革现政权，肃清把握政权的腐化官僚，刷新政治阵容，用新人行新政；行动上，陶希圣、徐佛观、胡秋原、黄

---

① 《陈布雷先生从政日记》（样稿），1948年8月7日。
② 《革命救国运动纲领》：万方多难，风雨同舟，吾人何以自处。
目标：
1. 消灭"赤色汉奸"，确保国家独立。
2. 肃清贪官污吏，加强民主建国。
3. 铲除豪阀土劣，完成社会革命。
主张：
1. 为维护民主宪法巩固国家统一而战。
2. 为反对国际侵略争取世界和平而战。
3. 发展自卫武力实行全民戡乱，保卫人民生存。
4. 提高官兵待遇，做到前线第一，必达戡乱任务。
5. 肃清把握政权之腐化官僚，刷新政治阵容，用新人行新政。
6. 罢免一切代表豪阀土劣之民意机关代表，合法运用革命民权，健全民主政治。
7. 改善公教人员待遇，动员上级人员深入下层工作，发挥行政效能，配合战斗行动。
8. 清查豪富资产，实行强制收购，并立即开征财产税，征用外国存款。
9. 取缔投机操纵囤积居奇，以平抑物价，安定民生。
10. 实行银行国有，废除钱庄，并管理信用合作事业。
11. 发展国家资本以改进国营事业，充实国防建设。
12. 普及合作社，推广配给制，发展生产，厉行节约。
13. 实行土地政策，都市土地归公有，农地耕者有其田。
14. 实施劳工政策，保障工人权益，增进工人福利。
《革命救国大同盟组织纲要草案》
第一条，革命救国大同盟之目的，在以牺牲之精神与坚决之行动团结社会一切进步力量，推动军事、政治、经济与文化之彻底改革，将全国组成为"强大的斗争体"，进而与世界民主国家联合，阻遏共产主义之洪流，以保卫国家独立，保卫民族生存，保卫人类历史文化自由之发展。
第二条，当前主要危机，在各级政府未能对大多数人民负责，且因上层分子之腐朽，亦无力对大多数人民负责，致助成今日共党之凶焰，故本同盟首在改造政府，使能对大多数人民负责，以改变今日与共党斗争之基础。因此特注重民生主义之实现及民主主义敌人之消除。
第三条，为应付当前危急局势，巩固国家重心，本盟拥护蒋总统对政府之态度，为改造而非推翻并期于斗争中收改革之实效，改革中增强斗争之力量，以求改革与斗争之彻底统一。（见台北"国史馆"藏，入藏号：00101400001106，全宗号：国民政府，卷名：中国国民党地方党务与人事）

建中、任卓宣、吴兆棠、贾亦斌、张兴周、吴英荃、刘培初、胡轨等筹备发起组织"革命救国大同盟","该联盟的成员不分党派,只要目标一致皆可加入。向下层努力,以行动贯彻理论。主张绝对公开,但组织绝对秘密。"没有提到与国民党的关系,颇有另组新党的意味。

总统府秘书长吴鼎昌在给蒋介石的文件"拟办"栏内,就陶希圣等起草的《革命救国纲领》写到:"谨按目前为推动政治、经济改革必须以党的改革作为中心,否则不能形成核心领导力量,一切均将落空,本案陶徐诸同志所拟组织与运动,其重点在形成坚强之民族革命与社会改革革命集团,作为改造本党之实验,原则甚属可取,惟应明白规定,'为实现三民主义而奋斗'及'在组织内不吸收他党分子'以加强本党领导力量。如钧座认为此案可作为本党改革方案之蓝本,拟请复令再就本党整个改造问题提供办法与步骤,并召见希圣佛观等十一同志,面予指示,当否?请批示。"蒋的批示是:"此应待研究。"① 此事被搁置,直到1950年国民党逃往台湾后,国民党党务改造才提到议事日程。

四、反对和谈

1946年7月,国民党以"戡乱"之名,对中国共产党所在的华东、中原、华北、西北、东北等解放区进行全面的进攻,一度占领延安、张家山、江阴、烟台、四平、长春、吉林等中心城市,内战全面爆发。但是经过两年半的大规模战争,局势发生了极大的逆转,在1949年元旦即将到来的时候,中国共产党形势一片大好,毛泽东十分霸气地称,人民解放军抵抗了四百三十万军队的进攻,目前"收复了解放区的一切失地,并且解放了石家庄、洛阳、济南、郑州、开封、沈阳、徐州、唐山诸大城市。中国人民解放军克服了无比的困难,壮大了自己,以美国政府送给国民党政府的大批武器装备了自己。在两年半的过程中,歼灭了国民党反动政府的主要军事力量和一切精锐师

---

① 台北"国史馆"藏,入藏号:00101400001106,全宗号:国民政府,卷名:中国国民党地方党务与人事。

团，现在，人民解放军无论在数量上士气上和装备上均优于国民党反动政府的残余军事力量……现在，情况已明显，只要人民解放军向着残余的国民党军再作若干次重大的攻击，全部国民党反动统治机构即将土崩瓦解，归于消灭"①。国民党南京政权处在风雨飘摇之中。

1948 年底，陶希圣领命为蒋介石起草元旦文告。和还是战？蒋介石是否下野？国民党高层存在分歧。李宗仁、白崇禧主和，并逼迫蒋介石下野，蒋介石等人则不情愿和谈。蒋一度同意下野，可是 29 日又变卦，决心继续尽职，绝不辞去总统一职。②因此，陶希圣从 24 日开始写稿，直到最终发表，中间经过数次修改，文告的重点不断改变：28 日所写的稿子要求强调作战，29 日则将稿子"改从和议"③；30 日陶希圣与张群一起再度更改，陈立夫跑来反对蒋介石下野。直到 31 日，稿子仍处在不断改动之中："上午最后稿于十一时又略改。下午五时至六时在官邸总统办公桌上又改字数处……八时至十二时官邸约中常中政委讨论文告。"④关于蒋介石个人进退的讨论直到午夜。陶希圣则于晚上九点半"独坐"于官邸候见室等待中文稿定稿，晚上十点半陶希圣拿到定稿，到中央社发出。

这篇以《元旦告全国军民同胞书》命名的文章，包含着以下的几点内容：一、蒋介石检讨国民政府和自己治国无力；二、声称一直以来的和平努力与武装戡乱最终目的都是为了求得和平；三、如今局势的改变，国家能否和平、人民祸福平安都在中共的"一念之间"；四、提出与中共和谈的条件为："只要和议无害于国家的独立完整"，"只要神圣的宪法不由我而违反，民主宪政不因此而破坏，中华民国的国体能够确保，中华民国的法统不致中断；军队有确实的保障，人民能够维持其自由的生活方式，与目前最低生活水平"；五、表示"只望和平果能实现，则个人的进退出处绝不萦怀，而一惟

---

① 《中共中央毛泽东主席关于时局的声明》，见《毛泽东选集》第 4 卷，人民出版社 1960 年版，第 1393 页。
② 《事略稿本》78，第 284—285 页。
③ 《陶希圣日记》（上），1948 年 12 月 29 日，第 193 页。
④ 《陶希圣日记》（上），1948 年 12 月 31 日，第 194 页。

国民的公意是从"①。似乎是一片公心。

透过漂亮的话语,强调的是"法统"不能改变。何为"法统",陶希圣在《中央日报》上连续发表《论法统》《法统的内容和形式》二文,加以说明:"中华民国这一法统,在内容上为一个独立民族的文化生活,而在形式上为一个主权国家的政治生活"。该法统来源于"辛亥革命,满清的法统移转到民国。北伐之役,北洋政府的法统的转到民国政府。这是历史上,乃是由专制进入共和,由割据进入统一",②他特别强调无论是直皖战争,还是直奉战争,政府倒台不过是政权的转移,不是法统的变更。但今日,如果中华民国政府倒台,中国共产党上台,则是法统的根本改变,因为"今日的政府乃是中华民国国家的重心与民族的象征,今日的政府倒了,那就是地图变色,历史解纽,那就是一个中国变成外国的好几个附庸。在这个意义上,今日毁弃法统者,要负灭亡国家的罪责"③。他描绘了中国共产党统治下的可怕场景:"中国国家不复有独立的存在,在实质上中国历史文化与人民生活方式都必有剧烈的改变,凡是心目中还有中国国家民族历史文化观念的人,都在清算斗争之列。财产没收不过使富者穷而穷者死。妻女配给则为的是彻底改换由我中国历史文化与人民生活方式,使民族思想国家失其凭藉。"④并视目前主张和平放弃"法统"的人是"投降",是"卖身投靠",而且,"他只有个别去卖身投靠,还得看共党高兴要他不要"⑤,表现出十分鄙视的样子。

作为回应,1月5日毛泽东发表《评战犯求和》,把蒋介石1月1日的讲话视为"为了保存中国反动势力和美国在华侵略势力,中国第一号战争罪犯国民党匪帮首领蒋介石在今年元旦发表了一篇求和声明"。⑥新华社于1月14日广播《中共中央毛泽东主席关于时局的声明》,提出和平谈判的八个条件:

---

① 《先总统蒋公思想言论总集·书告》,第207页。
② 陶希圣:《法统的形式与内容》,《中央日报》1949年1月13日第2版。
③ 陶希圣:《论法统》,《中央日报》1949年1月12日第2版。
④ 陶希圣:《法统的形式与内容》,《中央日报》1949年1月13日第2版。
⑤ 陶希圣:《论法统》,《中央日报》1949年1月12日第2版。
⑥ 《毛泽东选集》第4卷,第1387页。

"(一)、惩办战争罪犯；(二) 废除伪宪法；(三) 废除伪法统；(四) 依据民主原则改编一切反动军队；(五) 没收官僚资本；(六) 改革土地制度；(七) 废除卖国条约；(八) 召开没有反动分子参加的政治协商会议，成立民主联合政府，接收南京国民党反动政府及其所属各级政府的一切权力。"①完全否定了蒋介石的谈判条件，根本无视陶希圣在《中央日报》郑重其事鼓吹的"法统"观。

在战事上处于不利地位的蒋介石，对于中共的态度无可奈何，告诉陶希圣等负责宣传的部下："毛之八条无须批评，必须大政方针决后再定宣传方针。"②1月20日，蒋召集孙科、吴铁城、吴忠信、邵力子、张治中、陈立夫到官邸讨论进退方案，蒋听取他们的意见后，决定退，大家又推吴忠信、张群、邵力子三人起草总统下野与副总统代理的宣言。根据陶希圣日记所载，1月20日，吴忠信召集陶希圣、陈芷町起草蒋介石的总统引退和副总统代行职权的声明。1月21日，作为"第一号战争罪犯"的蒋介石宣布"引退谋和"书告，并且在当天下午3点半坐飞机到杭州转宁波。

1月23日，代总统李宗仁发表接受中共八条的声明。同一天，李宗仁约中央宣传部及中央社负责人谈话，陶希圣没有前去参加，做出不配合的姿态。次日，陶希圣的日记写道：

> 一月二十四日星期一。
> 中央社论委员会，余宣布此为最后一会，并宣布宣传指导离京，中央日报应迁台湾。此后党报应作运动，不须代政府发言。
> 下午四时乘快车离京。
> 晚发社论不承认共党八点为接受。
> 中常会（上午）决议中央党部迁广州。③

---

① 《毛泽东选集》第4卷，第1394页。
② 《陶希圣日记》(上)，1949年1月18日，第201页。
③ 《陶希圣日记》(上)，1949年1月24日，第204页。

在这短短的几句话中，包含着这样的意思：李宗仁这位代总统的和谈态度与蒋介石这位引退总统完全不同，李宗仁希望和谈，蒋介石反对和谈；蒋介石代表国民党，李宗仁代表政府，暗示党政分家；党的机构将以广州为中心，中枢自然是在溪口；作为党的宣传机构，只是党的喉舌而不替政府代言。此前，就在蒋宣布引退之前的上午，陶"谒见总统，确定中宣部立即迁粤，言论指导由余承总统意旨，在总统住址附近布置中央社、中央电台等设备"①就是上述思路的具体操作。同时，这段文字毫不含糊地表明陶希圣的立场——追随蒋介石。

五、随蒋而去

"军用机，甚冷。宁波气候冷，机场尤冷"②，一连三个"冷"字，这是1949年初春陶希圣从溪口回上海时的深切感受。

1949年1月20日，蒋介石离开南京赴溪口而去。虽名为下野，但他依然是国民党的总裁，掌握大权，不同的是把办公地点移到溪口。陶希圣在南京处理一些事务，24日也坐火车离开首都回到上海，永别了这座国民政府的都城。他奔波于上海、溪口、香港、广州和台湾之间，开始了他在大陆的最后岁月，也就是追随蒋介石的岁月。他的日记记下了这段苦涩的日子。

陶希圣三次前往溪口，主要是帮助蒋介石起草文件，并讨论一些问题。第一次是2月3日至2月6日，他住在武岭学校礼堂楼上的接待处，并与蒋介石、陈立夫、谷正纲等人同游雪窦山、妙高台等溪口风景，赴宁波阿育王寺和天童寺。其间，蒋介石要求他在溪口工作，陶答应了，说是上海还有事情要处理，处理完后再来。

3月18日至4月1日，陶希圣因为蒋介石的召唤第二次到溪口。3月31日，蒋介石见"谷正纲委员、陶希圣副部长，研讨时局及如何抵制共匪阴谋

---

① 《陶希圣日记》（上），1949年1月21日，第202页。
② 《陶希圣日记》（上），1949年2月6日，第208页。

组织'联合政府'问题，商谈至三小时之久始毕"①。

4月21日陶希圣坐船往宁波，22日早上九时见到蒋介石，这是他第三次赴溪口。一见面，蒋介石让他同往杭州，在杭州筧桥航空学校与李宗仁、何应钦、白崇禧等从南京过来的政要会谈，一直谈到下午五点，决定发表公报，"反共作战奋斗到底"。当天晚上，何应钦下令撤离南京，次日，南京"城门大开，共党已有入城者"，"总裁命草告军民者（为首都沦陷）南京陷落"②。陶希圣领命后，花了几天时间起草文告。4月27日，文告由中央社发出。此前的25日，他已经离开溪口往上海。

3月份上半个月，陶希圣大部分时间在香港和广州。在香港是为处理《民国日报》的事务。国民党中央党部此时已搬到广州，陶希圣参加了中央党部首长会议。3月8日，陶希圣俨然以蒋介石代言人的身份出现在中宣部新闻招待会上，他对记者说："蒋总统无复职之意，其居住则有完全之自由。"他之所以作如是说，主要是"数日来中共宣传政府备战（其目的在开始军事行动），并迫南京逼蒋先生出国，故余宣布蒋总统退职后为一国民，有居住之自由"。③招待会上他称蒋介石依然是国民党的总裁，根据民国法律，人们有追随蒋的自由；又说蒋长期统兵，对军队关心在所难免。他的谈话不打自招，因为蒋实际上控制着国民党和军队，实质上也控制着国民政府。陶希圣讲话中表示支持李宗仁，但同时又说："李代总统声明原则上接受毛泽东之八项条件，则将来为和为降，因引起一部人士之怀疑。"④同时怀疑中共和谈的诚意，流露出对于和谈持反对态度，对李宗仁的不信任。

5月6日下午五时，陶希圣由上海金神父路励志社动身，往复兴岛登上江静轮，和早在船上的蒋氏父子会合。两天前，想和中共打到底的代总统李宗仁发现国库和军械已被转运到台湾，无钱无械无权的李宗仁给蒋发来六项

---

① 《事略稿本》79，第347页。
② 《陶希圣日记》（上），1949年4月22日，第230页。
③ 《陶希圣日记》（上），1949年3月8日，第217页。
④ 《陶希圣在穗谈话》，《申报》1949年3月1日第1版。

要求:"(一)全权调整军政人事;(二)取回台湾存金;(三)取回台湾存械;(四)军队由国防部指挥;(五)非常委员会打消,党只能建议;(六)总裁出国。"① 陶希圣奉命写回信直到凌晨4点。6日,蒋介石发给李宗仁一封长信,表示"从今日起遁世远引,对政治一切不复闻问",并决定在海上逗留若干天②。陶希圣上船后,船往南驶,主要泊在定海,有时也往金塘岛的沥港、舟山、普陀一游。陶希圣在船上和蒋经国一起讨论形成"干部政策与训练要旨",蒋介石看后十分欣赏,"公披阅至再,不忍释卷,并谓'今后革命组织当以此为标准也'"③,成为后来到台湾时国民党改造的范本。

定海有军用机场,5月17日,蒋原本打算乘军用飞机去福州,后因机场电台联络不上,改飞澎湖的马公岛。蒋的到来,令当地官员措手不及。岛上通讯不畅,对于大陆的情况并不知晓。19日,专机送蒋介石前往台南,陶希圣随行。21日,蒋介石往台北,陶希圣乘飞机到九龙,结束了长达半个月陪伴蒋氏父子在海上漂泊的日子。

此时的陶希圣,已经成为蒋氏父子的心腹。8月23日到10月3日中华人民共和国成立前,蒋介石到西南一带组织力量,做最后的挣扎。8月23日蒋介石到广州,第二天到重庆,9月13日离开重庆转成都,17日回重庆,22日离开重庆飞往广州,10月3日飞机离开广州,此间,陶希圣基本上随侍左右。

11月14日,蒋介石再次由台北飞往重庆,陶希圣同乘中美号到达白石驿机场;29日,解放军逼近重庆,蒋介石决定大家晚上宿在美龄号上;30日,白石驿机场也不保住了,他们乘飞机往成都;直到12月10日,看到卢汉通电说将领扣留了蒋介石的消息后,陶希圣等人劝蒋介石离开成都。于是,当天下午登上飞机飞往台北。危急时刻,陶希圣对蒋介石忠心耿耿。

落在台湾,对于陶希圣而言并不是偶然的,这是他为自己及家人留的后

---

① 《陶希圣日记》(上),1949年5月4日,第232页。
② 《陶希圣日报》(上),1949年5月6日,第233页。
③ 台北"国史馆"藏,入藏号:002000000733 A,全宗号:蒋中正"总统"文物,卷名:事略稿本——民国三十八年六月,典藏号:002-060100-00253-009。

路。早在 2 月 17 至 28 日,他已携夫人冰如和儿子龙生乘船往台湾。19 日到基隆,被中央日报社和中经社接到台北招待所。这是陶希圣首次跨过海峡踏足台湾。他与陈诚进行了长谈,与中央日报社同人聚会,与旧友交谈。最为重要的是,他在台北新生南路租下一套房,似乎已经知道蒋介石会把台湾作为撤退的最后据点。

6 月 9 日至 7 月 13 日,陶希圣在台湾逗留一个多月。其间,蒋指定谷正纲、陶希圣、张其昀、张道藩、胡建中、蒋经国、唐纵、方治、陈雪屏、袁守谦等与总裁办公室高级人员筹议国民党改造事宜,陶希圣投入到他和蒋经国在船上未完成的工作中。经过两个星期的昼夜会议,完成"本党改造方案"全部内容。① 8 月 1 日成立总裁办公室,办公室设有秘书、总务两部,各设主任一人,分别由黄少谷、俞济时担任。共设六室,经济室组长人选未定,党务研究组组长谷正纲,军事组组长王东原,新闻组组长董显光,研究组组长陶希圣,秘书组组长张其昀,以设计委员会为议事中心。

对国民党而言,形势恶化十分急速,10 月初,陶希圣再次到台北,参加非常委员会及总裁办公所设计委员会议,讨论的主题已经是如何"保卫台湾";12 月 10 日,跟随蒋介石回到台湾的陶希圣,亲历西南的败北,真切地感受到在大陆完全没有立足之地了,国民党背靠太平洋,真正到了背水一战的地步。回到台北,陶希圣写《将革命事业从头做起》,紧跟蒋介石开始"反攻大陆"的新事业。

---

① 台北"国史馆"藏,入藏号:008000000740A,全宗号:蒋中正"总统"文物,卷名:中国国民党第七次全国代表大会党务报告(一),典藏号:008-011001-00003-012。

下篇

思想学术篇

然而无论是哪一种论文,仍然和日历一样,一张一张的揭去了,划水无形,不值得回忆。

——陶希圣

第一章　社会学与社会历史观

第一节　广泛的社会学

陶希圣晚年曾经说:"我用的是社会的历史的方法,简言之即社会史观。如桑巴德的《资本主义史》和奥本海末尔(即奥本海默)的《国家论》,才真正影响我的思路。"① 他又说:"我所持社会史观可以说是社会观点、历史观点与唯物观点之合体。"陶希圣还说:"家学所传者为史学、大学所受者为法学。史学与法学两道思潮,汇合为中国社会史学。""我不是'政论家',也不是什么'三民主义理论家',那并不代表我的学术成就,我最希望人们叫我'中国社会史学家'"②,叙述了他的思想的来源、组成及其特点。有意思的是,无论当时的人还是后来的人,很少有人承认他是一个社会学者,"社会史学"这个概念也很少被人们使用。1935年,郭湛波在他所著的《近五十年中国思想史》上说,"中国近日用新的科学方法——唯物史观,来研究中国社会史,成绩最著,影响最大,就算陶希圣先生了",肯定了陶希圣在唯物史观研究中国社会

---
① 陶希圣:《潮流与点滴——陶希圣随笔》,第111页。
② 陶希圣:《夏虫语冰录》,台北《法令月刊》第31卷第8期,1980年8月版。

史上所起的作用。然而，从 2001 年杨雅彬所著的《近代中国社会学》到郑杭生主编的《中国社会学 30 年（1978—2008）》，其间出过五六本中国社会学史的书，都没有提到陶希圣与社会学有何关联。

是陶希圣的自许自夸还是人们有意地无视？回到 20 世纪二三十年代，不仅仅是马克思主义在中国知识界中流行，许多受马克思主义影响但又与之存在分歧的社会学也被人们吸收，这就是"批判社会学"。按照谢中立教授归纳，社会学当时主要有三个学派：实证社会学、诠释社会学和批判社会学[①]。以孔德为代表的称实证社会学。社会学是 19 世纪中叶由法国哲学家奥古斯特·孔德创立。孔德的代表作是《实证哲学教程》，他以为社会学是论述进步的学说，是神学的世俗继承者，应该统领各门学科。[②] 因为社会也是自然的一部分，所以实验的方法也适用于社会学，社会学的方法是观察、实验、比较；随后，斯宾塞发表《社会学原理》，进一步加深孔德的理论，论证社会与自然之间的统一性；实证社会学的集大成者是迪尔凯姆（又译涂尔干），1895 年他的《社会学研究方法论》出版，迪尔凯姆关注社会现象，认为社会中存在着一种确定的团体现象，它们具有特别的性质，它们是存在于人们身体以外的行为方式、思维方式和感觉方式，同时通过一种强制力，施行于每个人。因此社会事实具有客观性、集体性和强制性。解释社会现象的基本方法就是用社会事实来解释社会事实，他们创立了社会的实证的经验科学。

另一派以德国社会学家马克斯·韦伯为代表，称诠释社会学。1922 年前后推出《社会与经济》，他们思考何以让社会学成为一门独立的学科，感觉社会学必须有独特的研究对象。社会作为一个客观的存在，它与自然界的法则存在着本质的区别，这就是有意识与无意识的差异。他认为社会现实是由人及其他们有意义的社会行动构成，个人及行动才是实在的，社会只是用来称谓一群人的名称，"国家""团体"等概念标志着一定类型的人类的相互作用，当一个人的行为与他人的行为发生意义关联，个人的行动就转变成为社会行

---

① 参考谢中立：《〈西方社会学名著提要〉导论》，见《西方社会学名著提要》，江西人民出版社 1998 年版。
② 参考（美）彼得·L. 伯格：《与社会学同游——人文主义的视角》，北京大学出版社 2014 年版，第 9 页。

动。因此，社会学研究的对象不应该是脱离人的个人行动的社会结构，而是理解诠释社会行动。

第三种是批判社会学。批判社会学是以马克思主义理论为基础而形成的一种社会学理论，兴起于20世纪初期。其特征是强调理论的批判性质，强调理论和理论家在改革、变革现实社会中的重要作用。"批判理论家们主张以辩证的'总体分析'方法来观察和分析社会现实，即将社会现象置于社会的与历史的总体过程当中，从它们在社会的与历史的总体过程当中所具有的地位与作用来确定它们的性质、意义，来考察它们的产生、变化和发展。"①其中的主要代表作是卢卡奇的《历史与阶级意识》、霍克海默的《批判理论》以及马尔库塞的《理性与革命》。

那么，陶希圣是如何进入当时的社会学领域的呢？这和他1924年在上海的履历有关。陶希圣说当时的上海大学校内有一个"上海书店"，他从中购得瞿秋白编译的《社会科学概论》，该书是瞿秋白在1923年任上海大学社会学系主任时，主编的《社会科学讲义》第一集，内分《现代社会学》《现代经济学》《社会运动史》《社会思想史》《社会问题》和《社会哲学概论》六部分，其中《现代社会学》和《社会哲学概论》是瞿秋白所写，1924年1至4月由上海书店出版，此书的底本是布哈林的《唯物史观》。该书对于陶希圣的影响很大。书中对于社会学作了规定："社会学乃是研究人类社会及其一切现象，并研究社会形式的变迁，各种社会现象相互间的关系，及其变迁之公律的科学。"②"没有一种科学足以代社会学研究总体的社会现象，亦没有一种科学足以直接运用自己的原理来解释社会现象——因此，可以断定必须有一种科学来特别研究那些解释社会现象的原理，并且综合一切分论法的社会科学所研究的对象间之关系——就是社会学。"具体社会学要解决的问题是什么，书中说："社会学的职任，却在于综合的问题：社会是什么？社会的发展和崩坏

---

① 谢中立：《〈西方社会学名著提要〉导论》，见《西方社会学名著提要》，第8页。
② 瞿秋白：《社会学之对象及其与其他科学的关系》，见社会科学学会编辑：《社会科学讲义》第一集，上海书店1923年印行，第4页。

的原因何在？各种社会现象（经济、法律、科学等）之间的关系如何？社会学是社会科学中最综合（抽象）的科学。"书中尤其提到历史和社会学的关系是："历史便是社会学的材料，社会学便是历史的方法。"①陶希圣称自己所持是"社会史观"，应该与此有关。

陶希圣受瞿秋白影响，瞿秋白受布哈林影响，布哈林接受的是马克思、恩格斯的思想，因此，陶希圣更多地接受的是以马克思主义为基础的批判社会学。但事情似乎又非完全如此。陶希圣阅读面相当广泛，其他的社会学家的著作他当然也读过。比如上面所述的奥本海末尔的《国家论》，1929年他将此书译成中文，由新生命书局出版。《国家论》一书的开头说："本书只由社会学的立场以观察国家，而不取法律的立场；我所指的社会学，是历史的哲学，同时又是经济的理论。我们的目的在寻绎国家从社会心理学的发生以至于现代立宪的形式之发达过程，然后我们试作一个国家将来发达的正确预断。因为我们只寻绎国家内面的实质的存在，所以我们无须顾及它国际和国内生活所取的法律的外表形式。"②从奥的这一段话里，我们可以看到上述三派社会学共存于他的思想中：强调事实、解说事实的实证派，从人们心理来理解的诠释派，以变革为己任的批判派。陶希圣则说："我用了力，翻译奥本海末尔的《国家论》这本书无异于表现我自己的社会史观的方法。"③

从陶希圣的研究历程可以看到，社会与历史他同样关注，他曾经说："历史是过去的社会，社会是当前的历史。"他以为社会学是"以一般社会为对象的理论的研究"，历史学是"以一般现象为对象的历史研究"。他曾经画出一张图④，或许能够更好地理解他所说的社会历史观：

---

① 瞿秋白：《社会学之对象及其与其他科学的关系》，见社会科学会编辑：《社会科学讲义》第一集，第19页。
② 奥本海末尔著、陶希圣译：《国家论》，新生命书局1929年版，第1页。
③ 陶希圣：《潮流与点滴——陶希圣随笔》，第111页。
④ 陶希圣：《社会科学讲座——历史的法则可否成立》（在上海复旦大学中国文学科演讲之一），《新生命》月刊第2卷第1号，1929年1月。

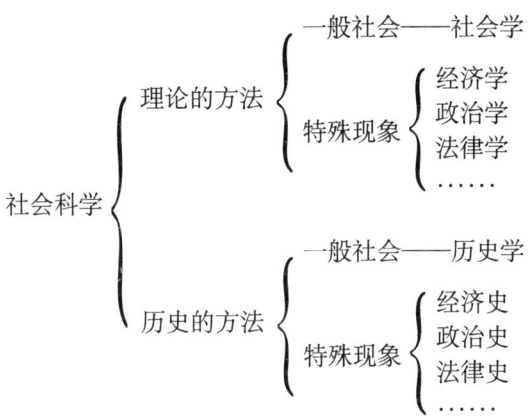

不同时期，他的侧重有所不同，1929年到1930年，也就是新生命时期，他着重探讨的是当前社会，包括社会的性质、社会的构造以及社会的表象，总之是社会的现象；1931年以后，他放过了当前，一头扎进故纸堆中，更多地探讨中国社会的发展历史，并于1932年至1936年间完成《中国政治思想史》这部大作。这是一部相当有特色的中国社会史研究的成果，书中显示陶希圣研究的兴趣在社会构造——包括制度和阶级、社会发展与变化、个人对社会的应对即政治思想等诸多范畴，涉猎于广泛的人类社会的发展历史。他实际上实践了瞿秋白所述："历史便是社会学的材料，社会学便是历史的方法。"因此，他的社会学涵盖非常广泛。

第二节 取舍唯物史观

陶希圣把马克思主义作为社会学中的一个分支。1930年陶希圣在新生命书局出版《社会科学讲座》，其中写道："在1859年，马克思发表他的《政治经济学批评》，而达尔文也同时发表了他的《物种由来》。1861年巴学芬发表了《母权论》；1886年麦克列兰发表了《古代史研究》；1870年，庐抱克发表了《文明的起源》；1871年莫尔干发表了《血族及姻族制度》，1877年又发表了《古代社会》。这时候进化说始成了通说。以《古代社会》为基础，1884年恩格斯的《家族、私有财产及国家之起源》出版。大社会学家如斯宾塞的《社会学原理》亦采取进化说。直至今日，进化说在社会学及人类学上还有莫大的权威。"①他将马克思的《政治经济学批判》和恩格斯的《家庭、私有制和国家的起源》视为社会学的重要读本，将这一理论作为社会进化论的代表之一。

1929年新生命书局出版恩格斯的《家庭、私有制和国家的起源》（时译为《家族、私有财产及国家之起源》）译本，由李膺扬译，周佛海校，陶希圣为之作序。陶希圣称恩格斯的这部著作是马克思主义文献中受批评最多的一本，但仍然有兴趣推介给读者，原因是："这本书的重要，是在以历史的唯物论来叙述民族学家所发见的材料，这本书的价值，是在民族学家所发见的事实能作历史的唯物论的证明。"②其实，对于陶希圣个人而言，作用也是十分明显的。恩格斯的这部著作研究的是原始社会及其解体。该作揭示了生产力的巨大作用，以为正是生产力的发展，引起了社会三次大的分工，原始社会的公有制逐渐被私有制取代，国家出现，原始社会最终解体。陶希圣在《中国政治思想史》一书中，开篇说道，人类原始状态，有原始群的存在，这一组织"本于分工而来"，男女分工，渐渐演变成婚姻制度，年龄分工渐进为世代层的划分，其组织是"纯技术的"；人类和动物的区别在于人类能够"创造各种的生产与战斗工具，由此可以获得剩余的生活资料"，"增设其生活方式"③。可见恩格斯的这部著作，无论在方法论还是原始社会的研究结论，极大地影响着陶希圣，虽然，陶希圣认为恩格斯对于原始社会的研究是"幼稚的""天然是不正确的"④。

另外，1929年1至6月，陶希圣在上海复旦大学中国文学科作《社会科

---

① 陶希圣：《社会科学讲座——社会进化说与文化传播说》，《新生命》月刊第2卷第3号。
② 陶希圣：《家族、私有财产及国家之起源·序》，见《家族、私有财产及国家之起源》，新生命书局1929年版。
③ 陶希圣：《中国政治思想史》（上），中国大百科全书出版社2009年版，第3—4页。
④ 陶希圣：《社会科学讲座——马克思的社会进化论》，《新生命》月刊第2卷第5号，1929年5月。

学讲座》,并将演讲刊登在《新生命》月刊上,他对马克思主义唯物史观重新进行概括:其中第一部分为"总说",即"略说唯物史观",引用马克思《〈政治经济学〉批判序言》中的那段唯物史观的经典段落:"人们在自己生活的社会生产中发生一定的、必然的、不以他们意志为转移的关系,即同他们的物质生产力的一定发展阶段相适合的生产关系。这些生产关系的总和构成社会的经济结构,即有法律的和政治的上层建筑竖立其上并有一定的社会意识形式与之相适应的现实基础……社会物质生产力发展到一定阶段,便同它们一直在其中活动的现在的生产关系或财产关系发生矛盾。于是这些关系便由生产力的发展形式变成生产力的桎梏。那时社会革命的时代就到来了。随着经济基础的变更,全部庞大的上层建筑也或慢或快地发生变革……无论哪一个社会形态,在它们所能容纳的全部生产力发挥出来以前,是决不会灭亡的;而新的更高的生产关系,在它存在的物质条件在旧社会的胎胞里成熟以前则决不会出现的。"[1] 陶希圣将这段话视为"唯物史观的结论"[2]。随后,他把马克思的这段话分成两部分加以解说:第一部分为"社会构造",包括生产力、生产关系、阶级关系、上层建筑,其中上层建筑他分成"政治生活过程"(包括国家和法的基本概念),以及"精神生活过程";第二部分他称之为"社会变革",其中介绍了生产力与生产关系的互动作用、生产力发展的决定作用,以及革命和社会形态变革的必要条件,等等。

马克思主义对于社会的深刻认识,比如社会是一个有机的构成、是一个系统的运作这样的认识;生产工具对于社会发展的标志性作用;经济地位决定了人们的政治态度;等等,都对陶希圣的研究有启示作用,并成为他办《食货》杂志的初心。

陶希圣以为在对待马克思主义的态度上"先要明白二点:第一唯物史观包含两部分,一是辩证法的唯物论的方法;二是把辩证法的唯物论应用到社会所得到的论断。这两部分是应当分别观察的。如果辩证法的唯物论的方法

---

[1]《马克思恩格斯选集》第2卷,人民出版社1995年版,第32—33页。
[2] 陶希圣:《家族、私有财产及国家之起源·序》,见《家族、私有财产及国家之起源》一书。

是科学的,则所应用的社会不同,时代不同,所得的论断必然不同……社会现象是存在的。为方法而变更社会现象以求得各人所期望的论断,这是非科学的。这种非科学的论断,在今日的中国充满了我们的耳目"[1]。也就是说,他赞成运用马克思主义的方法来分析中国社会,但反对用马克思、恩格斯研究欧洲的成果硬安到中国来。他的这一态度是正确的。

在《食货》时期,陶希圣意识到了自己反对共产主义又主张唯物史观颇存矛盾之处,于是提出解决的方法是这样:"这个方法(唯物史观)与什么主义不是一件事情",而他之所以喜爱唯物史观的方法,而有些人不喜欢,是因为"这个方法的毛病是在用来容易指破历史上隐蔽在内幕或黑暗里的真实。因为他指出别人不肯又不敢指出的真实,便易受别人的攻击"[2]。与此同时,马克思在《〈政治经济学〉批判序言》中的这一段话:"无论哪一个社会形态,在它们所能容纳的全部生产力发挥出来以前,是决不会灭亡的;而新的更高的生产关系,在它存在的物质条件在旧社会的胎胞里成熟以前则决不会出现的……"便于陶希圣能够平和地接受部分马克思主义,因为这样可以避开一些尖锐的问题,比如阶级斗争,成为他主张社会渐进发展的依据。当然,还有一位理论家令陶希圣视若同志,他就是考茨基。

第三节 欣赏考茨基

陶希圣对于马克思有所保留,对考茨基却不掩饰他的崇拜之情。1929年至1930年,陶希圣回忆说:"这两年间,我对于马克思与列宁的著作与论文,从英文及日本译本上,下了工夫。同时对于批评马克思主义的论著,也选读了不少。我的思想方法,接近唯物史观,却并不是唯物史观。与其说我重视马克思恩格斯的作品,毋宁说我欣赏考茨基的著作。例如考茨基的《基督教

---

[1] 陶希圣:《社会科学讲座》,《新生命》月刊第2卷第3号。
[2] 陶希圣:《编辑的话》,《食货》半月刊第2卷第4期。

的基础》，就是我用心读过的一本书。然而我的思想方法仍不拘限于此。"[1] 深入地了解考茨基后，我们不难了解陶希圣何以会有这种情感。

卡尔·考茨基1854年生于布拉格，父亲是捷克人，母亲是德国人。早年加入奥地利社会民主党。1881年在伦敦首次见到马克思和恩格斯后，逐渐转变为马克思主义者。马克思去世后，考茨基曾应恩格斯的委托整理马克思的《剩余价值学说史》。恩格斯辞世后，考茨基在一段时间里成为第二国际的理论权威和实力强大的德国社会民主党的思想领袖。1917年十月革命后，他积极反俄共、反列宁主义。他写了大量的文章，攻击苏俄的无产阶级专政的道路，坚持社会改良，反对在落后国家实行共产主义。他认定社会主义是从人类的本能即自由、平等、博爱中产生的，因此，社会主义的政党应该为人类自由、平等、博爱的实现而斗争。他视俄共和列宁的做法是宗派主义和教条主义，他说布尔什维克作为一个马克思主义的学派，在夺取了国家政权之后，却把马克思主义变成了"国教"，其保存列宁的尸体的做法，更是将马克思主义降低到了中世纪或东方迷信的地步。他的这一系列思想，对当时国际工人运动，以及世界范围的社会主义运动，有着很大的影响。他的部分书籍，在20世纪二三十年代作为唯物史观的重要范本在中国流传。

考茨基认为，社会革命应该是爆发在生产力发达的地区，落后地区是否进行社会革命则不在他的考虑范围。他以欧洲为范本，欧洲经济的发展，使社会更为紧密地成为一体，国家日益强大，人们的知识越来越丰富，尤其是关于经济的知识增加。同时，社会矛盾渐趋激化，阶级对立更为严峻。统治阶级更加多地利用国家机器，以压迫国民，造成被压迫阶级强烈的反抗。这一切，既决定了无产阶级的反抗是必然的，也预示着当无产阶级掌握了政权，他们一定有力量能够根本变更社会的组织。考茨基运用变化的观点看问题，提出社会在不断地变化，因此，以过去革命的形态，来推测将来的革命是大错特错的。他明确指出以自由主义为核心的资产阶级民主主义革命的方式，

---

[1] 陶希圣：《潮流与点滴——陶希圣随笔》，第111页。

不会成为无产阶级革命的模式。非但如此，随着资本主义社会的变化，考茨基宣称目前的革命也不同于马克思生前主张的革命。当时资本主义社会的典型是英国，它是一个产业资本主义国家。然而，现在英国已经落后了，取而代之的是德国。考茨基特别分析了金融资本对于现实社会的意义。他以德国为例，认为在国家权力分配上，资本主义社会与以前的社会明显不同，现在的政府并不能以专制的方式控制社会，相反政府反而隶属于榨取阶级。也正因为如此，革命分子不以政府为对象，而以榨取者强有力的组织为对象。以前的革命是对于政府的暴乱，现在，除了俄国以外，则是"一部分的人民，对于他部分的人民的斗争"①。在这一点上，与宗教改革相似，而不同于法国大革命。因此，他断定以后的革命，不是突然的反政府暴动，而是长期的内乱。考茨基宣布，激烈的无产阶级夺取政权的斗争不会立刻展开。从他的文章中，我们感到社会主义革命面临着极大的困难。他说："现在无产阶级尚没有充分结合，又不是统一的大众，所以不能完成这个使命。无产阶级乃分裂成无数的社会群，这些社会群在其成熟过程、传统、精神的、经济的发达阶段，都不一样。而且接近于无产阶级的社会群，如小市民及小农等，又与无产阶级，同时觉醒，然他们的思想，乃与无产阶级绝对不同。因此，又可生出无数的障碍与错误。我们不能实现我们所希望的事物，也不能希求最有利于无产阶级解放斗争的事物。"②透过他的表述，我们看到的是一幅四分五裂的画面，不但无产阶级内部分裂，靠近无产阶级的小农与小市民虽然正在觉醒，而这种觉醒带来的不是与无产阶级为伍，而是相互间鸿沟的加深。在这样的认识指导之下，考茨基自然无法预测社会革命何时能够成功。

和平过渡到社会主义是否有可能呢？考茨基的回答是"没有"。他认为抱着这样幻想的人，只考虑了无产阶级的壮大，而无视了资产阶级的成长。考茨基主张无产阶级目前的任务是利用资本主义的民主，以服务于无产阶级的革命斗争，从而使革命的斗争，达到最高形态。人们摆脱突然的事变或受迷

---

① 考茨基著、萨孟武译：《社会革命论》，新生命书局1930年版，第80页。
② 考茨基著、萨孟武译：《社会革命论》，第98—99页。

惑的群众的斗争形式,采取有组织有知识的坚实而慎重的斗争,其中选举斗争是可取的斗争方式。工人阶级目前应该积蓄力量,提高自己的各种能力,为即将来到的社会主义社会做准备。考茨基坚信无产阶级与资本家同时发达,但最终的胜利者却是无产阶级。无产阶级取得胜利的前景是一定的,方法却并不肯定,罢工为重要的斗争方式。他以为时代的发展,往往超过我们的预计,只有适应,不能想当然。

考茨基的思想运用于现实,得出的结论就是严格意义上的社会主义革命不会在落后的国家出现,中国是一个落后的国家,不存在欧洲意义上的革命条件,因此,中国不可能发生无产阶级领导的社会主义革命。陶希圣无疑赞同考茨基的观点。考茨基对于目前革命任务的不确定,以及给予人们社会主义遥不可及的感觉,佐证了陶希圣认为共产主义不适合于中国的想法。

考茨基设想无产阶级掌握政权以后,尽量以和平的方式,实现向社会主义制度的转变。比如,以赎买的方式,将所有制变更;以教育的方式,真正消灭阶级差别;优先考虑促进生产的发展,而不是把所有制的改变放在首位;商品、工资甚至议会等资本主义社会的东西,依然可以在社会主义社会中存在。总之,多种所有制并存,多种流通方式并存,多种经济组织并存的社会主义社会的社会构成。他认为社会主义社会只是将"今日竞争舞台的追逐、攻击、毁灭,可以排除,而榨取者与被榨取者的对立,亦可消灭罢了"[①]。考茨基的理论与孙中山三民主义十分神似。陶希圣因此服膺于考茨基的思想。

考茨基的思想与晚年恩格斯的思想颇存共性。我们关注一下《恩格斯致康·施米特》《恩格斯致约·布洛赫》的信,以及他的《卡尔马克思〈1848—1850年的法兰西阶级斗争〉》一书导言,就可以看到恩格斯关于社会主义革命的理论,与以前相比有不少新的内容。他并不以为社会主义的道路只有一条,也并不认为马克思与自己是一贯正确的。总之,他反对固定的模式的态

---

① 考茨基著、萨孟武译:《社会革命论》,第149页。

度，在考茨基身上有所体现，也就是突破无产阶级的斗争形式的惟一性；另外，恩格斯认为1848年的斗争方法，今天并不适用。1848年革命后"历史清楚地表明，当时欧洲大陆经济发展的状况还远没有成熟到可以铲除资本主义生产的程度；历史用经济革命证明了这一点，从1848年起经济革命席卷了整个欧洲大陆，在法国、奥地利、匈牙利、波兰以及最近在俄国刚刚真正确立了大工业，而德国简直就成了一个头等工业国——这一切都是以资本主义为基础的，可见这个基础在1848年还具有很大的扩展能力"①。恩格斯明确地说1848年的暴力革命已经过时了。当无产阶级的斗争中心由法国转到了德国后，德国工人运动的新特点令他兴奋不已。"德国工人仅仅以自己作为最强有力、最守纪律并且增长最快的社会主义政党的存在，就已经对工人阶级事业作出头一个重大贡献，除此以外，他们还对这个事业作出了第二个重大贡献。他们给了世界各国同志一件新的武器——最锐利的武器中的一件武器，向他们表明了应该怎样使用普选权。"② "由于这样有成效地利用普选权，无产阶级的一种崭新的斗争方式就开始发挥作用，并且迅速获得进一步的发展。人们发现，在资产阶级用来组织其统治的国家机构中，也有东西是工人阶级能利用来对这些机构本身作斗争的。工人参加各邦议会……结果弄得资产阶级和政府害怕工人正常的合法活动更甚于害怕它的不合法活动，害怕选举成就更甚于害怕起义成就。"③ 恩格斯认为德国工人可以组成一支参加投票的"突击队"，"我们现在就已经能指望拥有225万选民。如果这样继续下去，我们在本世纪末就能夺得社会中等阶层的大部分，小资产阶级和小农，发展成为国内的一个决定力量，其他一切势力，不管愿意与否，都得向它低头。我们的主要任务就是不停地促使这种力量拉长到超出现政府制度的控制能力，不让这支日益增强的突击队在前哨战中被消灭掉，而是要把它好好地保存到决

---

① 《马克思恩格斯选集》第4卷，第512页。
② 《马克思恩格斯选集》第4卷，第516页。
③ 《马克思恩格斯选集》第4卷，第517页。

战的那一天"①。也许有一天政府会加以镇压，但是，一个几百万的党不可能从地面上被消灭。"世界历史的调整把一切都颠倒了过来，我们是'革命者''颠覆者'，但是我们用合法手段却比用不合法手段和用颠覆的办法获得的成就要多得多。那些自称为秩序党的党派，却在他们自己所造成的合法状态下走向崩溃。"②他甚至说，无产阶级只要不被当前的统治者骗入巷战，无产阶级将会越来越强大，就会"长生不老"。

无论是晚年恩格斯的思想，还是1902年时考茨基的观点，都是站在马克思主义的立场上关注工人运动的成果。然而，时至1929年，对照考茨基的书籍，自然会得出这样的结论：中国不存在欧洲意义上的革命条件，因此，中国不可能发生无产阶级领导的社会主义革命；考茨基对于一定模式的否定，也为他们提供了否定必须走苏俄道路的可能性；而考茨基对于未来社会的描写，倒是与三民主义颇为相像。因此，陶希圣及其当时的《新生命》中人青睐于考茨基也在情理之中。

第四节　旧小说中读社会

自中国近代以来，小说这种历来不登大雅之堂的文学方式，受到了前所未有的重视。从小说中解读中国既往的社会，将小说放入社会学研究领域则是陶希圣特有的贡献。

20世纪初，王国维的《红楼梦评论》，借助于叔本华的生命哲学以观《红楼梦》，推崇《红楼梦》为中国的《浮士德》。他以非常华丽的语言向人们推出这样的观点：人生除保存自己及种性繁衍外再无其他，生活之本质"欲"而已，"欲"生于不足，人生如钟摆往复于苦痛和厌倦之间，"兹有一物焉，使吾人超然于利害之外而忘物与我之关系"，这就是"美术"，诗歌、戏曲、

---

① 《马克思恩格斯选集》第4卷，第523页。
② 《马克思恩格斯选集》第4卷，第524页。

小说为"美术"的顶点。《红楼梦》的主角贾宝玉"以生活为炉，苦痛为炭，而铸其解脱之鼎"，贾宝玉的解脱，不是超自然的、神明的、宗教的、平和的，而是自然的、人类的、美术的、悲感的解脱，他称之为"壮美的"，通过自我的锻炼而能够看透悲凉人生，感悟"落了片白茫茫大地真干净"之"空"。《红楼梦》通过描述其中各色人等的"正常"思维和行为方式，逐步迈入悲剧的境域，也即他所说的："由于剧中之人物之位置及关系而不得不然者，非必有蛇蝎之性质与意外之变故也，但由普通之人物、普通之境遇，逼之不得不如是；彼等明知其害，交施之而交受之，各加以力而各不任其咎"，而这种不幸，在王国维看来是人生最大的不幸，因为"彼示人生最大之不幸，非例外之事，而人生之所固有故也"，多么令人绝望。《红楼梦》正是这样一部书。《红楼梦》在"实行"与"美术"两个方面，可以解救人们脱离俗事，得到拯救。因此，《红楼梦》是"宇宙之大著述"。王国维从精神、人生哲学、生命哲学的角度，开创了红学研究。

"五四"新文化运动使小说形象得到提升。过了二十年，鲁迅在大学开课，专门讲中国小说的历史，后把讲稿编辑出版，定名为《中国小说史略》。鲁迅此作，共分二十八讲追溯小说起源，分段介绍小说的发展变化，从古时的神话传说介绍到清末，从文学史的角度，首次整理小说的历史。与鲁迅同期，俞平伯、顾颉刚、胡适等，对《红楼梦》进行讨论，结果是俞平伯的《红楼梦辨》面世，对于作者、主人公等的实在、真实性等进行考证。鲁迅和俞平伯等人的共同之处在于以历史学，特别是考据的风格研究小说。

无论是王国维、鲁迅还是俞平伯，他们的研究成果，对于后来的文学史影响深远，故而为人们所熟悉。可是，另辟蹊径的陶希圣的研究，却并没有太多的反响，只有陶希圣本人将他的研究成果，放入他的《中国政治思想史》中。和者虽寡，陶希圣这类文章拥有自己鲜明的特点。

《水浒传》《三国演义》《金瓶梅》等现实主义的小说，是他关注的重点。他对于小说的作者兴趣不大，对小说人物的个性很少触及，他的视线牢牢锁定在群体之上，比如游民、士大夫、知识分子、地主、官吏、妇女，通过他们理解社会的构成,同时,又把他们嵌入社会,理解他们的行为方式。他自己称之为社会的历史研究。

陶希圣在分析小说之时,引入阶级的观点,承认阶级的存在。比如,对于西门庆与潘金莲勾结杀害武大郎一事,他认为西门庆勾引潘之所以惹人恨,"乃是在西门与武大之身份阶级的差别。豪富蹂躏贫苦人家的节操。豪富为自己的肉欲而杀死穷人,这不是性爱问题,而是阶级问题"。[①] 郓哥儿、何九能够得到感念,是因为他们为了贫穷人而反抗豪富。

陶希圣通过进行社会分层,建立一个中国社会的基本构架。不过,他的分层十分粗糙:地主——只要收租、完纳、娇妻、美妾、安富、尊荣,他们一心保护自己的财产以与农民对抗,地主中又可以分出官僚地主,他们是以利结合、争利而分,它对内是一个公文组织,对外是一个税收机器。还有城市里有商人。陶希圣一般将地主、官僚和商人归为富豪一类。

另外,还有一个依托于都市而存在的没有产业的无产者,陶希圣指出那时的无产者与现代的无产者是不同的。他们没有确定的经济利益,没有确定的阶级利益。他们由社会各层如农民、渔夫、牙行、地主、小吏、武官、道士、知识分子、地主之中淘汰的分子构成:比如《水浒传》里的108将;而"百无一用"的书生,有时他称之为"士大夫",有时则呼之为"知识分子",也是一个十分值得注意的团体,其突出的特点是"无自信";还有就是农民、城市的小手工业者。

各阶层之间关系颇有点"理不清,剪还乱",这是他对于社会分层特别注意到的一点。游民对豪富爱恨交加,恨"为富不仁"者,爱"仗义疏财"者,能够慷慨"招纳英豪""藏亡纳死"的豪富有望成为他们的领袖,被他们崇拜,因此,他们一方面"义气深重"地保护富人,一方面又"替天行道"地劫掠富豪。豪富需要武力保护以防受害于游民,武力的来源还是游民,对待游民,往往采用怀柔和打击的两手;同时,当官僚机构剥削和警察制度不健

---

① 陶希圣:《武大郎与人文生物学》,《社会与教育》第1卷第5期。

全的时候，富豪也会与游民紧密地结合起来。农民与无产者的共同之处在于痛恨官僚。

陶希圣饶有兴趣地注目《水浒传》前几回关于史进的描述。史进由一个大地主的儿子变成了拦路强盗，作为个人，史进的身份发生了巨变。陶希圣指出史进的个人遭遇说明社会的经济结构未变，其中的阶级成员会随着经济地位的变化而发生变化，比如由游民转向官僚，或者相反由官僚转向游民。他从《水浒传》中人物地位的变化总结出这样的规律："集团转变以集团上层的官僚化为前提。集团的上层就是指支配集团经济军政事务的首领。支配经济军政事务的首领因他们有官僚的地位，便容易化为官僚。他们既在集团以内官僚化了，他们观察外界的观点也相随变化，变化为以富豪为支柱的官僚。"《水浒传》五十四回后，这个起义的集团慢慢接受招安，逐渐地官僚化。

阶级所表现出来的行为受控于经济，这是陶希圣理解集团共性的基础。比如，游民"是一无所有而可以得天下的集团群众，他们本没有财产，所以本没有私欲。他们要紧密团结，共求生计，所以有共同消费的必要"。他们的经济状况，决定他们必须以集团的方式抱成团，才有力量。"义"字是他们共同的特点。桃园三结义，结义就是同衣食、同患难、同生死。只有都市中的游民无产者，结义是他们最高的道德，所以，流传于中国的民间。他们是集团活动，因此必须要有道德，以共同消费为出发点。这个"义"字，是非常有趣的东西，比如，照理来说，作为地主的史大郎喜欢练武，目的是为了保护财产，他与绿林好汉们立于对立的地位，但是，史大郎与山里的盗匪神机军师朱武、跳涧虎陈达和白花蛇杨春一打便惺惺相惜成了朋友，这么奇怪的事情发生，其中决定性的因素也在"义"字上。他对于"义气"的解释颇新颖，也有一定的说服力。

陶希圣对于妇女的处境非常同情。他说潘金莲杀武大郎是一种"社会罪"。他以为在农业手工业社会里，女子是一个劳动机器或生儿机器，女子是家长的奴隶，是丈夫公婆的奴隶。女子的地位十分低下。反抗的程度与压迫的程度成正比。陶希圣在另一篇文章《旧小说中的三种性爱》[1]之中，进一步指出："女子随商业的发达而越加商品化了。"女子的交换价值被商人把持，使用价值则由父母掌握。越是资本发达，性爱越是带有商品的性质，所以，对于女子的封闭就更厉害。他分性爱形式为三种：红楼梦式，女子被完全封锁，官宦人家的状况；潘金莲式，在都市和农村富豪处实施，金肉的交换，以暴露、直率、一针见血为特点，他以为当时的有声电影所表现的与此类似；花月痕式，是都市士大夫与士大夫余孽的式样，自以为是政治军事家，在商业工业被破坏的过程中，不得不到都市找工作，长年在外与妓女谈政治，结果是一身花柳病，传染妻子。他对于士大夫之落魄及其品性十分蔑视。

陶希圣的这些文章，集中于《社会与教育》周刊，时间是1930年底至1932年。陶希圣原来打算在《旧小说的新诠》"这个总题目之下，将对《三国演义》《水浒传》《西游记》《封神传》《金瓶梅》《施公案》《彭公案》《小五义》《红楼梦》《说岳传》这一类有结构，有幻想，有背景的旧小说，随记忆及意想所及，写出它们的社会的意义。我们从中国的结构，可以解释旧小说所描写的社会现象"[2]。他陆续发表了《旧小说的新诠》之一至之十的十余篇文章，虽然没有完成自己的预想，但是，他的视角应该得到肯定。

---

[1] 陶希圣：《旧小说中的三种性爱》，《社会与教育》第1卷第10期。
[2] 陶希圣：《旧小说的新诠》，《社会与教育》周刊第1卷第2期。

第二章　经济、历史与食货时代

第一节　《食货》与食货派

　　1934年12月问世的《食货》半月刊，由上海的新生命书局承印，却完全由远在北平的陶希圣一手操办。1937年7月抗日战争全面爆发，陶希圣离开北平，也离开了学术，《食货》半月刊在出至六卷一期后停刊，共出刊六卷六十一期。

　　杂志的名称是"本刊第一个热烈的发起人顾颉刚①先生提出的。他认为社会的基础和历史的动力是经济"②，陶希圣后来如此回忆"食货"刊名的由来。"食""货"最初是两个独立的字，把两者联系起来，带有经济意味则可以追溯到两千多年前的《尚书·洪范篇》，该篇记载周武王向箕子"问政"，箕子归纳为"洪范九畴"，译成白话即：帝王治理天下所用的九种根本大法，其中第三畴为"八政"，"八政"第一为"食"，第二为"货"；"食货"作为一个特

---

①顾颉刚（1893—1980），江苏苏州人，原名诵坤，字铭坚。此时为燕京大学国学研究所研究员兼历史系教授，1934年创办《禹贡》杂志。
②陶希圣：《编辑的话》，《食货》半月刊第1卷第2期。

定含义的词、一个概念,出现在班固的《汉书·食货志》中:"《洪范》八政,一曰食,二曰货。食谓农殖嘉谷可食之物,货谓布帛可衣,及金、刀、鱼、贝,所以分财布利通有无者也。二者,生民之本,兴自神农之世。'斫木为耜,揉木为耒,耒耜之利以教天下',而食足;'日中为市,致天下之民,聚天下之货,交易而退,各得其所',而货通。食足货通,然后国实民富,而教化成。"① 这段文字包含了两层含义:"食货"是农业生产提供给人们的粮食和可供穿着的布帛,以及用于流通货物的货币、贸易,包含生产、流通与贸易环节;"食足货通"达到国实民富、教化以成的目的,则体现政治与经济的关系。因此,《汉书》关于"食货"的概念,能够较好地表达现代政治经济学的内涵而又不失本土特色,无怪乎陶希圣对"食货"两字情有独钟。

《食货》半月刊自 1934 年底开办以来,每月两期,直到 1937 年 7 月。最初印 2000 本,其中 1500 本发出销售,500 本备作合订本。创刊号后一星期,发行人被迫再版 1000 本,第一卷第五、六期,每期印 4000 本,发行 3300 本,赠阅 200 本,500 本备作合订。陶希圣每月出资 100 元,并承担编辑和计划等一切工作。创刊两三个月后,印刷广告发行经费归出版人负担,即新生命书局承担。1936 年面临着资金困难,新生命书局不能再承印。陶希圣一度考虑在天津《益世报》开辟《食货》周刊,另外,再办一份《食货》季刊,半月刊停办。后来,上海杂志公司愿意印行。从 1937 年 1 月起,《食货》周刊仍然开辟在天津《益世报》上,每周一次,约一万二三千字。陶希圣任主编,他本人在上面发表了五篇文章。季刊似乎没有办。1946 年陶希圣在《中央日报》副刊开辟《食货》周刊。1971 年 4 月,在台湾退休以后,陶希圣将《食货》杂志复刊,自任主编,每月一期直到 1988 年 7 月。如今,讲到中国经济史学,必然会讲到《食货》杂志、食货派,也就自然论及陶希圣。

《食货》第一期上,刊登出《食货学会会约》,称为研究中国经济社会史,发起食货学会。该学会没有其他的任何会议,只以刊物为相互报告和讨论机

---

① 《汉书》第二十四卷上。

关。会员已在研究的题目，由半月刊发布消息。二人以上所任题目相同时，请求共同进行研究方法处理。《食货》半月刊随时发布未经研究题目，征求研究人。会员论文由杂志发表。杂志承诺随时介绍中外有关中国经济社会史的书籍论文。1935年，《食货》半月刊一卷第六期上发表陶希圣《食货学会本年六项工作草约》，规定食货学会的工作包括：结算以往成绩；介绍外国论著；搜罗参考资料（包括资本主义、殖民地、都会封建制度、原始社会等，如有这一类的专著，或介绍或翻译或摘译供大家参考）；分时分地研究（除通史外，注意每一史料的时与地，并渐进于分时的研究"断代经济史"及分地的研究"地方经济史"，一扫从前以别为通的缺点）；发表工作心得（除讨论思想方法外，本年注重自作或征求别人研究技术上的心得的报告。例如看书的秩序、钩稽的方法、抄录的技术、整理的项目、档案整理的要点、搜救史料时的心得、感想、意见，或作成论文，或取通信的方式）；彼此互告消息（各人的研究兴趣、研究题目，得知他人已在研究的题目及成绩，务请在《食货》上随时报告给大家。这可以避免重复，取得合作。如果大家想到或做到别的重要工作，希望多人合作者，请通信补充）。

1936年9月，陶希圣一度想改变学会松散的组织方式。他说："现在觉得有略具组织的必要。最重要的是要有一个指导部。对于来信询问的研究方法，能够一件一件地作满意的答复。这样才可以把集团研究开始做起。如今弄来弄去，虽然因为大家的努力，像有些热闹，实在经手事务的只是希圣一人。朋友们责备我们没有做事，责备本刊……其实只因为个人做不动。我决意准备一个指导部的组织，作为食货学会的头脑。会员今后要筹划一个讨论的方法，指导部也就是一个讨论会。讨论时各人的意见及新材料，虽不够一篇论文，更比一篇论文有启发有兴趣。"[1]他在《编辑的话》中说："我们想把食货学会依法令组织起来，成为法律的存在。我们想的是（一）确定会员的会籍；（二）征收会费；（三）召开会员大会，选举理事；（四）依法立案。本

---

[1] 陶希圣：《编辑的话》，《食货》半月刊第2卷第7期。

期本刊发行后,即行着手。各位会员如有意见,请函知本会"。① 但是,响应者不多,所以,1937年1月,他又"力竭声嘶"地表示想联络国内致力研究中国经济史的几个文化机关和团体机关及个人,发起一个大的学会。但最终也还是没有建成。不过,《食货》每一期里均有《编者的话》一栏,或介绍作者,或评述文章,或表明立场,或通报刊物状况,起到了沟通的作用。

1935年,陶希圣在北京大学一院设立经济史研究室,着重收集唐代经济史料。1936年编成《唐代经济史料丛编》共八册,1937年陶希圣离开北平时,随手抽了一本《唐代的寺庙》,结果,其他几本在慌张离开北平时遗失了。经济史研究室成为杂志作者的主要力量。他们大多是陶希圣的学生。食货学会一直比较松散,但是,主要作者还是清楚的,陶希圣一马当先,在《食货》半月刊上发表了论文36篇,译著2篇,其他有7篇②,外加每期的《编辑的话》都是陶希圣所写。其他多产的作家有连士升③、鞠清远④、武仙卿⑤、曾謇⑥、傅安华⑦、何兹全等。常常在《食货》上发表文章的人以及北大法律系经济研究室的同人被称为"食货派"。陶希圣作为食货派的领军人物,有其人格魅力和学术水平,他与食货派其他人之间理论上是有默契的。以下就以他的学生

---

①陶希圣:《编辑的话》,载《食货》半月刊第4卷第7期。
②参见附录四。
③连士升(1907—1973),福建省福安人,别号子云。1931年燕京大学经济系毕业,此时在北大法律系中国经济研究室工作,以翻译见长。陶希圣介绍连是专攻经济史的笃实学者,他在北平图书馆阅览室里已经两年,正在翻译世界经济史等几部名著,有工夫还调查北平的庙会等经济现象,经济史名著译毕以后,从事中国经济史的研究。
④鞠清远,北京师范大学毕业,1935年后到北京大学法律系中国经济研究室工作。他是食货派里成绩斐然的一名研究人员。共发表论文14篇,译著2篇,在天津《益世报》《食货》周刊上发文14篇,在《中国经济》,以唐代研究为主导,最早介绍地方志的资料收集方法。1939年追随陶希圣参加"和平运动"。1949年后不知所终。
⑤武仙卿,主要研究魏晋南北朝和唐代的经济史,《食货》半月刊上有其9篇论文,1937年商务印书馆曾经出版武仙卿与陶希圣合写的《南北朝经济史》。1939年追随陶希圣去往上海。
⑥曾謇,湖南安化人。此时在北京大学国文系,专攻古代社会组织与意识,正在写《守法社会与儒家学说》一稿。《食货》上发表论文9篇,并有《中国古代社会》一书问世。曾于1940年1月帮助陶希圣逃离上海并回到香港,后又为接陶之子女,再度到沪。事毕回家收集南北朝史料拟编成书,并在《民国日报》上有反汪文字,曾被县政府抓捕后,后获释。
⑦傅安华(1912—1979),河北冀县人,字靖五。1933年考入北京大学历史系。《食货》半月刊上有其3篇文章,主要研究中国社会形态方面的问题。抗战全面爆发后赴西安,对西北经济地理有研究。

何兹全为例。

何兹全在北京大学读书时，正好陶希圣在历史系当老师。他在思想上和陶希圣有共同之处，也曾是改组派成员，对中共的阶级斗争不赞同，对蒋介石的军阀作风看不惯，受陈公博影响很深，喜读陈公博的《革命评论》，甚至从陈公博处接受了最初的唯物史观。他看的书与陶希圣有重合，比如北伐后，他曾经读《家庭、私有制和国家的起源》《资本论》《基督教的基础》，等等。到北大后，何兹全发现历史系的教授分三个流派：一是以乾嘉学派为主导，代表人物是钱穆、孟森和蒙文通；一是乾嘉学派加西方新史学学派，以胡适、傅斯年为代表；一是以乾嘉学派加点辩证唯物论，代表人物为陶希圣。无论从学术观点，还是政治倾向，何兹全自然很快与陶希圣契合，他后来曾经说过：所有教授里面，对自己影响最大的是陶希圣，因为陶希圣读过马克思、恩格斯、考茨基的著作，受马克思主义的影响。"他标榜唯物史观、辩证法。使他成名的、学术上高出别人的，确是辩证法和唯物史观。当然，他的是不纯的。"① 陶希圣开的中国社会史和中国政治思想史的课，他都选修了，并从此开始研究中国社会经济史。

陶希圣十分推崇考茨基的《基督教的基础》，何兹全也喜爱这本书，因此，当陶希圣向学生们提到南北朝时期的佛教寺院盛行时，何全兹立刻兴趣盎然，开始专门对此展开研究。他每天只要没有课，就坐在北京图书馆善本室看《大藏经》，以及律部和史部的古籍，尤其是关于佛教寺院和寺院经济的书。1933年在《中国经济》杂志上发表了《北宋的差役与雇役》《中古时代之中国佛教寺院》《魏晋时期庄园经济的雏形》等文章，得到了陶希圣的赞扬和推介，陶在《中国经济》上评价何发表的文章说："中古时期都会财产及权威的叙述，可以算得最有特色的"，"如今中古的教会、系统的研究把它表彰出来了"②。1934年《食货》杂志创办后，陶希圣写信给何全兹，向他约稿，令何十分高兴。至1935年何全兹从北大毕业，在一年多的时间里，何兹全有四

---

① 何兹全：《爱国一书生：八十五自述》，华东师范大学出版社1997年版，第54页。
② 转引自何兹全：《爱国一书生：八十五自述》，第58页。

篇文章出现在《食货》上:《三国时期农村经济的破坏与复兴》《质任解》《三国时期国家的三种领民》《中古大族、寺院领户研究》等,其中最后一篇是他的毕业论文,由陶希圣指导,何兹全清楚地记得陶给了他88分。从何兹全的回忆中,可以看到陶希圣对于食货派所起的核心作用,他对于该团队学生的培养指导十分用心,也能够了解到食货派内部的凝聚力是共同的学术兴趣和相似的史学观;当时的北平,有着丰富的馆藏,为食货派提供了共享的学术资源。另外,学术分歧如何兹全所述有三派,但均归于"考据"麾下,虽然何的话未必完全准确,但考据之风显然盛行,并渗透到食货派的研究中,使食货中人有共同的学术基础。

何兹全后来接受陶希圣的邀请成为艺文研究会的研究员。1938年12月29日艳电发表以后,陶希圣从河内到了香港,他的追随者武仙卿、鞠远清、沈巨尘[①]、曾謇也去了香港,只有何兹全留在重庆。何兹全自称为"《食货》的'余孽','孤臣孽子'了"[②]。

陶希圣对于学生相当眷顾。他到香港后,曾经写信给叶朔中,说明他们的出走与他的学生无干,并希望叶能照顾他们。何兹全于1939年曾经给陶希圣写了一封信,劝说陶希圣:"有重庆国民党几百万大军在,对日本人可以谈和,离开重庆,便只有投降、没有和平。"[③]陶希圣给何兹全寄了1000元,帮助他渡过难关。何说:"他(指陶希圣)知道他们走了,我生活会很苦。"[④]1940年1月,陶希圣从上海到香港,不忘给何兹全写信告知。陶希圣在香港筹办《国际通讯》,约何兹全作为驻重庆编辑,由何按期将重庆各报纸分析和论述国际形势与国际问题的文章材料剪下来寄给陶希圣,并写一些分析意见和个人的看法,陶希圣则每月给何寄300元,直到1941年12月香港沦陷。

---

① 沈巨尘,与陶希圣联名著有《秦汉政治制度史》《明清政治制度史》等著作。
② 何兹全:《爱国一书生:八十五自述》,第55页。
③ 何兹全:《爱国一书生:八十五自述》,第256页。
④ 何兹全:《爱国一书生:八十五自述》,第256页。

1940年1月,陶希圣折返,而他最得意的门生鞠远清、武仙卿等却留在汪伪掌控的南京,后面的结果不言而喻。陶希圣的这次政治上的迷失,连带葬送了食货派这个学术团体。

第二节 创办目的

陶希圣办《食货》杂志,可谓一心一意,又出钱又出力,得到的并不是喝彩,相反,受到不少人的质疑、指责、批判。

陶希圣自1929年出版《中国社会之史的分析》以后,他的史学研究之长就在于采用了新的方法论——唯物史观。但是,时隔五年,陶希圣出面,对于以前这种方法进行检讨。他在《食货》半月刊的创刊号上称办杂志的目的,是把正在研究中国经济社会史的,尤其是正在搜集这种史料的人的心得、见解、方法,以及随手所得的问题、材料披露出来,大家互相讨论,可以进一步分工进行,不像社会史论战那样的激昂和趋时,而是老老实实地从收集资料开始。

陶希圣对于以前关于社会史讨论的方式十分不满。他以为以前的研究,把方法当成了结论。各人既有了结论在心里,只有向书籍里去找外来语,不必广收材料。"我老实说一句,把方法当结论,不独不是正确的结论,并且不是正确的方法。其实这不过是外国社会史拿来代替中国社会史罢了。说了多少话,写了千万字,一点与中国社会史没有干系。正确的方法是能够把握中国历史上社会现象的内部关系的方法。中国历史上的社会现象并没有明显地整齐地摆在陈列室里面,还须有大家去搜求。所以,论战,要把历史上社会现象找好了,才能打开新局,才能对于中国社会史学有裨益。不然,那只有乱打一番。还有,你既有了结论,又何必再研究呢?"[①] 他断定这样的历史研

[①] 陶希圣:《编辑的话》,《食货》创刊号。

究，不能推进历史学的进步。

他认为："一个社会的发展有历史法则可以寻找出来，这一点是与考据学派大不相同的。我又认为历史的方法必须从史料里再产生，才是真确的。如果先搭一个架子，然后把一些史料拼进去，那就是公式主义，也就是错误的。这一点又与那些左派分子相反。"① 所以，他办了这份杂志，想从史料中寻找历史的法则。

这些只是《食货》出世的大道理，更有现实的原因，这就是如何服务于当前的社会。陶希圣的史学观念从来是为现实服务的，是为了解决目前的问题。1935年1月18日，陶希圣在为高尚仁《清中叶地方政府舞弊方法的研究》一文作的序中曾经讲到，自己建议北京大学政治系设立"省行政"和"县行政"两个课题，后来又设"清以来中央各部司材料及行政程序的研究"。陶希圣称研究的目的，是他发现在社会变革的关头，关于政制的讨论很激烈，而一种政制既经确定以后，政制的争论便消沉下去了。清末以来政制的争执，主要是关于中央制度的。三四十年以来，政论和政治学研究，主要是关于宪法及中央政府组织，并且，中央政府组织的讨论也多半限于立法、行政等权力的关系，如所谓总统制与内阁制之争，或三权分立与五权之争，至于各部的地位，部内司科组织、公文程序，很少有详细讨论。关于省制，争论主要限于省与中央的关系，即所谓分权、集权与均权之论。关于县制，讨论极少。"总之，三四十年来的讨论，很少涉及行政技术的。参加讨论的人，一开口便是顶大的问题。行政技术及至于县政府的整个制度，既少有人注意，更不列入大学课程之内。"造成的后果是大学毕业的人，只能关心国家政治上的几个大问题，反之，行政的技术只有依赖于旧官吏、幕友及吏胥。学校所学真与实际行政不相干。他说："我以为这个大过渡时期，学术界对于从来的政治系统没有详细具体的知识，不但谈不到从内部的改革，也还谈不到从外部的纠正。并且，即令有机会毁了重建，又当建个什么系统呢？"所以，他觉得研

---

①陶希圣：《潮流与点滴——陶希圣随笔》，第130页。

究近代以来的全政治系统，是必要的。

1935 年，陶希圣在新生命书局出版的《中国社会史丛书底刊行缘起》里，则更为透彻地表述出了与本位文化提倡的契合。他说："史学不能创造历史。反之，历史的研究产生史学。这个道理太显明了，显明到一般人多瞧不见，他们要凭他们的史学创造历史。

"他们的史学是从欧洲历史的研究产生的，他们拿欧洲历史所产生的史学当作欧洲本身已经不大妥当了。他们更进一步，把那史学当作中国史，他们以为这就是中国史，不必他求。也许中国社会的发达与欧洲有同样的过程，也许两者截然不似。但是，要断定中国社会的发达过程，当从中国社会历史及现在的各种材料下手。如果把史料抛开，即使把欧洲人的史学争一个流水落花，于中国史毫无用处。于今的学者不独把欧洲的史学当作中国史的自身，并且把中国古代的史学当作古代史自身。笑话太闹得悲惨了。我们因此发一个小小的誓愿，愿把悲惨的笑话转换为真实的工夫。

"我们的誓愿是宁可用十倍的劳力在中国史料里去找出一点一滴的木材，不愿用半分的工夫去翻译欧洲史学家的半句字来，在沙滩上建立堂皇的楼阁。

"我们的誓愿是多做中国社会史的工夫，少立关于中国社会史的空论。我们的誓愿是多找具体的现象，少谈抽象的名词。"

陶希圣的上述言论，是将文化本位思想贯穿于历史研究。

办《食货》杂志，与陶希圣本人的研究是同步的。1932 年至 1936 年，他完成了《中国政治思想史》一书四册。他深切地感到，要想实现对于以往史学的颠覆，一人之力是不可能的，而且他也认为只要从史料出发，就可以接近真相，人们之间也更可能联合起来共同研究。

《食货》的存在，就陶希圣个人的愿望来说，是为了避免无谓的争斗，是为了将唯物史观的方法论，与实证主义的态度结合起来，从而解读历史。因为从根本上说，陶希圣认为历史是有规律可循的，和自然科学一样，都可以找出其中的规律性。这是他的大胆的想法，为此，他要建立新的史学体系。但同样运用唯物史观的一批学者，尤其是中共及其左派，却将经济的杠杆作用，变成了阶级斗争的杠杆作用，并以此引导中国走苏俄的道路，这一切在他看来是完全错误的，不是依于中国的国情，而是不顾中国现实的表现，于是，他想通过解读中国历史，来说明何为中国。这样，他在形式上是不再讲目前的中国社会性质，但根本还是以此为目的的。他因为反对只讲方法而钻入了中国本位的行列；而宣传中国特色、坚持中国是中国的理论，恰恰是国民党一直以来反对中共及其马克思主义的拿手好戏。

第三节　研究方法和兴趣

陶希圣以各打五十大板的方式，体现自己认可的观点。他说："方法当结论，虽不是机械主义，却易陷于公式主义，历史研究必须顾到历史的事实、实验主义不尊重确定的理论或思想，公式主义不尊重事实或材料。"[①] 他表示不放弃唯物史观，但同时加入实证主义或是考据学的方法，来解决两者的不足。

1935年8月，陶希圣在北平给日本留学生讲课，比较全面地讲了自己的社会史观。"余不欲以既定之成见告知诸君，以为诸君之先入主。余欲客观的对中国各时代之生产组织交换方法乃至社会关系政治制度与思想潮流，寻出其一贯的发达路线，以为诸君之参考。盖社会为一不断变迁之物，而其变迁由于内在的矛盾之发展。后一社会之主要的生产及相应之社会关系，已萌芽发育于前一社会之中。此后一社会又孕育更后一社会主要生产方法及社会关系。若任举一个社会现象观之，或亘古今皆有其存在，然若就各种社会现象之相互关系观之，此一社会现象之地位性质意义固常在变迁之中。彼不变论者或长期论者，均受一个社会现象之连续的存在之蒙蔽者也。吾人在纵的方面当求其必然的发达过程，在横的方面当求其矛盾之统一形式。吾人决不

---

① 见《食货》半月刊第一卷第九期李秉衡著《方法与材料》一文陶希圣所作《附注》。

宜任指一个之现象以判断全社会之形式及全历史之进程也。"① 他的表述，与《新生命》时期相同，但更为引人注目的，是他提到了"矛盾之统一"的辩证观点。

正因为陶希圣持有这样的方法论，他在研读史料的同时，会产生俯视历史、拉长镜头的全局感。他在《十一至十四世纪的各种婚姻制度——读宋辽金元史之余》（上）一文中说："十一至十四世纪这四百年间，汉族、契丹、女真、蒙古，在中国的领域里，有不断的错综的大决斗。东北森林草原上的狩猎生活，西北草原上的游牧经济，向于黄河流域的贫苦自足农村，及长江流域和东南海岸的都市，斗争，移动，同时，相随而迅速适应，相随又迅速转变。移动过程便是转变过程，转变过程也就是剧烈斗争过程。森林草原上的生产者以及战斗士迅速地化为寄生，迅速地趋于没落。中原及东南的政权，迅速地集中，迅速地腐朽，一样的迅速趋于没落。因之，在种族关系，表现为一个波涛连接一个波涛的由东北、西北向东南卷进。各样的风俗习惯，'陈陈相因'的出演。"② 他以一种变化的角度，大气地浓缩地看到中国这块土地上的动向，非常精彩。

后来，他在《食货》上更为明确地表示自己对于唯物史观的好感，他说："学术界对于唯物史观的攻击，好像锋头很猛。我要声明的是：（一）食货学会会员不是都用唯物史观研究历史的；（二）这个方法与什么主义不是一件事情；（三）这个方法的毛病是在用来容易指破历史上隐蔽在内幕或黑暗里的真实。因为他指出别人不肯又不敢指出的真实，便易受别人的攻击；（四）本刊介绍方法论，不限于那一派的；研究资料重在资料，不作任何的鼓吹；（五）如有为了编者个人的过误而受指责，编者个人在这厢有礼了。"③

仅仅收集资料、把资料单纯地排列起来，也不是正确的，陶希圣认为正确的方法是"在切实的方法之下搜集材料"。即在研究的开始，便须弄清方

---

① 陶希圣：《战国至清代社会史概说》，《食货》第 2 卷第 11 期。
② 《食货》半月刊第 1 卷第 12 期。
③ 陶希圣：《编辑的话》，《食货》半月刊第 2 卷第 4 期。

法。先有假设"根据这个假设,下手得到应得的材料。所得的材料对于假设,或是证实,或是充实,或是发展,或是修正。由此所结成的结论,比假设是高一等的。而此高一等的结论,对于以后的研究,又是新的假设。第二次的结论也还有假设的意味,这样学问才有进步"①。

方法论与收集资料的劳作相辅相成,陶希圣说:"没有方法的劳作,和没有劳作的方法,一样是无用的。没有方法的劳作,所得到的只是史料的排列,没有劳作的方法,只是哲学或公式罢了……我不愿意大家只以方法自足。方法也须从观念里面走到历史现象里去,把历史的合法则性指出来,才算得是真确的方法。历史的发展过程,如果把许多混乱的外表的现象排开,本来是合于我们的方法的。不,我们应当严守方法,是从历史发展过程里而抽绎出来的。""食货学会的信条是:不谩骂,不发空论。更重要的是在中国经济社会史料的搜罗这一项工作上,要求信守各种方法的人们的大谅解。徒徒的动气是没有用的,有用处的还是做。徒徒的破是没有用处的,有用处还是立。"②笔者之所以如此大段地引用陶希圣原文的原因,在于陶希圣本人十分热衷于强调自己研究的方法,《食货》期间,他对于收集史料尤其推崇。

陶希圣所用史料,主要是二十四史。他以经济的研究为核心研究社会,在整理资料的基础上以随笔的方式,写了一系列的文章,这些随笔,则是他为写《中国政治思想史》做的前期资料准备工作。

土地问题,自然是中国社会经济的根本问题。这方面的文章,陶希圣在《食货》上载有:创刊号上的《王安石以前田赋不均与田赋改革——读宋史随笔之一》《金代猛安谋克的土地问题》《五代的庄田》《宋代的职田》《北宋几个大思想家的井田论》《明代王府庄田之一例》等。其中,既有关于土地所有制的研究,也有围绕着土地的税收田赋的具体细节呈现,以及土地制度改革等一系列的问题的探讨。他在《王安石以前田赋不均与田赋改革》中,用宋史的资料呈现:1. 宋初的土地兼并与豪族的情况;2. 田赋不均。当时各地均

---

① 陈啸江著《二十五史文化史料搜集法》陶希圣《按》,《食货》半月刊第1卷第5期。
② 陶希圣:《编辑的话》,《食货》半月刊第1卷第5期。

有豪强，他们对于田赋，总是想转嫁到农民身上去的。农民田赋太重，为了逃税，也设法把田赋转移，田赋不均的结果是国库的收入减少；3.千步方田法的实行。仁宗庆历中，政府行千步方田法。郭谘首创此法，欧阳修向政府推荐此法。仁宗时的改革主干是范仲淹。嘉祐年间的宰相是韩琦，他对田赋改革与范仲淹一样积极。陶希圣此文实质上说明王安石并不是最早改革的人，要求改革的也不只有王安石，王安石的改革，是在前人基础上进行的。改革之所以必须，则是由于土地兼并的日益严重。从此事，陶希圣总结如下："渐进的社会改革运动每每引起急进的社会改革或革命。急进的社会改革或革命常有渐进的改革运动做先河。偶然的变化在历史上很少有的。"① 这是他对于历史变革的看法。这篇文章，后来大部分被收入《中国政治思想史》。

另外一类文章与陶希圣对商业资本的关注有关，陶希圣一度主张中国社会是商业资本主义社会及其循环论之说，甚至人们一度将商业资本主义等同于陶希圣主义。但是，经过研究，他觉得"从前把春秋战国与清代两头一拉的见解是有缺陷的"。因此，他在《中国政治思想史》中将中国古代史分成五个阶段：人类之自然状态、氏族时代、王权时代、士族时代、王权再建时代。② 商业资本主义不再作为一以贯之的社会形态，但是，在他看来，商业资本却存在于后四种社会形态之中，并起到了极大的分解旧有社会形态的作用。他说："商业资本固然不能决定社会形态，他分解旧有社会形态的作用是不能否认的。氏族社会分解而转变为奴隶社会，中古社会分解而转变为资本主义社会。虽然所转变的社会是什么，帝王的生产条件，商业资本却有助产的作用。"虽然在不同的社会中，商业资本的基础不同，比如："秦汉的商业以奴隶的生产为基础。中唐以后的商业资本，以城市手工业坊及定作制下的家庭

---

① 陶希圣：《王安石以前田赋不均与田赋改革》，《食货》半月刊创刊号。
② 陶希圣在《潮流与点滴》中说，他的五个阶段的理论，在《中国政治思想史》中没有形成，这套书于1933年到1936年陆续出版，五个阶段的理论却是在1935-1937年间形成。五个阶段：夏商周三个部族联盟时代；由东周到战国是由部族演变为国家的过渡时期，到秦汉时代，中国成为大一统的国家；东汉以后，中国进入中古阶段，士庶与庄客及奴隶的等级，甚为分明，社会组织以庄园经济为主；中唐以后，中国进入商业资本独特发达的农业手工业社会；清中叶以后，是帝国主义压迫之下的商业资本主义社会。（见陶希圣：《潮流与点滴——陶希圣随笔》，第145页）

工业为基础。"因此，商业资本所起的作用也不同："前者分解小农经济，准备庄园制度的到来。后者分解庄园的生产，破坏农村的自给经济，这是不大能够否认的事实。"因此，《食货》半月刊上，发表多人的关于商业资本及商业资本主义的文章。第三卷第十一期的论文，都是关系中国社会形态的。其中，李立中的《商业资本主义辩》最早讨论也最能坚持，傅安华的《商业资本主义商榷》及丁道谦的《商业资本主义与专制主义的透视》则正面讨论李立中提出的商业资本主义社会论。王毓铨的《北宋社会经济与政治（一）》认定中国自春秋时代之后，便是由于商业资本主义构成了专制主义社会。

陶希圣虽没有直接论及商业资本主义，但他的论文《顺治朝的逃人及投充问题》所讲满人入关时，与汉人的冲突有五：薙发、改装、逃人、投充、圈地。除了前两项，其他都与经济相关。该文先把王先谦《东华录》里关于逃人及投充的内容摘出来进行分析研究。陶认为从资料可知，关于逃人的立法，入关以后，纯变成敲剥的手段。皇帝的保持户口，不得不加以限制了。就投充来看，满族对汉族的剥夺压制，仍以汉人的土棍势豪为爪牙。投充之人一则身隶旗下，可免差徭；二则不服地方官的管辖，可以蹂躏人民。皇帝及政府为保护税户计，始加限制。但弊害仍不易即行终止。不过绝对王权与封建制度的冲突，痕迹是很显然的了。以上两种问题——逃人和投充，明白显出满族的奴隶经济自入关后，转变为封建制度，封建制度又迅速与绝对王权相对立而受限制。陶希圣在《编辑的话》里这样说："我虽没有直接论及商业资本主义，但我看出清初的满族急剧地从奴隶经济转变为封建经济，急剧地适应中国的社会基础，从封建制度转化为绝对王权之中，这仍然是社会形态的讨论。"①

陶希圣围绕着财经、商业、都市之类的文章也不少：《十六世纪间中国的采金潮》《北宋初期的经济财政诸问题》《五代的都市与商业》《元代西域及犹太人的高利贷与头口搜索》《元代江南的大地主》《冀筱泉著〈中国历史上的经济枢纽区域〉》《〈齐民要术〉里田园的商品生产》等。

---

①陶希圣：《编辑的话》，《食货》半月刊第3卷第11期。

在《冀筱泉著〈中国历史上的经济枢纽区域〉》一文中，陶希圣在评价冀文后，提出自己的一些观点："我近几年来常常指出中国经济重心由西北向东南移动的趋势。但我注重的是都市的南移，不是水利繁荣区域的南移。从历史的材料上，我看出中国的经济不全是自足农村经济。工商都市的地位和影响是不可忽视的；从中古前后商业与其基础的工业性质是不太一样的。单从农奴劳动和自由农劳动的分别，就可见了；工商业在政治上也不是没有影响的"，"秦皇汉武的西南开发，隋唐对于中亚，远征，争的都是些什么，是我们容易看得出的。唐宋以后，开关闭关政策的争执与更迭，又是为了什么呢？这不是封建制或半封建制一句话能够包括的，也不单单是水利的影响所能概及的"。①他指出吴越平原水利工程，灌溉和交通，都发展得很早；隋唐建都北方，并不全是为了对抗西北放牧部落，而是北方的经济枢纽区尚未衰落，同时北方的财政与军事，给予政府以坚强的基础；他认为五代时是南北经济交融的时期，所以才有后来的北宋千年的统一。这种统一与以前也是不一样的，关于如何统一，他以为经济的作用更为重要；陶观察到从唐以来逐渐发达的海运，是元代政权存在的脉络，运河已难供漕船的通过；明代中叶以后，各地现物的运输，已为银钱的缴纳所代替。政府收入也以银为主。水利交通与国运的关系已经淡下去了。银子是都市的东西，与米粮出于农村是不一样的。在陶希圣这些貌似思想火花的背后，我们可以读到他对于商业资本的关注。他在读史料的时候，强烈地感到中国社会中一个活跃的力量——商业资本，并以文章的形式将自己的感觉传达出来。

民变与宗教在陶希圣的视野里占有重要的地位，某种程度上说，他开了这一研究领域的先河。陶希圣曾经多次提到考茨基的《基督教之基础》一书对他的影响很大。因此，作为研究社会史的一员，他也就随之步入这一领域。他主要发表了《元代佛寺田园及商店——读元史随笔之一》，重松俊章著、陶

---

①陶希圣：《冀筱泉著〈中国历史上的经济枢纽区域〉》，《食货》半月刊第4卷第6期。

希圣译的《初期的白莲教会（附元律中的白莲教会）》《元代弥勒白莲教会的暴动——读元史随笔之二》《明代弥勒白莲教及其他"妖贼"》，和黄砚璠共著的《北宋之后北方的义军》《元代长江流域以南的暴动》《唐代寺院经济概说》《教会主管机关五代的都市与商业——读新旧五代史随笔之一》，等等。陶希圣特别提出弥勒教有一千二百年的历史，白莲教也有六百多年的历史。对这些儒佛之外的民间宗教，他主张人们加以研究。他自己则把这方面的随笔公之于众，以求抛砖引玉。

陶希圣往往将经济、宗教和暴动联系在一起考察。他在《元代长江流域以南的暴动》一文中指出，元时统治者对汉人的压制造成了汉人的暴动。这些暴动由三部分组成：拥赵宋的民族主义、开元末白莲弥勒宗教起义，另外还有非宗教的贫民的起义。陶希圣从官方记载的史料中得出元末长江流域暴动的直接原因：1.括田起租；2.官吏贪暴；3.饥荒；4.归农屯田，等等。他总结认为："无论是民族运动或宗教运动，里面总以经济财政的斗争为核心"。在另一篇《明代弥勒白莲教及其他"妖贼"——读明史随笔之二》中，陶希圣用述而不作的方式，罗列史料，呈现有明一代白莲教等各种"作乱"的情况。他指出元朝末年，在喇嘛教与佛教的统治和压迫下，社会呈现人吃人的状况，人们运用教会的手段反元，韩山童祖父，以白莲会纠集人马，至韩山童言天下大乱，弥勒佛降生，于是天下真的大乱。他注意到明朝虽以白莲教会起，但不以白莲教会成。明太祖曾努力谋农民的幸福，诛杀贪污，仇视士人，但明室政权仍转化为削剥贫民大众的政权。结果，永乐十八年（1420）山东民众又在佛教教会的领导之下造反。永乐到嘉靖之间有多次宗教起义，有的显然属于白莲弥勒教会。陶希圣进一步指出白莲教延绵不绝和明统治集团内的党争有极大的关系。

法律、婚姻以及家庭，陶希圣一如既往地关注，在《十一至十四世纪的各种婚姻制度——读宋辽金元史之余》一文中，陶希圣特别指出婚姻制度是社会组织的一断面，不独这个制度本身是一种社会组织，又可以指示一般社会组织的性质。婚姻是道德的关系，但它的内容乃是财产关系。这种财产关系当然受社会的基本财产关系的决定。所以婚姻制度可以指出一般社会组织的性质。接着,他介绍了赵宋宗族的买卖婚(以铜臭来归纳宋)、契丹的掠夺婚传说、契丹的两姓世婚(耶律与萧姓)、蒙古的两姓世婚、女真的十族世婚、女真与蒙古的 levirate(即父死收继母、兄死收嫂之俗的继婚制)。对于这种继婚制,历来受人毁谤,陶希圣则是这样看待的:因为当时妻妾是劳动力,等同于财产,不愿外放。至于道德与否,他嘲笑说:"社会制度是随一族一地的客观物质的条件,尤其是生产交换的方法为定的。你说这是天理,他说那是天理,哪能拿一个去非薄那一个。中国的旧来的礼法是优待,那更笑话。礼法优待中国一千年,这一千年是中国最贫弱的时期。"①

前面说过,陶希圣最先组织人员收集编辑的是唐朝的资料,一共有八册,包括唐代的社会经济的发展、农业与土地问题、交通、手工业、都市生活、商业、财政以及寺院经济。陶希圣在《食货》上发表《唐代管理水流的法令》《唐代管理"市"的法令》《唐代处理商客及蕃客遗产的法令》《盛唐户口较多的州郡》,应该就是从上述八册中提取的。另外,《西汉时代的客》《王莽末年的豪家及其宾客子弟》,则与他所写的《游侠与辩士》有关。从他所选择的角度,相对于当时的史学界,还是很有创意的。

第四节 领军食货派

陶希圣除了一人独立支撑《食货》的经营外,他的主要贡献在于为《食货》杂志确定了基本的研究范围:"本刊是专门研究中国经济史的刊物。范围只限于纯粹的中国社会经济史的论文,重史料的收集,社会经济史者是历代的农业、工业、商业、财政、币制这一类的记载。所谓历代,就是上古殷周秦汉魏晋南北朝隋唐五代宋辽金元明清。本刊虽也载民国以来的经济史,但

---

①陶希圣:《十一至十四世纪的各种婚姻制度——读宗辽金元史之余》,《食货》第1卷第12期。

截至本期为止，还没有实际发表过关于近二十五年的论文。"① 强调刊物是一个学术刊物而不是政治宣传杂志。

为了扎实的史料功力，陶希圣让大家做些笨功夫。他介绍自己在看《晋政辑要》时顺手摘下一点数目字，如从《清代赋役全书》里把各省更名田数及田地的分配情形给录下来，明代王府庄田的实在情形可以明了许多，写出《明代王府庄田之一例》。他希望会员有人做这类笨活。

陶希圣建议使用地方志进行社会的、经济的史料收集，他认为地方志原本是当地稍有史地知识的文人，或稍有名望的文人的作品，是研究一个地方的历史的最方便的书；其中，在人口、食货物质方面有不少原始的记录，纂修者能讲清一地的风俗，或财政、经济、制度的利弊。他进一步建议：先读大都会的地方县志，看大都会的发达史、衰落过程、现代大都会的起源及发达经过，然后再选择别种类的方志。最好是本省人读本省的地方志，更容易启发研究者的兴趣。在他的指导下，他的学生们在这方面有所成就。

陶希圣所要收集的史料，还包括外国经济社会学的著作。对于外国经济类著作翻译，他作出计划：提出以研究需要为指导，翻译名著全部或节译一部分，作为研究中国经济社会史的参照物。例如东汉时期土地兼并的事实，本身是什么情形，而他对于魏晋以后的贵族庄田以及寺庙有怎样的关系。又如五代以后，苦恼政府的货币问题以及政府与学界对于货币政策的思想，究竟是什么样的东西。这样的问题，只有把外国史上类似的现象拿来比较一下，才能在黑暗里得到一线光明的指示。所以，他翻译的标准是："为了解析中国经济社会史最重要的关键，选译外国名著里社会经济过程可以拿来比较的类似的段落的研究。"② 因为经济上的限制，选译的东西不敢取大著作，只取小本，或是大著作里的节译。《食货》刊物上，外国经济史论著译介共有五十五篇。

在《食货》的《编辑的话》中，陶希圣对本期当中的每一位作者均有介绍。介绍吕振羽是："图书馆里穷搜苦读，方法与技术兼有修养的人，我还要

---

① 陶希圣：《编辑的话》，《食货》半月刊第4卷第2期。
② 陶希圣：《经济史名著选译计划》，《食货》半月刊第2卷第1期。

介绍一位吕振羽先生。他的中国社会大著已出一册,叫做《中国史前社会研究》,大家是知道的。他现在正往下研究。他对于中国社会发达的过程的见解虽与我不同,并对我有严重的批评,但对食货的工作,他很热心的。我盼望他以后能够有文字在这小刊物里发表。"既介绍了此人的身份,也把作者的兴趣和计划略作交代。有时,还向作者表示感谢。努力促进相互沟通。

此时,陶希圣的态度是谦逊的。他多次表示出对于其他作者的敬意,提议同究此学的人们的大谅解、大合作,首先自己"虚心的忍受并且欣受一切的指斥,充分尊重理论的进步。只要于学术有进益,一切都不成问题。我们再进而要求大家'相互批评的合作'不因批评便不合作,不因合作,避免相互的批评"。陶表示,《食货》杂志绝不骂人:"编者并不是没有主见,也不是不会根据自己的主见谩骂别人。编者以为(一)骂于史料的搜索没有利益,于本刊本会的主旨不相合;(二)骂别人更有一番坏处,即是为本刊本会立下坚强的门户之见,使中国经济社会史的研究尤其是史料搜集上失去大家合作的可能。"他表示今后"听凭人骂,断不骂人"[①]。

《食货》时期,陶希圣在学术界已独树一帜,他的学问达到了鼎盛时期。但是,就如人们最难于了解的是自己一样,人类最难写的也是自己的历史。研究越深,往往越容易漏洞百出。1935年,清华大学梁启超、王国维、陈寅恪的学生刘节曾经在《图书评论》第一卷第十二期上发表名为《陶希圣著中国政治思想史》的长文章,对于陶希圣的著作,进行了考据学者才能做得到的仔细的批评,其中讲到一点十分中肯,即陶希圣在收集资料时,对于新的史料没有重视,相同的评论,郭沫若也曾经作过。陶希圣的问题最终还是出现在史料上。

陶希圣作为一个已经颇有名气的学者,经历了中国社会性质论战后,他沉寂下来,通过读史料,感觉到了中国与西方历史发展有同一的规律,但也有自己的特性。因此,他在率先使用唯物史观找到新的史学方法之后,立即

---

① 陶希圣:《编辑的话》,《食货》半月刊第1卷第7期。

又领悟到只有坚持从基本的史料出发，才能更准确地呈现以往的历史，找出中国社会自己的道路。到北平这个学术氛围浓厚的地方，做着教授，用着当时北平图书馆的资料，领导着一群年轻人，从事中国社会经济史的开创性工作，陶希圣工作得很有条理，也有成就。对于《食货》杂志的评价，不仅仅在于刊登的文章的学术价值，更在于打开了人们社会史学研究的思路，并为之培养了一批学者。陶希圣无疑是一个出色的领导者和组织者。

第五节 《食货》归来

1971年4月15日，《食货》杂志在停刊34年之后，在台北再度出版。发行人兼主编都是一个人——陶希圣。

1971年陶希圣从《中央日报》社退休，虽然，他一生称不上"无心以出岫"，但却是个"倦飞而知还"之人，他回归于《食货》。从复刊到1988年陶希圣去世，刊物又存在了17年。台北《食货》不再是半月刊而是月刊。在《食货复刊词》中，陶希圣"深望其有贡献于中国历史与社会科学的研究与发展"。他坚持认为社会是变动不居的。社会科学家的任务是分析、观察与判断一个时期或几个时期的横断面；历史学家则是承担纵向分析、观察和判断的任务。两者的关系："社会科学家就其所研究的部门作历史的探讨，是常有的或必有的工作。历史学家或有意或无意，借助于社会道学以期其解释历史上的事件和问题，也是常有或必有的事。"

第三章　建言新体制

第一节　分析当下社会

1928年10月，陶希圣在《新生命》杂志上发表《中国社会到底是甚么社会？》的论文，一石激起千层浪，由此，揭开了一场旷日持久的，由中国及外国，由现代到古代，关于社会现实、社会发展的规律，以及社会史的讨论。

陶希圣在《中国社会到底是甚么社会？》一文中，提出了两个看似十分奇怪的命题。

第一个命题是：中国是一个"宗法制度已不存在，宗法势力还存在着"的社会。所谓"宗法制度"，在他看来，其表现为尊祖、敬宗和收族。特质是"父系、父权、父治"，在纵的方面实行嫡长子继承制度，横的方面"以弟事兄，以兄率弟"。在精神上，主张尊尊亲亲、男女有别。最重要的是，"宗法制度以世禄为基础"[①]。因此，封建制度建立以后，世禄被废止，宗法制度消失，从逻辑上说，中国不能称为宗法社会。然而，中国社会的父系（从姓来

[①] 陶希圣：《中国社会之史的分析》，新生命书局1929年版，第21页。

说)、父治(女子没有地位)、父权(尊尊,继承来说)的家族制度并没有改变。"这种家族到今日还是社会组织的一种单位。"① 不能否认其为宗法社会。在理论与现实的冲突之下,他直观地呈现了这样的一个社会:"宗法社会已不存在着,宗法势力还存在着。"

第二个命题是:中国是"封建制度已不存在,封建势力还存在着"②的社会。他认为封建的制度在极发达的情况下,也无系统可言。他说:"吾人之用封建制度一语,为便利计耳。"那么他为"便利计"的封建社会是什么呢?即"大者王,小者侯",各有分封领地,行专制的社会制度。后来,他曾归纳为:大土地所有,半奴隶的佃农,现物地租,等等。据此他称,早在春秋战国时代我国封建制度就已经崩溃,资本主义便已经出现。但在以后的两千年中,中国却保留了大量的封建的因素。

陶希圣归纳自己的观点是:"中国社会是什么社会呢?从最下层的农户起到最上层的军阀止,是一个宗法封建社会的构造,其庞大的身份阶级不是封建领主,而是以政治力量执行土地所有权并保障其身份的信仰的士大夫阶级。"③ 也就是说,中国这个奇特的社会,产生了一个特殊的阶级,即士大夫阶级,他们掌握着权力,并依靠权力控制着土地,统治着由农户到军阀在这片土地上生长的人们,他们共同构成了一个宗法封建社会。

对于周之后的中国社会的资本主义性质,他无心过多地分析,将注意力转向"战国时代,中国已有了商业资本,为什么直到现在中国资本主义不能得到进一步的发达呢?"④ 的问题上。资本家始终没有力量掌握政权,是什么力量束缚了他们?是士大夫阶级,陶希圣指出。最初,这个阶级由贵族、知识分子和游侠组成,他们是封建贵族的扩大,有门第、有知识,拥有与庶民不同的身份,属于不同的等级。士大夫以农民作为自己生存的依托,对农民

---

① 陶希圣:《中国社会之史的分析》,第24页。
② 陶希圣:《中国社会之史的分析》,第26页。
③ 陶希圣:《中国社会之史的分析》,第50页。
④ 陶希圣:《中国社会之史的分析》,第33页。

进行剥削与统治。在政治上表现为官僚政治。工商业资本主义在这种政治制度下没有发展的可能，农民极度地受苦。如此延绵二千余年。

直到八十年前，帝国主义侵入，中国的社会构造才有了改变。以外国资本为核心，形成了一个资本阶级。中国社会的上层除了地主、士大夫阶级而外，新生了以帝国主义资本为中心的资本阶级。由于这个阶级的形成是外力作用的结果，所以，中国民主革命没有成功，封建社会依然没有被破坏。在都市，资本阶级与无产阶级的对立已经出现，在农村，因为土地过于集中，全国耕地大半属于地主而为佃田，农民土地问题极为严重。这就是目前的中国。

通过这篇文章，陶希圣努力于两个目标：指出中国社会的构造；解释中国社会长期停滞、不能发展到资本主义的原因。

他的文章一发，各种责问纷纷而来。仅仅由士大夫承担如此重大的责任，用统治阶级、被统治阶级和士大夫三个阶级概括中国社会的结构，显然是过于单薄了。为了修正与完善自己的观点，更是为了引起争论，他把目光投向了经济结构。陶希圣一发而不可收拾，写了大量的文章。

陶希圣观察中国指出，就自然的环境而言，中国作为一个农业大国，虽有海岸线，但主要是一个大陆国，不具备成为一个海上强国的条件。周边被游牧民族包围。按照德国学者弗兰茨·奥本海默的观点，当农业国与游牧民族相遇时，农业国最终将被征服。他认为这一理论适用于中国。自古以来，大约有一半的时间，中原处于被游牧民族征服的状态。同时，他也和奥本海默一样，认为最早的奴役存在于游牧民族之中。当他们占领了中原以后，在一定的时间里，会再度行分封制，从而使封建制度复活。自秦而后，这样的历史不断的重演，使封建制度得以保持。陶希圣以为："经济发达的不平均，使中国社会经济发达过程停滞迁延，使中国社会经济的发达没有鲜明的段落。我们可以说，自有史以来，便是封建制度起源发达崩坏的纪录，直到今日，尚未结算清楚。"[1]

---

[1] 陶希圣：《中国社会与中国革命》，新生命书局1929年版，第6页。

中国经济的不平均，造成货币经济与自然经济的并行，商业区的货币流入农业区后，流通往往会停滞，货币经济返回自然状态。实物地租普遍地存在。他说明了中国经济构成因此变得复杂和多层次。

游牧民族带来的封建格局不会长久存在，当商业经济渐渐再度抬头，引起封建庄园的分解。庄园的分解，土地买卖，土地资本与商业资本相联系，形成新的兼并，土地又趋集中，历史出现了再度的轮回。

就中国社会内在的经济结构而言，陶希圣指出："商人资本与封建地租两者是构成中国社会的两大成因。"① 所谓的"商人资本"主要指的是商业资本。在陶希圣看来，商业资本与地租是相辅相成的。商业资本与高利贷资本，来自于地租。而商业的发达与高利贷资本的流通，促进了私有制度的建立。商业资本直接压迫的对象是小农，尤其是高利贷资本，造成小农破产，而促进了大土地所有制的建立。上述内外的两种力量联手而使中国的封建势力衰而不亡，这是他的结论。

不过，中国历史的事实揭示出这样的趋势，即商业资本力量越来越大，而封建的势力慢慢地萎缩，以至于早就不能到达长江流域。陶希圣回顾历史，提出：自元代以来，又有蒙古、金等游牧部落的侵入，封建制度极易于在土地集中的情况下形成。但是，宋代以来，江南的发展已经不可遏制，大手工业生产不允许封建制度的蔓延。明代以来，典当、钱庄、票号纷纷兴起，手工业大大进步，农村商品生产已到达成熟的地步。商业资本家实力雄厚，他们甚至起而代替朝廷承办捐税，票号成了当时政府的总账房。他们购置大量的土地和房屋，其势力超过王侯。他们一身而二任，既是最早的商业资本的拥有者，也是收取地租的大地主，中国的商业资本就这样已经与土地私有"拥抱"在一起了。因此，可以说是成也商业经济，败也商业经济。"商人资本的发达，决不能造成资本主义的生产制。"这是由商人资本的性质决定的。他说："此种超越生产而支配生产的资本，非变为生产资本，决不能发达社会

---

① 陶希圣：《中国社会与中国革命》，第4页。

生产力，却只能破坏社会生产力。"① 他的这一观点，隐含着螺旋式上升的思想，虽然是重复，但是，其中仍然有所改变，只是这种改变不是质变，而是量变。他在这里提出了一个十分重要的观点，即商业资本只有转换成"生产资本"，才能发达"社会生产力"，也就是说当资本进入资本主义的生产流程，这样才能真正实现对于旧的小农经济的根本性破坏，产生资本主义的生产制度而使社会迈向一个新的时代——资本主义的时代。仅仅是商业资本，只能破坏旧的社会，而无力于建设新制度。

不过，陶希圣认为当外国金融资本侵入中国后，商业资本起到了外资与封建地租相连的桥梁作用。外国资本进入中国，在中国寻觅销售市场与购买原料，进一步增强了中国商业资本对中国自然经济的破坏力，破坏了中国的旧有的经济结构，但却不能使中国社会产生一种新的结构取而代之，社会因此而失衡，无法正常地运作。"所以今日的中国，都市虽在外国资本之下资本主义化，而农村的破坏，较从古以来更为迅速。水利经济的崩溃，尤产生残酷凄凉的饥民，决非薄弱的资本主义化都市所能吸收，实在是异常危急的现象。"② 这令陶希圣深为担忧。

最后，陶希圣不再作理论的表述，而是以白描的手法勾画了现实中国的社会结构："中国现在的社会包容了如下的各种成分：（一）金融资本主义组织，如银行、交易所等；（二）商人资本的组织，如钱庄、典当、商店等；（三）工业资本主义的组织，如机器工厂……（四）封建式的剥削制度，如田租……（五）手工业……（六）石器及石铜兼用的村落共产制及物物交换制，如苗瑶等种族。"③ 他们都有各自的生活方式。他们之间并不是独立的，而是相互关联的，比如地主地租可以用来经商和放高利贷；商人可拿钱去买地，等等。一个发展极不平衡的社会跃然纸上。

陶希圣在分析中国社会结构时，以社会学的方法从事研究。他把社会作

---

① 陶希圣：《中国社会与中国革命》，第97页。
② 陶希圣：《中国社会与中国革命》，第96—97页。
③ 陶希圣：《中国社会现象拾零》，第429—430页。

为一个自在的、自主的主体加以研究,并深信社会的运作有其内在的规律和法则。他看到外来力量,包括古代的落后部落和现代的金融资本对中国社会结构的冲击,但他始终将注意力集中于社会关系,无论是阶级关系,还是经济关系,都是如此。他称相信德国学者奥本海默的观点。他在《社会科学讲座》中把奥本海默的观点归为多元论之列,由此可见,他还是倾向于多元论的。正因为如此,他虽然"接近唯物史观",而且完全看到了资本投入到资本主义生产领域所起的神奇的作用,但他还是没有提到"生产力"的决定性作用这样的命题。他表示资本主义与封建主义都有各自的构造。陶希圣认为纯而又纯的社会是没有的,他们相信现实社会中存在着旧社会的残余和新社会的萌芽。他否定了社会形态的单一性,认为:"世界上从来没有纯粹的属于某种社会型的社会,而毫没有驳杂的成分存在于其中。"①

陶希圣相信社会发展有自身的规律,同时,又强调各种社会之间存在着个体的差异,对中国社会的特殊性兴趣盎然。1928年,陶希圣提出"中国社会是什么社会"的问题时,介绍了顾孟余②的观点:"虽然和西洋通商将近百年,政治上经济上受了很大的影响,而中国的社会的经济的构造,依然没有根本的改变。"③ 提出了社会的"构造"这一名词,关注于社会的结构和系统,表示要发掘中国的特殊国情,以便对症下药。陶希圣是一个务实的人,他对于历史的兴趣是建立在对现实关怀的基础上的,比如,他感兴趣于宗法问题的讨论,当时直接的目的是为了制定一部切合中国国情的民法。讨论中国社会性质,则是为了更好地解决国民革命的目标问题,寻找依靠的对象。在研究方法上,他十分注重于材料的收集,以至于人们批评他堆砌资料。但是,

---

①陶希圣:《中国社会到底是什么社会》,《新生命》月刊第1卷第10号。
②顾孟余(1888—1972),名兆熊,字梦渔,后改字为孟余,笔名公孙愈之。浙江上虞人,在北京出生。1906年赴德国留学,并加入同盟会,先学电力后改为主攻政治经济学。1911年参加武昌起义。曾长期任北京大学教授,一度为广东大学校长。1927年3月,任国民党中央政治委员会委员、国民政府委员和国民党中央宣传部部长。南京政府建立以后,他办《前进》杂志,提倡改组国民党,在当时颇有影响。后担任国民党党政方面的诸多重要职务。1941年任中央大学校长。1949年到香港,1969年到台湾,被聘为"总统府"资政。1972年6月25日病逝于台北荣民医院。
③陶希圣:《中国社会之史的分析》,第33页。

这种看似刻板烦琐的态度，正是社会学的手法。

陶希圣的上述观点得到了《新生命》杂志其他作者的呼应，他们纷纷发表文章，谈自己的看法。除了陶希圣提出封建势力尚存的综合社会论的观点外，关于中国社会结构的观点主要有以下几种：中国是一个资本主义社会、中国是农业商业结合的社会、中国是资本主义体系内的模糊社会、中国是"亚细亚"社会[①]，等等。但无疑，在各种不同观点丛生的情况下，陶希圣得到了《新生命》杂志同人最多的支持。在不同程度上与陶希圣意见接近的有熊康生、黎际涛、叶非英、朱伯康以及戴行轺等[②]。他所提出的"商业资本主义"论断，被当时学界命名为"陶希圣主义"。

第二节　制定政策

一、立法精神与立法技巧

1927年，南京国民政府建立，国民党决心以三民主义、五权宪法为蓝图，建立一个全新的、抛弃中国封建制度、避免苏俄道路、先进于欧美的新体制。

[①] 马迪亚：《中国的农业经济》，《新生命》第2卷第8号。
[②] 熊康生在《新生命》第1卷第12号发表了《中国社会的蠡测》，提出周末至战国，商品经济对中国封建社会形成了前所未有的冲击。金属货币在这时出现，加速了土地的兼并，到战国时，过去的百余国只剩下所谓的"七雄"。旧的身份制度也被打破。思想上有了前所未有的一大解放。他从两个方面说明中国产业不发达的原因：一、商业经济。商业资本只是扰乱了封建的秩序，而没有力量来代替封建社会。从世界范围来看，在历史上商业资本有两个趋向：一是促进家庭手工业向工厂手工业的转化，为进步的趋向。另一个是敲吸生产者和消费者，而自身于生产行程上没有什么建树或改良，表现为退步的走向。中国的商业资本或许属于后一种。二、地理环境。西北部接触的都是野蛮的部落，侵扰中国几千年，并不时地占领中原，这一点影响中国的进化至大。熊康生没有明确指出中国社会是怎样的一个社会，但他认为，从秦始皇到民国初年，政权都落入大地主阶级之手，总脱不掉封建社会的局面。他的观点，比如地理环境对于社会构成的影响，商业资本的局限性的分析，后来在陶希圣的文章中也多出现。他的文章明显地受马克思主义思想的影响，尤其是《家庭、私有制和国家的起源》的影响。黎际涛在《新生命》第2卷5号上发表《中国社会构造的史的观察》，认定社会就是"一团关系"，只有从这些关系中，来显现中国社会，而不能拿孤立的一个，或某个事物来涵盖整个中国社会。他所说的"一团关系"，是一种纵向的关系，比如陶希圣所说的："封建制度已不存在，封建势力还存在着""宗法社会已不存在，宗法势力还存在着"一样，体现的是中国国情的历史渊源、历史沿革，他们没有横向地说明中国社会现有特点之间的关系。

面对如此机遇，陶希圣在《新生命》上发表《立法政策与立法技术》一文，向世人坦露的却是他深深的不安。陶希圣把三民主义社会当成一个全新的不同凡响的社会，他明智地感到，自己无力于创造一种全新的法律体系，因此，他呼吁："立法事业的完成，必须由立法技术家兼立法政策家于一身者才能完成，缺一不可。"① 自己则谦逊地提出一些建议。

法的创新，陶希圣以为首先体现在法的精神上。他视任何一部法典都有内在的精神。比如法国、德国、瑞士的法典虽然存在着有意识和无意识的区别，但是精神一致。"法国民法法典的基本精神是个人主义，德瑞两民法却于日耳曼法系影响下倾向于社会连带主义。而三者又同有一个中心，以'财产'为中心，换句话说：都是'所有权法典'。"他的归纳，抓住了西方国家法典的精髓。

陶希圣认为中国目前的立法，要体现的是三民主义的立法精神。三民主义的出发点是民生史观，故中国的法典，尤其重要的是民法法典。应由生存权出发，换句话说，要订立生存法典。今后的社会制度不是以"赚钱"为目的的资本制度，而应当造成以"养民"为目的的民生制度。所以今后生存的方法和一切剥夺方法不相容。生存权法典应当以劳动为中心。可是以劳动为中心的生存权法典在立法先例上极为难寻。另外，中国法学学者所受的教育，大多与民生史观的三民主义不是一个系统。三民主义创造者孙中山先生对于生存权法典缺乏系统的指示。上述种种，使他感到立法主义虽可以一言确定，而立法技术深感困难。陶希圣提出的问题显然十分现实，不是为了口头上高喊实现三民主义，而是真正实践三民主义。

陶希圣以土地法为例，他说孙中山关于这个土地法法典，早已确定了目的和方法，即耕者有其田为目的，方法在平均地权，实行办法是报价征税及强制征收。陶希圣归纳了《中国国民党第一次全国代表大会宣言》中涉及的平均地权的内容，在国民党一大宣言中规定："由国家规定土地法、土地使用法、土地征收法及地价税。私人所有土地，由地主估价呈报政府，国家就

---

① 陶希圣：《立法政策与立法技术》，《新生命》第1卷第10号。

价征税,并于必要时依报价收买之,此则平均地权之要旨也。"① 陶希圣认为若按照孙中山的设想制定土地法法典,那么,所谓土地法是规定土地制度的总纲,土地征收法的部分是规定公用征收和强制收买的细则,地价税法的部分是规定地主报价征税的细则,而土地使用法的部分是规定国有土地——官地及强制收买的土地和没收的土地,发给农民耕种及农民承受耕地的细则,应该说系统是非常明了的,因此,中国国民党掌握政权以后,应当订立颁行土地法。但是,这样一部法,对于立法者而言存在着难度,因为没有多少现存的立法先例。

何以立法政策如此难以确立? 陶希圣给予了这样的回答:革命时期的立法原则不适用于目前。革命秩序是建立在社会矛盾上面的法律状态,是革命势力与反革命势力对抗的秩序,是一种斗争状态的制驭,现在的社会应该回到法律的框架中。可是,在立法者的面前可参照的只有两类。一类是革命前中国的法律体系。当时的法律体现的是"劳心者治人,劳力者治于人",属于统治阶级强加于被治者阶级的一种社会规则:它压制工商业,森严的等级制度,使工商业的发展受到极大的阻碍;那时的田赋制度旨在剥削农民,增加农民的负担,使人们只怕法律外的压迫,而不敢有权利的主张;以农业立国的中国宗法封建社会,人与人间的一切关系,都不出宗法等级及行会以外,没有什么私法。法令中,除宗法的系统、等级的差别与国家的统制外,人与人之间关系不平等。另一类是参照西洋法律。他说清末以来,都市工商业随着帝国主义的开发,资本主义的法律现象渐渐发生。学者因此便安心地接受西洋法律思想,一切的法令及法律草案都抄袭西洋的所有权法律。摆在法学家面前的只有这两种选择:其一是继续接受资本主义国家的所有权法律;其二是沿袭适合于宗法封建社会的法律。前清末年和民国时期的民律,不是取第一种,就是取第二种。

陶希圣把法律看成一个载体,既体现了现实社会生活,又承担着社会进

---

① 尚明轩主编:《孙中山全集》第1卷,人民出版社2015年版,第321页。

一步发展的重任。而社会进化的过程不会简简单单,一纸法律绝不能破坏封建势力而促进资本主义的发展,也不能妨碍资本主义的发展而保存封建势力,必须依靠革命才能摧毁封建势力,必须依靠外国资本主义才能发达本国资本主义,而革命又必须破坏资本主义在华势力,否则革命不会成功。于是中国社会秩序因革命而陷入矛盾状态,立法政策因此极难决定。他实际上是认为反帝反封建的革命是一把双刃剑,反封建的革命将伤及帝国主义,也将伤及资本主义在中国的发展。

封建制度要被摧毁,资本主义必须被赶走,这是明确的;那么,中国该何去何从,陶希圣感到左右为难。他称:"在各种势力互为矛盾的革命时期,从封建的传统思想,或从资本主义的法律思想,又或从民生主义的理想,以编订法律,都发现困难。从第一个立场,则法律便成了反动势力保存者。从第二个立场,则助长帝国主义资本的势力,而抑压农民与手工业者于痛苦之深渊。从第三个立场,则民众的封建惯习还没有消亡,民族资本主义又忽遭摧毁,一纸法律无从孵化出更新的民生社会秩序。"

在同一篇文章中,他既想要用三民主义的民生主义立法,又对于其实际效果产生了怀疑。如何把握法律对于现实的指导或者说是引导作用,他深感其分寸显然不是一般人所能够掌握的。

陶希圣将自己放在学生的位置上,期待着法律专家的出现。同时,他小心地提出自己的意见,声称仅供参考:第一,立法应该坚持这样的基础原则:"勿颁订财产中心的所有权法律",即不要参照西方以保持私有财产为基础的法律。第二,在确定的立法主义之下,认识封建势力的潜在和资本主义的进展为不可抹杀的事实,"在立法的基本主义所容许的范围以内,这些矛盾的势力,还可以暂时的并存"。所以,"立法政策对于互为矛盾的势力,应使其表现于法律"。只有民生主义势力发展以后,反民生主义的势力才能够消灭无余。也就是,要允许封建的、资本主义的一些东西,在法律范围内存在,不是一概完全地杜绝,而是允许模糊这些事实。如何处理,他也举了一些例子,比如说,为了顺应社会实际生活的要求,法律可以适当地留存一些适合于宗法封建思想的规定，同时，为了破坏宗法封建势力，法律又可以采用资本主义法律的规定，但这样做必须以"不致阻碍民生势力"为前提。第三，在全法律系统中，应确立勤劳民众的地位，以促进民生主义的发展。

陶希圣在文章中十分坦率地表述了在创建一个新社会、新秩序时人们所面对的困难，以及中国社会本身的特质和赋予法律工作者的使命。他的不知所措，一定程度上揭示了三民主义理想与现实之间相距甚远的事实。

在陶希圣苦恼于现实与三民主义立法之间的衔接，徘徊于资本主义的个人本位、封建的宗法制度和三民主义的社会本位之间而不知所措的时候，以胡汉民、孙科、戴季陶为首的国民党的主要领导人，似乎充当了陶希圣期盼的人——"立法技术家兼立法政策家于一身者"。其中，胡汉民的思想起到了举足轻重的作用[①]，他提出的思想，同时也包含了戴季陶、孙科的思想。他们提出，目前为训政时期，实行以国民党治国，国民政府建立五院，掌握治理国家，但只拥有"治权"，即党政分治，政府受党指导和监督。并确定"三民主义的立法原则"，以社会本位为立法的精神。但是，他们没有在所有制问题

---

① 胡汉民的主要作为有四：1.1928年6—8月，胡汉民提交了他与孙科等人商定的《训政大纲草案》和《训政大纲提案说明书》，提出了"以党治国"的具体方案。上述两个文件，确定了党治之下国民党、国民政府、人民三者之间的关系是国民党代表人民行使政权，治权交由国民政府完成。
2. 训政时期，胡汉民主张中央政府由五院组成，设立法、司法、行政、监察、考试五院。按照孙中山的设想，五权分立是宪政时的政府组织形式而不是训政时期的政体。胡汉民清楚地知道在训政的情况下，五院的设立已失去原有的五权分立的意义，他解释之所以在训政时期设立五院，是以之为雏形，令其在训政的保护下，逐渐发育，在政体上实现由训政到宪政的有机过渡。
3. 胡汉民提出三民主义为立法原则，建立一个新的法律体系。他所谓的三民主义立法原则的基本内容包括：（1）"政治力量平衡的原则"，以"社会的原则"取代西方"人权的原则"，立法目的不在保障个人而在保障社会；（2）"权能区分的原则"，即训政时期，"能"者为政府，"权"者属于国民党，治权和政权统统纳入党国之囊中。胡汉民训政时期"以党治国"的理论，不是将权能分开，相反是集权于党国。（"权能区分"理论是孙中山晚年提出的关于政体设置的理论。该理论的提出基于：一是肯定政权的全民性；二是强调人与人之间天赋的智能上的差距；三是重视国家机器运作的灵敏有效。"权能区分"的目标是"政府有能""人民有权"。实施的时间当在宪政时期——笔者注）；（3）本着上述两大原则，三民主义立法原则的第三原则是"权利义务"原则，即"个人的生命财产与利益，为社会生命财产利益之一部，自不能由个人任便处置。社会对于个人权利承认之条件，亦只可较量其对于社会所尽义务之程度，而认其相当权利。断无对于社会绝不尽义务，而有单纯权利之存在也"。基于上述原则，胡汉民提出立法的第一方针应谋社会的安定；第二方针，应谋经济事业之保养与发展；第三方针，应求社会各种实际利益之调节于平衡。
4. 在胡汉民的主持下，立法院在短短的两年时间里，共制定和修改了包括刑法、民法、土地法、地方自治法、工会法、农会法等十六种法典，基本构建了国民党政权的法律体系。

上解决陶希圣所说的难题,要将过渡时期的混乱一一理顺,尚待时日。

二、依法规范民众运动

1928年,陶希圣一度任中央民众训练委员会指导科主任。他住在周佛海家的一天,周佛海从陆军军官学校返回住所,他看到陶希圣和梅思平在他房间里"讨论得极有兴趣。问他们讨论的题目,原来正是民众运动。于是我便加入,三个人直谈到夜深,才行终止。当晚我们就决定本刊第六期,出民众运动专号。"通过这一段话,我们可以看出,大革命后"民众运动"何去何从成了国民党面临的又一个问题,这个问题实质体现的是政府、党和人民的关系问题。

陶希圣在许多问题上,都有自己特有的观点和视角,在民众运动问题上也是很有个性。他立于法制的立场,对于民众运动的方针政策提出意见,要求从法制的角度规范民众运动,并在实际上否定了共产党所主张的无产阶级专政理论。

陶希圣要人们在概念上分清:"民众组织""民众组织法律上的地位""党对民众组织的运用(即领导)"是三件不同的事,不应该加以混同。民众组织是应民众的特殊需要而产生和发达的,并不一定得到政府的承认,也就不一定有法律上的地位。因此,凡是认为民众组织都应该有法律上的地位,这样的认识,显然是错误的。比如在某一个时期和环境里面,政府对于某种民众组织不赋予法律上的地位,这样的例子只要回顾以往就可以理解:历届北洋政府,不承认工人、农民有组织工会、农会之权;而国民政府对于行帮等封建的组织、商团等压迫工农的组织,不予以法律的承认。也就是说,民众组织有合法与不合法之分,主要看是否得到政府承认。

将民众组织的法律地位和党对民众组织的运用混同,造成党对所有的民众组织一视同仁,陶希圣认为也不对。例如国民党领导工人团体,同时又扶助资本家组织,在劳资争议发生时,工会中的党团主张罢工,而资本家团体中的党团则主张闭厂,结果,国民党实际上是助长了阶级斗争。

那么,是不是除国民党领导的民众组织之外,其他民众组织都不应予以法律上的认可呢？陶希圣这样考虑：既然民生主义不主张用暴力的手段立即消灭资本家和大地主，那么，他们在经济上的实力便不能够抹杀。党对农工的扶持和领导，固然可以、而且是应当的，但在法律上不能够否认资方团体、地主团体的法律上的资格，对其地位也不能否定。例如在劳资争议或主佃争议中，党可以只是扶助工农，但是法律上却不能够否认资方团体、地主团体的资格，也不能使劳动协约或租课协定归于无效。

陶希圣反省过去的民众运动后说："在从前，因为党只去领导被压迫民众的组织，所以把非被压迫民众的法律上地位剥夺了。""中国国民党和党政府既没有宣布法律，没收一切地方的土地和资本家的工厂，却不许地主厂主在法律上有陈述痛苦和主张权利的机会，于是土地荒废而资本流出，物价昂贵，金融疲滞，身受其痛苦最甚者，仍然是一无所有的农工。在今后的各省，如不把民众组织法律的地位和党对民众组织的运用的两件事分开，则不免陷入前者的错误。一切利害不一致甚至相冲突的民众组织都可以得到党的扶助，本欲以免阶级斗争，却反有助长斗争的滑稽的惨剧。"①

陶希圣批判有些人将对立的阶级民众放在一个组织之中，也就是以职业划分组织的方式，认作是消灭阶级斗争的方法。陶认为阶级斗争的爆发与否，完全要看两阶级的利害是否对立，且不在两阶级民众是否同在一个组织内。要消灭斗争，却去把两阶级民众混合，这既不合于科学，也不切于现实的主张。现在，对于民众运动有一种矫枉过正的现象，比如，"在从前，因为要发展被压迫的农工组织，却忘记了在北洋军阀之下，负担着苛捐杂税和忍受着兵焚匪警的病苦的地主，也可以并且应当领导起来，以致力于对军阀的斗争。又忘记了民族资本家，在反帝国主义运动中，不失为有力的成分。而在目前帝国主义在华势力，还没有减少到民族资本阶级，可以走上资本主义的大路的程度。在现在，因为认识了军阀下地主的革命的要求和国民党在消灭土豪劣绅的运动上，应当稳定着中小地主，以增长革命势力，而减少民众的反动，

---

① 陶希圣：《民众组织的理论和方案》，《新生命》第1卷第6号。

于是乎归咎于从前农民协会,没有充分容纳地主。殊不知地主只要得到了法律的保障,便不至于对革命怀疑。又因为认识了民族资本,应受保护,而国家资本,应予发达,以为反帝国主义的准备,于是归咎于从前的商民协会,没有充分容纳大资本家,甚至没有容纳买办阶级。殊不知大资本家所要求者,为法律的地位,而党无须要去扶助"。① 他似乎并不主张对于地主和资本家进行过多的扶持,因为,这些人本身是有实力的,只要有法律的保护就足矣,并不需要党的政策的特殊照顾。

他将民众团体的组成分成两类:

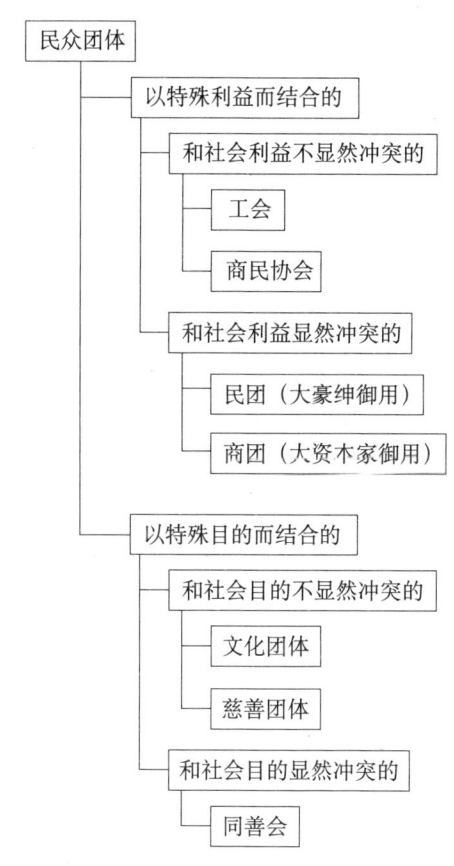

---

① 陶希圣:《民众组织的理论和方案》,《新生命》第1卷第6号。

从这张图表可以看出，他主张除了大豪绅和大资本家御用的民团和商团，以及宣扬封建迷信的同善会外，其他一切的团体，都应该允许其存在，存在于否的标准就是与社会全体利益和目的是否有显然的冲突。因此，陶希圣对于新的条件下的民众组织的主张是：国民党的政策依然应该体现扶助农工的特点，同时，要给地主和资本家等以法律上的认可。

他清楚地意识到，领导民众组织的是政府，党不能命令这些民众的组织，只能给他们以指导。因此，他在文章的开头，先将党与政府、政府与民众团体、党与民众团体的关系作了规定，即：

党的政策代表民众的要求；

政府的活动根据党的政策；

民众的力量透过党授予于政府；

政府的设施透过党以见助于民众。

具体来说："应该以党团的作用，领导他们（指民众团体）；政府，应该以法制规律他们。"

陶希圣赞同的国民党领导下的民众运动，不同于阶级斗争理论指导下的民众运动，是为民族、国家、社会或全体人民而奋斗的团体，即使不同团体具有不同的利益，但是，都要服从这个大局，以调和替代斗争；在目前训政阶段，民众运动服从于党治的原则，民众运动的主要形式是接受训练和组织，或者配合国民政府进行三民主义的实践，促进生产发展和实现不平等条约的废除等。他认同民族主义与民生主义要求的是全民的民权主义，在法律的旗帜下，不但要给工人、农民权利，也要给地主和资本家以"人"的权利。

中国国民党在新历史条件下对于民众团体实行领导，但是，陶希圣认为国民党不能直接命令民众。他说："政府和民众之间，有命令服从的关系。党和民众之间，却就不然。党是有纪律的集团，对于党员可以发布命令，违者受党纪的制裁。党对于党外的民众，却不能运用纪律。以党治国的党，对于民众的统治，乃是透过党政府而实施，并不是以党的命令直接从事。党的权威并不是不能达到民众，但其达到民众，乃是透过民众团体的机关而实现，并不是直接以命令从事。"① 那么,党如何实现领导呢? 陶希圣想到了一个切实可行的办法,这就是以党团的形式,实现对民众团体的领导。

陶希圣设想民众团体与党团的关系具体是:"1. 民众团体自成独立完整的组织系统。2. 形式上党与民众团体并存并立。3. 实际上团体内党员本于本党的政策主张,在团体内占据领导地位,将党的政策化为团体的命令下达,不必使整个的团体都成为党员。4. 团体内党员,在民众团体内成了核心,自有组织,称为党团。"②

陶希圣介绍说他的建立党团的观点来自于列宁。列宁的意见是党对于工会的监督,以不干涉日常事务为主,同时工会领导的选举,应该在政党的监督之下进行。陶希圣说以前国民党采取的就是这一方式,以后,也不应当加以改变,其理由如下:因为中国的民众组织,除了原始的迷信的团体以外,合理的团体,也还是非常的幼稚。原始迷信的团体,应当纠正使之倒塌。幼稚的合理的团体应当领导使之发展。党只有指导民众组织中的党员,使之尽力发展组织并纠正错误。同时,中国国民党是领导民众革命的党,他必须统一民众团体的革命主张及行动,贯彻三民主义于民众团体的最中心,努力于三民主义的实现。在民众还没有普遍认识三民主义及国民革命的今日,允许民众团体整个的入党,是一种危险的办法,党只有使党员活动于民众团体中间,引导民众团体入于三民主义之下。另外,他认为中共也是以党团的方式操纵民众,国民党要和共产党争夺民众团体的领导权,必须由党员在民众团体最中心从事斗争。

陶希圣等《新生命》同人关于党团的设想,不但得到了事实上的肯定,而且更有出乎他们所料的提升。1928 年 5 月 15 日,国民党正式成立了中央执行委员会民众训练委员会,并着手制定各种规定和办法,同年 8 月颁布,其中有一秘密的文件即《党团须知》,规定党团原则如下:

---

① 陶希圣:《民众组织的理论和方案》,《新生命》第 1 卷第 6 号。
② 同上。

党团的一切决议和活动，须以本党的政纲政策为根据。

……

须运用劝导或感化方法以取得民众之信仰与服从，不宜操切从事。

须在民众团体中取得重要职务以为活动的中心。

须运用团体的多数决议去执行一切避免把持之嫌。

须严守秘密。

在非党团体中扩大本党的势力。

以党的一切政策命令透过民众使民众与党打成一片。

防止其他一切政治团体在民众团体中的活动。

在无形中去领导并监督民众的活动与思想的倾向。

在无形中使民众认识本党系顺着世界潮流适应时代而为民众解除痛苦的党。

在无形中使民众认识本党系为实现民众利益而组织民众领导民众非为个人的阶级的利害而组织民众领导民众。

在无形中使民众认识到本党系为民众谋久远的巨大的或整个的利益非专为民众谋暂时的狭小的或片面利益。

在无形中使民众认识本党的工作系为建设而破坏非为破坏而破坏，本党的建设工作系民族的国家的利益而建设非为一部分一阶级的利益而建设。①

而其中的具体操作，比如为了破坏对手而有意识地控制和扰乱会场，监督社团成员的思想和活动，在团体内发展党员，组成秘密的党团，等等，完全是不择手段地控制群众团体，实际就是在群众团体中安插特务。这些手段，和此时陶希圣的想法存在距离。

---

① 《国民党民众训练委员会编印的各种小册子》，中国社会科学院近代史所图书馆藏，乙 J29。

三、民族政策一般性设想

陶希圣不是一个热衷于空谈主义的人,无论在体制问题还是民众运动方面都是如此,关于民族问题的探讨上,他依然故我,着力于思考如何制定目前的民族政策。

陶希圣认为以前所提的民族的自决、自治及平等的原则,和民族自己决定自己的命运设想,都是对的,但是"不问国际及国内情形,更不顾大多数民众的利益而一律取独立分离的政策;不问民族分布的情形而一律取人工分离的政策;不顾民族将来的组织形式而一律取独立自治的政策,这是不对的。在中国,怎样的方法最有利于大多数的生产民众?自治、分离或联合?这要依各民族具体的历史事实和环境来决定"①。

他提出的原则是:1. 民族的融合,改变以往的民族政策,今后应该力求生产民众的团结,同时促进经济的发展,共同谋文化的进步,并勤力同心以推倒帝国主义。他说:"为针对从前以贵族王公士大夫为中心的融合或分离政策,为同在铁蹄下的弱小民族共同向帝国主义奋斗,中国国内民族,应破除从前贵族王公士大夫为统治利益所设定的障壁及其所传播的偏见,作一般生产民众的大结合。先进民族的生产民众与落后民族的生产民众应相互提携。"② 否则会分散民族的力量和民众的力量,削弱反帝的力量。2. 在帝国主义之下,弱小民族内的贵族统治阶级常常成为削弱小民族的工具。所以,先要在这些民族中实现民主制度,以求得自治权。3. 国内弱小民族要有民族的平等权。4. 民族主义的目的不在分裂落后民族,使各组民族国家。第一不应人工地分离各民族,一切政策必适合于各族的现实生活;第二不应培养或助长民族的偏见,以引起纠纷、挑起新的战斗。通过地方自治的正确手段,实现民众生活自己决定与自己发展的善良办法。地方自治不助长民族偏见。5. 民族主义的目的不在各民族无意义的相互分离,而在使各民族自由联合。

陶希圣的观点,颇有新意。他批判旧时代的民族政策,提出了新的历史

---
① 陶希圣:《民族问题与民族主义》,《新生命》第2卷第7号。
② 同上。

条件下所应该具有的民族关系和民族融合的原则,他主张在弱小落后民族实行民主主义的前提下、在地方自治情况下实现民族的融合,体现了民权主义与民族主义相结合的意愿,同时,他希望先进的民族与落后的民族实现提携的思想,符合济弱扶贫的构想。他反对民族分离,探求可行的真正意义上的民族平等。

第三节 反集权政制

一、加盟《独立评论》

1932年国难会议后,胡适任主编的《独立评论》于5月22日问世,每周一期,至1937年7月25日244期止。陶希圣在《独立评论》发表的政论性文章,表现出前所未有的民主意识和独立意识。

陶希圣一再呼吁目前政府必须觉悟,政治需革新,政权必开放,实现政治的统一,停止党争,团结起来对日做不妥协的斗争。他认定外交的胜利,是以国民对内政完全的支配权为前提条件的。执政的中国国民党政府应当服从民权,实践民权主义的党纲。民众要拿这个党纲向党政府兑现,要求言论组织自由,有监视政府外交的权利,要改革政府政治,要自由发表对外的方针,他一再表示要以组织的力量求对外方针的实现。民众要确定内政的纲领,要以组织的力量求内政纲领的施行。他所强调的"组织的力量"其实就是国民会议。"我们主张立即召集以普通选举所产生的国民代表大会,为全国的最高民主政权,解决国家一切问题,指挥政府对日作战"①的"国民战"。反对召开民众团体的代表大会,而是要召开普通选举的国民代表大会。

1931年"九一八"事变以后,日本的侵略野心及步伐,不能不让世人警醒,如何抗日、如何解决内战、如何统一等成为迫在眉睫的问题。深入下去,

---

①陶希圣:《国民大会与国民持久战》,《社会与教育》临时特刊,1932年2月2日。

涉及统一仰仗于战还是和，政府强还是弱，民主还是独裁，以及党内如何统一等等问题，理论这时候固然重要，但是实施的可行性尤其重要，与现实的结合从来没有如此时这般的紧密。陶希圣对这些问题均表明了自己的态度。

1932年杨公达在《时代公论》第23号、第24号和第25号上连续发文，提出一系列的观点。第23号上的文章名为《革命的回忆和国民党的复兴》，杨公达在文中提出实现党的统一的办法是："或者国民党现存派别中，有一派能以统一党权为己任，本大无畏的精神，不避一切艰险，采取史大林对付托洛茨基、孟梭里尼对付尼蒂的手段，不惜放逐异己的派别，举一网而打尽，国民党由此亦可以统一。此种方式收效极为迅速。"随后，此公在第24号上再发议论《国难政府应强力化》，主张废除五院制，采取元首制，元首"要绝对负责。不特要负兴国的责任，还要负亡国的责任；不特要做岳武穆，还须要做李鸿章；不特要下流芳百世的决心，还须要立遗臭万年的遗嘱"。第25号上又登出《九一八以来之中国政治》，说："与其多方面的组织政府，不如一方面的组织政府"，何为"一方面的组织政府"呢？就是"清一色的政府"，并论证道："如果是清一色的政府的话，则亡国与兴国，责皆由其负，良心所在，能不努力？"显然，他对于目前的分裂内争和政府的不作为已经极不耐烦，赶走反对派、建立一个有力负责任的政府是他认为惟一的出路。

陶希圣极不赞成杨公达的意见，他在《独立评论》第20号以《一个时代错误的意见——评时代公论杨公达先生的主张》为题，对杨进行批判。他一针见血地指出："现在的问题不是在国民党各派团结或互相残杀，而是在国民党各派即令团结仍不够救中国于危亡。""杨先生把问题移到国民党党内纷争，并且把眼光缩小到一派上去，完全是不能了解国民的要求。这种论调也只是住在勾心斗角的南京的人会发出。"其实，国民党经过几年的训政和党治之后，仍然不能集中民力以救危亡，所以，国民会提出围绕着"国民政权取得和运用"为主题加以讨论。可以看出陶希圣对于目前国民党南京政府的党治与训政体制十分不满。

他认为杨公达一派主张如苏联、意大利式的专制并不能够救中国。他并没有反对苏联和意大利实行专制，因为在这些国家里的"一派"能够集中社会里有力的群众力量。然而，中国"几年来的一派政治，以丧失东三省为结局，民众对于一派政府当然不能够不怀疑。因之，国民之间发生党治反党治的论争及一党专政与民主政治的斗争"。因此，问题不在于"一派"掌权不掌权的问题，而在于能够解决中国的问题。他明确地说："一派专政不是由于他有钱有兵，乃是由于他有政策有计划有民众的拥护。尤其是由于他能够解决国家和民族的迫切问题。"他还进而强调："民众没有服从一派的义务。民众只有跟随那能够帮助自己解决问题的人。"

陶希圣再进一步指出，现在专谈一两派主政，是对国民力量的蔑视，这是把今日中国时局的危机及出路抛开，把勾心斗角的政争握紧。现在需要的是国民的自救，解决的办法是开放政权，让国民行使政权，使国民集中力量来救国。他尖锐地说："开放政权于国民，并没有危险。把国民排斥在政权之外，却有危险。""只有奴隶是主人真正的仇敌。以天下人为奴，就是以天下为仇。目前的问题不在使天下人如何做奴隶，是在如何使全国民众做中国的主人。"

总之，他认为："目前促进国民党各派互相残杀的主张，是不宜再在社会上张目的了。目前的指导理论应当集中到唤起民众集中力量来救国。"[①]

陶希圣这时的思想很激进，甚至超过了胡适。胡适在他的文章后面加了《附记》，胡适说本来自己也想写一文对杨公达的文章加以驳斥，但收到陶先生的文章后，自己暂时可以不写了。但他接着又说自己收到一封老辈先生的来信，该老在信中说"近来政治不上轨道，当然政府之过，亦因社会宽纵过甚（除共产党派外）不免陷长君逢君[②]之病。平心而论，当局者非绝对不可为善"。胡适将老者的话视为"很忠厚的劝告"，并认为作为负言论之责的"我们"应该领受。胡适借此表示国民也应该负责，有责任督促政府向善，而非敌视指责。胡适的态度，似乎比陶温和些。

[①] 以上引文均来自陶希圣：《一个时代错误的意见》，《独立评论》第20号。
[②] 《孟子·告子下》："长君之恶其罪小，逢君之恶其罪大。"

二、国民须参政

在《独立评论》第33号上,陶希圣发表了《由国民代表会到国民参政会》一文,以一个亲历者的身份,具体而客观地介绍了由国民代表会到国民参政会的历史过程以及各次会议讨论的重点、解决的问题等。

特别是1932年4月召开的国难会议,被他誉为中国民权的第一步。虽然结果并不令人满意。

陶希圣作为国难会议御侮审查委员会的召集人,把主张行宪提案十三件,归纳成七条,提交给国民党中央执行委员会交政治会议讨论,政治会议在此基础上,形成两个决议案:(一)训政时期中央民意机关定名为国民参政会。(二)国民参政会决议事项之最后决定权,属于中国国民党中央执行委员会。陶希圣发现上述两个决议案体现了中政会对国难会议所提案的限制:原案的国民代表会是在中央系统之外,与国民政府对立的国民代表机关,中政会则把国民代表会改成在国民党中央系统之下,也就是隶属于国民党中央的机构,与国民政府对立的选举兼指派的机关。因此,依然是在训政体制内设立一个没有权力的咨询机构,与他的设想还是有距离。

尽管如此,陶希圣在争取民权上表现出了极大的耐心。他认为国民参政会的法案通过估计还需要很长的时间。他说,一种制度有没有前途,不是制度决定,而是由国民的态度决定。"如国民对于政府一切设施,都抱不问不闻的态度,又或抱无论如何都不参加的态度,则无论何种制度都不会施行得好的。民权没有从政府授予的。民权是国民争取出来的。国民不去行使民权,坐而讥骂政府不给民权,这是不对的。如果国民一切不管,一切不争,则政府虽授予民权,他们也不能够享受。"他希望人们能够通过促成国民参政会的召开,作为走向民权主义的起点,并在获得真正民权的过程中"继续的往前去争"①。

就这样,陶希圣以一种参与政府、改造政治的态度,步入政坛。

---

① 陶希圣:《由国民代表会到国民参政会》,《独立评论》第33号,1932年。

三、政府应无为

借古讽今，论由史出，是陶希圣治史问政的特点。陶希圣在主张人民参政的同时，赞成政府无为。

在此之前，胡适提出了中国应当实行一种无为的政治的观点，颇让世人吃惊。陶希圣则出面替胡适解释。陶认为胡作为一个反对无为政治哲学的人，反过来提倡无为的政治，没什么可惊讶的。因为改革政治组织与在政治现状之下求一种较好的办法是两种截然不同的事情。胡适确实主张建立民治的政治组织，但现在是官僚政治，一时也无法改变，只有在官僚政治之下，求一个好的办法。就官僚政治而言，"无为政治本是官僚政治之下的最高理想政治"。

"无论说国家是服务的，或是掠夺的，或是人类最高的理想，在国家组织之下，人民总有财政上的负担。总是由官吏来征收的。国家要人民出多少赋税？官吏对人民怎样征收法？在民治国家成立以前，人民是没有法过问的。民治国家的最原始有政制——议会的召集，便是由于人民要来过问税法。那时候人民的口号是'不出代表便不纳税'"，人们所希望的是少纳一点税。聪明的政府是养鸡生蛋，而非杀鸡取卵。西汉时采取这个办法，出现了后来任何朝代所做不到的"家给人足"的状况。

他认为历代难以达到这样的境界的原因是官吏和军队的数目一年年增加；贪污的事一年多过一年，重税也就成为事实，结果会造成农村的破产。农村的破产、增加的兵源、税的增多造成恶性循环。

虽然，陶希圣承认官吏们想解决这些，采取有为政治，可是有为政治毛病更多，进一步加重了人民的负担。所以历代改革家有之，但最后又回到无为而治。借助于历史而看现实，他也赞成无为而治。

在这篇文章中，陶希圣一方面将现在的政权定性为官僚政治体制，其中暗含着这样的意味，在官僚政治体制之下，人民要交税但却无权过问税收制度，即目前的政体与历史上沿革下来的政体没有本质的区别。而在官僚政治体制之下，政府的作为，将更加扰民，军队不断地扩充和税收不断地增加，农村的破产，形成了一个恶性的循环，无法超脱。这样的历史回顾，表达的是对目前政府的彻底失望。

四、实述国民党独裁

1935年，陶希圣的主张显然大大有别于以前，他的民主面目逐渐模糊起来。

这年，汪蒋通电，引起了民主与独裁的争论。胡适很快加入，自然是主张民主政治，他的反方是陈访先，丁文江则为陈访先敲边鼓，主张集权。

陶希圣作为一个冷静的观察者，他对于这场争论有自己的看法，他以为就目前的中国而言，议会政治与个人集权的争执是争不到一块去的。现在还不是讨论议会政治的时候。他这样分析："议会政治论者所不赞成的独裁，不一定就是个人独裁，他也可以是反对一党独裁，一阶级独裁的。反之，主张个人集权的，不独反对议会政治，并且对于现行的党治也要修改的。具体地说，现行的党治，在党外的人已经看着是独裁，在党内还有人以为算不得独裁。反之，民主政治固然在党内有人主张，但党内主张民主政治的人，却不一定主张议会政治。民主与独裁之争，争战是很复杂的。所以争论的人彼此之间容易把争点混乱了。"他的意思是说现在就是独裁，只不过是党的独裁而已。现实是"如果以议会政治论和国民党相争，国民党内没有人能够同意。"

目前人们争来争去，围绕着："主张或反对现在诸领袖里面最有力的一位来集中军政大权。"他指出，自同盟会到国民党，一直以来都是实行个人集权的政治。在党行总理制，在政府即以党的总理为大元帅，总揽军政大权。无论是军政时期，还是训政时期，都是独裁政府。不同的是，军政时期，以兵力扫除革命的障碍，训政时实行地方自治。但是1925年国民会议运动，用国民会议的方式，凭借人民的心理来取得政权，显出了与以往个人集权不同的方式。因此，关于议会制度，国民党内却还有"（一）政权方式之争；（二）领袖制与委员制之分"。1927—1930年的争论便是前者，即1930年前后，汪精卫领导的改组派联合西山会议派以及阎锡山、冯玉祥、李宗仁等实力派共同反蒋，在北平成立中国国民党中央扩大会议，表示要完成孙中山的遗愿召开国民会议，7月讨论并通过了《中华民国约法草案》，依《约法草案》建立的政权将颇为民主。现在的争论是党内实行领袖制还是委员制。他暗示现在的争论与议会制度并无多少关系。

最后，陶希圣发表自己的见解："我个人的意见是，这样的争论，在理论上固弄不清，在事实上也没有实益。何以又说事实上没有实益呢？事实上，现在已经是国民党独裁的政治。政府也许能够召集一个征询民意的会议，如前年所曾提出的国民代表会；也许不来召集。至于政府现实大权是在一人，还是多人，也只有事实来决定。即令大权不在个人，也与议会政治相差很远的。即令按照建国大纲召开国民大会，那个誓行三民主义的县民代表会议，也与多数议会不同。"总之，"议会制度在理论上是不是适宜而有效，在事实上能不能便即实现，都成问题罢了"。①

陶希圣以务实的态度承认了现实，以无可奈何的态度表现出对民主议会制度的留恋。

五、党禁当开放

1928年，南京国民政府宣布按照孙中山的遗愿，建立"以党治国"的训政体制。所谓"训政"的概念来自于1914年的孙中山，他提出建立民国要经过三个阶段：军政时期——武力扫除一切障碍，为民国奠基；训政时期——督率国民，建设地方自治；宪政时期——地方自治完成以后，国民代表制定宪法，宪法颁布之日，即为革命成功之时，革命军起义到宪法颁布，统称为革命时期，其间"一切军政庶政，悉归本党负完全责任"②。1928年8月，国民党中央通过《训政纲领》，规定训政期间国民党掌握政权，"中国国民党全国代表大会领导国民，行使政权"，全国代表大会闭会期间，"以政权付托中

---

① 以上引文均取自陶希圣：《民主与独裁的争论》，《独立评论》第136号。
② 《中华革命党章程》，见中国社会科学院等合编：《孙中山全集》第3卷，中华书局1986年版，第97页。

国国民党中央执行委员会执行之";国民政府设立行政、立法、司法、考试、监察五院,掌握"治权",国民党中央政治会议指导和监督国民政府重大国务的施行;国民在国民党的"训练"之下,逐步掌握"选举、罢免、创制、复决四种政权"。训政时期,国民必须服从、拥护国民党,誓行三民主义,接受四权训练。1929年6月11日,国民党中央规定,训政时期为六年,将于1935年结束。

当1935年来临之际,是否结束训政曾在国民党内引发了一场争论。国民党中央原定于1936年召开第一届国民大会,制定宪法并决定宪法施行的日期。1936年5月5日,国民政府颁布了《中华民国宪法草案》(又称五五宪草),1937年7月公布了《国民大会代表选举法》,部分地区开始国大代表选举。但由于抗战全面爆发,国民大会推迟举行。

召开国大一事,让陶希圣十分兴奋。他先后在《独立评论》上发表《民主政治的一解》《论开放党禁》《再谈党禁问题》《不党者的力量》《国民大会的一个解释》等多篇文章论说此事。

陶希圣在《论开放党禁》一文中说:"九一八以后,许多人为了开放党禁和民主制度争斗六年之久,国民大会的召集,才渐渐地在实行的途中。开放党禁也正在商议。不独许多的人感觉愉快,我个人也是很高兴的。"

陶希圣一直以来反感一党专制的党治体制。他说:"分共以后,我曾有一个见解,以为党治制度应有一回改变。国民党应当潜在于民众的里面,领导民众以民主制度来运用政权。国民党不应在法律上执掌政权,由党来直接产生政府。这种见解也有不少的人现实的主张过,却没有实现于实际政治。"①

陶希圣所谓开放党禁,就是法律上许可国民党以外的其他党公开活动,政治上许可国民党以外的党在选民团里活动,取得当选的资格,参与国民大会,决定国策。依宪法召集的首次国民大会召开以后,国民党便也居于多党之一的地位,即令能继续组织政府,也必须通过竞争,在国民大会里取得多

---

① 陶希圣:《论开放党禁》,《独立评论》第237号。

数的席位才可以，不能够如当时一般，直接以国民党的决议来组织政府。

陶希圣特别强调在对外抗争、对内民主，即开放党禁与召集国民大会的情况下，在野党必须放弃武装暴动。当然，他所说的在野党实际上就是共产党。

在《民主政治的一解》一文中，陶希圣说："我的主张是地方割据必须打破，民主政治必须实行。"文中，他对于一系列的概念作了定义：

* 民主国的真义就是民意机关指导行政。仅仅主张地方分权或是中央集权，都不能说明是不是民主政治。

* 如果一国中央政府听命于民意机关，而地方政策都掌于专制军人之手，这也不能算是民主国，因为人民没有享受自由，因为地方会控制中央，而使民意机关最终解散，国也就成了专制国。

* 地方分权的含义是外交、军事之权在中央，国家依然是一个统一的国家。

* 地方割据是地方政府各有独立的权力，连军事外交权也在内。中国现在就是地方割据，而不是地方分权。①

陶希圣认为民主之所以必要，在于"一是国民党自同盟会以来本是民主革命的组织；二是民主更可以增加政府的安定；三是一致对外的必需"。因此，他说："动摇促成独裁，安定反趋民主。使安定的局面民主化。""在现在，各方面也只有从事实上着想来解决如何集中国力的问题。倘若在野党只顾斗争，执政党只顾关门，那就是把民主化的一步前进的阶梯给撤了下来。这是国势民心所不许的。"②

1937年2月10日，中共中央致电国民党五届三中全会，提出五项要求、四项保证。五项要求是：停止内战，一致对外；保障言论、集会结社之自由，释放一切政治犯；召开各党各派各界各军的代表会议，集中全国人才，共同救国；迅速完成对日作战之一切准备工作；改善人民生活。四项保证是：如

---

① 陶希圣：《民主政治的一解》，《独立评论》第235号。
② 陶希圣：《国民大会的一个解释》，《独立评论》第243号。

果国民党将上述五项要求定为国策,共产党愿保证停止武力推翻国民党政府的方针;工农政府改名为中华民国特区政府,红军改名为国民革命军;特区实行彻底的民主制度;停止没收地主土地的政策。

陶希圣对于中共的态度及其第二次国共合作的局面,是很赞成的,当他得知了中共的四项保证以后,应该是满意的。他说:"这一件事在政治上思想上是有很大的影响的。这种影响,不独消极方面使开放党禁的问题可以解决,积极的方面又可使国民大会的威权加大,兴趣加高。"[1]

另外,陶希圣又希望国民党开放党禁。他的所谓开放党禁实际上是让其他党派参与政权,根本上是走欧美式的议会制度。当然,他明白自己的这个建议是不会受到国民党的欢迎的。

陶希圣让国民党放心,以为党禁的开放对国民党有利。反政府的言论,在国民大会里得到发挥的机会,可以减少非法活动和分裂运动。公开的党,失去了神秘性,便是失去诱引力。尤其是青年,不见得有做一个投票党员的兴趣,却有做一个秘密党员的兴趣。小党都公开了,也许烦闷青年大部分就可以坐下念书了。至于一般的党想在选民里获得多数,也是很困难的。历史悠久而基础雄厚的党才有可能行。国民党易于取胜而获得占据多数的席位,于是法案会向有利于国民党的方向倾斜。况且还有刑法做保障,刑法里面有"内乱"一章来保障国家的完整。分裂运动始终是要受制裁的。正因为如此,"我主张要开党禁,其原则应当是'是党就可以合法,是党就可以当选'"。[2]当然,汉奸除外。另外,在目前外患严重的形势下,中国的政治,不可能是两党制,现实不允许政府因更迭而动摇。

陶希圣固然偏向国民党。他还建议国民党的党员要与他党争议席,通过合法的手段,掌握政权。同时,他在《不党者的力量》一文中提出,党的力量,在于支持他的不党者。他们在关键时刻表达,同时他们人数最多。民主政治最重要的好处,是让不党者表现他们的意见的机会与制度。他们对于自

---

[1] 陶希圣:《论开放党禁》,《独立评论》第237号。
[2] 陶希圣:《论开放党禁》,《独立评论》第237号。

己的事情是专家。因此，他们的一票最为重要。

建设时期，不党者更为重要。党员反倒让人厌恶。摇旗呐喊的方式，不仅使国家永远不安，而且只能处处碰壁。他不赞成人民是愚蠢的这种观点，而是相反。他想表达的观点是当国民党真的开放党禁以后，民主制度下，人们更多地会选择建设的安宁，而不会要闹哄哄的多党制。"民主政治的任务应当是宣达不党民众的意思，并不是助长摇旗呐喊的宣传组织的党的活动。预料将来的趋势，虽不是一党专政，也并不就是几个正常更迭掌权的局面。"①

在陶希圣看来，国民大会既不是孙中山的国民会议（它的特点是在社会团体的基础上各举代表），也不是建国大纲的国民大会（只有国民大会的全体代表都是三民主义者，不允许非党员），甚至不是一年前各派主张的国民大会（党内的对内政策，与党外和平共进的政策）。但是，国民大会的召开，具有政治民主化标志性的意义。

目前的国民大会"不再是政府动摇时期的斗争，乃是政府安定时期的开放"。②陶希圣盼望着这次大会的召开，并期待中国政治能够到达一个新的境界。但是，这样的国民大会没有到来，十年后的国民大会与陶希圣此时的构想完全不同，这是后话。

---

①陶希圣：《不党者的力量》，《独立评论》第 242 号。
②陶希圣：《国民大会的一个解释》，《独立评论》第 243 号。

第四章　国际关系分析

国际关系与国内政治不可分离，尤其在内忧外患频仍的中国更是如此。陶希圣置身于政治之中，热衷于理论研究，对国际关系多有分析。自1937年参与国事以后，他关于这方面的研究主要分成三个时期，第一阶段是1937年至1938年底，第二阶段是1940年到1941年，第三阶段是1943年。前两个阶段以对日关系为核心，扩展到世界，也是他分析国际关系的主要时期。第三阶段时，日本已接近失败，但是陶希圣对于世界前景所作的分析很悲观，认为还会有第三次世界大战。

第一节　"低调"理论化（1937—1938）

1937年底至1938年3月前，陶希圣在《武汉日报》《扫荡报》以及《政论》杂志上，发表一系列的文章，分析、总结、预测抗战中的国际关系，以及中国政府应当采取的对外政策，等等。归纳他这些文章的思想有三：中国不能幻想得到外来的援助；中国民族不能为世界和平或是集体安全而牺牲自我；日本国内确有与中国和解的需要，虽然他没有直接说，但从中可以得到的结论就是，中国应该与日本言和，而不是打下去。

他的文章中贯穿着这样的思想："世界上各国之间，只有利害的关系，主义集团之类都是空洞的名词。阵线外交，像德、意、日阵线和英、美、法和平阵线都是想象的理论，真实的国际关系只是利害关系。"[1] 各国出于本国利益考虑制定对外政策。"在日本名为反共实乃侵华。侵华必与英国相对峙。在意大利名为反共，实亦反英。意大利的反英，不过是为了经济财政的困难。虽反英终不能远离英国金融资本主义的手掌。德国名为反共，实乃对抗法俄协定。"[2]

求和平避战争，是各强国基本准则，因此，强国之间谨慎地避战，这一点不会变。他们一面寻求和平，一面备战，备战的目的还是和平。因为战争是危险的，要承担战争的结果，受巨大的消耗，殖民地要重新分割，和平建设要受到阻碍，无论胜败都毁坏经济和国民的生命，所以他们无论如何不肯任意把世界大战的主力战一幕揭开，这种国策是不变的。比如中日自开战以来，美国绝不卷入战事，美国的国策是不战，而日本是必须受武力制裁才可以中止侵略的。法国与俄国也没有实质性的帮助。倒是德国供给我们百分之七十以上的军火，意国中立，并在空军上给予我们更多的帮助。

战争总是发生于强国与弱国之间，其他强国不会轻启战端，往往牺牲小国，以重新调整国际新的均衡。破坏和平的强国，发起战争，只是针对弱小的国家。"强国无论如何，还感觉不到心脏受攻的危险。危险纵大，也只有皮肤或衣服或屋子的右舍左邻，紧张是紧张的，防护是防护的。要动干戈，总还很远，这种态度又是不变的。"因此，他描绘说大战表面上看总有一触即发之势，然而，往往是虚晃一枪，而最终牺牲的却是小国："前年的战机刚过去，去年的战机又到了，去年的战机又过去了。前年的战机一到一去，有亚比西尼亚的灭亡，与西班牙的内战，去年战争机动的一去一来，有中国的被

---
[1] 陶希圣：《欧洲均势与太平洋问题·序言》，艺文研究会1938年版。
[2] 陶希圣：《国际新均势的构成》，见《欧洲均势与太平洋问题》，第15页。

攻被侵，由多数国家的援助，一转而成了没有一个国家切实援助的境遇。这种过程是不变的。"①

抗战以来，仅仅半年左右，陶希圣认为世界强国对华的态度经过了三个阶段。第一个时期世界各强国都特别注意并同情中国抗战。最积极的是英国，最消极的是美国。虽然没有参战的希望，但各国此阶段对抗战都是同情和援助的。第二个时期是爱好和平的列强倾向于集体援助。最突出的是九国公约。但是，意国公然袒护日本，承认了"满洲国"。第三个时期，俄国不动，使中国很受打击，中苏互助协定与希望俄蒙出兵想法的落空，使国际集体安全失去了支持的力量。

最为糟糕的还不止这些，他在《国际的又一幻想》一文中说："英国为安全欧局，需要的是中日两国冲突，英日两国缓和，犹之乎俄国为了安定自己，需要的是中日冲突，俄日缓和正是一样的。""列强希望的是中日冲突，同时希望他们自己与日本缓和。他们以中国的抗战为机缘，缓和他们的矛盾，寻求他们的均势。因之，国际大势已经是和局，只有中日之间是战局。"②

陶希圣提出，中国并不是不为国际和平而战。中国所以为国际和平而战，是因为国际和平是中国民族生存的条件。中国之战，说到底是为了中国民族的生存，中国绝不能为了国际的苟安而牺牲民族的生存。如果明白了这一点，在集体安全被破坏以后、各国寻求新均势的如今，他认为现行的外交政策应当再检讨。目前，国际的集体安全机制因为日本入侵中国而被破坏，新的国际局势正在形成。面对国际局势的不断变化，中国应当认清形势，使国际的形势有利于我们的抗战。对此，我们要保持着敏锐的观察，不时地变更我们的外交政策。在世界以和局为主的情况下，中国想转和局为战局是不容易的。因此："今后的外交政策，不应当再用各种期待外国的想望做条件。今后的外交政策除了转国际和局为战局以外，应当有独立自主的中心精神，以民族国家的生存为立点，运用国际局面而不为国际局面的牺牲品。这个原则是当取

---

① 陶希圣:《国际形势的变与不变》,见《欧洲均势与太平洋问题》,第8—9页。
② 陶希圣:《国际的又一幻想》,《武汉日报》1938年1月10日第3版。

的。"①

他承认中国目前对外的立场应该是抗日的立场。中国当前只有一个敌人就是日本,除日本以外,不预先仇恨任何一个国家。采取独立自主不偏不倚的立场,不依靠任何一个集团或是任何一个国家,我们的抗战,要运用各国彼此之间的利害关系、民族国家高于一切的立场。

他的上述观点,被另一位国际问题专家金仲华揭示出其中的内涵:"从这样的论据所得到的结论,似乎我们的抗战只是自己吃苦,我们所走的国际和平的路线,似乎完全扑了一个空。由这样的结论再引申一步,则我们不如离开了国际和平路线,转向另一路线(也许是日德意路线),这样或可在一种新的国际均势之下,把中日之间的战局也化成了和局!"②

金仲华没有曲解陶希圣的思路,1938年1月27日,陶希圣在《扫荡报》《武汉日报》发表《日本的歧路》一文,表面上提出日本政府对中国的政策是混乱和自相矛盾的,其中透露出的关键之点是——日本有寻求和平谈判的可能。

陶希圣指出,日本对华政策的矛盾主要体现在对外关系上,对英美的缓和和对中国的强硬,他认为中国和英国利益是一致的,因此打了中国就是打了英美。而与英美缓和,就不能打国民政府。陶希圣进一步指出,由于日本没有看到中国与英国的这种利益连带关系,所以他们一直混乱着。近卫内阁正在想一个办法,就是建立中国的伪政权,但这个政权难以强盛到足以打倒现在的国民政府的地步。第一,这个新政权并不能对抗英美,因为新政权的建立对于国际社会而言是无效的。第二,这个新政权绝没有控制中国的力量,也不能打破国民政府的控制。如要他控制中国,仍然要日本再增兵、再深入,换句话说,日本还是要先打英美才行。

在军事上,海军的南下与陆军的北上之矛盾。陶希圣认为日本北进的计

---

①陶希圣:《国际新均势的构成》,见《欧洲均势与太平洋问题》,第19页。
②金仲华:《我们的外交路线没有走错》,见《目前的国际形势怎样》,全民出版社1938年版,第48页。

划已经完成，占领了觊觎已久的中国北部的内蒙、冀、鲁、晋，陆军想巩固其所得，不愿因海军的南下而陷入第二个难关。所以陆军主张缓和，并在御前会议里抑制了海军的南下计划。

日本国内的军阀与资本家的矛盾，资本家不愿意再战和再筹军费："东四省的取得，在日本资本家看来，已经是个负担不是利润，如今二十六万万又去了，并没有把中国屈服下来。所以，日本资本家的代言人在议会里以过度的高调责备军部，说他不能完成使命，倘如再战，资本家又要再筹四十万万也不能收拾的国际严重局面。因之政党想乘此时机，拿外交来压军事，如果军部的军事侵略受了英美合作的压制，即是说日本的政党可以压制军部了。"

有了这样的估计，陶希圣认为日本国内有求和的意愿："在这个英美轴心的世界外交局面里，日本很难打到底。日本对于中国，除了树立新政权一条不好走的路以外，仍只有撤兵言和的一条路。我们且看他的政治家是不是有指导和控制军人的能力。"①

1938年4月16日，英意协定签订。17日和19日，陶希圣在报上发文，为此协定叫好的同时，指出日本不冒险即屈服。在这里，日本与英国的外交战是很显明的。日本想要离间英美，英国则努力推动英美合作；日本想要勾结德意，英国努力拆开德意，打消日德意同盟的反英的作用，使日本在太平洋上感受孤立的困难。日本现在陷于困难，打开困局似非易事。因为意国站在了英国一边，日本更加孤立，英国在太平洋上更加自由，日本只有屈服；在军事方面，日本只有努力扩大海军，而扩大海军，只有增加财政的困难，终究不能与英美两国的大海军相比。日本如不屈服、克服不利局面，只有冒险地向中国以外的某国挑衅。日本不能得到意大利的支持而向英国挑衅，或者向北攻苏能得到德国的策应。倘若他能够用这一个方法打破英国安定欧洲的政策，他一定要这样做。不过意英及德英关系正在好转的今后，他的冒险只有把自己陷入更深的泥淖之中。不冒险即屈服，要冒险必失败。这是日本

---

① 陶希圣：《日本的歧路》，《扫荡报》1938年1月27日。

的命运。他的这个推测，倒是有些见地，不过，他没有想到的是，日本拿美国开战了。

陶希圣一方面认为中国没有抵抗的能力，另一方面越来越坚信日本会屈服，最终会寻求与中国的和解。具有相同想法的"低调"同人，多次做着蒋的工作，最后，他们决定退而求其次，以汪精卫为核心，离开重庆，寻求与日本之间的和平，即展开所谓的"和平运动"。

第二节 以"战略"观世局（1940—1941）

1940年1月，"高陶事件"后，陶希圣留在香港，开始投稿至《大公报》《申报》或《中央日报》，揭露日伪的真面目。创办《国际通讯》后，他的大量文章发表在此。另外，他还通过陈布雷给蒋介石写了不少文章，提出了自己的见解。这些文章共同的特点是从战略的角度，观察中日战争和战火弥漫的世界格局。

一、"战略"思想的来源

"战略"，对于中国人来说，不是一个新的概念，"战"指"战斗"，"略"为"谋略"，其中的经典之作为《孙子兵法》。不过，欧风美雨袭来，自拿破仑战争到第一次世界大战，"战略"的内涵被不断扩展。在战争阴云笼罩的时刻，陶希圣对近代西方军事理论发生了兴趣。后来他回忆说："希圣尤其留心第二次世界大战中，武器之功能及其发展，战争之性质与形态以及战略与战术之演变。克劳塞维茨《战争论》[①]、李德尔哈特《间接作战》[②]乃至戴高乐

[①] 卡尔·冯·克劳塞维茨（Carl Von Clausewitz，1780—1831），德国人，被誉为现代战争之父。主要著作为《战争论》。
[②] 又译为利德尔·哈特（Liddell Hart, Basil Henry，1895—1970），英国人，军事理论家和战略家。20年代出版《战略：间接路线》，代表作为《战略论》。

《现代军队》①等论著之研读即在此时。"②

克劳塞维茨的《战争论》可谓正逢其时,他的名言"战争无非是政治通过另一种手段的继续"③为陶希圣研究的国际政治提供了方法论;利德尔·哈特提出"间接路线"的战略,这一战略的目的就是不以直接打击的手段设法使敌人丧失平衡,达到弱敌的目的。他的观点,与《战争论》追求自强互补,最终目的都在消灭敌人。武力不是惟一打击敌人的武器,这一点对于弱国来说,不但是一种看问题的角度,更提高了人们的信心,且使"谋略"有了新解。戴高乐这本被陶希圣译为《现代军队》的书,其中关于军队的建制,似乎不是陶希圣关注的重点。但是,文中立体战的设想对他有所启发,戴高乐在书中说:"今后在陆地、海上和空中,如果有精选的人员,能使威力特别强大、种类极其繁多的物资充分发挥最大的效能,就将对一群乌合之众取得压倒的优势。"而戴高乐关于政治与战略的思想,更可能引起陶希圣的共鸣。戴高乐说:"谈到政治给战略加上的条件时,我说政治活动既然必须伸展到国境线以外,战略就不能完全局限于防守国土。'不论我们喜欢不喜欢,我们都是某种情势中的成员,其中各种因素都是互相依赖的。……比方说,中欧、东欧、比利时或萨尔区的情况便和我们休戚相关……'"④戴高乐提示人们超越国界更大范围的联系,使观察者必须扩大眼界考虑战略。

在上述思想的指导下,陶希圣获得新的思路,能够彻底地摆脱悲观论,对中国抗战取得最后胜利充满信心。

自香港而后,陶希圣口头笔下常常出现"战略"二字,晚年更是乐讲"战略",并且颇受欢迎。1979年3月,蒋纬国组织"中华战略学会",专门用

---

① 戴高乐(法文:Charles André Joseph Marie de Gaulle, 1890—1970),法国英雄。1940年在法国政府投降德国之时,他在英国发起"自由法国运动",领导法国军队与法西斯展开艰苦的斗争,1944年凯旋。1958年他出任第五共和国总统,在他的领导下实现了法属非洲非殖民化,同时避免了因此而出现的法国分裂。他同时是一个军事家,1934年他的《未来的军队》出版,也即陶希圣在文中所说的《现代军队》,此书法文出版时的书名应当译作《走向职业化军队》,英文被译为《未来的军队》(The Army of the Future),不知为什么,陶希圣译为《现代军队》,似乎不妥。
② 陶希圣:《八十自序》。
③ 克劳塞维茨:《战争论》第1册,解放军出版社2008年版,第22页。
④ 戴高乐:《战争回忆录》第1册,第8页。

以"加强台湾战略地位"研究，指导台湾政治、经济、军事，发挥统合力量，为台湾当局提供制订战略决策的参考意见，陶希圣任董事长。陶希圣90岁寿辰的请柬如下：

今岁国历十一月十七日（农历九月廿六日）为黄冈陶希圣汇曾先生九十华诞，同仁等以陶先生文章道业世所共钦特举行茶会同伸嵩祝并表

景慕　恭候

光临　　　　　"中华"战略学会

　　　　　　　"中央"通讯社

　　　　　　　"中国"新闻学会　　　　　　敬邀

　　　　　　　"中国"历史学会

　　　　　　　"中央"日报社

　　　　　　　"中国"大陆问题研究中心

时间：十一月十七日（星期二）下午四时至五时卅分
地点：台北市八德路二段260号"中央"日报三楼

"中华"战略学会放在第一位，可见其分量之重。

二、德国横扫北西欧之后

对于欧洲不断扩大的战场，陶希圣心怀窃喜。共产主义、无政府主义或是民主主义，都不敌战时的国家主义、民族主义，这是陶希圣的根本认识。以此观察时局，陶希圣不带有任何理想主义的色彩，期望中国成为鹬蚌相争之时的渔翁。

1940年3月30日，汪伪政府在南京建立；4月9日，德军占领丹麦，侵入挪威；10日，德军侵入比利时、荷兰及卢森堡。陶希圣给蒋写信，发表意见，原文没有见到，但是，蒋介石却在日记中记下了要点："陶希圣来函陈国际形势所宜注重之点：（一）英法于挪威战败之后，更坚其决战之心，一方面

荷、比之战已打开马其诺及齐格菲战壕以外之福力战场,一方面几足以经济打击德方之手段,必以主动之精神为之,故地中海两端(红海北口与直布罗陀)之封锁为迟早之事,意大利之中立,当然要放弃而参战;(二)如意大利参战,则英法对太平洋之力量减低,日本在西太平洋与南太平洋之举动亦必随之,德元首代表访日,日佐藤访意,皆足证日德意之联系又复加强;(三)太平洋上之形势,美为一大决定力,故日本不无顾虑,然若如一般论调以为日本畏美,因此不敢南进,则又不然矣;(四)苏俄决不卷入战争旋涡,等待至最后,列强皆惫之时,作最后一击之举。"①话虽不长,信息量却是极大。意大利将参战,与英法争夺地中海,日本将与德意联合,和英美争夺太平洋,美国将成为太平洋上的新决定力量,日本有可能南进,苏俄暂时观望,等等。事后证明,陶希圣的预见大部分是正确的。

两个多月后,即1940年6月10日,意大利正式向法国宣战,参加第二次世界大战;同年9月27日,《德意日三国同盟条约》②在柏林签订。1941年6月,加入的国家有匈牙利、罗马尼亚、斯洛伐克、保加利亚和克罗地亚等。此时,陶希圣头脑中形成的国际阵营的轮廓基本符合事实,即德、意、日将联手,而英、法、美站在另一边与之对立,以及观望的苏俄。而当时在南进还是北进问题上徘徊不定的日本,最后还是南下且主动挑起太平洋之战。只有在对苏俄的估计上,陶希圣出了差错,因为1941年6月22日,德国对苏发起了闪击战,卫国战争爆发。

---

① 《事略稿本》43,第499—500页。
② 《德意日三国同盟条约》(即《三国轴心协定》,又称《柏林公约》)约定:英法与德意将争夺地中海,日本承认并尊重德意在欧洲建立新秩序的领导权,德意承认并尊重日本在"大东亚"建立新秩序的领导权;三国保证如缔约国一方受到目前未参加欧战或中日"冲突"中的一国攻击时,应以一切政治、经济和军事手段相援助;上述条款毫不影响各缔约国与苏联现存的政治地位。此外,德日还秘密商定:一旦日英发生战争,德国将以所拥有的一切手段援助日本;德国同意将其由日本委任统治的太平洋地区前殖民地仍由日本管辖,其他地区则在战后先由德国收回,然后再与日本讨论其归属问题,尽可能照顾日本利益,日本为此应向德国提供相应补偿。

三、法国投降后的势态

就在《国际通讯》问世之前的 6 月 13 日，德军占领巴黎，法国一战英雄、时为总理的贝当求和。6 月 22 日，法德休战协定签订。这样，原本法英联合的阵线突然分崩。法西斯力量横扫整个欧洲，孤悬海上的英伦独木擎天成为反法西斯的主要力量。

陶希圣以战略的目光审视，貌似不可一世的德意在他眼里并不一定有胜算。他称现代的战争有其新的特征，不再是攻城略地签署一纸和约即可了事。德意的更重要的目的在于称霸，在于"组织"，在于将其他小国纳入自己的"组织"之中，因此，战争夺取他国既是战争的目的也是手段。战争的形式不再单纯。他说："欧战，论时间，论方法，皆非简单的事件，且今日所谓'战争'分为武力战、政治战、外交战与经济战之混合与交递，武力战杂以经济、外交、政治战，且间隔以此诸战略，故武力战为间歇的"，即使短兵相接的武力战，也不会立即分出胜负来。"今日之战事，必须积长期间之力量与准备，始作一大战。此为机械化军事必然之结果，故武力战本身亦为间歇的。"① 也就是说，德意目前刀剑之胜，并不意味着战略上的胜利。因为没有达到称霸世界的目的。

陶希圣不但以为战争是政治的继续，而且以为政治受控于经济。实际上，这次战争是在一共同体系之中的争夺战。他是这样解说的：即工业中心，依赖于资源，却不必设置于资源丰富的地方，因而要求控制交通。资本主义以大量商品生产为基础，资本制度在历史上由西欧工业中心而向外扩展、开发世界，并组织世界经济。因而，西欧工业国也就指导世界之政治。一战后，西欧资本制度形成了两条扩张的线路，一条干路由西欧渡大西洋而至北美，第二条由地中海到印度以达中国与日本。他以为现代战争所要争夺的是资源，例如日本掠夺中国华北的煤铁盐羊毛，德国需要挪威的铁，美国力求保持印度尼西亚的橡皮和锡，英国保持近东油田，等等；另一个所要争夺的是国际

---

① 陶希圣：《中国国际环境推移试论》，台北"国史馆"藏，入藏号：002000001168A，全宗号：蒋中正"总统"文物，卷名：和平酝酿（七），典藏号：002-080103-00033-013。

贸易路线，比如英意争苏伊士、苏俄争取波罗的海的海口与多瑙河河口等，争夺的结果使今后国际贸易在地理上发生变化。

就目前来说，陶希圣以为："欧洲的战事，论武力战，其结束总会很快；论经济战，则必是长期。今后德意控制了工业的欧洲，英美控制着面积占四分之三的海洋，两个集团的经济战，不是一时所能结束。在长期经济战里，英美集团势必以太平洋、印度洋方面为根据地，也是容易推论得到的。"①接着，他提出即使德国能称霸，但仍为一大陆国家，意大利尚无力控制地中海，日本虽有海军，行大陆政策有余而争霸海洋还不足，故世界海上交通即国际贸易最重要之道路，现仍操诸英美。"以此之故，英美沿蹠横于世界，而德意日仍各局于一隅。德意日之间为英美所阻隔，相去七八千海里，三国策应固可以摇撼世界，而三国连合，尚不足以控制世界。"

过去海洋阻隔了人们的往来，现在机械交通发达，海洋反成了人们方便、廉价的道路，出现经济之发达由河流到海洋的局面。这是一战后国际经济地理的新格局。一战时的重心在莱茵河，现在重心在海洋。陶希圣认为，只有海洋，才是真正的新天下。一战后美日及中国和德国工业均有发展，世界工业之重心不复限于西欧；一战后，英国本土衰落，领地渐工业化，以加拿大、新西兰和澳洲为最；此次大战更进一步促进了英伦的衰弱。而与此相反，美国正在崛起。他断言太平洋会继起与大西洋平行，而不再居于附从的地位；工业、商业与金融中心不再由西欧专属，以后的金融中心将"在于惟一之二十万万元黄金集中之纽约"。②

四、中国战场的希望及意义

在德国、意大利横扫欧洲恣意妄为、日本在亚洲不可一世的时候，陶希圣将视线投向浩瀚的太平洋和大西洋。他看到随着战场的扩大，"欧战必然延

---

① 陶希圣：《太平洋新形势与日本》，《国际通讯》1940年7月10日第5期。
② 陶希圣：《中国国际环境推移试论》，台北"国史馆"藏，入藏号：002000001168A，全宗号：蒋中正"总统"文物，卷名：和平酝酿（七），典藏号：002-080103-00033-013。

长而且必然发展为世界规模的激斗",中国不再孤立,"中日战争成为世界大战之一部分。今后两洋战争已成为同一战争之两面"。①英美太平洋上的联手,迫使日本走向安南以破此局,但却与目前德意的收缩行动不一致。

不但如此,他认为中国的抗战,支持了英美,因为"盖德意希望日本往太平洋方面扰美,使其不能专心一力德意,德国希望日本拔出中国战场之泥足,以抽出实力对付英美。同时英美希望中国继续抗战以控制日本,使其无力南侵,英美在南太平洋之生命线,以此中日与欧战之间,其联系亦非机械的而为错综的"。②中国在反法西斯斗争中起到了重大的作用。他比较早地从战略的角度肯定了中国战场的贡献。尤其是英国于11月12日袭击意大利主要的海军基地塔兰托港,重创意大利海军,英国在地中海上的地位安稳后,对太平洋方面就立即加强力量,宣布向远东增援。对此陶希圣十分欣喜地透露:据美国专家的推测,英国十艘主力舰之中,可以拨出五艘东驻新加坡。同时,他指出英美在太平洋的强化活动,将使日本感到"窒息"。

就国际关系的基本原则,陶希圣的观点和1938年时没有根本的变化,一切为了国家利益。但是,令陶希圣高兴的是时局的巨变。大国坐山观虎斗的日子过去了,世界各国卷入了第二次世界大战之中,中国孤立地抗战结束了。他既哀怨又欣慰地说:"抗战三年以来,中国往往以列强的沉寂为苦。中国的抗战如火如荼,而列强的反应甚为柔弱。列强对中国的同情,只闻其声,不见其人,而声亦为遥远与薄弱。现在,世界的战争基地渐向太平洋移动,不独斗争的烽火渐与中国接近,并将见其结为一体而不可分……使中国自觉其前途的光明在望。"③

---

①陶希圣:《太平洋新形势与中日问题》,《国际通讯》第3期,1940年6月26日。
②陶希圣:《中国国际环境推移试论》,台北"国史馆"藏,入藏号:002000001168A,全宗号:蒋中正"总统"文物,卷名:和平酝酿(七),典藏号:002-080103-00033-013。
③陶希圣:《太平洋新形势与中日问题》,《国际通讯》第3期,1940年6月26日。

第三节　日本必败

万变不离其宗，日本，自然是陶希圣关注的焦点，其他的一切都是围绕这个议题展开。曾经在他眼里强大而不失理性的日本，经过与之面对面的交往，这种错觉终于破灭。当他以一个正常人的思维去理解处于癫狂状态的敌人时，困惑不时相伴。不过，事实摆在陶希圣的面前，他坚信日本致命的错误在于全面的侵华以及后来的南下。导致日本错上加错的原因在于永无止境的贪欲。

一、日本"无定见"

陶希圣充分看到日本在战略上的摇摆不定。比如，为了讨论是否加入三国同盟一事，五相会议经过七十多次的讨论，还是没有最后决定。具体在南进还是北进的抉择上，分歧多多。重光葵在他的《日本侵华内幕》一书中，证实日本一直就南进还是北进问题争论不休。陶希圣有这样一段经典的话："有人问我：'去年说日本要南进最早的是你，今年说日本北进最早的又是你，人家批评你是无定见哩。'我答道：'日本要南进，我便说他要南进，日本要北进，我便说他要北进，这并不是我无定见，乃是日本军人的投机主义使然。'"[①] 虽然他所说的是日本南进与北进一事，但却道出了他对日本的看法。欧洲打起来了，日本怎么办？陶希圣发表了多篇文章：《日本政变的展望》《国际巨变与日本》《太平洋新形势与日本》《太平洋新形势与中日关系》，对此进行分析，以为新形势下的日本处境十分尴尬。

德国的"捷报"，令日本血脉贲张，认为自己在亚洲为所欲为的"黄金时代"到来了。日本国内赶上欧洲这班车的叫嚣充斥报纸。陶希圣形象地说："在完全机械化的军用工业之今日，国际列车，来得太快，在车未到时，日本还没有准备得好，日本刚在搬行李的时候，列车走过去了。受了中国抗战牵

---

① 陶希圣：《日苏冲突之必然性》，《国际通讯》第57期，1941年7月16日。

制的日本，非常焦急，非常苦闷，然而没有办法。车子过去了，明天的世界，又是一个崭新的局面。"①形象刻画了一个立于站台而无力登上战车的形象，表述了日本没有赶上欧洲公共汽车是因为日本工业落后和中国战场的牵制。

不过，陶希圣所述，只是"三国同盟"建立前的情况。随着时局的变化，陶希圣后来又将日本关于"介入"欧战与否分成三个时间段：第一是德国宣而不战时期，此时日本的"介入"还没有到时机；第二是德、荷、比、法决战，日本刚想"介入"，可是德军进展太快，四十天已经奠定全局；第三是日本"介入"，往南进攻南洋，但这时控制越南的法国已经投降了德国，这样日本却差不多就是侵犯德国，这是日本一般人物所预想不到的，令日本十分棘手。

我们从历史上看，日本的北进，自然是以苏俄为敌。无论德国也好，日本也好，反共一直是他们的旗号。早在1936年，德日就签订了《反共产国际协定》，按协定日本牵制住苏联。1937年意大利加入该约，实质上三国同盟在反共的基础上已经建立。但是，1939年8月，《苏德互不侵犯条约》签订，约定了苏德友好，互不侵犯，德国将英法作为敌人。于是，以反共为目的的三国同盟失去了共同的敌人。日本当局平沼内阁面对欧洲"复杂离奇"的局面，被迫提出辞职。经过调整，苏联成为日本争取的对象，1940年4月，日本主动与苏联签订《中立条约》作为保障。1940年8月，日本正式以南进为国策，力图从法国手里夺取越南，压迫英国关闭滇缅公路等等，并一心盼望着德国进攻英伦。他们希望不战而夺取南海。陶希圣指出，日本南下，除了抢夺英美属地，掠夺物资外，还有一个重要的目的是为了封锁中国，阻止物资通过越南以及滇缅路运送到我国西南。

1940年11月17日，陶希圣寄给陈布雷一篇文章，名为《地中海之战》。11月21日，陈布雷将此函呈送蒋介石。陶希圣在文中说日本南进的依据是"意大利一举而取得地中海制海权"和"苏俄未必不动"两点②，提倡者是鼓动

---

① 陶希圣：《国际巨变与日本》，《国际通讯》第5期，1940年7月10日。
② 陶希圣：《地中海之战》，台北"国史馆"藏，入藏号：002000001306A，全宗号：蒋中正"总统"文物，卷名：各国情报（三），典藏号：002-080107-00003-002。

日本新体制运动与参加"轴心"运动的健将白鸟敏夫。白鸟根据上述两点进而主张亲俄联合德意。陶说白鸟的主张现在已成为日本的国策。但事情的发展，却令日本的国策失去了根据。意大利未必能取得地中海的制海权，而苏俄也未必动，与此同时，英国竟然能向远东增援，六七月间，日本军人的估计，现在都打了折扣，日本军人今后要南进，不战而取南海、不付出代价是不可能的了。

1941年6月，德国闪电式地进攻苏联，苏德战争爆发，日本多少有点愕然。陶希圣此时认为，日本可能攻击外蒙，以截断苏联远东红军的归路。也可能策动傀儡来控制外蒙。而真正能够牵制住北进的是中国的抗战。他预言苏德战争，将引起日本国内政策的改变，以南进为主的近卫和松冈会下台，时局将发生大的变化。他在1940年11月30日署名"方岳"的《海战种种——论日本南进》① 一文中，从军事的角度来分析，日本海战，需要陆军和空军等各方面的配合，说明日本将无力应付这些困难。虽然美国也是海上强国，但是美国同样面临日本的问题，因此，美国对付日本的方法，重在封锁。"美国不向日本求战，反之，却迫得日本海军远离基地向美英海军基地求战，我们如果看见美日斗争，就想到两方海军在太平洋上交锋，那就错了。"美国的确是采取这个办法，日本也确实去向美国求战，但是，两方却真在太平洋上打起来了，这是陶希圣没有估计到的。

因此，他预计日本的北上没有发生，日本继续往南，并且直接向美国开战，挑起了太平洋之战。

其实，无论是日本人还是陶希圣，都没有给日本正确的位置，日本早已在战车上，所不明确的是此车与欧洲战车如何对接，是加入德意方还是加入英美一方。在时局尚不明朗之时，日本如此焦急，体现的只是日本抢夺世界野心的膨胀，以及对于如何实现这一野心的无措。

---

① 《国际通讯》第21期，1940年10月30日。

二、难建"共荣圈"

当然,无论是南进还是北进,日本的目的在于主宰亚洲,改变已有的世界秩序,建立新的世界秩序,这是近代以来日本的"抱负"。从"田中奏折"到近卫的"东亚新秩序",再到"大东亚共荣圈",一脉相承。

1940年8月1日,近卫内阁的松冈洋右外相在对外讲话中提出"大东亚共荣圈"一词。在讲话中,松冈洋右表示日本肩负"布皇道于世界"的使命。他说:"……作为我国现行的外交方针,其目的在于本着这一皇道大精神首先确立以日满支为其一环的大东亚共荣圈。"并称日本"皇国的国策……以确立世界和平为其根本,首先建成以皇国为中心,以日、满、支紧密结合为基础的大东亚新秩序"。后来,随着欲望的增长,被列入这个"共荣圈"的国家和地区有:中国、朝鲜、印度支那、缅甸、泰国、马来亚、菲律宾、荷属东印度(今印度尼西亚)、新加坡、澳大利亚、新西兰、英属印度(今印度、巴基斯坦、孟加拉国)、阿富汗以及夏威夷群岛等。1941年底至1942年初,日本陆军省和拓务省制订"大东亚共荣圈土地处理方案"时,还确定要占领苏联的远东地区,把它纳入"共荣圈"。

对于日本提出的这个设想,陶希圣发表《日和与汪退——论日本南进与"结束事变"》[①]《〈世界新秩序〉试论》[②] 等文章,不但将此设想的真实意图公之于众,且明白无误地指出日本的这个设想难以实现。

他解读日本的"八一声明"如下:以"日满支"为基本,提出一个新的"国土计划",以建设"大东亚经济共荣圈"。把日本、东四省、华北华中占领区打成一片来设计。这样"日支满"不但是互助连环,且最终"浑然一体"。他指出日本的野心正如"三国同盟"成立后东京《朝日新闻》自曝所言:"今后日本要由海洋国家变成大陆国家。"

他指出日本想建立一个"大东亚共荣圈"是为了建立一个新的秩序,在理论上认可希特勒的欧洲新秩序的设想。日本言论界以为今后的世界,将形

---

① 陶希圣:《日和与汪退——论日本南进与"结束事变"》,《国际通讯》第22期,1940年11月6日。
② 陶希圣:《〈世界新秩序〉试论》,《国际通讯》第21期,1940年10月30日。

成四大经济圈或共荣圈。一个是以德国为领导的欧洲经济圈,一个是以美国为首的美洲经济圈,一个是横跨欧亚两洲的苏联经济圈,一个是日本所幻想的"大东亚共荣圈"。其他三个相对比较稳定,但日本的"大东亚共荣圈"最空虚、最多阻力、最没有希望。

陶希圣认为欧洲的时局,给予日本野心一逞的良机。但是,日本必须要解决以下三个问题:

1. 中国抗战已经三年,消耗日本的兵力、物力和运输力,并将继续消耗,不能减少。为了侵略中国,日本的军用原料大部分来自于美洲,而日本的出口,主要以英属地为主。如果日本南进,将明摆着与英美为敌,那么,日本的市场、原料难以为继。结束中国战争,才能克服以上困难,但是,如何结束?

2. 参加德国一方,对于日本是否有利,也是一个问题。虽然目前德国是胜利了,但是,"最后胜利,决不易为德国以至于德意两国所能获得。……日本倘如参加德意方面,将来德意或者因不能取胜而和,或者因失脚而败,日本非独不能取得其南进的成果,并且不能保持其侵华之所得,即令德意有所得于欧洲,而太平洋方面,英法未必终于放弃,美苏亦未肯坐视日本独霸。由于上述,可知日本欲逞野心,并无有胜算在握"。①况且,德意离开日本遥远,不能给予适时的帮助。

3. 美国对日本的监视和牵制同样是日本无法解决的问题。日本现在的经济还依赖于旧秩序,日本的买主是美国,卖主是英国。如果日本加入德意,必须能够自给。这样,除了对东南亚进一步侵略外,只有更进一步掠夺中国的资源,压榨中国的市场,日本以与旧秩序交锋。但是,英美作为海洋大国,德国、意大利却不能敌,因此,日本要想建立海上的"大东亚新秩序",难上加难。

陶希圣的结论是,日本"大东亚共荣圈"的建立,只能寄希望于苏俄加入轴心国参战、英美的分解、中国的不抵抗、美国退回到美洲这四个前提条

---

① 陶希圣:《日本政变的展望(其二)》,《国际通讯》第 1 期,1940 年 6 月 12 日。

件，否则是难以如愿的。

陶希圣的上述认识发表于1940年6月，当时世界局势还不明朗，国际风云在以后的日子里变化万端，但是，他指出的三个问题始终困扰着日本，使之不得安宁，最后走向灭亡。不得不说，他是很有战略眼光的分析家。

三、深陷"中国战场"

1937年到1940年，中国全面抗战已经过去三年。陶希圣这位曾经的"和平运动"倡导者和积极分子，已转变成"和平运动"的揭露者、反对者。因为有过和日本侵略者面对面的接触、交往、谈判，他更能充分体会到侵略者得寸进尺、贪得无厌、狂妄自大而又目光短浅的本性，为了让人们认清日本的面目，他用文字揭橥事实于公众之前。

陶希圣的主要的文章有：《事变结束无可能》①《阿部汪谈判结束》②《日本对华条件》③《日和与汪退——论日本南进与"结束事变"》④《日汪所谓撤兵就是驻兵》⑤《日汪之签约与承认》⑥《日汪协定之明文与密件十论》⑦，等等。

1940年8月后，日本方面又表示要"解决中国事变"，并寻找与重庆方面的沟通，甚至有人找到了陶希圣。陶希圣回忆说："9月22日日本向越南

---

① 《国际通讯》第15期，1940年9月18日。《事变结束无可能》，主要是评论8月1日日本外相松冈洋右发表声明提出"以合理有效的方法"结束中国事变，而陶则认为这是不可能的。
② 《国际通讯》第14期，1940年9月11日。《阿部汪谈判结束》，该文归纳日汪之间自1938年起到现在的五次谈判，其结果是日本不会让步，让步的只有汪伪组织。
③ 《国际通讯》第16期，1940年9月25日。《日本对华条件》，认为近卫提出的结束中日事变，不仅仅是宣传，更是任务；日本和谈的条件，来自于事实，即对中国侵略的既成事实。
④ 《国际通讯》第22期，1940年11月6日。《日和与汪退——论日本南进与"结束事变"》，指出日本目前对中国作和平的试探，不是悔过，而是乘虚而入，利用英国无暇东顾、法国新败之际，不战而取南海。但日本不会放过已经在华的侵略，因为这是他们的退路。日本侵略越南的一个目的，还是为了切断中国通过西南与外界的联系。他们是一面南进，一面想促成中国事变的解决。并附录一：日本企划院总裁星野直树对所谓"国土计划"谈话要旨；附录二：日本所谓"国土计划设定要纲"。
⑤ 《国际通讯》第27期，1940年12月11日。《日汪所谓撤兵就是驻兵》，揭露"日汪协定"所谓日本撤兵的真实面目。
⑥ 《国际通讯》第27期，1940年12月11日。《日汪之签约与承认》，解密日本扶持了汪伪而又迟迟不给予承认的考虑是什么。
⑦ 《国际通讯》第28期，1940年12月18日。《日汪协定之明文与密件十论》，本文是陶希圣揭露日本侵略中国的种种手段，以及汪精卫上当卖国的过程。可以说是此类揭露文章篇幅最长最全面的代表之作。

'和平进军',它的南进更是成为定局。当时,日本新闻记者太田来到香港与希圣晤谈,提出一个方案,即除了东北的伪满洲国之外,日军均可从中国战场撤退,其主要条件是国民政府领导中国协同日本与AB集团(即英美集团)作战。太田的意思显然是在向国民政府试探其有无谈判之可能。希圣答道:'日军南进即是完成其对中国的封锁,日本北据我东北,中据我台湾,南据海南,已经封锁了中国的东南海岸。今若南进,日军更可从马来半岛包抄我中国西南后路。国民政府如接受这种条件,停战议和,使日本以其侵华部队转向南进,将来日军包抄中国后路的工作完成,再取中国如探囊取物。国民政府当不至愚昧至此。'希圣认为他这一试案不能转达。这是二十九年九月的事。"[1] 这段文字,为陶希圣自己所述,没有旁证可考,但是,当时他所写文章的观点,与他的回忆是一致的。

陶希圣的文章因为是切身体会,所以写起来格外流畅和深刻。特别值得一说的是,陶希圣对日本侵华本性的入木三分的刻画。陶希圣揭露日本的手法:(1)以和平谈判为宣传资料,一度想以和平来倒国府。以宣传的手段,来分散中国抗战的力量。(2)和平条件随时加价,日本对中国要求的条件,无论是战前的广田原则,还是战后的"近卫声明",都是空洞的原则。他的用意,是在随时充实并增广内容,以达到吞并中国的最后目的。他通过与日本的谈判看到了日本的真面目。他说:"日本方面初提备件,总像很轻,及至进一步谈判,则一切苛刻要求,不独每次有的是中以增添出来,即在同一次或同一天的谈判席上,还可以立时增添。"(3)实际行动超越条件。条件即令已经确切规定,日本方面的行动仍然不受限制。如果行动超过了条件,那么,他就再根据事实提出新的条件。"日本军人以侵华军事造成'事实',然后依'事实'拟'条件'。'条件'既已写出而提出,他们又恐怕'条件'不够包括'事实',反使'事实'吃了亏。何况他们在'条件'已拟已提已签之后,'事实'还尽可能的在制造,如若'条件'不留一个大折扣大漏洞,则从前的'事实',现在

---

[1] 陶泰来、陶晋生整理:《陶希圣年表》,第178页。

的'事实'以及将来的'事实',又怎样再写再提再签以成为'条件'?"

"日本军人或政客的作风,第一步在诱导中国政府言和,第二步再加强其控制,并榨取苛刻条件。"日本明知汪伪政府无用,还要坚持阿部与汪的谈话,主要是借汪之手造一个模型,"向自由中国的头上一套。他们无论用武力也好,用外交也好,总想把自由中国也捺进他们的模型之内。若为自由中国打算,接受'东亚新秩序'这一套模型,和被征服是一样的。日本用一百万兵还不够全征服中国,自由中国如在外交上加入了'东亚新秩序',在日本是一个便宜,在中国是一个失算。

"日本如能捡得这个便宜,不独日本对中国的原定计划全可实现,又可以进行他的南进政策,并'建设高度国防国家',准备应付1946年。因此近卫内阁必将努力觅取'直接和平'的路线。

"这是中日和平无可能的基本论点。"①

陶希圣以汪伪与日本的五次交涉为例,说明日本对于中国完全是抱着灭亡之心。日本的野心使之绝不放弃已经得到的利益。而中国是为了主权而战,不会让步,因此,所谓的"中国事变"不可能得到解决。

陶希圣对汪精卫及其组织的分析,也是相当的有水平。他将汪伪政权比喻为日本的"私生子",是否得到日本的承认,要看其"父"的态度。汪伪政权成立于1940年3月30日,但是,却一直没有得到日本的承认,这是很奇怪的现象。"一个国家的政府在别国领土上面,以自己的军队创立一个政府,而创造者对于创造物却反发生承认的问题,在国际公法上没有先例。"其中的奥妙就在于"汪组织只是日本分化军队的宣抚班,并不是国家或政府。"

日本之所以迟迟不承认汪伪政权,或是把承认汪伪政权的时间不断地拉长,陶希圣分析有以下几个原因:在日本军人看来,汪伪组织有两重作用,汪伪组织是他们的手段,也是他们的目的。日本拉长承认汪的时间,是借此要挟重庆。同时,利用汪卖国造成侵占中国的既成事实,将日本侵华的事实变成

---

① 以上引文均取自陶希圣:《日汪协定之明文与密件十论》,《国际通讯》第28期,1940年12月18日。

条约，无论在经济上或政治上均是如此。另外，应付不断变化的国际环境的需要，"在日本认为国际情势有利于压迫中国时，便视汪为目的，在日本认为国际情势不利于向前硬干时，便视汪为手段。可是时至今日，日本已走上了国际的绝境"。[1]参加了三国盟约之后，日本军人需要用以陈列的作品，于是，什么"满洲国"，什么"汪政权"，等等，作为自己的战利品，也有展示一番的必要。

对于日本，以及中日之间的力量对比、中日战争的前景，陶希圣1940年以后的观点，相较于1938年，简直是天差地别。前期，陶希圣看到的是敌人的优点、我们的弱点；后期，则竭力寻找敌人的弱点，而使事情看起来有利于我们的方向。这样看待问题的方法，反映在他对日的分析上。这一点，他受到的应该是"间接作战"思想的影响。

第四节 "识破"苏俄

只要一牵涉到苏俄、中共，陶希圣就仿佛出自本能地反共防共。在他的内心，中共与苏俄相当于日本与汪伪。他在呈给蒋介石的《中日战争结束之时机》长函中说道："……日本在中国有侵略之军队，而苏俄在中国有支部及军队，大陆毗邻，影响直达。此害之所由来，应加警惕者。"[2]这封信写于1940年11月，当时，苏联站在中立的立场，但他觉得对于苏联的戒心是必要的。

1941年4月《苏日中立条约》签订，消息传来，陶希圣以早知如此的姿态发表文章，攻击苏联。

一、行"实利主义"外交

1941年4月16日，《国际通讯》发表陶希圣《"诚则灵"问答》[3]一文。

---

[1] 以上引言均取自陶希圣：《日汪之签约与承认》，《国际通讯》第27期，1940年12月11日。
[2] 台北"国史馆"藏，入藏号：002000001168A，全宗号：蒋中正"总统"文物，卷名：和平酝酿（七），典藏号：002-080103-00033-013。
[3] 陶希圣：《"诚则灵"问答》，《国际通讯》第45期，1941年4月23日。

次日，陶又写信给陈布雷，就《苏日中立条约》的签订提出宣传建议。两文基本内容一致，并希望通过宣传，让大家明白如下观点，不要因为苏联和日本签订中立协定而大惊小怪。

其一，"苏俄虽以社会革命创基，但既有国家之存在与发展，内外政策不得不以国家之存在发展为立场，其国家与主义相矛盾之处，往往为国家而对主义打折扣。故苏俄以外左翼党派对苏俄存奢望者，当终于失望。德国共产党、西班牙人民阵线乃至法国人民阵线皆其实例。"为了国家的存在和发展，苏俄曾经由"革命外交"（齐契林时期的外交）到"阵线外交"（李维诺夫外交），再改变为现在的"实利主义外交"（莫洛托夫外交）。如果现在还以"革命外交"理解看待苏俄的外交，是十分错误的。苏俄现在只是一个国家，放弃了社会主义的世界革命政策，只为自己的国家做打算。因此，就一个国家而言，苏俄与日本签约、避免日本的北进，是一个外交的胜利，该胜利属于苏联，我们没有必要去谴责他，更没有必要为之欢呼。

其二，唯物史观的思想方法，使苏俄以国家为本位的外交显得特别的冷静与沉着，不受其他国家感情和游说的影响，再者，根据社会主义的基本观念，资本主义国家之间的战争"在彼视为于其立国之主义有利，故过去之人民阵线外交，在促成英法对德意之斗争，而德苏协定又促成德意对英法之行动。今日自认为民主国阵线之一员，明日乃与德意成立协定，置英法于度外"。

其三，苏俄对中国之援助，最初是为了针对德意日反共轴心，帮助中国，以消耗日本。他们的援华政策，基于国家利益，而与什么主义没有关系。所以，随着全球局势的改变，苏俄与中日两方的利害关系也有所改变，政策也相应地调整。

其四，中国人现在应该持的态度是，坚持自力更生对外不存依赖之心，同时，充分利用各国与日本之间的矛盾，充分警惕各国与日本之间的接近。中国对于各国如此，对于苏俄也如此。对于《苏日中立协定》也是一样，"对苏日中立协定无害于中国者，则置之，有害于中国者则非之，中国人对于苏俄之国家本位行动，无从怨怼，亦不存奢望，一切皆依其每一行动之有利于中国与否而处理之"。

其五，一定要使一些对苏联存有特殊感情的人，特别是东北人民、共产党打消其不切实际的幻想，比如"切望中国能于苏俄助力之下收复失地"，因为"此次日苏共同宣言中，苏俄竟保证所谓'满洲帝国'之安全，在共产党殊无以为解。在东北民众应更加觉悟，惟有自力更生，为中国之出路，及东北之出路"。

其六，他说："中国共产党原为苏俄党之支部，故往往失却中国人之立场，而以苏俄立场为立场，中国人而以苏俄国家利害为本位以为言行，自不免与中国国家民族利益相抵触，吾人应加纠正。"① 陈布雷把陶希圣的信一式三份，分别送往蒋介石、国民党中宣部和三民主义青年分团宣传处，作为参考。

二、纳粹与苏俄平行

如此之作，陶希圣犹觉不够分量，于是，《国际通讯》第五十二至五十四期分别为《纳粹与共产专号》（上）（中）（下）。除了陶的《纳粹与共产之平等的活动》一文外，五十二期还有李毓田的《苏联的国防安全了吗？》、杜一新的《苏日妥协的前提》、Max Eastman 的《共产国际的几次转向》、Deis Committee 的《教唆暴动之共产党》，五十三期有连士升的《论独裁政治》、Frank Munk 的《纳粹、法西斯，与共产主义》、Martin Dies 的《阴谋是共产主义的美德》、Henry C.Wolfe 的《谨防苏联》，五十四期有李毓田的《德苏平等与对立》、Hermann Rauschuing 的《纳粹、法西斯与共产之共通性》和《希特勒眼里的英美》。其中，有几篇是连载。时间是6月11日至6月26日。这本杂志如此积极地反苏，这还是第一次。

从上述文章的内容来看，陶希圣可能是抓紧时间补习了欧美反苏俄的理论，借用了捷克前总统贝纳斯所写的《今日明日的民主》、德国劳司宁（Hermann Rauschning）写的《德国的毁灭性革命》和《民主的自救》、蒙

---

① 以上引文均取自：台北"国史馆"藏，入藏号：002000001185A，全宗号：蒋中正"总统"文物，卷名：全面抗战（十七），典藏号：002-080103-00050-004。

克（Frank Munk）的《力的经济学》，以及他们刊物所登的作者的观点，力图说明纳粹和共产主义是平行的两个主义，有其共同性：都是立足于大工业的标准化基础上的新专制主义。他说："在资本主义烂熟的今日，维系群众的宗教伦理政制正随着经济组织的危机而趋于破产。同时，高度的生产技术，把经济以至于文化的根柢都改变了。一切趋于机械化，一切趋于标准化，一切趋于水平化。"共产主义和法西斯主义都反对自由主义和民主主义，"资本主义的精神个人主义，如福利哲学（Welfaer Philosophy）都失去了依据，因而失去了社会的权威。在解纽的社会政治之前，力的崇拜，袭击了群众，震荡着世界"。① 随着斯大林的上台，布尔什维克转向国家主义，与法西斯信奉国家主义合流，结果，纳粹德国和共产苏俄惟一不同的是对于所有制的不同，德国主张私有而苏俄实行公有，纳粹主张种族主义，而苏共主张阶级斗争。

揭露苏联，顺便是为了嘲讽和诋毁中共，他在《"诚则灵"问答》里面这样说："在国内有可能的事情是'最抗日'的派，或许要用各种的口实变成最不抗日的派。这一派变成最不抗日以后有可能与汪政权作平等的合作。或者他们已和……正策划着'鼎足三分'"。②

但是，这边陶希圣带着一批人揭批共产主义方兴未艾，北边，德国的"巴巴罗萨"计划实施。6月22日，德军闪电入侵苏联的西部。即便如此，6月26日，最后一期的《纳粹与共产专号》仍然照计划刊登。

三、对苏德战争的反应

陶希圣很快将嘲笑的目光扫向《苏日中立协定》的另一方日本：在德国进攻苏联的次日，陶希圣作文《德苏战争与日本》，文中说："在今天以前，预知德必侵苏者，也许只有下面几个人：希特勒自己是不用说了。希斯（现译赫斯）逃往英国便带了这个秘密，丘吉尔首相和罗斯福大总统也必然预知这个秘密。至于日本的那位松冈料不到斯大林从衣袋里拿出一纸中立协定是

---

① 陶希圣：《纳粹与共产之平行的活动——纳粹与共产专号序》，《国际通讯》第52期，1941年6月11日。
② 陶希圣：《"诚则灵"问答》，《国际通讯》第45期，1941年4月23日。

为了什么。在十分钟谈话之后他又惊又喜地签字了。今天,他才明白斯大林的真意了吧!……今天受震动最大的,就是这个丑角领导的日本。日本今天的彷徨,与前年秋季苏德协定成立的时候是一样的。"

德国对苏的闪击战,陶希圣十分开心:"希特勒在欧洲大陆的军事胜利,促成了一个大战斗集团。从美洲说起,北亘欧亚草原地带以达于乌拉尔山之西,南亘太平洋与印度洋,而以大西洋与地中海为前线。中路则为中国。这一大战斗集团,正把日本拖在中间。故无论希特勒能够保持其现状与否,日本陷落于国际包围的境遇,是无可救药的。"①

第五节　战后局势悲观（1943）

第二次世界大战进入1943年,反法西斯阵营转为战略进攻,形势越来越好。1942年10—11月北非埃及的阿拉曼战役,"沙漠之狐"隆美尔领导的德意军败北,蒙哥马利领导的英军节节胜利;1943年5月,德意军彻底退出北非;1943年2月,盟军经过半年多的艰苦斗争,取得瓜岛（瓜达尔卡纳尔岛）战役的胜利,控制了南太平洋。经过199天的严酷的斯大林格勒保卫战于2月2日取得胜利,苏联战场苏军转败为胜。但是,战争在继续,德国、日本还在顽抗。

为了进行下一阶段的战争,罗斯福与丘吉尔频频会谈。不仅如此,5月5日,美国总统罗斯福写了一封私人信函,托他的老友前驻苏联大使戴维斯（Joseph E.Dvies）带给斯大林,希望和斯大林进行一次没有幕僚参加的、不拘礼仪的、不需要正式协定和宣言的"心灵"会谈,讨论有关陆军和海军的情况。1943年5月20日,戴维斯到了莫斯科,受到了斯大林的欢迎。

局势的发展与中国休戚相关,中国方面自然密切关注着国际的动向。5月

---

①陶希圣:《苏德战争与日本》,《国际通讯》第55期,1941年7月2日。

27日，蒋介石让陈布雷关注罗斯福与丘吉尔的会谈，以及戴维斯赴苏前发表于美国《生活》杂志上的一篇名为《战后苏俄之研究》的文章。当天，陈布雷将这个任务转交给陶希圣。6月5日，陶希圣呈上《对于戴维斯在生活杂志发表谈话"战后苏俄之研究"》的报告。陈布雷看后得出："希圣兄对戴维斯出使前谈话之研究报告，所见甚大，特为转呈。"[①]将报告交给蒋介石。这份研究报告中还包含有《世界新形势与其必然引起之政战两略》的附件。陶希圣从戴维斯和英美两国报刊宣传中推测美国、英国和苏联所关心的问题不外乎准备决战和决战胜利后的问题。

陶希圣就战略上看：世界的发展，英国为霸主的海权时代已成过去。德国发动的战争开启陆权时代，谁控制大陆，谁就掌握霸权。战后将转向以美国为霸主的新时代——空中霸权时代。也就是说，美国将是未来的主导。

目前，从美英的角度来看：（一）现在进军欧陆以攻德，至少要消耗三百万人，不如仍支持苏俄，与德国作战；（二）策划如下工作以完成对德日决战的布局：1. 如何夺取挪威，以打通北大西洋的联络；2. 如何确保白令海峡，加紧美苏在北太平洋上之联络；3. 如何打通缅甸，以确保中国抗战之实力。如果上述三点都能做到，则盟军的形势如下：自中国经缅甸、印度，伊朗、伊拉克、阿拉伯以至于非洲打成一片；从美洲到西伯利亚，经英伦、冰岛以至于格陵兰打成一片。结果，德国困处欧洲半岛，日本三面受盟军的包围。

取得对德日的胜利，各国的团结十分重要。但是，陶希圣显然感觉到各国自怀心思，各有所图。比如就领土划分问题上，存在着如在苏俄西部边境与波兰、北海三小国及芬兰境界问题，苏俄之波罗的海出口与达达尼尔海峡出口问题，苏俄在太平洋上出口问题。上述这些是必然要谈的问题，如果不解决这些问题，"则苏俄有'所为何来'之憾"，而各相关流亡政府则有"'前途何在'之忧"；还有一个就是苏俄一直以"世界革命"相号召，英美担心苏俄在德日失败后乘各国战后经济恐慌之机，使用世界革命政策。

[①]《陈布雷先生从政日记》（样稿），1943年6月5日。

陶希圣称凡上诸端均可见于戴维斯的谈话，亦一定会是罗、丘会谈的议程。比如英国方面罗、丘会谈后丘吉尔对于缅甸战场准备作战表现出的决心；罗、丘对于苏俄公开表示希望其有效对日；同时希望能够利用苏俄领土上的海空军基地。而苏俄方面，解散第三国际，说明罗斯福与斯大林之间对上述问题讨论有某种程度的接近。

但是，战后世界面临着更大的问题。陶希圣指出："英美战后主要是掌握非洲而确立在欧亚两洲之均势，使欧亚大陆不致有过大之大陆国兴起，以威胁其安全。"美国对战后的世界，有远大的策划，因为美国是世界上最大的空军国家，因此，"美国自为新时代之霸权"[1]。这是他对于世界大势的估计。美国似乎正在扮演"世界警察"的角色，这是陶希圣的感觉。

陶希圣显然对于战后的和平很悲观。在他1943年8月24日写的另一个报告《李维诺夫[2]之去职》中，他从当时斯大林撤回苏联驻美大使李维诺夫一事中，解读出苏联和美英之间存在着严重的分歧。决战越到关头，矛盾就越大，无论是在欧洲战场，还是亚洲战场，都存在着胜利后如何瓜分利益的问题。因此，作战过程并不仅仅是打败德国、日本，也是一个占领敌方控制的土地的过程。他认为分赃不均自然会引起第三次世界大战。他说："观察此次战争，必须认识列强对军事所至之地，于作战中从事组织。凡作战所必须经过之土地，非徒为作战目标之手段，其本身即为目的。故英美与苏之间在对德之目标达成以前，为达此目标之手段而争，因手段即目的也。第三次大战或即追踪第二次大战而来，现代总力战之特性使然，无可避者。"[3]

---

[1] 台北"国史馆"藏，入藏号：002000001304A，全宗号：蒋中正"总统"文物，卷名：各国政情（一），典藏号：002-080107-00001-009。
[2] 李维诺夫（1876—1951），全名马克西姆·马克西莫维奇·李维诺夫，犹太人，生于波兰。1930—1939为苏联外交部长，1941年7月被任命为外交事务代表，1941—1943年为苏联驻美大使。
[3] 台北"国史馆"藏，入藏号002000001304A，全宗号：蒋中正"总统"文物，卷名：各国政情（一），典藏号：002-080107-00001-008。

第五章　幕僚之笔

陶希圣虽曾犯有严重错误，但蒋介石对他始终网开一面，仍然加以重用。不能否认，蒋介石欣赏陶的学问与为人，并在思想上与他存有共鸣。因此，陶希圣是陈布雷之后蒋介石最为倚重的幕僚，他先后帮助蒋介石完成的重要著作有：《文化宣传纲领》《中美、中英平等新约告成告全国军民书》《中国之命运》《中国经济学说》《新剿匪手册》《苏俄在中国》，等等。

第一节　鼓吹"本位文化"

一、国民党文化观之沿革

民族主义是国民党最具特点的理论。自同盟会以来，"民族主义"的内涵不断地发生着变化，使主成为一个十分庞大的体系。

1. 辛亥革命前的"振兴中华"

辛亥革命前，国民党文化上的保守主义与政治上的激进主义共同融合在民族主义之中，民族主义共有三个层面的内容：一、反满清的异族统治；二、防范外来的新的侵略；三、恢复中华民族的生命力。这是由反满作为主要目标决定的。

西方的侵略造成的民族危机，是先进人士投身于革命的直接原因，清政府的无能与卖国，令国民"因新仇以记旧怨"。双重的民族压迫，使得革命者产生了两个强烈的愿望：首先是以革命的手段，推翻清政府的统治；其次是"振兴中华"。

此时革命派的民族主义，除了继承旧的民族思想而外，吸收了西方的新思想，其中，尤以汪精卫所作的《民族的国民》最为突出。他特别强调清政府是一个特殊的专制政府，不但以王权为中心，而且以满洲贵族为权力的核心，形成严密的等级，造成了贵族的专制统治。民族主义不但是为了排除异族的统治，更是为了维护新的人道主义原则，汪精卫以民主主义来充实旧的以"夷夏之防"为特征的民族主义。

"振兴中华"的口号，孙中山在1903年就正式提出了。其中，革命派所要"振兴"的主要是中华民族的历史与文化，在这方面，章太炎的用力最深。章太炎认为民族问题与政治问题是相关联的，民族主义能够促进国家的强盛。他设想民族主义也许是中国走出宗法社会的一个良方。他还提出了所谓"国族"的概念：合一国之力，形成一个"国族"，以便于对外抗击侵略，对内实现"相维"，并可以破除中国的宗法制度。他说："令以此系于政治之民族主义而破宗法，犹秦皇之统一六合，以破封建之列侯。"[①] 将民族主义的意义做了极大的肯定，等同于秦始皇"废井田、开阡陌"，是实现将国家定于一尊的历史转折。他提倡国粹、整理国学的口号，颇具感染力，受到了当时激进的革命者的极大欢迎。许多人投到他的门下，其中包括鲁迅、周树人、钱玄同、刘师培、汪东等，其中不乏同盟会、光复会的会员。

革命党人在日本埋头于故纸堆中，不是沉湎于过去，恰恰是为了面向未来，或准确地说是面向中华民族的未来。1904年陶成章的《中国民族力消长

---

① 《〈社会通诠〉商兑》，见《章太炎全集》第4集，上海人民出版社1985年版，第334页。

史》一文,对此做了努力。文章探索了中华汉民族的起源,通过历史的考证(当然,他的考证结果未必正确)证明东洋文化与西洋文化的起源存在着差异,是完全不同的两种文明,甚至认为两种文明"犹水火之不相入"。他以极大的自豪感,列举了东方文明的高远之处,以为:"日后文明统一者,又安知非我东洋。"两种文明当互相取长补短,以求进步。陶成章充满激情地宣传了黄帝的文功武略。他以为,世界五大文明发源之地,现在只有中华文明尚存,我们因此应该满怀感激之情,敬仰我们的祖先,不能放弃祖先留下来的产业。要求以自爱、自卫之心,坚持民族主义。宋教仁和陶成章一样,将汉族形成的历史、现有的地域,以及与其他民族的关系,作了提纲性的介绍,中心的目的在于宣传"中国者,汉族之中国也"。①

孙中山和章太炎一样,虽然都以汉族为中心,但是,并不含有扩张的意图,而是希望得到和平。他对满族人的态度也是十分的持平。他在《排满平议》中对"排满"进行了解释,说:"吾侪今所执守者,非排一切政府,非排一切满人;所欲排者,为满人在汉之政府。而今之政府为满洲所窃据,人所共知,不烦别为标目,故简略言之,则曰排满云尔。"②对于何为"排满",孙中山作了必要的注释,应该说是脱离了狭隘的民族主义的范围。

辛亥年间,民族主义成为革命党的基本理论特性,使之有别于改良派,而得到了当时最先进人士的拥护。当时,中国的民族主义具有双重的性格,既体现了反抗外来侵略的本能,同时也显现出了改造中国政治体制的自觉。他们反对照抄外国,提出"振兴中华"的口号,希望从中国固有的文化中,寻求点燃民族未来之路的火种,他们相信他们能够找到。当然,受时代的局限,他们的言辞之中夹杂着夸张、矫枉过正的情形。

2.五四前后的文化取舍

1919年后,五四爱国运动不断深入,中国社会的民族情绪随之提升。列宁的帝国主义理论以及苏维埃俄国提倡的新的国际关系准则,给民族主义提

---

① 《宋教仁先生文集》(下册),台北中国国民党"中央"委员会党史委员会,1982年版,第4页。
② 《章太炎全集》第4集,第269页。

供了新的理论。国民党关于民族主义的理论日益完善,既包含了民族文化的自我反省的特征又表现出强烈的反侵略性。

孙中山指出,帝国主义从三个方面威胁着中华民族的生存:一是人口;二是政治,即利用条约与武力来灭亡我国;三是经济,以不平等条约为保障,在经济上侵略我们。中国已经成为一个比殖民地地位更为低下的"次殖民地"。对此,汪精卫做了重要的补充,他认为中华民族之所以在过去几千年中,历经几次亡国而不至于灭种,是因为国家依靠的是政治力,而民族的存在,则是由其生活和教化决定的。那时中国政治力虽然失败,可是其教化与生产能力,却优于侵略者。现在情况不同了,我们不仅政治上落后,文化上同样也是不敌列强,因此,中国面临着亡国灭种的危险。汪精卫提出了中国文化落后于西方的观点。

孙中山还指出,中国要走出落后挨打的局面,应该全民族团结起来,仿效美国、日本,以一民族为一国族,建立一个现代的国家。因此,孙中山说:"民族主义就是国族主义。"朱执信则明确,作为一个弱国,不可不要国家主义,以唤起民族的自觉。章太炎的文化优越的"国族论",被"国家主义"的"国族论"取代。

不论民族主义者所怀抱的是文化乐观论还是悲观论,都不可能完全抛弃民族旧有文化。孙中山强调发扬民族文化,有选择、有修改地利用民族固有的道德;恢复民族固有的智能,即中国优秀的政治哲学等等观点。他说:"我们现在要恢复民族的地位,除了大家联合起来做成一个国族团体以外,就是把固有的旧道德先恢复起来。有了固有的道德,然后固有的民族地位才可以图恢复。"[①] 孙中山所指的中国固有的道德是忠孝仁爱信义和平。他说"忠"是要忠于国、忠于人民,当国民把"忠"讲到极点,"国家便自然强盛"。[②] "仁爱"与博爱相同。朋友之伦讲"信义",他认为可以用"信义"的原则处理国与国之间的关系。至于"爱和平",是我们中国人引以为自豪的天性,应

[①] 孙中山:《三民主义》(1924年),见《孙中山全集》第9卷,第243页。
[②] 孙中山:《三民主义》(1924年),见《孙中山全集》第9卷,第244页。

该成为将来世界发展的趋向。他所说的中国固有的智能,指的就是很好的政治哲学,即大学所说:格物、致知、正心、诚意、修身、养性、治国、平天下。孙中山赞扬这种学说"把一个人从内发扬到外,由一个人的内部做起,推到平天下止"。① 他称格物、致知、正心、诚意属于内省的功夫;修身、齐家、治国属于外修的功夫。他提出:"我们现在要能够齐家、治国,不受外国的压迫,根本上便要从修身起,把中国固有知识一贯的道理先恢复起来,然后我们民族的精神和民族的地位才都可以恢复。"② 与此同时,孙中山十分推崇中华民族固有的能力,即创造发明的能力。孙中山对于中国科技史的了解很透彻,他列举了中国古代的诸多发明,以及这些发明对人类文明的深刻影响,其中包括指南针、印刷术、纸的发明,中药和中餐等等,以此鼓励人们发愤图强。他深信以中国人的聪明才智,"恢复我一切国粹之后,还有学欧美之所长",③ 然后,我们就可以超过日本和欧洲,和其他民族并驾齐驱。孙中山对于民族虚无主义的倾向进行了批判。

由此,我们可以看到国民党所持的民族文化观的特点是内省、自强,按照时代需要有所取舍和更新内容。

3. 南京政府的文化承袭

南京国民政府建立以后,国民党的民族主义内容发生了极大的变化,进入了一个新的阶段。民族主义不仅仅是一个反侵略的武器,更成为稳定国民党统治的工具,其文化的内涵有了更为保守的特性。

在这个时期,国民党的理论家将国家与民族混为一谈,强调民族至上、国家至上,以否认民主政治。民族文化成为民族主义的灵魂和内容。

1925年孙中山去世后,戴季陶发表《孙文主义之哲学的基础》和《中国革命与中国国民党》两本小册子,以及《民生哲学系统表说明》,奠定了后三民主义的基本理论框架:第一,孙中山的思想全部包括在民生主义之内,可

---

① 孙中山:《三民主义》(1924年),见《孙中山全集》第9卷,第247页。
② 孙中山:《三民主义》(1924年),见《孙中山全集》第9卷,第250页。
③ 孙中山:《三民主义》(1924年),见《孙中山全集》第9卷,第251页。

以总称为民生哲学。第二,三民主义的原始目的在于恢复民族的自信力。第三,三民主义的实行方法在全民族的国民革命。第四,孙中山的思想完全渊源于中国正统思想,孙中山是中国道德文化上继往开来的大圣。他将孙中山的思想划入传统文化,尤其是儒家文化的谱系之中。

此时,国民党的民族主义的另一个特点是强调弘扬民族文化,将历史上的民族与现代的民族合而为一,出现了思想文化上的复古现象。首执牛耳者是戴季陶。他说:"民族盛衰,是在民族对于文化的自信力;要有了民族的自信力,才能创造文化;要能够不断继续创造文化,发展文化,才有民族的生命,才有民族生命的发展;有了民族生命的发展,才可以得到世界和平,世界大同。"[①]他以为民族的自信力依赖于民族的文化。其说法与黑格尔的"民族精神"颇为相像,黑格尔认为民族精神造就了国家,促进了民族的强盛。

胡汉民提出如下的重要观点:"个人的生存已不成问题,成问题的是民族的生存。"[②]在世界范围内,帝国主义已经成为世界人民尤其是弱小民族极大的威胁,中国是各个帝国主义侵略的中心,因此,我们革命应该重视的自然是民族生存,而不是求得个人的生存;"三民主义的基点是求以民族为单位的生存"[③];以民族出发的三民主义,抽掉了帝国主义的核心——个人主义,"另换一个以民族福利为出发点的核心,重新建造革命的文化起来"[④]。由家族主义、宗族主义到民族主义是顺理成章的;全世界人民以民族为单位,共同达到了民治,于是世界主义就达到了,所以,胡汉民认为,"世界主义是民族主义的理想,民族主义是世界主义的实行"。用"天然"与"王道",用东方文化来拯救世界。

蒋介石则从国家和民族关系出发,以为两者是不可分离的一体。民族需要国家的保护,同时,民族的扩大和民族的精神,使国家得以延续和强大。

---

① 戴季陶:《国民革命与中国国民党》,季陶办事处,1925年,第22页。
② 中国国民党"中央"委员会党史委员会编辑出版:《胡汉民先生文集》第2册,"中央"文物供应社1978年版,第225页。
③《胡汉民先生文集》第2册,第249页。
④《胡汉民先生文集》第2册,第253页。

自兴中会、同盟会至南京国民政府，国民党的民族主义理论应时而变，不变的是对于民族文化保持着极大的热情，使之成为民族主义的最主要的内容。国民党这个旧中国的新生儿，带着旧时代的样貌。反过来说，国民党崇尚的文化披上民族色彩，有别于以民主主义为内核的欧美文化，也不同于以唯物史观理解社会发展的马克思主义。在中国现代史上，呈现出欧美、苏俄和本土文化三足鼎立的局面。

二、官方的文化运作

国民党大张旗鼓地展开民族文化的追寻，主要在1931年九一八事变后，表现在实践中的"新生活运动"及思想上与之呼应的"中国本位文化"的提出。

1. 新生活运动

1934年2月，蒋介石在"剿共"的同时，在所谓的匪区——江西最先开始发起新生活运动。在南昌成立新生活运动促进总会，蒋介石亲自领导，并在一年的时间里将运动推向全国。这一运动，延伸至1949年2月，时间长达15年之久，是国民党在大陆统治期间实施最长、范围最广的一场文化运动。

《新生活运动纲要》开宗明义："新生活运动者，我全体国民之生活革命也，以最简易在而最急切之方法，涤除我国民不合时代不适环境之习性，使趋向于适合时代与环境之生活。质言之，即求国民之生活合理化，而以中华民国固有之德性——'礼义廉耻'为基准也。"[①]

该运动的提倡，基于建国与统一的需要，出于训政时期教育人民的使命，更是对于当时社会风气败坏的补救。对此，《纲要》作了进一步的说明：

> 我中华民族本为"重礼义""明廉耻"之民族。而"礼义廉耻"之于今日之建国，则尤为迫切而不可须臾缓也。

---

① 萧继宗主编：《新生活运动史料》，见《革命文献》第六十八辑，"中央"文物供应社1975年版，第1页。

> 我中华民族有五千年之文化，其食衣住行之法则，本极高尚，时至今日，反有粗野卑陋之状态，而不免流为非人的生活者，厥为"礼义廉耻"不张之故。
>
> 我中华民国有三千五百万里之土地，其食衣住行之资源，本极丰富；时至今日，反多争盗窃乞之现象，而不免流为非人的生活，厥为"礼义廉耻"不张之故。
>
> 我中华民国有四万万之人民，其食衣住行之组织，本极巩固，反呈乱邪昏懦之现状，而不免流为非人的生活，厥为"礼义廉耻"不张之故。
>
> 今以优美之艺术，易其粗野卑陋之习尚，以固有之品性，化其争盗窃乞之行为，固有待于"礼义廉耻"之复张，然在此乱邪昏懦状态之下，社会秩序纷乱，邪说横行，人多沈迷陷溺，莫知所从，故施政施教，都如搏沙捕风，未易见效，振衣者，必挈其领，提纲者，必挈其纲，若欲改善今日国民之生活，必自纠正其乱邪昏懦陷溺沈迷之风始。此新生活运动之所以为今日立国救民惟一之要道也。①

用排比的方式，将国民性的改造与文化复兴运动结合起来。

砸烂"孔家店"是五四新文化运动的核心，对于中国固有文化的维护却一直是官方真实的态度。蒋介石提出的"新生活运动"属于国家建设——政治建设、经济建设和社会建设之一的社会建设。但是，树立"礼义廉耻"的道德观，在是否能起到提纲挈领的作用、解决目前社会问题上，并不乐观。因为儒家还有一句话叫："仓廪足，知荣辱。"况且，中国除了内忧还有严重的外患。

2. 官方的文化理论运作

和五四新文化运动相比，30年代中期中国社会关于文化的讨论蕴含更多的政治意味。1933年12月，复兴社成立"中国文化学会"，表示要"以三民

---

① 萧继宗主编：《新生活运动史料》，见《革命文献》第六十八辑，第1—2页。

主义为中国文化运动之最高原则",以一股巨大的文化思潮,"来对抗共产主义和自由主义",一边宣传攘外安内,一边将民族复兴运动的终极目标放在"建立一个新文化"之上。他们所谓的"新文化""首在阐明中国民族文化之本质,确立中国文化之系统及根据,次者吸取近代文化一般经验,借作复兴中国文化之工具"①。该会成立于南昌,由蒋介石任名誉会长,邓文仪为理事长,1934年6至7月间被解散。

"CC"系虽然和复兴社矛盾极深,但在反共和反自由主义方面完全一致。1934年3月,中国文化建设协会在上海成立,理事长为陈立夫,副理事长是邵元冲和吴铁城。内部设有教育、出版、新闻、体育、电影等八个事业委员会,并在各省市建立了文化建设协会分会。协会成立之初的主旨是发扬"民族精神、科学精神、统一精神、创造精神"。用陈立夫的话说:以科学化运动检讨过去,以新生活运动把握现在,以文化建设运动创造将来。②这里需要解释的是"科学化运动",《文化建设》月刊的《发刊词》曾经这样解释:要克服中国科技不发达所带来的缺乏进取精神,生产技术停顿而造成的精神生活不实用。克服之法就是培养科学精神——实验的精神,征服自然、役使自然,以充实我们的生活的精神,努力于自然科学的研究、机械的新生产技术之学习。

1934年10月10日,"中国文化建设协会"所属的机关刊物《文化建设》月刊问世。其《发刊词》对于"文化"作了解释:"所谓文化者,不是破空而来,而为我们实际的社会生活之表现。换言之,即营着社会生活的人类,在其一般的生活过程中所制造出来的事物。"③也就是说,文化反映的是现实的生活并由现实的一般生活制造而产生。

文章认为,因为我国生产技术的进步不大,所以文化显现出停滞的状态。在西方资本主义势力的侵袭下,生产技术的落后使社会生活遂日趋崩溃,使

---

① 田灌夫:《中国文化学会之成立》,《中国革命》第3卷第2期,1933年12月。
② 《发刊词》,《建设月刊》创刊号,1934年10月10日。
③ 《发刊词》,《建设月刊》创刊号,1934年10月10日。

我们数千年来的文化发生了动摇。因此,我们急需新的文化以适应新的环境。他们认识到:"旧日的一切虽向曾为我们民族精神之所寄,然而如万里长城一样,在今日立体战争的现状下,到底不足为我们的防御工程了。"[①] 旧文化不敷为现代所用。

《发刊词》回顾了近代以来我国对待外来文化的态度:从"中体西用"到盲目崇拜、亦步亦趋,造成的后果是:"议会制度到了中国,议员成为猪仔,共产党到了中国等于土匪加上红旗。欧美的教育制度是学校,而在我国则为少爷小姐的俱乐部,学校之门无钱莫入,昔者白屋之士,尚得致身青云之上,而今则虽有天才,亦惟有埋没以终。我国这样,旧的已既破坏,新的无可凭依,于是举世皇皇觉前途之无望,消极颓废,成为当今的风气。"[②]

文章认为不能脱离时间与空间谈文化。"且由空间的条件言,我中华民族之宅居于亚洲大陆,至少亦当有五千年,此地理的环境,对于我之民族精神,当然有极大的影响,在这长久的历史的时间中,中华民族几经异族的蹂躏,而仍能兀然保其强大的势力,不为所化。反之,凡侵略我国的异族都只有为我所同化。这种强国的精神,实为我民族生命之所寄托。我们是无论如何不应加以毁弃的。"民族信仰的恢复在现今是当务之急。

他们以为国际主义的主流是民族主义,即"大战以后,莫斯科的国际社会主义与日内瓦的国际联盟主义,虽曾一时风靡世界,然即在彼时,如列宁之主张民族解放,威尔逊之高唱民族自决,固亦为民族主义的要求,泊至今日,国联之分崩离析,已成躯壳,即如苏联之社会主义,亦何尝非民族主义的表现,所谓一国的社会主义建设论者,其实便是把社会主义的国际性改易为民族主义的国家性"。

文章进一步用文化理论对目前的民族主义流行进行了解释:现在世界的社会生活仍然以资本主义为主,国家民族为单位的发展是其特色;只有满足了人类生活的社会体系发展到世界的规模条件时,国际主义才能实行。因此

[①] 《发刊词》,《建设月刊》创刊号,1934年10月10日。
[②] 《发刊词》,《建设月刊》创刊号,1934年10月10日。

现在，国际主义不免为民族主义所排除。

他们提出19世纪和20世纪的民族主义是不同的。19世纪为政治独立的获得，如意大利的统一。20世纪，除政治的独立以外，更要求经济的自足。我们中国两者均没有达到，所以经济建设与政治建设同时进行。要做到："凡属我国领土以内俱为我国家主权的所在，受我政治中枢的支配，一切内政外交的行动，都以我自己的利益为中心；在经济方面，则造成整个国家领域内一个统一的经济单位，排除外国势力对我国内资源及国内市场的支配。"政治上服从统一的中枢、经济上以国家为单位的统一经济体为新文化的基本构架。

1935年底，国民党召开第五次全国代表大会。代表大会宣言第一条为"崇道德以振人心"，表示要真切宣传孙中山的遗教，"自知吾民族光荣历史之尊，与在世界地位之重要，以恢复固有之道德智能，迎头赶上世界文化，树民国万世无疆之基础"。[①] 在这次会议上成立了"中央文化事业计划委员会"，在委员会下陆续设立礼俗、教育、史地、出版事业、新闻事业、语言文字、戏剧和美术等研究会，由陈果夫出任主任委员。该组织专门统摄文化事业。

三、学界争议"本位文化"

1. 十教授宣言

复兴社和中国文化学会的积极活动，开始在学界并没有多少响应者，相反还引起社会学家陈序经[②]教授的反感。1933年底，他在中山大学发表《中国文化之出路》演说，并将这个讲稿刊登在1934年1月15日的《广州民国日报》上。在文章中，他同样认为中国的根本问题是文化的问题，为中国前途考虑，必须寻找一条出路。目前的文化之路有三：复古派，主张保存中国

[①]《第五次全国代表大会宣言》，见《中国国民党历次代表大会及中央全会资料》（下），第292页。
[②] 陈序经（1903—1967），别名怀民，出生于广东文昌县（现属海南岛）。复旦大学本科毕业，1928年获美伊利诺伊大学博士学位，主修社会学。后回广州岭南大学社会学系任教。1948—1952年任岭南大学校长，并将岭南大学建成一流著名大学。1952年岭南大学撤销，先后任中山大学副校长、暨南大学校长、南开大学副校长。1967年被诬陷为"特务间谍"，不久去世。1979年5月平反。1934年1月15日，他在《广州民国日报》上发表《中国文化之出路》一文，引发了一场关于文化的大论战。

固有的文化；折中派，提倡调和办法、中西合璧；西洋派，主张全盘接受西洋文化。他自己表示："兄弟是特别主张第三派的，就是要中国文化彻底的西化。"实质上是在正面挑战复兴社为首的文化观。

文化复兴运动得到知识界一部分人的支持。1935年1月10日，《中国本位文化建设宣言》在《文化建设》月刊上发表。该宣言由王新命、何炳松、武堉干、孙寒冰、黄文、陶希圣、章益、陈高佣、樊仲云、萨孟武等十教授签名，陶希圣名列其上。

《中国本位的文化建设宣言》开篇疾呼："在文化的领域中，我们看不见现在的中国了。"他们以为中国政治的形态、社会的组织、思想的内容与形式已经失去自己的特征，在此育化的人民也渐渐地不能算得上中国人。"从文化的领域去展望，现代世界里面固然已经没有了中国，中国的领土里面也几乎已经没有了中国人。"

他们以极具煽动的文笔，描绘出一幅噩梦般的恐怖画卷："中国在对面不见人形的浓雾中，在万象蜷伏的严寒中：没有光，也没有热。为着寻觅光与热，中国人正在苦闷，正在摸索，正在挣扎。有的虽拼命钻进古人的坟墓，想向骷髅分一点余光，乞一点余热；有的抱着欧美传教士的脚，希望传教士放下一根超度众生的绳，把他们吊上光明温暖的天堂；但骷髅是把他们从黑暗的边缘带到黑暗的深渊，从萧瑟的晚秋导入凛冽的寒冬；传教士是把他们悬在半空中，使他们在上不着天、下不着地的虚无境界中漂泊流浪，憧憬摸索，结果是同一的失望。"表达的是即使是全盘复古与引进西方文化，也都不能超度中国的观点。

他们提出解决的办法是"必须从事中国本位的文化建设"，即认识到：

1."中国是中国，不是任何一个地域，因而有它自己的特殊性。同时，中国是现在的中国，不是过去的中国，自有其一定的时代性。所以我们特别注意于此时此地的需要，就是中国本位的基础。"2.对中国古代的中国制度思想等"一切，加以检讨，存其所当存，去其所当去；其可赞美的良好制度伟大思想，当竭力为之发扬光大，以贡献于全世界"。3."吸收欧美的文化是必要而且应该的,但须吸收其所当吸收……吸收的标准,当决定于现代中国的需要。"4."中国本位的文化建设,是创造,是迎头赶上去的创造;其创造目的是使在文化领域中因失去特征而没落的中国和中国人,不仅能与别国和别国人并驾齐驱于文化的领域,并且对于世界的文化能有最珍贵的贡献。"5."我们在文化上建设中国,并不是抛弃大同的理想,是先建设中国,成为一整个健全的单位,在促进世界大同上能有充分的力。"

所谓本位文化的建设就应是:"不守旧;不盲从;根据中国本位,采取批评态度,应用科学方法来检讨过去,把握现在,创造未来。"①

这篇文章,除了文笔外,立论和逻辑性均不如《文化建设》月刊《发刊词》,其价值在于作者的教授身份。陶希圣在文章上的签字,表明他游离于南京政府之外的政治立场的转变。

2. 胡适的批评

十位教授宣言发表以后,在文化界引起了极大的反响。胡适在《大公报》发表《试评所谓"中国本位的文化建设"》一文,一针见血地指出所谓"本位文化"实质就是"中学为体,西学为用"的老一套,只是披了一件"时髦"的外衣。他们的根本错误在于"不认识文化变动的性质"。他指出文化变动有如下几种现象:第一,文化本身是保守的。凡一种文化既成为一个民族的文化,自然有他的绝大保守性,对内能抵抗新奇风气的起来,对外能抵抗新奇方式的侵入。这是一切文化所公有的惰性,是不用人力去培养保护的。第二,凡两种不同文化接触时,比较观摩的力量可以摧陷某种文化的某方面的保守性与抵抗力的一部分。其被摧陷的多少、其抵抗力的强弱,都和那一个方面的自身适用价值成比例:最不适用的,抵抗力最弱,被淘汰也最快,被摧陷的成分也最多。第三,在这个优胜劣败的文化变动的历程之中,没有一种完全可靠的标准可以用来指导整个文化的各方面的选择去取。十位教授所梦想的"科学方法",在这种巨大的文化变动上,完全无所施其技。至多不过是某

---

① 以上引言均取自《中国本位的文化建设宣言》,《文化建设》第1卷第4期,1935年1月10日。

一部分的主观成见而美其名为"科学方法"而已。政府无论如何圣明,终是不配做文化的裁判官的。第四,文化各方面的激烈变动终有一个大限度,就是不能根本扫灭那固有文化的根本保守性。这就是古往今来无数老成持重的人们所恐怕要陨灭的"本国本位"。这个本国本位就是在某种固有环境与历史之下所造成的生活习惯。简单说来,就是那无数的人民。那才是文化的"本位"。那个本位是没有毁灭的危险的。

胡适以嘲讽的口气说:"所以'中国本位',是不必劳十位教授们的焦虑的。"今日有先见远识的领袖们,不应该焦虑那个中国本位的动摇,而应该焦虑那固有文化的惰性太大。胡适以为:"我们的观察,恰恰和他们相反。中国今日最可令人焦虑的,是政治的形态、社会的组织和思想的内容与形式,处处都保持中国旧有种种罪孽的特征,太多了,太深了,所以无论什么良法美意,到了中国都成了逾淮之橘,失去了原有的良法美意。"胡适声称:"我的愚见是这样的:中国的旧文化的惰性实在大得可怕,我们正可以不必替'中国本位'担忧。我们肯往前看的人们,应该虚心接受这个科学工艺的世界文化和它背后的精神文明,让那个世界文化充分和我们的老文化自由接触,自由切磋琢磨,借它的朝气锐气来打掉一点我们的老文化的惰性和暮气。"[①]

胡适以为,目前说"创造"文化是侈谈,而讲文化的折中论更舍不为顽固的势力添一种时髦的烟雾弹。

3. 陶希圣回应胡适

胡适的文章一面世,陶希圣紧随其后,也在《大公报》发文——《为什么否认现在的中国》,他在文章里面,口径和中国文化学会及中国文化建设协会完全一致,他批评主张社会主义而向往苏俄的人们、宣传资本主义步欧美后尘的人们以及坚持封建主义复古的人们,都是"忘记了现在的中国"。他们之间的混战,其毛病是资本主义、社会主义忘记了中国,封建主义忘记了现在。

[①] 以上引言均取自胡适:《试评所谓"中国本位的文化建设"》,《大公报》1935年3月31日第1张第2—3版。

陶希圣说反话来驳斥胡适："今天（三月三十一日）看见《大公报》上胡适之先生的星期论文，指斥'中国本位文化'论者是为了陈济棠放烟雾弹。我便明白了，明白了中国不是一个单位，不应当自力求生。不过半殖民地的中国人，不应当自己发现自己，不应当自觉地向前走一步，我总不大明了理由何在？"他表示在半殖民地的中国，讲民族主义，把中国视为独立于欧美和苏俄之外的个体，并无错处。

他在文章的结尾处称："我不希望有权威的学者来相附和，但也不希望有权威的学者打消半殖民地的中国的民族独立自主的思想。人应当不自骄，可也不要见人主跪。"① 言辞相当犀利。

此后，陶希圣还在北大、济南等地的大学演讲，宣传"本位文化"。他提倡的"本位文化"的内涵应当是指社会制度，既不同于资本主义也不同于封建主义的制度，这种制度是以民族为本位的。一直以来，陶希圣都在寻找什么是中国社会、中国社会的特殊性、中国社会自身的发展道路。1935年，陶希圣曾经应日本名作家室伏高信之请，为《经济往来》月刊写《中国今日之思想界》一文，该文后来由日文翻译而来，发表在《四十年代》月刊1935年第6卷第3期上。陶希圣在文章中指出："著者认中国之前途，只有社会主义。"他称这种社会主义在奋斗的艰苦性上与苏俄一致，因此，必须完全务实，不要公式主义和口号主义，在内容上与苏俄1917年革命不同，"涵溶有丰富的民族思想与民主思想"②。民族主义和民主思想，十分自然而矛盾地存在于陶希圣这个时期的思想之中（参见独立评论时期的陶希圣）。而陶希圣在十位教授宣言上的签字，体现了他在文化思想领域皈依于传统，政治上追随南京政府。他并没有意识到自己已经接过了戴季陶、胡汉民的理论上的接力棒。

四、助构"国防文化"

陶希圣真正作为官方的喉舌加入中国文化宣传，是在1942年回到重庆以

---

① 陶希圣：《为什么否认现在的中国》，《大公报》1935年4月第1张第4版。
② 陶希圣：《中国最近之思想界》，《四十年代》月刊，1935年第6卷第3期。

后，参与制定了《文化运动纲领》。

时任宣传部长、文化运动委员会的张道藩用了两年的时间，专门研究文化运动，于1942年4月21日向蒋提交了《文化运动纲领》，以便于送国民党中央常会核议。陈布雷看过后，以蒋的名义回复意见称：此纲领总的来说可用，但细节还要再随时研究、充实，然后才可以公开发表，并指出一些不妥之处。陈布雷说："此项纲领，陶希圣同志亦曾就研究所得陈述意见，尚多可采。兹随文抄发并希参考。"①

陶希圣在《关于文化纲领之意见》中提出文化运动纲领应本于以下三点来确定中心工作：1. 今后文化运动应以独立自主之思想运动为主；2. 为纠正一般文化界以空谈为理论，以写作为文化之积习，文化运动应与国防军事建设及国防经济建设运动，配合进行；3. 为纠正一般文化界以偏狭之憎恨为情绪，以门户之争斗为工作，以颓废之习惯为生活，文化运动应以积极的建设的态度，唤起一般文化界，尤其是一般青年，回忆中国悠久的历史，周视中国广袤的疆域，环顾世界空前的变局，努力当前实际的工作，瞻望今后的前途，以开阔胸襟与视野，避免烦琐的争论。

如何避免烦琐的争论，主要在改正因命题不当而造成的争论，陶希圣提供两个方法：一是学术界一般总认为除西洋文化外，即为中国古旧的文化，非此即彼，不西化即复古。也有想在西化与复古外找一条折中的路，合西化与复古为我民族文化的前途。但是"试一追问，何为西洋文化，何为古代文化，细析之，详解之，有不哑然以失笑者乎"？②西洋不是一时一派，中国也不是一代一派，完全没有定型，因此，这样的命题是错误的，只能是作茧自缚。他建议以开启青年学生眼界为主，将各国各派各时的学说，中国的历史与地理，建国立业的规模，与西洋各国相异之处，加以罗列，再动用各种手段广泛宣传，使青年不再受非西洋即复古的影响。陶希圣试图以文化的多样

---

① 台湾"国史馆"藏，入藏号：001000004800A，全宗号：国民政府，卷名：文化运动，典藏号：001-054500-0001。
② 同上。

性来否定文化本身所具有的时代性、否定文化本质，避免对此进行价值判断，其结果是弱化了对文化本身的先进性与落后性等的考量。以普遍性与广泛性来否定个性，他所谓有自主和独立的思想培养，起到否定欧美民主制度为特征的西洋文化，或以苏俄制度为典范的新文化的作用。二是他提出，必须要明白马克思主义不是唯物论，而是唯劳动论。他认为共产党在哲学上把唯物与唯心分成两支，鄙弃唯心，从而在学术上打掉了唯心的半壁江山，然后将人们引入唯物之圈。如果在唯物的哲学范畴内和共产党辩论心物，未有不败的。所以讲唯心、讲唯物、讲心物综合或是物心综合，无异于将自己束缚于牢笼之中。他认为谈哲学，不一定要以心物作为开端。中国哲学讨论的是人兽之辨，讨论理性与欲望之关系，并没有用唯物、唯心作为思想的樊笼。

他提出了文化运动的目标，在于国防经济和文化建设三体合一。"本党所欲建设之国家整体，即三民主义的民族国防体是也。此民族国防体之建设运动，自教的方面而言，为国防文化运动，自养的方面而言，为国防经济运动，自保的方面而言，为国防军事运动。"[①] 即国防经济、国防文化、国防军事。他称这种文化运动不同于个人主义与阶级斗争，是为全民族的；不同于纳粹在于理性主义。他以为：新的文化"其所以超越于中西文化之论争以上者，在其能应用各种学术以达成确定之目的而无分于中西"；"其所以超越于唯心唯物之论争以上者，在其于民族国家最高无上之信仰之下，会通精神生活与物质生活为一体而无分于心物"[②]。他试图跳出国共理论争论的一贯方法，想以分清不同哲学界的不同话题为由，以不予理睬的方式回避正面冲突。

陶希圣的三条意见，被张道藩全部接受。张给蒋回信称："陶希圣同志意见书中所列三点，本稿悉已容纳，如'今后文化运动应以独立自主思想运动为主'一点本稿已于心理建设及政治建设中提及；'今后文化运动应以国防军事建设与国防经济建设配合进行'一点本稿则于社会政治建设、经济建设及

---

① 台北"国史馆"藏，入藏号：001000004800A，全宗号：国民政府，卷名：文化运动，典藏号：001-054500-0001。
② 同上。

对内实施要项中提及;'文化运动应以积极态度唤起青年加快中国历史'一点,本稿亦已在对内实施要项中提及……"① 随后,经过陶希圣修改提意见的《文化运动纲领》在中常会得到通过。因此,陶希圣关于文化的想法得到了贯彻。其实说到底,他采取的是闭目塞听的招数。

第二节 参写《中国之命运》

一、《中国之命运》面世的缘由

1943年3月《中国之命运》发表以后,国民党对此全力鼓吹,共产党则组织文人批驳,国共间在武力开战之前,思想之战率先白热化。自此以后,这本不足十万字的小册子,成了中国现代史绕不开的话题。

对《中国之命运》的评价,自陈伯达1943年7月发表《评〈中国之命运〉》以来,一般将此作为向中共宣战的宣言;但是,1994年刘会军先生的《中国之命运论析》②一文提出不同意见,他视《中国之命运》为抗战中后期及抗战结束后国民党的建国纲领;2005年李扬先生发表《蒋介石与〈中国之命运〉》③,1912年温小平撰写硕士学位论文《抗战后期国共两个中国之命运论战研究》④,采纳陶希圣的观点,基本倾向于蒋介石发表此文最初就是因为不平等条约的废除,只是后来形势改变才成了国共间的论战;2008年邓野先生的《蒋介石关于〈中国之命运〉的命题与国共的两个口号》⑤又回到了陈伯达的观点。不过,一个是出于政治的本能反应,一个是学术研究的结果。邓

---

① 台北"国史馆"藏,入藏号:001000004800A,全宗号:国民政府,卷名:文化运动,典藏号:001-054500-0001。
② 《史学集刊》1994年第1期。
③ 广州社会科学院刊《开放时代》2008年第6期。
④ 海南大学硕士学位论文1912年,见知网学位论文库。
⑤ 《历史研究》2008年第4期。

先生以为《中国之命运》是一道布置给全国人民的政治选择题，邓先生的文章将《中国之命运》作为一个政治现象加以全面的研究，其论证严谨，结论正确。

不过，笔者认为，不平等条约的废除为《中国之命运》的面世提供了绝佳的时机，而这本小册子写作的根本目的是为了化解正在出现的国民党统治危机，因此，其论战对象超出国共两党。

从1840年《南京条约》开始到20世纪40年代，清政府与各列强订立的各种不平等条约逐渐到了时限，或重订新约或废除旧约被提上了日程。1941年5月、7月，中美、中英前后换文，美国同意在和平状况恢复以后废除在华治外法权及有关的特殊性质的权利；英国同意在远东恢复和平时，取消在华治外法权，交还租界，并根据平等互惠原则修改条约。1942年10月10日，美国与英国政府同时通知国民政府，废除在中国的治外法权及有关的特权，并依平等互惠的原则改订新约。1943年1月11日，中美及中英平等互惠新约签订。在签字的这一天，蒋介石发表文章告知全国："我国自清季开始与列强订立不平等条约以来，到了去年（民国31年）正是百周年。我们中华民族经五十年的革命流血、五年半的抗战牺牲，乃使不平等条约百周年的沉痛历史，改变为不平等条约撤废的光荣纪录。这不仅是我们中华民族的历史上起死回生最重要的一页，而亦是英美各友邦对世界对人类的平等自由建立了一座最光明的灯塔。"①字里行间透出兴奋、自豪及正气。

蒋介石的兴奋是一种民族情结的自然流露。一百年来，不平等条约带给中华民族的屈辱，激起了从改良到革命的仁人志士的坚持不懈的奋斗。孙中山《北上宣传》以废除不平等条约相号召，从而掀起全国范围的反帝爱国运动，孙去世后，成为遗愿留给后人；北伐以"打倒帝国主义""反军阀"为口号，反帝爱国的民族主义一直是中国革命的旗帜，"废约"则成为民族主义得以实现的具体表现。正因为如此，1928年6月，南京政府在基本统一全国之

---

① 此文即为陶希圣起草。

时，实施"废除不平等条约"的理想，提出修订条约、改订新约。1928年年内与比、西、意、葡、丹五国完成了新约的商订，只有日本千方百计拖延。这些条约大体相似，都规定了关税及其他一切相关事项，彼此根据完全平等的原则，对各国要制定关税相关法律加以规定。另外，美、英、法、瑞、挪、荷六国与中国之间的条约期限未满，中国主动与之交涉、签订新约。1930年中日间终于签订了关税协定，日本宣布放弃协定关税权后，中国的关税自主权终于实现。不久，南京政府便首次自主地修订颁布了《海关进口新税则》。南京政府与各国签订的一系列通商、关税、通好条约，实现了中国人民多年的愿望，取消了以往的对华协定关税权的规定，承认中国关税自主，废除不平等条约取得了部分胜利。改订新约的另一个重要目标是废除领事裁判权。在这方面，中国政府的交涉几近失败。

为了顺利地将主权收回，国民政府立法院在胡汉民的领导下，用短短的两三年时间，基本上完成了民法、民商法、公司法等的制定，此种速度可能是古今中外独有的。以下是胡汉民在1928年成立立法院时的讲话："我国法律的不完备，是不容讳言的事实：民法简直没有；商法虽有一部分，而支离破碎，不适于用；至于其他法律，更缺而不全。一旦不平等条约废除以后，自家所有的法律不足以应付事实，事后固将遗讥世人，事前也不足以得外人的信任，即大足以为废除不平等条约的阻挠。"[①] 由此可知，废除不平等条约是国民党的夙愿。

当第二次世界大战因为美国的加入而全面展开以后，中国作为同盟国的一方牵制了日本的主力，提升了国际地位。国民政府提出废除不平等条约的时机成熟，是时候解决这一长期萦系于心的问题了。1943年1月11日，中美、中英平等新约同时在三国首都公布。中国在与日本侵略者浴血奋斗中，捍卫了领土主权，同时也挣脱了桎梏中国一百年的不平等条约的枷锁，争取了民族的平等地位。在这个值得庆贺的日子里，蒋在日记中对于写《中国之

---

① 胡汉民：《今后立法的严与速》（1928年12月5日在国民政府立法院院长人员就职典礼答词），见《胡汉民先生文集》第4册，第772页。

命运》一文最初的意图作了交代:"际兹不平等条约取消、我外交胜利时,应不失机宜,鼓励民心,激发社会,发行心理,转移风气。"① 蒋介石深信废除不平等条约的国民党立下了千秋功业,他写此书的目的就是要让全国人民明白这个道理。

如果蒋介石领导的国民党废除不平等条约的努力得到了全国人民的肯定,那么,蒋介石大费周章地写作此文似乎多余。事实上,此时的蒋介石喜忧参半,他在1943年1月22日的日记中说:"下午休息后,与纬儿往听江亭晒日消遣,欣观江中帆船上船时顺风张帆情景,乃感溯江顺风,此为船夫惟一之休事,而比之我国,今日革命之环境亦在逆流而遇顺风,张帆之时,不觉忧乐系。"② 蒋所说的"顺风"应当是指日本已经明显力不从心:太平洋战场上,日本经过珊瑚海之战、中途岛之战以及东所罗门群岛之战的失败;苏德战场上,斯大林格勒保卫战苏联取得胜利,使整个二战到了历史的转折点;意大利墨索里尼政权垮台,而中华民国的国际地位达到了前所未有的高度,1942年10月10日英美两国放弃不平等条约就是实质性的表现。国内,蒋政权统治力量增强。1942年8月,蒋日记记载:"马步芳、河西驻军大部已撤退,中央军接防完妥;新疆对中央心理已完全悦服矣,西北国防方略皆已得有领悟矣;衡山常玉山以及单薄之敌仓皇撤退,皆能及时收复战略重镇,此乃意外之收获。"③

"逆流"则是蒋感受到了来自各方面的威胁,统治权面临前所未有的挑战,有到达顶峰时走下坡路的感觉:长期战争状态造成物资极度匮乏、物价飞涨、经济面临崩溃、人们的生活难以为继;政治腐败越来越严重,发国难财引起共愤,各大学学生掀起的反孔祥熙的运动,虽然其中有夸大不实的谣传,但却是政治不稳定的信号、权力受质疑的表现。虽然青年运动挑战了政府,但是他们依然是蒋力图争取的对象。为此,蒋开始酝酿这篇文章,最初

---

① 《蒋介石日记》1942年10月17日(中国社会科学院近代史研究所档案馆藏抄件)。
② 《蒋介石日记》1943年1月22日(中国社会科学院近代史研究所档案馆藏抄件)。
③ 《蒋介石日记》1942年8月31日(中国社会科学院近代史研究所档案馆藏抄件)。

定名为《国民革命风》。

另外的一个威胁来自于民主党派。抗战爆发以后,国民党政权得到了民主党派的一致拥护。1938年12月,国社党领袖张君劢发表《致毛泽东先生的公开信》,要求中共交出军队、取消"封建割据"的陕甘宁边区、搁置不适合中国的马克思主义、完全为国民党代言。但是,抗战中期以后,国民党的政策逐渐失去了人心。国民党五届五中全会制定了"防共""限共""溶共"的方针,并制造了一系列的血案,加剧国共矛盾。民主人士担心内战,为了调节国共两党关系、促成国内的团结、实行民主宪政,1939年11月成立了统一建国同志会,由救国会、国社党、青年党、中华职业社、乡村建设派和无党派人士部分成员组成。蒋政权在反共的同时,对于民主势力也不停地打压,直到取消参政会主席团中许多进步人士的参政员资格,令民主派对蒋失望。1941年2月,统一建国同志会改组为中国民主政团同盟,成为国共外的第三个政党,颇有分享权力的欲望。蒋在日记中把民主政团同盟的领导人称为"沈贼钧儒",愤恨异常。但是,他们比之于中共,还是比较好掌控的,毕竟他们没有武装,也没有根据地。

对于蒋政权而言,中共就是卧榻之侧安睡之人。然而,中共在统一战线中受到限制、挑衅甚至镇压的情况下,在打击日本侵略的同时壮大了力量,根据地扩大,队伍人数增加。1939年12月,以毛泽东之名发表的《中国革命和中国共产党》提出:"整个中国革命是包含着两重任务的。这就是说,中国革命是包括资产阶级民主主义性质的革命(新民主主义的革命)和无产阶级社会主义性质的革命,现在阶段的革命和将来阶段的革命这样两重任务的。而这两重革命任务的领导,都是担负在中国无产阶级的政党——中国共产党的双肩之上,离开了中国共产党的领导,任何革命都不能成功。"[①]1940年1月毛泽东发表《新民主主义论》,提出"民族的科学的大众的文化"。所谓"民族的"就是反帝,坚持中华民族的尊严和独立;"科学的"就是反对唯心

[①]毛泽东等:《中国革命和中国共产党》,见《毛泽东选集》(二),人民出版社1991年版,第652页。

论以及封建思想和迷信，实事求是；"大众的"就是民主的。三者合一，组成中华民族的新文化，成立一个新民主主义的新中国。显然，这样的理论在蒋看来直接就是问鼎中原，必欲去之而后快。

除了国内各种反对力量而外，蒋对于英、美充满戒备。《中国之命运》在回忆帝国主义侵华史时，对于盟友英国和美国对华不光彩的过去毫不隐晦。蒋介石在和英国交涉香港归属问题时，对英国不肯放弃香港的现状更是十分不满。他在日记中写道："10月28日（1942年）英国议员团本言早到重庆参政会，而今在中途延搁不能在会期赶到，是其废除不平等条约不能彻底，其心多有暗鬼，恐为参政会之质问，此种贼胆心虚、疑惧自私之心理，惟英国人所独具也，可鄙之至。《国民革命风》应叙述我民族光荣之历史与高尚之德性及优秀文化，应为世界被压迫民族共同负解放之责，而不计其权利。"上下文一读，明白蒋为何一再强调中华民族的德行，崇尚中国的王道文化，针对的是英国霸道侵略主义。交涉的结果是香港没能回归，对九龙也不便马上实施主权，这成为蒋介石心中极大的遗憾。中美联合抗战以来，美国方面对蒋指挥的不满，以及军用物资的使用方面的干预，在他看来是美国想控制中国的军队。尤其是史迪威和他的矛盾，触痛了他的民族自尊心。蒋在1942年11月30日本月反省录中说："纽约时报则自认其美英对华有在战后建立平衡力量，不使中国在亚洲独自强大成为世界新威胁之意念，可知美国对我之防范顾忌不亚于英国，而子文昔以为美国无此顾忌，是其太不懂美国对（我国与）太平洋独霸之政策矣，而其来华之军官对中国之轻视与把持之状态，更可知矣，后之来者，应知今日忍辱含垢之情景，不可不加奋勉，力求自立与自强。"① 对于美英霸权政治，他有充分清醒的认识。尤其让他感到不安的是，延安民主清明的政治形象，不但得到国内青年、民主人士的认同，也令不少美国政要心生好感，并要将援华物资分给共产党领导的军队。

上述几股力量的存在，足以令蒋政权产生深刻的危机感。出于维系统治

---

① 《蒋介石日记》1942年11月30日（中国社会科学院近代史研究所档案馆藏抄件）。

的需要，发自民族情感地对于各种不利于统治的政治力量、思想观点进行全面的攻击，尽最大可能地获取民心，以达到全国统一在国民党的旗帜之下的愿望，应该是《中国之命运》问世的根本原因。

二、《中国之命运》内容与分析

《中国之命运》全文的中心就是"中国之命运在于国民之自觉"，"自觉"指的是国民对一些问题具有正确的认识和觉悟，包括：

第一，中国是一个具有自身发展路径的独立于其他各国的存在，无论是中华民族的形成还是发展，都具有自身的特征和文化，有别于其他国家和民族。

文中强调中华民族是由多宗族融合而成，血统与婚姻是民族形成的因素。民族生存的领域，基于民族生存的需要，中华民族为一不可分割的自然整体。中华民族生存与发展过程中最显著的特质与特征是："对于异族，抵抗其武力，而不施以武力，吸收其文化，而广被以文化。"[①] 维系民族情感的是"我们中国固有的德行"——"忠孝仁爱信义和平"八德和"礼义廉耻"四维。在四维八德的影响下，推演中华民族具有为大群牺牲小体，为他人牺牲自我，"养成其自卫者坚忍，处世则和平，更进而以'存亡继绝，济弱扶倾'的仁爱之心，行'己立立人，己达达人'的忠恕之道"[②]。

他以相当留恋的口吻对于旧时中国社会作了如下描述："中国固有的社会组织，在血统方面，由身而家而族；在地域方面，由家族而保甲而乡社。两方面的系统都很分明，两方面的训练和教育，亦最为古来的贤哲所致力。由个人日常生活的箴规，推而至于家，则有家礼，有家训；推而至于族，则有族谱，有族规。在保甲则有保约，在乡社则有乡约和社规。其自治的精神，可以举修齐的实效，而不待法令的干涉。其互助的道德，可以谋公众的福利，而不待政府的督促。言教育则有乡校和社学。言赈济则有义田和义庄。言积

[①] 蒋介石：《中国之命运》(1943年3月)，载《先总统蒋公思想言论总集·专著》第4卷，第3页。
[②] 蒋介石：《中国之命运》，载《先总统蒋公思想言论总集·专著》第4卷，第6页。

谷备荒则有社仓的储蓄。言防盗缉奸则有保甲的连坐。乃至堤防沟洫，道路河川，无不由乡社的群力从事修筑和疏浚。孟子所谓'出入相友，守望相助，疾病相扶持'，所谓'谨庠序之教，申之以孝弟之义'，礼运所谓'老有所终，壮有所用，幼有所长，鳏寡孤独废疾者皆有所养'的理想，常活跃于中国固有的实际社会之中。"① 作者描绘的中国旧有社会有一套完整完备的系统，简直堪比大同盛世。正因为如此，自然可以得出这样的结论：欧美或是苏俄的发展道路，对于中国而言，都不具有模仿的价值和必要，宣传自由主义的民主派和走苏维埃道路的中共，都是错误的。

文中关于中华民族文化融合力量的认识，在20世纪30年代中期的文化讨论中，陶希圣、陈立夫等人已经充分地加以论述，此时主要是重复以前的观点。文中新的内容是从地理位置、经济生活和国防等众多角度证明中国是一个不可分割的整体。比较之前中共发表的《中国革命和中国共产党》，文章以"中华民族"开篇，以为民族的形成是"多民族的融合"，民族的性格是吃苦耐劳、酷爱自由和富于革命传统，中共关注的是"中国社会"，并以为社会进化经历了五个阶段，其动力是阶级斗争。因此，《中国之命运》作为理论的回应，试图以民族论打破阶级论。

第二，不平等条约造成了中国社会的畸变。

作者分别论述了不平等条约对于中国政治、法律、经济、社会、伦理、心理的影响。这些影响中，最为严重的是对于中国社会原有结构的破坏：经济由原来比较均衡而变得畸形，农村衰败，租界沿海不正常地发展；原本完整的地方保甲制度、家族乡社的结构不复完整。

不平等条约给社会心理带来极坏的影响，社会风气日趋败坏。作者的原话是这样的："因为在不平等条约压迫之下，中国国民对于西洋的文化，由拒绝而屈服；对于固有文化，由自大而自卑。屈服转为笃信，极其所至，自认为某一外国学说的忠实信徒。自卑转为自艾，极其所至，忍心侮蔑我们中国

---

①蒋介石：《中国之命运》，载《先总统蒋公思想言论总集·专著》第4卷，第38页。

固有文化的遗产……于是中国人本为不甘心做奴隶而学西洋的文化,然而结果却因学西洋的文化而在不知觉做了外国文化的奴隶了。"[1] 随后,作者以近乎辱骂的口吻,丑化自由主义派,并称这些学说因袭一派,造成了辛亥革命以来的种种政争:"民国二年国会制、内阁制、总统制之争,只是英国、法国、美国中央政制之争。民国九年单一国与联邦国之争,也只是法国与美国地方制度之争。袁世凯的帝制,惟一的依据是美国人的一篇论文。曹锟的贿选宪法,又何尝不是以德国的'魏玛宪法'为蓝本?"[2] 西方所行的政治体制,不是作为先进的文化引进,在他的眼里是不平等条约种下的恶果之一。

文章进而将自由主义与共产主义一并贬低,以为在客观上,这些外来的东西与我民族心理和性情根本不能相应。指责这些提倡者对于中国文化,只求其变而不知其常,对于西洋文化,都是只仿其形迹,而不求其精义以裨益中国的国计民生。至于自由主义与共产主义之争,则不外乎英美思想与苏俄思想的对立。这些学说和政论,不仅违反了中国固有的文化精神,而且从根本上忘记了他是一个中国人,失去了要为中国而学亦要为中国而用的立场。其结果,不过使中国的文化陷溺于支离破碎的风气。在这种风气之下,帝国主义者文化侵略才易于实施。当国人把不平等条约对我国的压迫侵略视为当然时,"这真是文化侵略最大的危机,和民族精神最大的隐患"[3]。

笔者认为不平等条约的确造成了中国主权的沦丧,使中国成为半殖民地,同时在文化上心理上留下不好的阴影,甚至影响到民族的性格。不过,《中国之命运》显然无视侵略性的殖民文化和以民主制度为主体的先进文化之间的差别,混淆了真民主制和辛亥以来的假民主制的区别,过强的政治目的使其价值判断过于功利、爱走极端,甚至不惜夸大和臆造,表现在对于中国旧有社会结构的描述缺乏历史的眼光,文化上极为保守,高扬传统文化而睥睨新文化。

---

[1] 蒋介石:《中国之命运》,载《先总统蒋公思想言论总集·专著》第4卷,第44—45页。
[2] 蒋介石:《中国之命运》,载《先总统蒋公思想言论总集·专著》第4卷,第46页。
[3] 同上。

第三，中国革命必须走国民革命的道路，国民革命的领导者只有国民党。文章作了概念性的阐述：1. 何为国民革命？不分阶级的革命为国民革命，"中国国民党不偏重一个职业或一个阶级，亦不舍弃一个职业或一个阶级"①。国民革命及其目标在于打倒帝国主义和军阀，以三民主义为指导原则。2. 何为真正的三民主义？三民主义的内容包括"知易行难说"、"建国三时期说"、国民党《一大宣言》以及孙中山逝世前留给后人的奋斗目标——召开国民会议和取消不平等条约，以此来回应毛泽东的"三大政策"的新三民主义。

梳理国共之间的关系是文章最为细致的部分，从头至尾均在"揭露中共的阴谋"：第一次国共合作时，中共组织上加入国民党，乘国民革命的发展，力图将其转化为无产阶级的社会革命。借国民党的发展，发展共产党的组织；在国民党内部，挑起了左右派系的冲突使之分裂；中共宣传、煽动阶级斗争，造成产业的停顿；在思想文化上，中共"对于青年乃以读书求学为反革命，以浪漫放荡为觉悟分子。他们号召青年，相率鄙弃我民族的固有道德，甚至以礼义廉耻为顽固，孝悌忠信为腐朽。狂澜溃溢，几乎不可挽救"②。蒋介石把国民革命的失败，说成是中共和汪精卫互相争利造成革命阵营内部的分裂而成。他颇为语重心长地说："如果没有这六七年的内乱，则今日抗战局势，自然大不相同，就是太平洋及世界局势，亦必因之大变。敌寇决不敢向中国这样大举侵略；即使他来侵略，也早已被我们逐出国境之外，这并不是意外的事。"③将祸国殃民的罪名加到时为汉奸的汪精卫和仍然为统一战线中盟友的中共的头上，其中寓意是不言而喻的。

蒋介石提出国民党建国的基本工作在于合一教育、军事与经济。分开来讲，从事五大建设：心理建设，倡行"力行哲学"；伦理建设，将四维八德作为道德的基础，立国之纲；社会建设，在社会组织上行保甲制度，同时开展"新生活运动"；政治建设，继续执行《抗战时期建国大纲》，实行训政；经济

---

① 蒋介石：《中国之命运》，载《先总统蒋公思想言论总集·专著》第4卷，第51页。
② 蒋介石：《中国之命运》，载《先总统蒋公思想言论总集·专著》第4卷，第55页。
③ 同上。

建设，实施"实业计划"，实现"工业化"，保障每个国民的生活生存并以心理建设和伦理建设为起点。

文章逐条分析了撤废不平等条约的意义和平等互惠新约的内容，展现国民党对中华民族的贡献。《中国之命运》告知天下："中国的命运，完全寄托于中国国民党。""中国国民党和三民主义青年团是与国家民族凝为一体的组织。""中国国民党乃是全国国民共有共享的一个建国的总机关。中国国民党如能存在一天，则中国国家亦必然存在一天，如果今日的中国，没有中国国民党，那就是没有了中国。"① 如果政治统一、国力集中，则中国自由独立；如果武力割据、统一破坏，则中国之命运衰落灭亡。他表示不能容忍武装割据，并称："武力割据和封建军阀的反革命势力存留一日，国家政治就一日不能上轨道，军政时期，亦就一日不能终结。不惟宪政无法开始，就是训政亦无从推行。"② 军政时期，意味着武力统一，说明蒋的决心，不惜一战。

第四，何为国民的自觉？作者宣布预计只要两年时间抗战就将胜利。不平等条约已撤废，租界与外国驻兵区域不复存在，封建割据早归没落。"我们国民必须痛自反省，互相督励，以守法为道德，以负责为光荣，不以个人的利益，妨害国家的公益；不以个人的'自由'，侵犯别人的'自由'。"③ 关于个人与群体、法与道德的问题，《中国之命运》作了进一步的表述："合群是人类的天性。个人离开了人群，便没有生存的方法，所以自有人类以来，个人就是生于群，长于群，没有一天可以绝对离群而孤立，所以群的生命，为个人的生命所寄托。群有发展，个人才能够得到发展。在人群的里面，个人与个人之间，个体与全体之间，自然有其共守的规则，而后群的生命才可以维持和发展。这种规则，在一方面是道德，在另一方面就是法律。人群的组织，由家族而宗族，由宗族而民族，所包容的人口愈多，则道德与法律亦相随而益密。其维持道德的信仰者，为社会的公论。其执行法律的制裁者，为

---
① 蒋介石：《中国之命运》，载《先总统蒋公思想言论总集·专著》第4卷，第124页。
② 蒋介石：《中国之命运》，载《先总统蒋公思想言论总集·专著》第4卷，第126页。
③ 蒋介石：《中国之命运》，载《先总统蒋公思想言论总集·专著》第4卷，第118页。

管理众人之事的政府。"① 按照中国儒家的传统思维模式，从本源上探讨法律与道德，以求论证道德与法相辅相成，根本在于合群；他点题："中国的命运，决定于中国国民本身是不是能够自立自强"②，也就是国民能否守法守道德。

第五，蒋介石作文似乎力图让美、英、苏各同盟国"自觉"，中国已经为世界和平作出了贡献，并将在世界事务中担负责任，以推广王道文化、一改以霸道为主的世界文化。

文章强调中国单独抗战达四年之久后投身于全球性反法西斯阵营，始终不是单独为本国的独立而战，中国肩负着为世界和平而战的责任。自"九一八"事变到长沙会战，中国成功地牵制了日本，迫使其一再改变政策，援助了包括苏、美、英在内的世界反法西斯阵营。蒋说："日本军阀虽自以为机诈百出，实际上是冥顽不灵。他对我国作侵略战争，自以为他是处于主动的地位，而且自以为他完全把我们中国控制了。所以他为所欲为，肆无忌惮。殊不知他的国策与战略，自开战以来，始终是受我们的控制。所以他们的作战行动，根本上受我们的支配，处处陷于被动的地位，追随着我们战略的指导方针，而向他们自然崩溃的道路前进。他始则陷于泥沼，不能自拔；而终至自投罗网，无法幸免之一日。"③ 这一席话，不但是对国内民众言国民政府对外政策的正确，也是提醒同盟国明白，中国在世界尤其是亚洲太平洋战局中的地位是"作中流之砥柱，挽狂澜于既倒"，"中国的抗战，不独是世界反侵略战线的先锋，而同时亦是世界反侵略战争在亚洲方面的中坚"④。

《中国之命运》全书约十万字，文章最后的结论是："一、从历史的演进上来说，惟有国民革命的路线最为彻底，亦最为正确。时至今日，国民革命已有初步的成功。今后我中国国民自惟有遵循此成功的路线，以达到抗战的

---

① 蒋介石：《中国之命运》，载《先总统蒋公思想言论总集·专著》第4卷，第113页。
② 蒋介石：《中国之命运》，载《先总统蒋公思想言论总集·专著》第4卷，第111页。
③ 蒋介石：《中国之命运》，载《先总统蒋公思想言论总集·专著》第4卷，第70页。
④ 蒋介石：《中国之命运》，载《先总统蒋公思想言论总集·专著》第4卷，第71、72页。

目的完成，建国的理想实现之境域。二、从世界的变局上来说求世界永久和平与人类自由解放，必以亚洲的民族自由与国家平等为起点。而亚洲的民族自由及其各国平等，又以中国的独立自由为先河。"①对内宣布只有国民革命是中国革命的惟一正确的道路，意味着所谓新民主主义革命、民主自由主义等都不正确；对外宣布，世界的民族自由必须自中国始，不能离开中国。出于民族主义和政治统治的维系的需要，蒋介石在文中十分强硬地表达了自己的意愿，并且表现出不惧四面受敌的气概。

三、蒋、陶与《中国之命运》的成稿

陶希圣曾经因为参与两件对现实和历史影响深远的事而轰动天下，一个是"高陶事件"，另一个就是帮助蒋介石完成《中国之命运》。前者，陶希圣离开了汪伪，摘去汉奸的帽子；而后者，由于毛泽东提笔在陈伯达写的《评〈中国之命运〉》一文开头加了如下几句：为什么让"曾经参加南京汉奸群，素日鼓吹法西斯、反对同盟国、而直到今天在思想上仍和汪精卫千丝万缕地纠合在一起的臭名远扬的陶希圣去校对呢？"②让人们恍然记起他曾经是一名汉奸，以我们熟悉的话说，他是一个"摘帽"汉奸，而且这顶帽子似乎永远也摘不下来。毛泽东为了让政敌处于不利的地位，特意拎出躲在蒋介石荫庇下、惟恐人们注目的陶希圣，可见《中国之命运》的问世令中共极度不快。在此，有必要了解《中国之命运》的成稿过程，并探悉陶希圣在写作《中国之命运》时的真正作用。

《中国之命运》这篇文章，不是一篇学术论文，而是蒋领导的集团的共同的政治宣言。从蒋介石的日记和陈布雷的从政日记，大致可以看出这部影响极大的小册子的成型过程。无论是《中国之命运》的动议、写作、修改完成，还是事后的宣传，蒋介石本人始终占主导地位。

《中国之命运》最初以《国民革命风》命名，在美国和英国提交废除不平

---

① 蒋介石：《中国之命运》，载《先总统蒋公思想言论总集·专著》第4卷，第107页。
② 陈伯达：《评中国之命运》，张家口新华晋察冀分店1945年版，第1页。

等条约案后,蒋介石读了历来不平等条约的原文后,一时"发眦皆裂"。他感慨清政府无能,设想后人对于目前时代解除不平等条约的看法,不禁心潮澎湃。他希望不平等条约解除以后的国人,能够再接再厉,因此决定"撰著《国民革命风》以激励青年与国民保障独立平等之权利而发扬光大之"①。

随后,蒋介石规定"《国民革命风》以《精神总动员纲领》《新运纲领》《经济建设运动纲领》《抗建纲领》《劳动服务纲领》,以《三民主义实施程序》中之武力三要素与心理、伦理、社会建设等为革命精神与行动建立和指导之参考书"②。11 月 7 日,蒋介石将《国民革命风》改名为《中国之命运》,提出目录及其内容与要旨。在以后的文章修改中,蒋强调:"1. 勖勉国民恢复我国固有之道德(文化)与技能;2. 鼓励国民建国之信心;3. 复兴汉唐之规模与气魄。"③他希望在文中充分表达复兴汉唐气魄、恢复固有道德文化的思想。从文章内容可以看到有关民族、文化之类的观点,多遵循着蒋的原则,也可以说,文章的思想基本属于蒋介石。

据陶希圣回忆,蒋介石不惜放下手中的其他工作,将主要精力放在修改这本小册子上:"至十一月与十二月之间,在黄山官邸,以四十多天的工夫,再三再四改稿,每一章每一节的命意与行文,经过七八次乃至十余次的修改增删。"④蒋自述在修改文章时,往往沉溺其中,比如在写到党与团这一节时"精思入神,自觉文心笔力皆较他文为精,几废寝忘食矣",终于在 1943 年 1 月 30 日定稿。蒋花费如此长的时间琢磨此文,不但不觉得疲惫,反而享受其中。其 1 月 24 日的日记称:"本周致力于《中国的命运》稿之修改与补充,文字一到精思入神,愈用愈锋地步,方知作文之妙境。纬儿称'我有笔与刀'是吾父之谓也。是儿校对本稿指明缺点之处无不一如我心,亦补益不少,更见其识见之广与进步之速,因此心神更乐也。"⑤在正式面世之前,蒋对《中

---

① 《蒋介石日记》1942 年 10 月 24 日(中国社会科学院近代史研究所档案馆藏抄件)。
② 《蒋介石日记》1942 年 11 月 1 日(中国社会科学院近代史研究所档案馆藏抄件)。
③ 《蒋介石日记》1943 年 1 月 9 日(中国社会科学院近代史研究所档案馆藏抄件)。
④ 陶希圣:《潮流与点滴——陶希圣随笔》,第 204 页。
⑤ 《蒋介石日记》1943 年 1 月 24 日(中国社会科学院近代史研究所档案馆藏抄件)。

国之命运》又进行多次修改,直到1943年3月正式书本印成,蒋介石看着这本小册子,仍不忍释卷。

诚如本章开头所说,陈伯达的《评〈中国之命运〉》一文,将一直试图成为隐形人的陶希圣推上了风口浪尖,成为了焦点。从现有史料来看,陶希圣确实对于《中国之命运》贡献颇多。

本来,这样重大的文章往往由陈布雷代蒋捉刀,但是陈布雷身体极差,因此,1942年12月17日到1943年2月17日期间,陈布雷难得地休假两个月,《中国之命运》的小册子,主要在陈布雷休假这个时间段内修改完成。陶希圣则从头至尾地跟进,用陶希圣自己的话说:"《中国之命运》的中文原稿的整理、校订及排印校对的工作,是交由我主办的。"①

陶希圣参与了要目的拟定。1942年10月27日,蒋介石手拟《国民革命风》要旨。第二天,蒋让陈布雷记下要点(按照陈布雷的日记,此时这本小册子名为《国民革命之回溯》)。陈布雷又叫来陶希圣,让他先拟要目。让陈布雷没想到的是,当天傍晚七点,陶希圣已拟好纲目,速度之快令陈布雷佩服。

《中国之命运》初稿,由陶希圣执笔完成。1942年12月20日,蒋在日记中写道:《中国之命运》初稿完成,对初稿不满意,以为不能用。他甚至说"原稿肤浅";称"《中国之命运》一书,必须完全自拟,布雷体弱多病,不能随时协商,是近日最大之缺憾也"。又称:"陶希圣之文笔思想皆不合意,此书关于经济民生与国民党之特点二篇仍亲拟。"② 由此可见,所谓的"整理原稿",实际上就是原稿的执笔,当然,执笔者非陶希圣莫属。

《中国之命运》初稿完成以后,印出200本分发给党政要人,让大家提出意见。然后,由陶希圣领导的侍从室第五组将意见归总,上报给蒋介石,供他修改时参考。陈布雷回任的第二天,陶希圣前往拜见,并向陈讲述了完成此作的过程。陈布雷在阅读完全书后这样评价:"读《中国之命运》全文毕。

---

①陶希圣:《潮流与点滴——陶希圣随笔》,第204页。
②黄自进、潘光哲编:《蒋中正总统五记·学记》,第272—273页。

此书仅于前月底略读三章，今日始全阅之。觉文字内容俱极精粹，希圣之文字组织力甚可佩也。"①陈布雷的话可以理解为，他对陶希圣理解蒋的思想并以文字表达出来的能力的肯定。

《中国之命运》出版以后，陶希圣积极投向宣传普及，写了不少辅导材料。其中，陶希圣为《〈中国之命运〉要旨》一书作序时，十分起劲地吹捧蒋介石，说"今日国家民族的命运，实决定于总裁之手"②。把蒋的这部小册子，说成"一部百年史论""中国民族史论"，"把中国五千年立国之道，百年来衰落之由，和五十年来国民革命的奋斗，五年半抗战的牺牲，无不指出其说明确切的意义"，为国民提供"察往事而立今兹"的论点。不止于此，《中国之命运》还指出了解决中国问题的答案，成为全国人民行动的指南，还是全国人民"思想的明灯"。因此，此书"立德立言，蔚然大备"③。不但神化了蒋介石，也多少有点神化《中国之命运》。陶希圣甚至拟定了《中国之命运》续著——《中国与世界之安危》（或名《中国与世界之前途》）一书的提纲，以供蒋参考。可谓送佛上西天了。

四、心得之作

那么，陶希圣真的只是代人捉刀？显然不是。在这篇文章中，可以看到陶希圣的学术研究的体会和政治思想的一些构想。

对于帝国主义侵华及其不平等条约，1925年五卅运动时，陶希圣就已经加以关注。1930年，陶希圣以本名陶汇曾发表了《对华门户开放主义》，在商务印书馆的万有文库中出版。他采用历史研究的方式，目的是说明门户开放主义是怎么一回事，明了各国对华国际政策。他十分透彻地解释了甲午战后，中国的积弱彻底暴露，"欧美各国，以前还把中国当作对等国来分头交涉，到

---

① 《陈布雷先生从政日记》（样稿），1943年3月17日。
② 陶希圣：《代序》，见甘仲玉编：《〈中国之命运〉的研究》，桂林华光书店1943年版，第1页。（注：序后有一"圣"字，应该是陶希圣）
③ 陶希圣：《代序》，见甘仲玉编：《〈中国之命运〉的研究》，第4页。

这时候却不把中国当作国家了。他们心目中的中国，不过是一块沃土，所以从前中外交涉，各国的对手还是中国；这时候中国已失却对手的地位，而其对手就是它们彼此——竞争各国。各国胸中所筹划的，不是怎样和中国交涉，是怎样才能在中国建设比竞争国还大些的政治力——怎样取得领土、设定租借地和势力范围。各国的利权竞争便从此开始了"。① 因此，他关于不平等条约的剖析，及其不平等条约对于中国社会的影响这部分的写作，当是内行。

关于民族文化思想，陶希圣自 1935 年以来多有"建树"。20 世纪 30 年代中叶，陶希圣尚以一个学者的身份，响应复兴社和"ＣＣ"系发起的文化运动，作为十教授之一，在《中国本位文化建设宣言》上签字，并与胡适等全盘西化主张者展开争论。40 年代，陶希圣则作为侍从室第五组组长，审查宣传部部长张道藩起草的《文化运动纲领》，并在《关于文化纲领之意见》中提出文化运动纲领的三个基本要点。陶希圣的三条意见，被张道藩全部接受。随后，经过陶希圣修改提意见的《文化运动纲领》在中常会得到通过。（参见本书"下篇"第五章第一节）

在经济理论上，陶希圣的结论是中国经济以民生本位与计划经济为必要，不取放任自由，不取阶级斗争，以计划经济使"资本国家化，享受大众化"②。1943 年 3 月，以蒋介石名义发表、以陶希圣为主撰写的《中国经济学说》一文，弥补本文经济问题论述之不足的缺陷。

在哲学上，陶希圣在 1942 年 9 月，曾经写有《王荆公论性命之学》和《张江陵论性命之学》两篇文章，请陈布雷转呈蒋介石，追随蒋介石，大谈性命。

陶希圣对中共的研究由来已久，早在 20 世纪 30 年代，陶希圣在北平时，即以反共斗士面目示人，尤其是西安事变以后，他对中共的民族统一战线极度的怀疑，正是他的这种态度，不但让汪精卫欣赏，也得到了蒋介石的肯定。

---

① 陶汇曾：《对华门户开放主义》，王云五主编"万有文库"第 1 集一千种，商务印书馆 1930 年版，第 3 页。
② 蒋介石：《中国经济学说》，《先总统蒋公思想言论总集·专著》第 5 卷，第 24 页。

1943年3月,他撰写《中共问题之研究》,5月递交《李维诺夫之去职》和《第三国际之解散及今后对中共之宣传要点》等,是国民党内对中共和共产国际研究最为详尽之人。当然,作为智囊,他的立场可想而知。

因此,陶希圣并不仅仅"文字组织力强",最重要的是,在一系列根本问题上,他与蒋介石心意相通,他深厚的学术功力,在理论上可助蒋思考,在写作上可代其达意。因此,《中国之命运》同样包含了他的思想。

五、《中国之命运》的续篇

根据陶希圣的回忆,蒋介石曾命他写《中国之开发》,作为《中国之命运》的姐妹篇,或是续编。蒋介石认为中国地大物博,这就为割据创造了条件,只要地方军政、财政与行政结合,分裂就会出现。为了避免分裂,蒋设想战后中国省区、经济建设区和军区三者绝对不能结合在一起。解决的办法是,按照孙中山的设想,建立两个都城:一是海都,设在南京,以海军、空军国防建设为主要任务;陆都则设于西安,从事陆军和空军的建设。经济建设,将全国划分为五个大区,分别以武汉、长江为中部;东南以浙赣路玉山为中主,为轻工业区;西南昆明为中心,重工业建设区;西北以天水为中心;东北为国际发展区,这个区是在中国主权之下的门户开放。陶希圣按照蒋的意思,写了第一章呈上后,由于抗日战争结束日本投降,这篇文章没有再写下去。陶希圣回忆说,《中国之命运》和《中国之开发》的草稿及资料,全部存在侍从室,抗战胜利后,侍从室取消,陈布雷将稿子焚毁,没有存稿留下。

不过,在"国史馆"我们能看到的是另外一份《中国之命运》的续篇,其内容如下:

《中国与世界之安危》(草目)(或名《中国与世界之前途》)

第一章　世界安危之基点

第一节　亚洲与太平洋的潜力

第二节　中国之地位与愿望

第二章　中国之民族主义与国际组织

第一节　民族主义之理想

第二节　中国对世界和平之政策

第三节　中国对世界和平之贡献

第三章　中国之民权主义——国家秩序

第一节　民权主义之理想

第二节　由军政到训政到宪政

第三节　由人治德治到法治

第四章　中国之民主主义与经济自由

第一节　民生主义之理想

第二节　国营事业与民营事业

第三节　国际经济合作与国际技术合作

第五章　中国之资源

第六章　中国之贸易

第七章　中国工业化对世界之影响

第八章　结论

如果说《中国之命运》体现的是对于过往的回忆的话,这个提纲则是关心即将到了的建设问题,而且,他们考虑的经济,并不是纯粹经济学的问题,而是研究政治经济学,归根到底是如何从事所谓的三民主义的建设。①

其实,如果抛开遗失的和尚存的关于《中国之命运》的续篇,《中国经济学说》似乎是《中国之命运》逻辑的顺延。

---

① 台北"国史馆"藏,入藏号:002000001371A,全宗号:蒋中正"总统"文物,卷名:著述,典藏号:002-080114-00018-010。

第三节　沉淀的经济理论

1943年3月,在《中国之命运》出版的同时,《中国经济学说》一文以蒋介石的名义发表。这篇文章补充了《中国之命运》对于经济问题论述之不足,文章虽然没有《中国之命运》引起的反响大,但是,该文也是经过蒋介石的四次修改,众多人讨论而成的文章,尤其值得注意的是,《中国经济学说》是由陶希圣起草,并且,较少被蒋介石质疑,颇顺利面世的一文。陶希圣自称:"这是我在第五组从事有系统研究而引起委员长重视的开端。"①

一、十余年磨一剑

陶希圣自受唯物史观影响后,无论是作为学者还是政客,他所有的研究和挖掘,目的都是为了解决当下问题,而他研讨历史、观察现世、剖析外交,具有看到表象之下的经济作用的能力,并将经济作为决定性因素。如果说《食货》时代,陶希圣通过食货的管道穿越于历史的中国,寻找发展的脉络,那么,1937年以后的他,则直面现实中国,并将西方的发展作为参照,力图建立中国的经济理论。在国民会议期间,他曾经就战时经济提出对于统制的一些看法。1940年到香港后,陶希圣沉心静气,以他自己的方式探讨经济理论问题。

1940年9月11日陶希圣向蒋介石递交《呈经济立国规划之必变与不变及附录两件》②,指出中国学界自严复译亚当·斯密《原富》以来,中国经济学以英国正统经济学派为主流。自五四运动以来,马克思经济学盛极一时,与正统经济学并列为经济思想之两大主流。

但是,经济思想依据于各国经济组织与经济政策而构成。立足于欧洲的

---

① 陈存恭、尹文泉整理:《陶希圣先生访问纪录》,第161页。
② 陶希圣:《呈经济立国规划之必变与不变及附录两件》(1940年9月11日),台北"国史馆"藏,入藏号:002000001317A,全宗号:蒋中正"总统"文物,卷名:经济建设(一),典藏号:002-080108-00010-007。(注:以下引文均同此出处。)

经济组织，也随各国的地理环境、历史传统及产业发展而变化。比如，就时代而言，由古代的农业经济转为工商经济；地域上则由都市国家发展而成海洋商业国家，部分地区还停留在中古末期阶段；在思想上，海洋经济形成个人主义、自由主义，而德国、苏俄经济思想，别为"集团主义和社会主义之流派"。

由欧洲经济思想所经历的过程，反观中国经济，陶希圣有如下问题："中国古来为大陆农业国家，是否能取海上都市国或商业金融国之立国精神，以指导我经济思想及政策？""中国应采撷西洋各国进步之经济思想与政策以为观摩，然而本国历史上立国之规模自有其特点，为吾人所不宜遗忘而弃置者，要在吾人能否基于现代科学之方法与精神以改革其必变者，而承受其不变者耳？"前一个问题是可否全盘采用西方的经济思想立国，后一个问题是如何立足于本国，取舍现代科学、方法和精神，其实质是仍在"中体西用"范畴内思考。

对于上述两个问题，陶希圣规定了以下的原则：必须知晓中国是一个以内陆农业为主体、以生活为目的的计划的统一的经济体。具体来说，"我国经济之起源，在黄河上游之黄土地带而基础厥为农业。此后经济之发达由西北而东南，由陆地而海上"。中国社会的构成不是欧洲中世纪时的小诸侯领地，而是在农业经济之上有大一统的国家。国家指导下人们使用耕具，国家负有推行井田、实田、方田等田制的责任，颁布历书，以授民时；盐的分配；仓储；交通，包括漕运和驿站的管理；特别是水利为历朝大政，秦汉都有水监，隋唐有水部，为管理机关。他很细致地说明水利必须有全国规模的计划才可以开展，例如：治黄河的泥沙，绝非一个区域可以完成它的堤防建立与水道的疏通，长江的堤防与湖泊的疏通，也一样必须用全国规模之计划。中国经济的根本精神是"生活本位"，而不是商业国的"利润本位"。他强调："广土之上之众民，需要全国规模之规划以遂其生活，故中国四千余年之历史，统一之时代较割据之时代为长，而其统一之规划，比任何国家为伟大与周密也。"与此同时，中国自古经济是国防本位之经济。而国防经济建立于平时经济之上，国防经济与生活本位之经济为一体而不可分，一损俱损、一荣俱荣。

陶希圣指出中国自宋以来农业立国规模受破坏而不可恢复。商业的发达，使工业与农业分离，自给自足变得不可能，商业资本得以发达，小农破产在所难免。当近代以来工业国的商品与资本侵入我国市场后，加剧了农业社会的分化。但是，中国的特殊性也表现了出来：一、中国作为先进国的市场，"中国工业之兴起乃商业发达之现象所刺激而成，其发达之程度与速度远逊于商业；二、商人以商业心理经营工业，故改良机器与扩大规模之远大眼光与进取精神未若西洋工业国家之充沛；三、金融资本之繁荣不以工业为基本，而定于商业之投机性质"。这些特殊性造成资本流连于繁华都市，只趋眼前近利，忽略将来，使工业不能向内地发展，改变了千年以来我国经济发达由西北向东南之势，造成精华外向，国力内虚。可见，中国目前的经济发展的路向于中国自身的发展不利。

有了前面的铺垫，中国如何实现工业化的问题，成为陶希圣考虑的重点。率先让他思考的是作为一个后起的、有自己特色而又落后的国家，如何与先进工业国竞争？

陶希圣看到当前中国之市场为外国工业品所占领，海外之市场为先进工业国所分割。先进国的工业，不但规模宏大，且以独占的方法控制国际市场。独占的竞争把世界变成大经济集团武力战与经济战的战场，争夺资源物资。在此种形势下，各国采取贸易保护政策，独中国因为不平等条约，而没有自我保护的能力。因此，他认为中国之工业化，必须借助于大资本经营和有计划的指导，而不能采取小资本、私人资本的方式进行。即采取自由主义和国家计划并行的办法，在国家工业计划之下，开导保护个人的经济自由，完成产业和统一而国有的二次工业革命。

具体操作上，陶希圣以为中国之工业化有三项无可疑虑之点：A．须有国际资本与技术之合作，不独为求资本之集中，技术之进步，且为目前以集团对集团的战争看，也是必需的；B．须有国家统一之计划与经营；C．须有劳资合作之办法，盖今日之战为全体战，无论劳资何方息工罢业无为，对于全体战而言都将是失败主义。

中国工业化所要体现的精神，陶希圣表示不取利润本位之自由经济思想，而体现生活本位之经济思想。中国不走英国海洋岛国的发展路径，而走大陆国家多重计划与自给的特征。因此，"必须解决土地问题，而更进一步求农业之工业化；必须有伟大之水利水道工程与水利水产之管制计划。必须在伟大之铁路公路之建筑计划；必须开发各地之矿产而工业之接近原料之出产地，亦必须遍布于内地之矿产。工业与农业不独应在时间上并行，且须在地域之分布上相联系相配合，故工业遍布于内地之农业区"。自给为目的，农业工业并进，发展均衡，这是陶希圣规划的中国的美好的工业化之路。体现在政治制度上，陶希圣认为工业革命与社会革命两者一次完成，"不能先求工业革命，再继之以社会革命，陷中国于内战，致无从在此集团战争之时代立国家不败之基"。

陶希圣文章的最后部分是《总理之民生主义与实业计划》，强调孙文的民生主义与他上述观点是一致的。① 同时，文章还有附录一《儒家之经济哲学》和附录二《所谓"闭关时代"》。后者指出中国过去为农业国然绝非闭关锁国者。清末以来，国人不假思索，指鸦片战争以前为闭关时代，此一误解牢不可破，亦无人破之。他介绍了中国商业的观念，以及农业国的性格，指出中

---

① 陶关于《总理之民生主义与实业计划》部分内容如下：孙之民生主义和实业计划，最适于广土众民之中国之需要，其他主义皆不行。举其纲领言之：
1. 理论方面
(1) 民生主义以养民为目的（即生活本位的）不以赚钱为目的（非利润本位的）。
(2) 民生主义要家给人足（即求国民衣食住之自给自足，尤主张食粮而统制其分配）。
(3) 民生主义要人尽其力……至于货币则为"交叉之中准""无货物则金钱等于泥沙"（即以资料开发物资储积为国富而不以金钱量国富）。
(4) 民生主义之内外政策如左：对内行计划经济制度；废手工用机器而统一而国有之；解决土地问题，并求农业之工业化；以合作代商业使生产者与消费者直接交易；建筑铁道公路，开通运河以为振兴实业之"母"；对外取保护政策；国际资本与技术之合作。
(5) 实业建设与国防建设为一体（国防建设以自寻为目的，不独不妨碍民权民生，而正要使民权民生在国防安全保障下得到解决）。
2. 计划方面
交通：铁路运河商港之开通；
尤其注重东南沿海地带，目的是开发各地之资源，流通各地之出产（基本上介绍一下实业计划的内容）；孙中山的实业计划是工业立国之伟大作品。立国有变与不变，变者由农业而工农，不变是民生本位与国防本位。

国绝非真有一个长久闭关而不与外国往来的时代。①

陶希圣此文,对于中国古代社会的把握,明显受亚细亚社会形态理论②的影响。关于中国目前工业化道路的阐述,应该属于陶希圣自创。若以"中体西用"的框架来理解,那么,陶希圣所说的"不变"的中体,当是统一、有计划、能自给,农业工业并重,内地沿海同时发展,以生活为本位的经济体;所谓的"变",则是引进现代的科学技术、引进外资,在计划之下允许自由经济一定程度的存在的经济。

《经济立国规划之必变与不变》一文,写于1940年,但是,蒋介石真正看到当在1942年。按照一般的惯例,陶希圣的呈文,先交给陈布雷,由陈布雷交给蒋,陈布雷读此文的时间是1942年4月29日③,由此推论,蒋在此之后看到。如果说此文是陶希圣以前经济研究的总结,那么,当陶希圣回到重庆,则对自己提出新的要求,即了解世界经济发展的动向。为了掌握最新的知识,他曾经多次给高宗武写信,索要新书以求新的知识。1942年3月4日,陶希圣在《致高宗武函》中开出书单:"(一)法国失败后关于民主政治发行之好书;(二)关于Federal Union之好书;(三)关于新军事技术及战术战略之好书;(四)关于战争经济学之好书。"④1942年9月11日《致高宗武函》,陶希圣为读不到新书而苦恼,称:"新书无希望,此间人只希望海外友人将日常读报纸杂志所得心得而不足为奇者,稍成系统以通讯,若有如此之通讯,视若至宝,惜不易得而已。海外友人或以为日常之事无足述者,殊不知国内之人所望者非奇,《纽约时报》星期增刊内论文摘要即已满足一部分之要求矣。伦敦方面前已托一友人为之,今尚未见其来信,华府方面有无友人可托,烦兄留意也。其要点:(一)国际经济概述;(二)政治思潮及讨论最

---

① 以上引言均取自陶希圣:《呈经济立国规划之必变与不变及附录两件》(1940年9月11日),台北"国史馆"藏,入藏号:002000001317A,全宗号:蒋中正"总统"文物,卷名:经济建设(一),典藏号:002-080108-00010-007。
② 关于亚细亚社会形态的理论,参看新生命时期的陶希圣即可。
③ 《陈布雷先生从政日记》(样稿),1942年4月29日记有:"午后阅读希圣所著《中国经济立国规模之不变与必变》一文,引古证今,论议殊富。"
④ 夏侯叙五:《高宗武隐居华盛顿遗事》,第116页。

多之政治问题;(三)一般对中国之论调;(四)战局之一般讨论及推测其程度,只以三四友人闲谈可及为准,并不要专家专文专论也。"① 到侍从室第五组,陶希圣掌握了一些外汇,他把钱寄给在伦敦的叶公超,在华盛顿的陈之迈等人,请他们购买一些书籍,通过航空的渠道,将一些最新的知识传送进来。陶希圣由此一窥最新的经济学理论。

陶希圣关于经济的研究和理解,显然不是其他幕僚能望其项背的。他递交的报告②,蒋介石见后,感觉颇有道理,令他撰写一文,于是,就有了后来称之为《中国经济学说》一文。

二、求教于各方

《中国经济学说》最初命名为《经济的道理》③,蒋介石需要此文批判共产主义的政治和自由主义的经济。1942年春陶希圣执笔,经过陈布雷的修改,并将稿子送给国民党中央一些要员,比如:吴鼎昌、戴季陶、张群、翁文灏、方显庭、卢作孚、陈立夫、萧铮、曾养甫等人,征求意见。另外,陶希圣专门将稿子寄给西南联大、西北联大的一些专家。事后,收到吴鼎昌、陈立夫、陈豹隐、赵兰坪(中央政治学校经济科主任)、赵迺搏(西南联大经济系主任)、何廉、谷春帆、陈伯庄、伍启元(西南联大经济学教授)、陈振汉(南开经济研究所研究员)、萧铮、郑震宇等人回件,以及其他人的口头意见。然后,由陶希圣将这些人的意见汇总,交给蒋定稿。不过,包括陈布雷在内的

---

① 夏侯叙五:《高宗武隐居华盛顿遗事》,第120页。
② 陶希圣回忆称:"我到第五组研究后,提出一个《中国经济学》的报告,说明中国在不平等条约下,沦为次殖民地问题。指出中国经济建设历来都有计划,如汉、唐国家建设,以长安、洛阳为中心,由首都向四方发展交通大干道,同时有计划地发展水利、运河。但是近代在不平等条约下,全国交通则由通商口岸、租借地向内地发展,像东三省是从旅大向内部发展,华北是从天津通往北平内部发展,华中是从上海通往南京内部,而华南是从香港向广州内部发展,无法作全国性完整的规则。"(参见《陶希圣先生访问纪录》,第160—161页)
③ 1942年5月7日,陈布雷记有:"阅希圣兄所撰《经济的道理》一文,贯穿古今,颇有见地。"1942年5月30日,陈布雷记有:"阅希圣改正之《经济的道理》稿,微觉有不妥处。"(见《陈布雷先生从政日记》) 1942年6月21日,蒋介石记有:"正午与陈布雷陶希圣谈中国哲学及《经济的道理》颇有心得。下午修正《经济的道理》初稿。"(见《事略稿本》49,第595页)

国民党党内人士，一般建议此文暂时不要发表①。

根据陶希圣给蒋介石的《关于〈中国经济学说〉之意见》（依照所接到之专家意见整理者），意见主要围绕以下几点展开。

关于本书体例：从概念上分清理论与政策之分别。陶希圣借用陈伯庄、伍启元、陈振汉的观点，以为"理论或科学所论者为'是如何'，政策或主义所论者为'应如何'"②，基本汇集了各家的观点。

本书应首先抉择建立经济理论，还是侧重经济政策，意见分歧大。以何鼎昌为首的主张只讲政策，理论研究交给学者进行；以陈豹隐为主则强调理论建立优先，主张《中国经济学说》一书应建立理论体系。陶希圣对陈的观点很有兴趣，归纳陈的意见如下："从经济本身来说，抗战以来，军事有长足的进展，政治亦有相当的进步，而经济则最为落伍。各种经济问题之不能解决，固有由于人事问题者，亦有由于人事以外的问题者。即一般人对于经济常理无彻底理解，因此见解不统一，而政策遂以纷歧，难收良好之效果。故在战时急需成立中国学以为指导战时经济之根本方针。至于战后，更需成立中国经济学以为经济善后问题之根本指导方针。此次大战以后，各国经济发生重大变化，世界经济问题正可乘此机会作合理的彻底的解决。中国经济学体系的建立，关系中国及世界经济之将来，其急需成立，自不待言"；"对政治方面来说，政治建设与经济建设均须根据新的理论，尤其外交方面需要确定之理论指导，不能随波逐流。如利用外资问题、国际贸易问题等，皆非有新的经济理论为之指导不可"；"从军事方面来说，此次战后各国仍将对未来

---

① 1942年8月27日陈布雷将陶希圣签呈一件、整理《中国经济学说》各方意见报告一件、陶希圣研究意见一件，一并呈蒋介石时，附陈意见说："职就口头谈话所得，党内外人士均有主张此书宜暂缓正式发行者，如吴达诠（鼎昌）为职言之两次谓领袖对建立学说发表著作拟宜慎重。先生亦谓此书不可即予公开发行与□□。窃意座可否采纳此意，将此书内容就各方陈述意见，交希圣再行整理修正，便俾时只作为内部训练教材之主要参考，暂不正式发行。"（《陈布雷至蒋中正》（1942年2月28日），台北"国史馆"藏，入藏号：002000001317A，全宗号：蒋中正"总统"文物，卷名：经济建议（一），典藏号：002-080108-00010-005）

② 以下引文均取自《陈布雷至蒋中正》（1942年2月28日），台北"国史馆"藏，入藏号：002000001317A，全宗号：蒋中正"总统"文物，卷名：经济建议（一），典藏号：002-080108-00010-005。

之战争积极备战。我国在此次战争中，已饱尝经济准备不足及物资管制与物价统制之零乱之苦。故战后中国为国防的充实必须成立中国经济学"；"从三民主义理论来看，三民主义之三部分，民生主义部分因总理尚未讲完，致理论体系至今尚未完成。经济学者纷加解释，转滋异端。民生主义经济学基础奠定之必要，自不待言"。

本书的书名也存有争议，吴鼎昌建议用"民生主义之诠释"或"中国之经济"，陈立夫主张用"经济的道理"，陈豹隐主张直接称"中国经济学"，萧铮建议用"民生主义经济学"，何廉表示可用"经济思想与经济政策"，等等。

关于中西经济学说部分各位的意见，陶希圣加以整理归纳如下：有人指出在一些基本问题上的提法与已有定论相悖处，比如将"井田制"称为"放任主义"；有人提出概念的使用不准确，和对于世界各国经济学说了解过于狭隘；也有人建议，缩短关于旧有中国经济学说与制度的叙述；有人指出本文的发表目的不正确，如陈伯庄认为"自由主义在欧美已倒，不必多所评论，而抨击中共，不在驳斥马克思，彼煽动青年者不在主义，而在抨击各种政象"。

关于中西经济学说的本源问题，书中所述中国经济学说以理性为本源，西洋经济学说以欲望为本源。对此，阅读者多提出意见，不同意者不少。

关于生产要素的讨论，其中涉及货币、资本是否为生产要素，以及土地劳力资本以外之生产要素的定性。

关于其他各点的讨论还有：1. 保护政策。赵迺搏说保护政策与大西洋宪章之经济政策相冲突，似不宜明白主张，以招致不良之影响。2. 提出民生与国防合一。吴鼎昌认为民生与国防合一原则应该更加精确地审夺，比如"'国防之外无民生'一语，有流入纳粹主义之嫌，可删"。"'国计即是国防'一语，宜改为'国计大部分工作就是国防'，盖国计可以概括国防，国防不能包括国计也"。3. 统制经济与计划经济。陈振汉从所有制上考虑，民生主义保存了私有，所以不是计划经济而是统制经济。4. 自由贸易主义与重商主义概念的不同。5. 兵制与田制合一。6. 经济之学与经世之学。7. 经济学不当为"建国之学"。萧铮以为"建国之学应为政治学或社会科学之全部，不能独以经济学为建国之学"。其他还有关于马尔萨斯、边际效用说、水利、仓储、平均地权与工业化，等等。

陶希圣以为，上述建设中有三点积极的建议：关于中国经济学的定义与基本原理；社会安全的理论；战后建设。

陶希圣对各位建议者关于中国经济学的定义与基本原理介绍较详细。关于中国经济学的定义，他引用了陈豹隐所说："中国经济学是一种社会科学，以在如何用物济世的关联上，即在经世济物的关联上之个人与全体之关系为其对象；目前以中国将来以全世界人类社会为其研究范围，以人类本性即其本性与欲望为依据；由社会观与社会发展史观出发；其研究的分野乃以消费、生产、流通及分配为顺序而逐次推论；其所能获得的结果为发现对象上种种原理原则，且从而充分利用之，并根据人类的理性，对个人欲望加以节制，以树立国际民生攸关的经济建设方案；以期人与人间之用物关系上，尽量发挥人力土地与物资之效能；借以达养民保民使臻于富强之目的；而完成说明现实，改良现实与实现理想之科学的根本任务。"

陈豹隐指出关于中国经济学基本原理可以归纳为三项，即"（一）以养民为目的，以民生为本位；（二）计划经济；（三）民生与国防之合一"。各位建议者虽认为精确，但他仍然希望在十个方面加以改进："(1) 民生史观及民生主义的社会观。强调正统学派之亚当·斯密、李嘉图等以个人为出发点，历史学派之李斯特以全体社会为出发点，共产主义经济学以阶级为出发点，皆在所偏。中国经济学则以推己及人，由近而远之人与人整个团结之社会为出发点。(2) 以养民为目的——文化与民生之合一。(3) 以保民为目的——国防与民生之合一。(4) 依据物性的计划经济，动用人的能动力量，有计划地将经济的自然状况加以改变。(5) 合理的统制经济。所谓合理的统制经济，即以经济力量为主，政治力量为辅，且使人尽其力，物尽其用，以逐渐达到计划经济之域。(6) 富于伸缩性的节用尚储主张，确立中国经济学之消费理论，储量积谷的优良传统今后应积极发扬。(7) 和平的一次工业革命，第一次产业革命与第二次产业革命，毕其功于一役，而出之以和平的方法，此为民生主义基本主张。(8)彻底的货币理论。'钱币革命'是总理创造的最具远见之理论,当然为中国经济学之原理。(9)仁爱公正的社会政策。以此确立中国经济学之分配理论。(10)永久的经济繁荣。理想社会不许有失业与饥荒,大同世界即为永久繁荣的世界。民生主义在此一点上实为今日英美各国所倡导'社会安全'之理论之先河。"

三、回应以国际经济新思潮

陶希圣虽然身体不好,事务很多,但他的上述整理归纳,相当尽心尽力,在文章后面,陶希圣还《附陈所见》,发表了自己的意见。

(一)民主国之新经济思潮——计划经济地位上升

陶希圣指出经历第二次世界大战,第二次工业革命达于最高潮。在第二次工业革命过程中,工业先进国的经济学说与经济政策,有了相应的改变。美国罗斯福总统所行新政,因为法国的被占领,政治上的民主主义与经济上的放任主义,同受纳粹的威胁。太平洋战争爆发后,美国经济转向战时经济以适应作战的要求,于是计划经济论急剧发展;英国为经济自由主义的古国,二战后自由主义发生根本动摇,英国思想界出现社会安全与社会计划的潮流,并出现了由主张计划经济之人士组成的所谓"保安党"[①]。英美经济新潮流表现于国际公文则为《大西洋宪章》,尤以第五条最为显著,[②] 无异于使经济安全的理论成为世界民主国共同的理论。

陶希圣认为,新经济思潮和民生主义十分合拍,比如:

[①] 以下引文均取自《陈布雷至蒋中正》,陶希圣:《附陈所见》(1942年2月21日),台北"国史馆"藏,入藏号:002000001317A,全宗号:蒋中正"总统"文物,卷名:经济建议(一),典藏号:002-080108-00010-005。
[②] 1941年8月13日,罗斯福、丘吉尔签署了联合声明,14日正式公布,史称《大西洋宪章》。第五条的内容如下:"两国愿意在经济领域内促成一切国家之间的最充分的合作,目的在于使所有国家改善劳动标准,发展经济,享有社会安全。"

1. 充分就业与丰裕经济。

陶希圣写道:"英美之新经济思潮,凯恩斯①爵士为其最有权威之理论家。凯以充分就业为经济学与经济计划所悬之中心命题。其理论在说明充分就业之可能性,其计划则在使人人可以就业;此图与民生主义'人人有饭吃'无殊。而尤其与民生主义相发明者,更在其以提高社会购买力及生活水准为刺激生产之动力。所谓'膨胀经济'或'富裕经济'以消费论为推论之起点,正与民生主义之以民生为起点相同。日用消费品(如衣食等)之生产,永久性建设(如住宅道路公用事业等)之发展,生产器材(如机器等)之增值,固然是为充分就业,即教育之推广,医药之分布,变所以使人民充分就业。此其与民生主义于衣食住行之外,又重视乐育之意义相同者。"

2. 社会安全的对象,为贫困、疾病、愚昧、污秽、游惰。

3. 国家计划与个人自由。

陶希圣认为:"民主国之放任主义固不足以实现社会安全,纳粹之专制主义又适为战争之根源。"所以,英美学者寻求第三条路——计划经济加经济民主,着重关注在国家计划之内,个人有充分之自由,国家计划应尽量使人民以主动的精神,参加讨论而合力实施。"计划虽定自国家,主动仍尽量留给人民,此为民主国家之计划经济所不同于纳粹者。"

陶希圣在此运用了"社会安全"和"经济民主"的概念,这是他以前没有提出过的。

4. 社会生理学与社会病理学。

陶希圣说:"社会安全理论亦不同于共产主义,共产主义为社会病理学,

---

① 即约翰·梅纳德·凯恩斯(1883—1946),英国经济学家,其理论被称为"凯恩斯主义",主要著作是《就业、利息和货币通论》。他一反古典经济学家和新古典经济学家的放任自流的经济政策,提倡国家直接干预经济,认为只有依靠"看得见的手"即政府对经济的全面干预,资本主义国家才能摆脱经济萧条和失业问题。为此,凯恩斯主张政府通过收入分配政策刺激有效需求来达到充分就业。为刺激社会投资需求的增加,他主张政府采取扩大公共工程等方面的开支,增加货币供应量,实行赤字预算来刺激国民经济活动,以增加国民收入,实现充分就业。

社会安全理论则为社会生理学。故英美新经济思潮之发展,足以共产主义为之消沉。而总理之学说,实于此更可以知其远见与卓识。"陶希圣以为孙中山工业革命两个阶段的理论,即机器代用工的第一阶段,到"统一而国有"的第二次工业革命观念与目前经济界的新经济理论吻合。

5. 国家计划与国际计划。

陶希圣从《大西洋宪章》中看到了一种新的国际经济体的出现,也即国际计划下的新秩序,可以对付共产主义理论下的共产国际。他说:"社会安全,非一国所能孤立。故今后必有国际计划,以期世界人类共臻于安全之域。社会病理学之共产主义,要以世界革命达成理想。社会生理学之社会安全计划,则以国际和平协商达成理想。两者均有国际性,而社会安全论者所主张之国际计划则为一串之国家计划。具体言之,多数之主权国家各定其本国之计划,而依于国际会议之途径,使其互相。国际计划之实质如此。"

(二)经济建设之目的——提高国民生活水准

陶希圣认为有必要向工业先进国解释,中国之工业化以提高国民生活水准为目的。中国之工业化不至使中国在国际市场上成为一个新的竞争力量。相反,中国将因工业化而成为一个丰富的市场,供工业先进国投资。故中国之经济计划与工业先进国之经济计划必能吻合。

(三)经济计划的制造与执行

经济计划的制定:经济计划由中央政府咨询中央民意机关以为决定;区域计划由各省市之省市政府咨询省民意机关共同决定;地方计划由各该省市政府咨询省市民意机关决定之。

经济计划的执行:经济计划之执行,除法律订定由国营或地方团体公营之事业外,其得以私营之事业,由人民自由经营。

(四)国家对私营事业之政策

陶希圣认为,节制资本的消极意义,在对于垄断市场操纵民生之事业加以限制;而积极的意义,在保护并扶助合于国家计划的私营事业,使其发达。国家对于此种私营事业将以贴息,保息周转金融等助其滋长。

(五) 国际贸易政策

甲　为促进工业化以提高国民生活水准起见，中国在国际合作之原则下将酌取保护政策。

乙　中国战后必须多生产适于出口以交换外国机器的商品，指导或管制出口贸易，同时对奢侈品加以限制，此外一切对外贸易以自由经营为基本方针。他认为按国际贸易自由和《大西洋宪章》所定之原则，中国对国际贸易，一面保留限制与管理之权利，一面又须同意于自由贸易的原则。

以上五点，是陶希圣对战后经济政策最重大问题所提的意见。他借助于经济的管道观察世界和中国，预测到：上次大战取决于莱茵河之形势，现在不复存在，太平洋继起而与大西洋平行，而不再居于附从的地位。工业、商业与金融中心不再由西欧专属，以后的金融中心将"在于惟一之二十万万元黄金集中之纽约"①。在此文中，他似乎预见到了战后冷战国际局面的出现，而将中国归于美国伙伴的地位。

四、终于面世的《中国经济学说》

1943年3月，陶希圣执笔的《中国经济学说》终于面世。全文共分五个部分：中国经济学的定义与范围；中西经济学说的分别；中国古来的经济规模；民生主义的经济道理；将来的经济理想。

文章以为自周公以来，经春秋管子、孟子、荀子，到西汉时期的盐铁论，及至范仲淹、王安石、张居正，中国逐渐形成了自己的经济学说：从人与物的关系说，中国经济学为"经世济物之学"，讲的是人与物的关系，以理性为本源，不以欲望为本源；从个体与全体的关系来说，中国称经济学为"国计民生之学"，讲究"养民"与"保民"。"就养民而论，国计就是民生；就保民而论，民生就是国计，简单地说，就是国防。而其最精之意即在于民生与国

---

①陶希圣：《中国国际环境推移试论》(1940年11月25日)，台北"国史馆"藏，入藏号：002000001168A，蒋中正"总统"文物，卷名：和平酝酿（七），典藏号：002-080103-00033-013。

防之一体而不可分。"① 陶希圣归结中国的经济学说基于这样的认识：人与人之间、人与物之间是一个整体，小我是大我的一部分，任何事物都是整体的一部分。

文章指出，热衷于西洋经济学的人，并不知何者为西洋经济学。文章回顾了西方经济史的发展过程，指出西方的经济学各有差别，"但考其本源，仍有相同之处。他们无论哪一学派，总以个人的欲望为出发点，以推论经济现象而构成其学说"。从内心来说，文章的作者对西洋传来的传统经济学说是轻视的，他甚至说："由中国的经济学的意义来看西洋的经济学，只不过是一种私人企业学或市场之学交易之学。"②

文章从流变的角度揭示，19世纪中叶，德国经济思想自成一个体系，倾向于保护政策；19世纪到20世纪之交，美国的保护政策、工业组织垄断的出现，经历第一次世界大战，各国的经济学说发生了相应的变化。经济学最新的趋势呈现，"在人类的欲望之上，认识人类的天性，且于个人的小己之上，认识社会的有机体，因而经济学的范围，也超越价值学说之外，经济学的目的，也超越利润追求之上"③。他预测此趋势将随着大战结束而更加明显，最后会与民生主义殊途同归。

文章立足于中国本位的观念，指出中国不取自由主义的理由，主要是中国受不平等条约的束缚太久，所以对外贸易，必须由国家进行保护，工业的建设，必须行计划经济以与外国的垄断进行竞争；马克思主义经济学说不能采取的原因是中国感受到的不是阶级的分化，而是落后的痛苦与贫困。

文章的结论是：中国经济以民生本位与计划经济为必要，不取放任自由，不取阶级斗争，以计划经济使"资本国家化，享受大众化"④。

经过修改的《中国经济学说》一文，基本采用了陶希圣的观点，不但将

---

① 蒋介石：《中国经济学说》，见《先总统蒋公思想言论总集·专著》第5卷，第22页。
② 蒋介石：《中国经济学说》，见《先总统蒋公思想言论总集·专著》第5卷，第7页。
③ 蒋介石：《中国经济学说》，见《先总统蒋公思想言论总集·专著》第5卷，第16页。
④ 蒋介石：《中国经济学说》，见《先总统蒋公思想言论总集·专著》第5卷，第24页。

经济与中国本位、中国特色凸显出来,借助"保民"又将国防、民生结合到一起,从而创造出了他们认为符合中国实际的经济学说。

后　记

在台北"国史馆"里,当笔者从陶希圣的案卷里,抽出一张张照片,里面那个瘦小、白皙、干净的老者,安静地站在一任又一任台湾当局领导人——蒋经国、严家淦、李登辉之侧,脸上挂着不变的微笑,这样的陶希圣似乎不想引起人们的注意,甘愿做陪衬人,然而,他看向镜头的双眼却沉着而不躲闪,不带感情地看着……

陶希圣作为一个历史人物,在他身上应该拥有乱世之下一代书生的社会性格,这是笔者的预先设想。但当我踏入陶希圣的世界之后,才惊讶地发现,他在相当长的时间里,是一个孤独不羁、傲气十足的人:在方法论上,他讲唯物史观,与胡适自由主义派不友;在政治上,拥护国民党,与马克思主义学者敌对;在学术上,他既要搜集资料又要寻找规律,为清华一派功力深厚的考据学者所不屑。他树敌多多,一度向国民党要民主宪政、反对专制,拒绝蒋介石派的邀请,甘心到北京做学问;一边他又要共产党放弃根据地,鄙视与中共友善的民主人士;在全国人民一致抗日的呼声中,他积极投身于"和平运动";他自称"汪派",最终却被汪精卫斥为"男盗女娼"、让周佛海骂为"禽兽",必欲杀之而后快……

从"和平运动"中抽身，是陶希圣由自负转为内敛的关键点。作为一个曾经的汉奸，作为一个仍想有所作为的人，经历了当面被人唾骂，听闻党内许多人反对使用自己，陶希圣十分明白，他必须借助于强有力的人的庇护才能生存，这个人非蒋介石莫属。蒋介石的不弃和陈布雷的帮助，给了陶希圣想要的政治空间。感激加需要，陶希圣从一个有独立人格的所谓"参政不知政"的学者，转变成蒋介石的御用文人。于是，一个新的陶希圣出现了——用知识服务于官僚体制的"士大夫"，一如他笔下所写的那样："旧文化的保存者，或新知识输入者。"①

为了使陶希圣研究更有意义，本书承担了三个层次的任务：揭示陶希圣在不同时期的政治思想和学术思想，这是本书第一层次的研究目标。陶希圣是一位学者，他勤奋、踏实、诚实的学风，以及全面的知识结构，使他在唯物史观的指导之下，特别是在社会史研究方面、中国社会性质的探讨上，为中国历史学的转型，作出了自己的贡献，成为一代大家。陶希圣作为国民党后起的思想者，是一个将所有历史当成现代史来读的人。在他把史学与社会关怀结合起来之后，他似乎一直在寻找一种属于"中国的"发展道路，其中蕴含着中国的文化、中国的社会结构、中国的经济理论和思想；但是，他的门户之见，使他在力图建立"中国的"理论体系时，一心向古，排斥外来的自由主义和苏俄体制，而成为一代新的保守主义者。他的政治立场，他对中共的仇视和对国民党的维护，令他的理论探索缺乏客观的定力，其结果是，他挖空心思所写的文章，除了服务于论战外，对于当时的中国社会没有多少现实意义和指导意义。

真实描述陶希圣的政治生活，以求探寻现实与理论的互动关系、学者与政客胶着的样貌，是本书第二层次的目标。本书追溯至1927年，止于1940年"高陶事件"。作为"汪精卫的人"，陶希圣的政治身份先后是大革命时期的国民党左派、国民党改组派以及"和平运动"的积极参与者；到1940年以

---

① 陶希圣：《中国社会之史的分析》，辽宁教育出版社1998年版，第9页。

后，陶希圣作为蒋介石的人，充当幕僚，任侍从室第五组组长和《中央日报》总主笔。笔者力求呈现这一历史阶段的大开大合，社会潮流对于他之"点滴"的摆弄，以及他与蒋介石、汪精卫、陈布雷、周佛海等人的关系对于他的命运的转承间的作用。

陶希圣曾经热心于和日本议和，竭力促成国民党中央与日本和谈，一度是"和平运动"的核心人物之一。但在南京伪国民政府即将建立、汪精卫准备与日本签订卖国秘密协定的时刻，他和高宗武迷途知返，回到香港并将密约公之于众。本书借助于第一手的资料，揭示陶当时出于真心主张"和平运动"，同时，也是出于真心，不愿意帮助汪精卫在卖国的道路上越走越远。

将陶希圣作为个案，以求更深入、多面地揭示民国时期的思想理论，特别是国民党的正统思想，是本书第三层次的目标。陶希圣为国民党的理论建构、宣传殚精竭虑，在与中共等政敌的论战中一马当先，他参与大量的国民党高层的活动，并为之出谋划策，对当时的决策起到了很大的作用。本书通过研究陶在《新生命》时期、《社会与教育》周刊时期、《食货》杂志时期、《独立评论》时期和《中央日报》时期发表的文章以及1940年后陶希圣递交的政论提案、代笔的《中国之命运》和《中国经济学说》等政论文章，来全面地、流变地展示陶希圣的思想，以及对国民党重大理论的提出和宣传所起的作用。在陶希圣参与《中国之命运》的撰写，热情投身于国民党"本位文化"的宣传，竭力写成《中国经济学说》的努力过程中，我们可以看到他和国民党政治理论的构建过程中的互动，显现出知识分子参政及其对于政治的影响力。

陶希圣作为一个"反共健将"，其符号般的身份，一直以来成为学术研究的盲点，这样的状况表面看只是对某人某事无兴趣，实质牵涉历史研究是否具有全面、理性、客观的学风问题。《陶希圣的前半生》以1899—1949年为时间段，研究游走于学术和政治之间，从有政治见解和独立人格到依附于权威的陶希圣的半世生涯。从陶希圣个体看大社会，同时又在大社会之中寻找陶希圣，这是本书努力的方向。

附录一　陶希圣年谱简编（1899-1949）

1899 年（清光绪二十五年）

阴历九月二十六日生于湖北黄冈县仓埠镇陶胜六湾，名汇曾。父名月波，字炯照，号月舸，光绪二十三年（1897）秀才。母揭氏，黄冈周山铺人。

1903 年　四岁

其父以知县到河南省候补，随父移居开封。

1904 年　五岁

其父署理河南夏邑县知县，全家同往夏邑县。

1905 年　六岁

随家回开封，始读《诗经》和《论语》，习字，其父自教读。

1906—1907 年　七—八岁

其父任河南新野县知县。全家乘骡车由开封至新野。新野县初办小学，一度入学学习。

1908年　九岁

其父卸职新野，全家回开封。随其兄陶述曾入旅汴中学。学校开经义、历史、国文、算学、英文、博物和体操等课程。

冬，光绪皇帝和慈禧太后相继去世。

1909年　十岁

旅汴中学改名为河南省立第一中学。陶家兄弟二人入校住宿。读达尔文《物种起源》。

1910年　十一岁

结识国文先生郭兴额，郭虽为满人，但同情革命，常常高谈革命，对少年陶汇曾有极大的影响。

1911年　十二岁

武昌起义爆发。与兄离开河南第一中学去往洛阳。

1912年　十三岁

随父回乡。读完《史记》，重温《汉书》。

1913年　十四岁

夏季休学，读唐宋诸家诗文集，学作散文及诗。

1914年　十五岁

在仓埠镇学习《资治通鉴》及老庄。

1915 年　十六岁

随父到京，考入北京大学预科，秋入预科文科一年级。

1916 年　十七岁

读北京大学预科二年级，自修宋明理学等。

1917 年　十八岁

自修中国哲学及文学。

1918 年　十九岁

2 月，与万冰如女士结婚。

夏，北京大学预科毕业。

秋，入北京大学法科一年级。

1919 年　二十岁

3 月，长女骊珠生。

参加五四运动。

研读罗马法。

1920 年　二十一岁

4 月，父病回家侍奉五个月，又随父到汉口就医后回北京。

1921 年　二十二岁

阴历正月初三其父在仓埠镇去世，赶回家中。

7 月，次女琴薰生。

1922年　二十三岁

长女骊珠病亡。

夏，毕业于北京大学法科法律系。

任教于安庆安徽法政专门学校，以民法、亲属法、继承法为主授课。

1923年　二十四岁

夏，得胡培翚《仪礼正义》，详加研究。

学期结束，不再受聘于安徽法政专门学校。

11月，长子泰来生。

1924年　二十五岁

7月，应聘上海商务印书馆，在法制经济部担任法律、政治和经济各科书稿的审查及编译。

1925年　二十六岁

继续在商务印书馆工作。

五卅惨案后，上海学生联合会聘其为法律顾问、商务印书馆三所一处罢工最高委员会顾问，参与上海学术界十人连署宣言。

受邀上海大学讲授《法学通论》。

1926年　二十七岁

4月，次子福来生。

6月，得伤寒后转肋膜炎。

年底，完成《亲属法大纲》，交商务印书馆出版。

1927年　二十八岁

1月，辞商务印书馆工作去往武汉。任中央军事政治学校武汉分校中校政治教官，兼任军事委员会总政治部政工人员训练委员会常务委员，中央独立师军法处长兼特务组长。在咸宁被视为"反动军阀"送回武汉后，任军校政治部秘书。"七一五"后，一度藏匿。年底，离开武汉。

开始用"陶希圣"之名。

1928年　二十九岁

举家到上海。

3月底，到南京，任北伐军总司令部总政治部宣传处编纂科长、中央陆军军官学校政治总教习，兼任中央民众训练委员会指导科主任等职务。

年底，因为改组派身份，辞去所有职务，到上海以写作、教学为生。

《中国社会之史的分析》出版。

1929年　三十岁

《中国社会与中国革命》《中国之家庭与婚姻》《中国封建社会史》出版。

1930年　三十一岁

应王云五之聘入商务印书馆，任总经理中文秘书。

《西汉经济史》《辩士与游侠》出版。

年底，中央大学聘任为法学院教授。

1931年　三十二岁

1月，三子恒生出生。

1月，辞去商务印书馆工作。

8月底，辞去中央大学职，应聘北京大学法学院。

9月，《西汉经济史》由商务印书馆出版。《中国社会现象拾零》由新生命书局出版。

1932年　三十三岁

任北京大学教授。

4月，参加国难会议，被推为御侮审查委员会委员，该委员会由15人组成，并被推为召集人。

7月17—25日，应冯玉祥之邀上泰山给冯授课。

《中国政治思想史》第一、第二册先后出版。

1933年　三十四岁

任北京大学教授。

5月—8月底，在太原小住。

7月，四子晋生出生。

1934年　三十五岁

任北京大学教授。

12月1日，创《食货》杂志（半月刊）。

《中国政治思想史》第三、四卷出版。

1935年　三十六岁

任北京大学教授。

1月10日，与王新命等十教授联名《中国本位的文化建设宣言》发表。

9月，在北京大学法学院设立中国经济史研究室，召集连士升、鞠清远、武仙卿、沈巨尘、贾钟尧，从事收集中国古代社会经济史的史料，展开对史实的研究。

1936年　三十七岁

任北京大学教授。

6月，编成《唐代经济史料丛编》八册，交北京大学出版社准备出版，其中《土地问题》《寺院经济》《唐代之交通》三种印成，另外五种（《土地法令》《唐代之都市》《工商业与货币》《动荡中的唐代经济》《财政制度》）只有清样，未及出版，抗战爆发。70年代再办《食货》杂志时，陶将曾出版的三种再印正式出版。

7月8日，赴南京出席政治学会。

与鞠清远合著《唐代经济史》，由上海商务印书馆出版。

1937年　三十八岁

任北京大学教授。

与武仙卿合著《南北朝经济史》，由上海商务印书馆出版。

5月4日，去北京师范大学演讲，新旧学联冲突。

7月16日，参加庐山第一次谈话会。

7月19日，在庐山与周佛海一同往访周恩来、林伯渠。

7月31日，蒋介石在庐山招待张伯苓、梅贻琦、胡适之、陶希圣吃午饭。《食货》停刊。

8—10月，住南京西流街8号周佛海家。参与"低调俱乐部"。

加入军事委员会委员长侍从室第五组，从事国际宣传。

9月，被聘为国民参政会议员。

1938年　三十九岁

应陈布雷之请参与制定《抗战建国纲领》。

8—9月，艺文研究会在武汉成立，任研究总干事。

9月初，任国民党宣传部所属"党报社论委员会"委员。

12月10日，从成都到达昆明。

12月19日，随汪精卫到河内。

12月29日，汪精卫发表艳电。不久，汪指定陈璧君、陈公博、周佛海、梅思平、高宗武、陶希圣等人为"和平运动"的最高委员，又称"和运首义分子"。为了便于保密,他们各自有一个代号,以便联络。陶希圣代号为"学"。

1939 年　四十岁

1 月,由河内到香港。

8 月,到上海,参加汪精卫组织召开的"中国国民党第六次全国代表大会",任伪宣传部长。国民政府拟定开除党籍的名单,但公布前陶希圣之名被蒋介石划去。

11 月,参加《日支新关系调整要纲》的谈判,最终没有签字。

1940 年　四十一岁

1 月 3 日,与高宗武乘船到香港。

1 月 21 日,香港《大公报》披露了由高陶提供的汪日密约——《日支新关系调整要纲》及附件。

奉重庆之命在香港办国际通讯社,编印《国际通训》周刊。

12 月,五子龙生出生。

1941 年　四十二岁

12 月 8 日,珍珠港事件,太平洋战争爆发。

12 月 12 日,香港九龙沦陷。在九龙躲藏 48 天后,随难民逃出。

1942 年　四十三岁

2 月 27 日,乘飞机到达重庆,陈布雷派车前往迎接。

4 月 4 日,任国民政府军事委员会委员长侍从室第五组组长。

撰写《当前之文化运动》、《中国经济立国规模之不变与必变》。

4 月,参与制定《文化运动纲领》。

5 月,撰写《经济的道理》。

10月，着手《中国之命运》写作。

1943年　四十四岁
3月，蒋介石著《中国之命运》《中国经济学说》出版。
10月中旬，担任《中央日报》总主笔。

1944年　四十五岁
每周在《中央日报》发三篇左右的社论。
1月，赫尔利去延安。毛泽东提出建立联合政府，被蒋介石拒绝。

1945年　四十六岁
5月5日—21日，国民党召开第六次全国代表大会。参与大会工作和起草政纲。
为召开国民大会，在青年党和国社党中游说。
8月15日，日本投降。
10月侍从室撤销，以少将组长的资格转职为国防最高委员会参事，《中央日报》总主笔。

1946年　四十七岁
1月10日，政治协商会议开幕。参加政治协商会议，其间参与修订《和平建国纲领》，并在《中央日报》上连续发言十几篇社论。
5月，全家从重庆返回南京。
12月，以遴选代表的资格参加国民大会。

1947年　四十八岁
4月1日，提出辞去《中央日报》总主笔一职；30日，蒋介石召见，不许辞职。

4月，社会科学研究会在南京召开成立大会，为发起人之一。

5月，中央日报改组为公司，为中央日报董事之一。

7月，东方经济图书馆开放，陶希圣任馆长，副馆长林斯德，发起人杜月笙、周作民、钱新之。

7月23日，国民党中常会第76次会议推荐陶希圣担任国民党宣传部副部长。

1948年　四十九岁

2月，上牯岭见蒋介石，蒋交办校订《新剿匪手册》。

3月，在南京参加第一届国民大会。

6月26日，参加香港国民日报公司发起人会，当选为董事。

10月初，因蒋召唤前往北平助理文书工作。30日，随蒋回南京。

10月4日，任命为国策顾问委员会顾问。

11月13日，陈布雷自杀。

12月，受蒋指派前往北平，邀请胡适出任行政院长。

12月25日，中共宣布第一批战犯名单43人，名列41。

1949年　五十岁

1月24日，陶希圣全家离开南京到上海。

2月，中央日报社迁往台北，偕冰如带龙生与报社员工同赴台北，租下新生南路的住宅。

4月23日，南京解放。

5月6日—21日，随蒋氏父子游弋于海上。

5月27日，上海解放。

6月12日—7月14日，在台湾。7月初，被蒋指定筹议国民党改造事宜，参与完成"本党改造方案"全部内容。

8月1日，总裁办公室成立，任研究组组长。

8月23日—10月3日,随蒋介石到广州、重庆、成都,再飞重庆、广州,飞回台湾。

11月14日—30日,随蒋介石到重庆。

11月30日,重庆解放。

11月30日—12月10日,随蒋介石到成都。

12月10日下午,到达台北。

附录二 《新生命》月刊中陶希圣文章目录

注：有的文章发表时署名为"方岳"或"方峻峰"。

民众组织的理论和方案	第1卷第6号（民众运动专号）
国民党的革命方略	第1卷第8号
从中国社会史上观察中国国民党	第1卷第9号
立法政策与立法技术	第1卷第10号
官僚制度及其摧毁	第1卷第11号
中国宗法势力及其摧毁	第2卷第1号
社会科学讲座	第2卷第1号
关于士大夫身份的几个问题——对中国社会史的论争和质疑	第2卷第2号
社会科学讲座——社会进化说与文化传播说	第2卷第2号
中国封建制度的消灭	第2卷第3号
中国封建制度的消灭	第2卷第4号
社会科学讲座	第2卷第4卷
中国封建制度的消灭	第2卷第5号

社会科学讲座	第 2 卷第 5 号
三民主义之社会史的意义	第 2 卷第 6 号
社会科学讲座	第 2 卷第 6 号
民族问题与民族主义	第 2 卷第 7 号
中国政治思想之发达与民权主义（上）	第 2 卷第 8 号
苏俄之前途	第 2 卷第 8 号
中国政治思想之发达与民权主义（下）	第 2 卷第 9 号
孔子学说之发展	第 2 卷第 9 号
宪法与自由	第 2 卷第 10 号
唐宋以后商人组织之行	第 2 卷第 11 号
唐代之贱名制度	第 2 卷第 12 号
中国前代革命	第 3 卷第 1 号
中国之商人资本及地主与农民	第 3 卷第 2 号
统一与生产	第 3 卷第 4 号
商业资本小史	第 3 卷第 4 号
托洛茨基派之中国社会论	第 3 卷第 5 号
唐代中国社会之一斑	第 3 卷第 6 号
流寇之发展及其前途	第 3 卷第 7 号
科学的复古与族望制度	第 3 卷第 9 号
中国经济衰落与复兴问题	第 3 卷第 10 号
一长期和平之诊断	第 3 卷第 11 号
流寇之发展及其前途	第 3 卷第 11 号
军事结束时之澎湃学潮	第 3 卷第 12 号

附录三 《独立评论》中陶希圣文章目录

一个时代错误的意见——评《时代公论》杨公达先生的主张	第 20 号
谈东北义勇军	第 24 号
由国民代表会到国民参政会	第 33 号
太原见闻记	第 72、75 号
无为还是有为	第 91 号
中国历史上的集权与分权	第 81 号
伪国的承认不承认	第 102 号
民主与独裁的斗争	第 136 号
都市与农村——哪一个是解决中国问题的基点？	第 137 号
思想界的一大弱点——世间一切现象都是彼此不相干的	第 154 号
国际均势与中国的生命	第 184 号
北京大学学生大会的感想	第 185 号
低调与高调	第 201 号
中国地方行政机关的等级	第 218 号
战难和更不易	第 227 号

由武昌到开封	第 232 号
民主政治的一解	第 235 号
论开放党禁	第 237 号
再谈党禁问题	第 239 号
不党者的力量	第 242 号
国民大会的一个解释	第 243 号

附录四 《食货》半月刊中陶希圣文章目录

编辑的话（每一期都有"编辑的话"，作者均是陶希圣，文中不再标出。）

王安石以前田赋不均与田赋改革	第1卷创刊号
十六世纪间中国的采金潮	第1卷第2期
搜读地方志的提议	第1卷第2期
元代佛寺田园及商店（读元史随笔之一）	第1卷第3期
初期的白莲教会（附元律中的白莲教会）重松俊章著，陶希圣译	
	第1卷第4期
元代弥勒白莲教会的暴动（读元史随笔之二）	第1卷第4期
元代江南的大地主	第1卷第5期
食货学会本年六项工作草约	第1卷第6期
元代西域及犹太人的高利贷与头口搜索	第1卷第7期
金代猛安谋克的土地问题	第1卷第8期
明代弥勒白莲教及其他"妖贼"	第1卷第9期
五代的都市与商业	第1卷第10期
五代的庄田	第1卷第11期
十一至十四世纪的各种婚姻制度（上）	第1卷第12期

经济史名著选译计划	第2卷第1期
鲁游追记	第2卷第1期
北宋初期的经济财政诸问题	第2卷第2期
十一至十四世纪的各种婚姻制度(下)	第2卷第3期
宋代的职田	第2卷第4期
北宋几个大思想家的井田论	第2卷第6期
明代王府庄田之一例	第2卷第7期
古代社会的经济	第2卷第9期
盛唐户口较多的州郡	第2卷第10期
战国至清代社会史概说	第2卷第11期
满族未入关前的俘虏与降人	第2卷第12期
疑古与释古	第3卷第1期
常识之科学的解释	第3卷第2期
斯密亚丹论中国 连士升、陶希圣	第3卷第3期
《齐民要术》里田园的商品生产	第3卷第4期
北宋之后北方的义军 黄砚璠、陶希圣	第3卷第5期
元代长江流域以南的暴动	第3卷第6期
民族运动的实在性	第3卷第8期
顺治朝的逃人及投充问题	第3卷第11期
冀筱泉著《中国历史上的经济枢纽区域》	第4卷第6期
唐代管理水流的法令	第4卷第7期
唐代管理"市"的法令	第4卷第8期
唐代处理商客及蕃客遗产的法令	第4卷第9期
西汉时代的客	第5卷第1期
唐代寺院经济概说	第5卷第4期
王莽末年的豪家及其宾客子弟	第5卷第6期

附录五 主要参考资料

一、档案资料

中国社会科学院近代史所图书馆、档案馆馆藏资料

台湾"国史馆"馆藏相关资料

国民党"党史馆"馆藏相关资料

"中央研究院"历史所近史所所藏相关资料

二、报刊杂志

《新生命》月刊

《食货》半月刊

《独立评论》

《中学生》

《社会与教育》周刊

《中央副刊》

《国际通讯》（1940—1941）

《东方杂志》（1925）

《解放》周刊

《红旗》周刊（1931—1932）

《中央日报》

《华北日报》（1937）

《汉口民国日报》

《大公报》

《申报》

《实报》（1936）

《京报》（1937）

北平《晨报》（1937）

三、陶希圣著作

陶希圣：《中国社会之史的分析》，新生命书局1929年版。

陶希圣：《中国封建社会史》，南强书局1929年版。

陶希圣：《中国社会与中国革命》，新生命书局1929年版。

（德）奥本海末尔著、陶希圣译：《国家论》，新生命书局1929年版。

陶希圣：《法律学之基础知识》，"社会常识丛刊"第五种，新生命书局1929年版。

陶汇曾：《对华门户开放主义》，王云五主编"万有文库"第一集一千种，商务印书馆1930年版。

陶希圣：《革命论之基础知识》，"社会科学常识丛刊"第九种，新生命书局1930年版。

陶希圣：《西汉经济史》，商务印书馆1931年版。

陶希圣：《中国社会现象拾零》，新生命书局1932年版。

陶希圣、鞠清远：《唐代经济史》，上海商务印书馆1936年版。

陶希圣、武仙卿：《南北朝经济史》，上海商务印书馆1937年版。

陶希圣等：《彷徨没落中之日本》，独立出版社1938年版。

陶希圣等：《目前的国际形势怎样》，全民出版社1938年版。

陶希圣：《欧洲均势与太平洋问题》，"艺文丛书"之三，艺文研究会出版，商务印书馆1938年版。

陶希圣：《陶希圣先生论文集》，中华日报丛书五，1939年版。

陶希圣编校、曾资生著：《中国政治制度史》，台北启业书局有限公司1979年出版。

陶希圣：《婚姻与家族》，商务印书馆1979年版。

陶希圣：《辩士与游侠》，商务印书馆1979年版。

陶希圣：《中国法制之社会史的考察》，商务印书馆1979年版。

陶希圣：《潮流与点滴——陶希圣随笔》，台北传记文学出版社1979年版。

陈存恭、尹文泉整理：《陶希圣先生访问纪录》，台北"国防部"史政局1994年版。

陶希圣：《汪记舞台内幕》，张研、孙燕京编：《民国史料丛刊》303，大象出版社2009年版。

陶希圣：《潮流与点滴》，中国大百科全书出版社2009年版。

陶希圣：《中国政治思想史》（上下），中国大百科全书出版社2009年版。

陶晋生编：《陶希圣日记》（上），台北联经书店2014年版。

陈峰编：《陶希圣卷》，中国近代思想家文库，中国人民大学出版社2014年版。

陶希圣编著：《中国民族战史》（影印本），河南人民出版社2016年版。

四、参考著作

《马克思恩格斯选集》，中央编译局 1995 年版。

《列宁选集》第四卷，人民出版社 1972 年版。

[德] 考茨基：《社会革命论》，萨孟武译，新生命书局 1930 年版。

[德] 考茨基：《基督教之基础》，叶启芳等译，三联书店 1955 年版。

[德] 克劳塞维茨：《战争论》第 1 册，解放军出版社 2008 年版。

[英] 亨利·萨姆奈·梅茵著，高敏、瞿慧虹译：《古代法》，中国社会科学出版社 2009 年版。

中央档案馆编：《中共中央文件选集》，中共中央党校出版社 1992 年版。

中共中央党研究室第一研究部译：《共产国际、联共（布）与中国革命档案资料丛书——联共（布）、共产国际与抗日战争时期的中国共产党（1937—1943.5）》第 19 卷，中共党史出版社 2012 年版。

荣孟源、孙彩霞编：《中国国民党历次代表大会及中央全会资料》上下，光明日报出版社 1985 年版。

沈云龙编：《近代中国史料丛刊续编》，第 48 辑 484 册《国难会议录》。

孟广涵主编：《国民参政会纪实》（上下卷），重庆出版社 1985 年版。

大陆图书杂志出版公司时事资料编纂委员会编辑：《政治协商会议》（二），大陆图书出版社 1946 年版。

萧继宗主编：《新生活运动史料》，见《革命文献》第六十八辑，"中央"文物供应社 1975 年版。

查建瑜编：《国民党改组派资料选编》，湖南人民出版社 1986 年版。

李义彬编：《中华民国史料丛稿——中国青年党》，中国社会科学出版社 1982 年版。

中国第二历史档案馆编：《民国时期党派社团档案史料丛稿——中国民主社会党》，档案出版社 1988 年版。

卢勇辑：《密档中的历史——卢沟桥事变》，广西师范大学出版社 2009 年版。

刘绍唐主编：《民国大事日志》，传记文学丛刊之二十八，台北传记文学出版社1978年版。

郭廷以编：《中华民国史事日志》，"中央研究院"近代史研究所1979年版。

中国社会科学院近代史研究所编著：《中华民国史》，中华书局2011年版

中国社会科学院近代史研究所民国史研究室、中山大学、广东社会科学院编：《孙中山全集》，中华书局1981年版。

《毛泽东选集》，人民出版社1960年版。

秦孝仪主编：《先总统蒋公思想言论总集》，台北中国国民党中央委员会党史委员会1984年版。

台北"国史馆"编：《蒋中正总统档案——事略稿本》，2009年版。

"国史馆"、中正纪念堂、中正文教基金会编《蒋中正先生年谱长编》，2014年版。

章太炎：《章太炎全集》第4集，上海人民出版社1985版。

《宋教仁先生文集》（下册），台北，中国国民党中央委员会党史委员会出版，1982年版。

尚明轩、余炎光编：《双清文集》，人民出版社1985年版。

戴季陶：《国民革命与中国国民党》，季陶办事处1925年版。

中国国民党"中央"委员会党史委员会编辑出版：《胡汉民先生文集》第1—4册，"中央"文物供应社1978年版。

曹伯言整理：《胡适日记全编》，安徽教育出版社2001年版。

中国社科院近代史所民国史室编：《胡适来往书信选》（上中下），中华书局1979年版。

陈布雷：《陈布雷先生从政日记》（样稿），东南印务出版社。

陈布雷：《陈布雷先生文集》，台北中国国民党"中央"委员会党史委员会出版，"中央"文物供应社经销，1984年版。

中国第二历史档案馆编：《冯玉祥日记》，江苏古籍出版社1992年版。

陈克文著、陈方正编校：《陈克文日记（1937—1952）》上册，台北"中央研究院"近代史研究所 2012 年版。

林美莉编校：《王世杰日记》上册，台北"中央研究院"近代史研究所 2012 年版。

傅琦华、张力校注：《傅秉常日记民国三十二年（1943）》，台北"中央研究院"近代史研究所 2012 年版。

傅正主编：《雷震全集》23《制宪述要》，桂冠图书股份有限公司 1989 年版。

傅正主编：《雷震全集》30，《雷震秘藏书信选》桂冠图书股份有限公司 1990 年版。

雷震：《雷震回忆录之新党运动黑皮书》，台湾远流出版公司 2003 年版。

黄炎培：《黄炎培日记》（1945.1—1947.8）第 9 卷，华文出版社 2008 年版。

广西文史资料专辑：《李宗仁回忆录》，中国人民政治协商会议广西壮族自治区委员会文史资料研究委员会 1980 年版。

何兹全：《爱国一书生：八十五自述》，华东师范大学出版社 1997 年版。

曾景忠、梁之彦编：《蒋经国自述》，团结出版社 2005 年版。

全国政协文史和学习委员会编：《半生风雨录：贾亦斌回忆录》，中国文史出版社 2011 年版。

贾毅、贾维整理：《贾亦斌文集》，团结出版社 2011 年版。

章君毅著、陆京士校订：《杜月笙传》，中国大百科全书出版社 2011 年版。

《陶希圣先生八秩荣庆论文集》，食货出版社 1979 年版。

陶恒生：《"高陶事件"始末》，成文出版有限公司 2001 年版。

高宗武著、陶恒生译：《高宗武回忆录》，中国大百科全书出版社 2009 年版。

夏侯叙五：《高宗武隐居华盛顿遗事》，湖南教育出版社 2008 年版。

李杨、范泓：《参政不知政——大时代中的陶希圣》，湖北人民出版社 2009 年版。

沈宁：《百世门风》，中国青年出版社 2006 年版。

范泓：《隔代的声音——历史劲流中的知识人》，广西师范大学出版社 2013 年版。

吴俊才：《中央日报专辑》，台北，1971 年 10 月 31 日出版。

陈公博：《陈公博回忆录》，哈耶出版社 2009 年版。

陈鹏仁译：《汪精卫降日秘档》，台北联经书店 1999 年版。

周佛海：《三民主义的基本问题》，新生命书局 1929 版。

罗君强：《周佛海秘档》，中国文史出版社 2012 年版。

周佛海著、蔡德金编注：《周佛海日记全编》，中国文联出版社 2003 年版。

南京市档案馆编：《审判汪伪汉奸笔录》，凤凰出版社 2004 年版。

黄美真、张云编：《汪精卫集团投敌》，人民出版社 1987 年版。

《瞿秋白文集·政治理论编》，人民出版社 1988 年版。

周楠本编：《多余的话——瞿秋白狱中反思录》，独立作家 2015 年版。

瞿秋白主编：《社会科学讲义》，上海书店 1924 年版。

恽代英：《恽代英文集》（下卷），人民出版社 1984 年版。

陈伯达：《评中国之命运》，张家口新华晋察冀分店 1945 年 9 月出版。

王效挺、黄文一主编：《战斗在北大的共产党员（1920.10—1949.2 北大地下党概况）》，北京大学出版社 1991 年版。

中华全国妇女联合会、黄埔军校同学会编：《大革命洪流中的女兵》，中国妇女出版社 1991 年版。

杨天石：《找寻真实的蒋介石——蒋介石日记解读》，山西人民出版社 2008 年版。

王奇生：《民国政治社会文化视野下的——革命与反革命》，香港中和出版有限公司 2011 年版。

[美] 阿里夫·德里克著、翁贺凯译：《革命与历史：中国马克思主义历史学的起源，1919—1937》，江苏人民出版社 2005 年版。

金以林：《国民党高层的派系政治》，社会科学文献出版社 2009 年版。

贾维：《三民主义青年团史稿》，社会科学文献出版社 2012 年版。

[美] 罗伯特·达莱克：《罗斯福对美国对外政策 1932—1945》，商务印书馆 1984 年版。

[美] 柯贝克：《远东是怎样失去的》，台湾"国防部"总政治部 1971 年译印。

邓野：《联合政府与一党训政——1944—1946 年间国共政争》，社会科学文献出版社 2003 年版。

邓野：《民国的政治逻辑》，社会科学文献出版社 2010 年版。

汪朝光：《1945—1949：国共政争与中国命运》，社会科学文献出版社 2010 年版。

金冲及：《决战——毛泽东、蒋介石是如何看待三大战役的》，北京大学出版社 2012 年版。

刘维开：《蒋介石的 1949：从下野到再起》，山西人民出版社 2013 年版。

[美] 伊·卡恩：《中国通：美国一代外交官的悲剧》，新华出版社 1980 年版。

[美] 陶涵：《蒋经国传》，新华出版社 2002 年版。

王国维：《王国维文学论著三种》，商务印书馆 2010 年版。

俞平伯：《红楼梦辨》，商务印书馆 2013 年版。

鲁迅：《中国小说史略》，人民出版社 1973 年版。

陶泰来、陶晋生整理：《陶希圣年表》，台北联经出版事业公司 2017 年版。